跟着唐诗去旅行

本书编写组 ◎ 主编

中国旅游出版社

前　言

文化是旅游的文脉，旅游是文化的载体。浩瀚的中国古典诗词蕴含着丰富的旅游元素，如一幅徐徐展开的长卷，绘尽千年文化脉络，唐诗作为这幅画卷中最精华的部分，是中华旅游文化博大精深、源远流长的见证，是先贤雅士留给后世的文化瑰宝，也是旅游业发展的宝贵财富。

为挖掘唐诗的旅游价值，践行寓学于游、寓思于游、寓教于游的理念，传承旅游文化，中国旅游出版社组织出版了这本《跟着唐诗去旅行》。

在选取作品上，以《唐诗三百首》《唐诗鉴赏辞典》为底本，由旅游文化学者梳理、选取其中反映不同地域独特人文景观、民俗风情、山水风光的诗词篇目，从旅游维度对诗词作品进行系统的阐释。

在编写体例上，按照所涉作品地域进行编排，特别是唐诗中的"旅游看点"，从旅游的视角，对唐诗作了全新的解读，以期达到"以诗引景，以景论游，以游授业"的出版目的。

《跟着唐诗去旅行》以大众记忆深处的唐诗为旅行指南，引领读者前往祖国的壮阔山河，探寻唐诗诞生的现场，触摸唐代诗人的内心世界。本书结合中国诗歌的美妙传统与现代传播方式，再现"诗和远方"的文旅之路，让读者在文字中感受唐诗的魅力，体验一场充满诗意的文化之旅！

本书编写组
2025 年 3 月 12 日

第一章　秦时明月汉时关

002/	自萧关望临洮	朱庆馀
004/	使过弹筝峡作	储光羲
006/	送卢潘尚书之灵武	韦蟾
008/	金城北楼	高适
010/	出塞（其一）	王昌龄
013/	凉州词二首（其一）	王翰
016/	凉州词二首（其一）	王之涣
019/	关山月	李白
021/	从军行七首（其四）	王昌龄
024/	天山雪歌送萧治归京	岑参
027/	火山云歌送别	岑参
030/	献封大夫破播仙凯歌（其二）	岑参
032/	古从军行	李颀
035/	白雪歌送武判官归京	岑参

第二章　至今千里赖通波

040/	红螺山	邓隐峰
042/	登幽州台歌	陈子昂

044/	望蓟门	祖咏
046/	渔阳	杜甫
048/	于北平作	李世民
051/	爱碣石山	刘叉
053/	涿鹿山	胡曾
055/	于易水送人	骆宾王
057/	古风（其十五）	李白
060/	燕歌行	高适
063/	春游罗敷潭	李白
065/	登栖霞寺塔	蒋涣
068/	送朱越	王昌龄
071/	经江宁览旧迹至玄武湖	张九龄
075/	台城	韦庄
078/	登金陵凤凰台	李白
081/	乌衣巷	刘禹锡
084/	泊秦淮	杜牧
087/	黄鹤楼送孟浩然之广陵	李白
089/	忆扬州	徐凝
091/	寄扬州韩绰判官	杜牧
093/	芙蓉楼送辛渐	王昌龄
096/	次北固山下	王湾
099/	题润州金山寺	张祜

101/	送灵澈上人	刘长卿
104/	题金陵渡	张 祜
106/	题惠山寺	张 祜
109/	送人入吴	杜荀鹤
111/	枫桥夜泊	张 继
114/	题破山寺后禅院	常 建

第三章　唯见长江天际流

118/	竹枝词二首	刘禹锡
120/	早发白帝城	李 白
123/	蜀先主庙	刘禹锡
125/	夔州歌十绝句（其一）	杜 甫
128/	夜雨寄北	李商隐
130/	离思（其四）	元 稹
133/	涂山寺独游	白居易
135/	相　思	王 维
138/	山　行	杜 牧
140/	登岳阳楼	杜 甫
142/	望洞庭湖赠张丞相	孟浩然
144/	陪族叔刑部侍郎晔及中书贾舍人至游洞庭五首（其五）	李 白

146/	逢雪宿芙蓉山主人	刘长卿
149/	谒衡岳庙遂宿岳寺题门楼	韩愈
153/	题三闾大夫庙	戴叔伦
155/	黄鹤楼	崔颢
158/	赤壁	杜牧
160/	渡荆门送别	李白
163/	咏怀古迹五首（其三）	杜甫
165/	汉江临眺	王维
167/	与诸子登岘山	孟浩然
170/	西塞山怀古	刘禹锡
172/	宣州谢朓楼饯别校书叔云	李白
174/	题宣州开元寺	杜牧
176/	赠汪伦	李白
178/	独坐敬亭山	李白
180/	清明	杜牧
182/	望九华山赠青阳韦仲堪	李白
184/	登天都峰	释岛云
186/	滁州西涧	韦应物
188/	望天门山	李白
190/	宿五松山下荀媪家	李白
192/	夜泊牛渚怀古	李白
195/	李白墓	白居易

第四章　黄河之水天上来

200/	马嵬二首	李商隐
203/	送元二使安西	王　维
206/	长安秋望	赵　嘏
209/	同诸公登慈恩寺塔	杜　甫
212/	曲江二首	杜　甫
215/	乐游原	李商隐
217/	寒　食	韩　翃
220/	题都城南庄	崔　护
222/	终南山	王　维
223/	终南望馀雪	祖　咏
225/	途经秦始皇墓	许　浑
228/	过华清宫绝句三首	杜　牧
231/	行经华阴	崔　颢
234/	塞芦子	杜　甫
237/	题石窟	宋　昱
239/	北岳庙	贾　岛
241/	雁门太守行	李　贺
244/	春日晋祠同声会集得疏字韵	李　益
246/	七月一日晓入太行山	李　贺
248/	登鹳雀楼	王之涣

250/	同赵校书题普救寺	杨巨源
253/	春夜洛城闻笛	李　白
255/	赏牡丹	刘禹锡
258/	宿白马寺	张　继
261/	香山寺二绝	白居易
263/	归嵩山作	王　维
266/	上阳台	李　白
269/	九月九日忆山东兄弟	王　维
271/	月夜忆舍弟	杜　甫
274/	梁园吟	李　白
277/	鲁郡东石门送杜二甫	李　白
280/	望　岳	杜　甫
283/	陪李北海宴历下亭	杜　甫
285/	古泉驿	张　说
288/	蒙山作	萧颖士
291/	客中行	李　白
294/	寄王屋山人孟大融	李　白
297/	春日望海	李世民

第五章　江作青罗带

302/	送桂州严大夫同用南字	韩　愈

304/	独秀山	张　固
306/	阳朔碧莲峰	沈　彬
308/	登柳州城楼寄漳汀封连四州	柳宗元
311/	入鬼门关	沈佺期
313/	经梧州	宋之问
315/	同冠峡　次同冠峡	韩　愈
318/	吏隐亭	刘禹锡
321/	贞女峡	韩　愈
322/	宿龙宫滩	韩　愈
324/	南海旅次	曹　松
326/	左迁至蓝关示侄孙湘	韩　愈

第六章　白狼河北音书断

330/	过五原胡儿饮马泉	李　益
332/	使至塞上	王　维
335/	征人怨	柳中庸
337/	感遇三十八首（其三十七）	陈子昂
339/	送渤海王子归本国	温庭筠
342/	塞下曲	司空曙
344/	高句丽	李　白

347/ 营州歌 高适
349/ 古意呈补阙乔知之 沈佺期

第七章 蜀道之难难于上青天

354/ 蜀道难 李白
359/ 送杜少府之任蜀州 王勃
363/ 春夜喜雨 杜甫
366/ 蜀相 杜甫
368/ 卜居 杜甫
370/ 绝句 杜甫
372/ 登楼 杜甫
375/ 丈人山 杜甫
377/ 成都曲 张籍
379/ 寄蜀中薛涛校书 王建
382/ 锦城写望 高骈
384/ 峨眉山月歌 李白
386/ 登嘉州凌云寺作 岑参
389/ 寄蜀客 李商隐
391/ 云南曲 刘湾
393/ 玉案山 道南

396/ 吐蕃别馆和周十一郎中杨七录事望白水山作　　　　　　吕　温

第八章　百匝千遭绕郡城

402/ 谪岭南道中作　　　　　　李德裕
405/ 登崖州城作　　　　　　李德裕

第九章　我欲因之梦吴越

410/ 观浙江涛　　　　　　徐　凝
412/ 浪淘沙　　　　　　刘禹锡
414/ 杭州春望　　　　　　白居易
417/ 钱塘湖春行　　　　　　白居易
419/ 灵隐寺　　　　　　宋之问
422/ 宿建德江　　　　　　孟浩然
424/ 春泛若耶溪　　　　　　綦毋潜
427/ 越中览古　　　　　　李　白
429/ 秋下荆门　　　　　　李　白
431/ 梦游天姥吟留别　　　　　　李　白
435/ 舟中晓望　　　　　　孟浩然

438/ 游南雁荡山 　　　　　　　　　　　　　李　皋
441/ 题武夷 　　　　　　　　　　　　　　　李商隐
444/ 闽中秋思 　　　　　　　　　　　　　　杜荀鹤
446/ 戴云山吟 　　　　　　　　　　　　　　智　亮
448/ 泉州赴上都留别舍弟及故人 　　　　　　欧阳詹
451/ 松洋洞 　　　　　　　　　　　　　　　韩　偓

第十章　飞流直下三千尺

456/ 登庐山五老峰 　　　　　　　　　　　　李　白
458/ 庐山谣寄卢侍御虚舟 　　　　　　　　　李　白
462/ 望庐山瀑布 　　　　　　　　　　　　　李　白
465/ 大林寺桃花 　　　　　　　　　　　　　白居易
467/ 游云居山寺赠穆三十六地主 　　　　　　白居易
470/ 滕王阁 　　　　　　　　　　　　　　　王　勃
472/ 登余干古县城 　　　　　　　　　　　　刘长卿
476/ 送前上饶严明府摄玉山 　　　　　　　　戴叔伦
478/ 献岁送李十兄赴黔中酒后绝句 　　　　　权德舆
480/ 闻王昌龄左迁龙标遥有此寄 　　　　　　李　白

483/ 后　记

第一章 秦时明月汉时关

丝绸之路,这条始于汉代的文明动脉,早已超越了单纯的经济通衢,成为连接东西方文化血脉的重要桥梁。它蜿蜒于西北边陲,承载着驼铃的悠扬与大漠的孤烟,更铭刻着无数英雄史诗与历史传奇。及至大唐,国力臻于鼎盛,这条古道更成为无数胸怀壮志的诗人追寻功业、挥洒理想的壮阔舞台。他们以如椽巨笔,在漫天风沙与烽火硝烟间,镌刻下一幅幅雄浑瑰丽的边塞画卷。这些不朽的诗篇,既是昔日繁华与历史沧桑的深沉回响,也为今人勾勒出无限神往的追寻轨迹。如今,随着"一带一路"宏伟倡议的推进,这条沉睡千年的古道正焕发出前所未有的时代魅力,吸引着世界的目光与探索的脚步。本章精心撷取的十四首唐诗,宛如散落在丝路明珠上的璀璨音符,生动描绘了陕西、甘肃、宁夏、青海、新疆等丝路重镇的独特风物与人文风情,引领我们踏上一场穿越时空的诗意之旅。

自萧关望临洮

朱庆馀

玉关西路出临洮①,风卷边沙入马毛。
寺寺院中无竹树,家家壁上有弓刀。
惟②怜战士垂金甲,不尚游人著③白袍。
日暮独吟秋色里,平原一望戍楼④高。

【背景】

朱庆馀(生卒年不详),名可久,字庆馀,越州(今浙江绍兴)人,中唐诗人。宝历二年(826)进士,官至秘书省校书郎。朱庆馀曾客游西北,因是越人,对大漠风光极为好奇。在萧关眺望临洮时,因想到再往西就是著名的玉门关,诗性盎然而做得此诗。

唐代士子在参加进士考试前,时兴"行卷",即把自己的诗篇呈给朝中名臣,以增加中进士的机会。朱庆馀此诗投赠的对象,是著名诗人、时任水部郎中的张籍。朱庆馀平日向他行卷,已经得到他的赏识,临到要考试了,还怕自己的作品不一定符合主考的要求,因此写下《近试上张水部》,全篇云:"洞房昨夜停红烛,待晓堂前拜舅姑。妆罢低声问夫婿,画眉深浅入时无?"以新妇自比,以新郎比张籍,以公婆比主考官,借以征求张籍的意见。全诗选材新颖,视角独特,以"入时无"三字为灵魂,将自己能否踏上仕途与新妇紧张不安的心绪作比,寓意自明,令人惊叹。据说张籍读后写诗回答他说:"越女新妆出镜心,自知明艳更沉吟。齐纨未足时人贵,一曲菱歌敌万金。"赞其诗风清丽,于是由此朱庆馀声名大振。

【注释】

① 临洮（táo）：地名，位于甘肃省中部。 ② 惟（wéi）：只，只有。 ③ 著（zhuó）：穿，戴。 ④ 戍楼：边防驻军的瞭望楼。

【旅游看点】

萧关 位于今宁夏固原东南，是历史上著名的关隘，唐代长安城的重要屏障，也是丝绸之路文化带的重要一环。央视《走遍关中》节目中曾这样形容萧关："萧关是一种地名，萧关是一种形态，萧关是一种情结，萧关是一个变数，萧关是一个随着朝代的变化和防御对象的变化而变化的战争防御带。"萧关道上留下了无数出征将士的脚印和血泪，也留下了丝绸之路的马蹄声声，今天的萧关已没有了战火和硝烟，但古时的烽燧、秦长城的遗迹依然保留着千古沧桑之美。经济的繁荣更使这个曾经苍凉的关隘焕发出勃勃生机。

临洮 地处甘肃中部，位于黄土高原和青藏高原的交会地带，距兰州仅102公里，不仅是兰州的南大门，也是甘肃通往四川的咽喉要道。距今4000—5300年的华夏史前文化——马家窑文化因首次发现于临洮境内的马家窑村而得名，并闻名海内外。修筑于公元前4世纪的秦长城西起点就在临洮。这里自古以来就是西北边陲重镇，是控扼陇蜀的战略要地。汉唐丝绸之路和唐蕃古道使临洮成为当时最为繁华热闹的地带。华夏第一大姓李姓的根基也在这里。临洮有"全国田径之乡""中国花木之乡""中国民间艺术之乡"等称号，是非物质文化遗产"花儿"的故乡之一。临洮主要旅游景点有老子文化园、战国秦长城遗址、岳麓山森林公园、西湖水上公园等。

使过弹筝峡作

储光羲

乌雀知天雪,群飞复群鸣。
原田无遗粟,日暮满空城。
达士①忧世务②,鄙夫念王程。
晨过弹筝峡,马足凌兢③行。
双壁隐灵曜④,莫能知晦明⑤。
皑皑坚冰白,漫漫阴云平。
始信古人言,苦节⑥不可贞⑦。

【背景】

储光羲(707—约760),兖州(今属山东)人,一说润州(今江苏镇江)人。开元十四年(726)举进士,曾任县尉等职,因仕途不得志,遂隐居终南山。后出山,曾官任监察御史。因在安禄山攻陷长安时任伪职,安史之乱平定后自归朝廷请罪,被贬谪岭南。江南储氏多为其后裔,被尊称为"江南储氏之祖"。其诗意境优美,情调闲适,因此,他成为盛唐田园山水诗派代表诗人之一。这首诗是作者出使西北边地路过弹筝峡时所作。

【注释】

① 达士:犹达人,指通达事理的人。　② 世务:谋身治世之事。
③ 凌兢:恐惧。　④ 灵曜:天的别称。　⑤ 晦明:阴晴。　⑥ 苦节:坚守节操。　⑦ 贞:坚定不移。

【旅游看点】

弹筝峡 即瓦亭峡，或称瓦亭河谷。在今宁夏固原市原州区东南55公里。峡长10公里，两山壁立，峡势险窄，水流与石头相触，发出铮铮声，如同弹筝，故名弹筝峡。因峡中原有寺庙，庙内供有金佛，所以又名金佛峡。相传六盘、瓦亭、萧关为三关，斯地居其中，故俗称"三关口"。这里地处六盘山西侧的三关口深谷，易守难攻，是关中通往塞外的重要军事屏障。三关口曾在古丝绸之路上，但历史上因道路狭窄、崎岖，夏季河水汹涌奔流，冬季结冰路滑，人车难行，让行走在这条古道上的商旅倍感艰难。清代庆、泾、平、固观察使魏光焘在驻固原期间，率兵拓宽了平凉安国镇到瓦亭间的峡谷道路。古人多有对此地的赞美，留在三关口峭壁上的摩崖石刻不少，如"峭壁奔流""山光水韵""萧关锁钥"等，但现清晰可辨的只有"山水清音""山水秀明"等。这些摩崖壁刻题字，既是对三关口雄险奇绝的历史认同，也是三关口、瓦亭一线自然风光的写照。《民国固原县志》中，将弹筝峡列为"绝景"。

六盘山 是中国最年轻的山脉之一。广义的六盘山在宁夏回族自治区西南部、甘肃省东部。南段称陇山，南延至陕西省西端宝鸡以北。横贯陕甘宁三省区，既是关中平原的天然屏障，又是北方重要的分水岭。狭义的六盘山为六盘山脉的第二高峰，位于固原原州区境内，海拔2928米。这里是中原农耕文化和北方游牧文化的接合部，是古丝绸之路东段北道必经之地，也是历代兵家必争的军事要塞。六盘山地区积淀着丰富的伊斯兰文化、有着浓郁的回族风情，广泛流传着具有民族和地方特色的传说和故事，如"魏徵梦斩泾河老龙""柳毅传书""鬼门关的故事"等。六盘山是1935年毛泽东主席率领中国工农红军长征时翻越的最后一座大山，毛泽东一首《清平乐·六盘山》，使之名扬海内外。六盘山的森林生态系统、回乡风情、历史文化、近代史上的纪念地等多种旅游元素构成了它"清凉世界""丝路古道""回族之乡""红色之旅"这四种引人注目的旅游品牌。主要旅游景点有六盘山森林公园、老龙潭、红军长征纪念亭、须弥山石窟、固原博物馆等。

送卢潘尚书之灵武

韦蟾

贺兰山下果园成，塞北江南旧有名。
水木万家①朱户暗，弓刀千队铁衣鸣。
心源落落堪为将，胆气堂堂合用兵。
却使六番②诸子弟，马前不信是书生③。

【背景】

韦蟾（？—约873），字隐珪，下杜（今陕西省西安市）人。晚唐诗人。大中七年（853）登进士第。初为徐商掌书记。后为御史中丞，大中元年至咸通元年（847—860），官至尚书左丞。其诗现存十首。

卢潘，唐代官员，时任尚书。咸通十年（869），到灵武（今宁夏吴忠市境内）出任朔方节度使。史书记载，他为官清廉，家贫如洗，最后死于灵武。韦蟾是卢潘的朋友，在卢潘到灵武（灵州）任职时，写了《送卢潘尚书之灵武》，此诗精辟地概括了灵州在中国历史上的重要地位，描写了灵州的富饶美景，赞颂了卢潘是一个出色的将才。

【注释】

① 水木万家：指渠水灌溉农田，树木绕着千家万户。 ② 六番：即六州番落，指唐代西北的伊州、凉州、甘州、石州、渭州、熙州等地的少数民族，此处是指安置于宁夏一带的"六胡"。番，古代对中原王朝以外各族的通称。 ③ 书生：此借指卢潘。

【旅游看点】

灵武 古称灵州，唐代为灵州都督府和朔方节度使驻地，是北部边地重要的军事重镇，军事上辐射的范围远达西北和内蒙古地区。"安史之乱"爆发后，太子李亨在灵武即位也就是肃宗。肃宗在灵州调兵遣将，号令天下，平定叛乱，重兴中唐，使此地声威大振，闻名遐迩。灵武素有"塞北江南"之美誉。其旅游资源丰富，名胜古迹众多。闻名遐迩的水洞沟是中国最早发现旧石器时代的古人类文化遗址，被誉为"中国史前考古的发祥地"。距今1.6亿年前的灵武恐龙化石遗址是中国发现面积较大、分布集中、保存完整、周边环境未遭破坏的恐龙化石，是蜥脚类恐龙中个体最大的属种之一。此外还有大海子旅游区、世界枣树博览园、灵武高庙、黄羊墩等景点。

贺兰山 位于宁夏西北边境和内蒙古自治区接界处，是中国西北地区的重要地理界线。贺兰山脉海拔2000～3000米，主峰敖包圪垯海拔3556米，是宁夏与内蒙古的最高峰。贺兰山气势雄伟，风光秀丽，伫立于主峰放眼东眺，宁夏平原尽收眼底；极目俯瞰，草原景色一览无余，是理想的避暑、旅游胜地。西夏王陵、贺兰山岩画、藏传佛教寺庙南寺、广宗寺、福音寺等是其主要旅游景点。

塞北江南 初指今宁夏北部黄河河东灌区——灵州地区，即今宁夏吴忠市一带的黄河河东灌区。今泛指宁夏北部黄河平原，包括今宁夏北部吴忠市、银川市、石嘴山市和中卫市引黄灌区一带。史书记载，早在秦汉时期，灵州就兴修水利引黄河水灌溉，经济繁荣，五胡十六国的赫连勃勃时期，在这里建了果园城，南北朝时期的北周政府把江南居民迁到灵州地区，带来先进技术和文化，于是，灵州就被称作鱼米之乡的"塞北江南"。最早提出灵州为"塞北江南"的人是隋朝人郎茂，而最早写诗赞美灵州"塞北江南"的诗人就是韦蟾。

金城北楼

高 适

北楼西望满晴空,积水连山胜画中。

湍上急流声若箭,城头残月势如弓。

垂竿已羡磻溪老①,体道②犹思塞上翁。

为问边庭更③何事,至今羌笛④怨无穷。

【背景】

高适(约700—765),字达夫,一字仲武,渤海蓨(今河北沧州)人。唐代著名的边塞诗人,与岑参并称"高岑",后人把高适、岑参、王昌龄、王之涣合称"边塞四诗人"。高适少孤贫,爱交游,有游侠之风,早年去长安求取功名未果,开元二十年(732)去蓟北,体验了边塞生活。后漫游梁、宋(今河南开封、商丘)。天宝三载,与李白、杜甫、岑参同游梁园(今河南商丘),结下亲密友谊,成为文坛佳话。天宝八年(749),经睢阳太守张九皋推荐,50岁应举中第,授封丘尉。天宝十一年(752),担任凉州河西节度使哥舒翰幕府任掌书记,辅佐哥舒翰守潼关。晚年官至渤海县侯终散常侍,世称"高常侍"。

这首诗是高适为数不多的律诗佳作之一。天宝十一年(752)秋冬之际,高适经人引荐,入陇右节度使哥舒翰幕中,充任掌书记。此诗即写于离开长安赴陇右途经金城时。高适隐身渔樵数十年,刚做了几年县尉又不堪吏役辞掉了,可谓饱尝仕途的艰辛。此次赴陇右幕府,虽是他所渴求的,但前途未卜,诗中写出塞外风光的苍凉雄壮,表达了作者当时的心情。

【注释】

①磻溪老：指姜太公吕尚。　②体道：领会到人生的规律。　③更：又，还有。　④羌笛：乐器，出于羌族，因以名之，其曲音调多凄婉。

【旅游看点】

金城　指今天的甘肃省省会兰州。兰州是新亚欧大陆桥中国段五大中心城市之一，西北地区第二大城市，丝绸之路经济带的重要节点城市。西汉设立县治，取"金城汤池"之意而称金城。隋初改置兰州总管府，始称兰州。自汉至唐、宋时期，随着丝绸之路的开通，此地出现了丝绸西去、天马东来的盛况，兰州逐渐成为丝绸之路重要的交通要道和商埠重镇，联系西域少数民族的重要都会和纽带，在沟通和促进中西经济文化交流中发挥了重要作用。这是一座黄河环绕的大都会，这是一座因"拉面"而声名鹊起的城市。黄河水的滋养，使得兰州成为闻名全国的"瓜果城"。兰州百合，瓣大肉厚，香甜可口；兰州的黑瓜子，板大形正，被称为"兰州大片"，畅销海内外；兰州的白兰瓜、黄河蜜，清香溢口，素有"赏景下杭州、品瓜上兰州"的赞誉。历史和大自然为兰州留下了许多名胜古迹，国家级森林公园有徐家山、吐鲁沟、石佛沟、兴隆山；市区有五泉山、白塔山、白云观、白衣寺等名胜古迹，还有兰山公园、南湖公园、西湖公园、滨河公园、水上公园等风格各异的景点。

磻溪　指今陕西宝鸡钓鱼台。钓鱼台，因西周名士姜子牙在此隐居十载，遇文王而闻名于世。钓鱼台位于宝鸡市东南40公里蟠溪河上。蟠溪河又名伐鱼河，南依秦岭，北望渭水，山清水秀，古柏叠翠，是省级风景名胜区和省级重点文物保护单位。唐贞观年间在这里建太公庙，并植柏四株，至今犹存。一直到清乾隆年间历代在此建有文王庙、三清殿、王母宫、玉皇庙、吕祖洞、九天圣母庙、戏楼、钟楼及寝室等20余座、60余间，分布在岩壑翠柏之中，与河东岸的钓台遗迹、河道中央的"璜石"、河西的望贤台以及飞瀑流霞等自然风光相辉映。现存建筑有硬山脊三清殿、太公庙、玉皇庙及歇山顶九脊文王庙等。钓鱼台建筑风格典雅、自然景色迷人。主要历史遗迹有滋泉、钓台、石室、望贤台、武吉洞等。还有仙山奇雾、奇石叠翠、浪声莫测、璜石玄立、生肖石趣、神鸡之架、山涧清波、石坝飞瀑八大胜景。

出塞（其一）

王昌龄

秦时明月汉时关，
万里长征人未还。
但使①龙城飞将②在，
不教③胡马度阴山。

【背景】

王昌龄（698—757），字少伯，河东晋阳（今山西太原）人，又一说为京兆长安人（今西安）人。盛唐著名边塞诗人，被后人誉为"七绝圣手"。

王昌龄是著名的边塞诗人之一，他年轻时正值唐朝鼎盛时期，许多文人希望借投笔从戎，远赴边塞来实现自己的理想抱负。王昌龄在27岁左右曾西出长安，远赴边塞，以求得军功。他的许多边塞诗都

写于此时,《出塞》是王昌龄凭吊李广墓时所作,明代诗人李攀龙推它是唐人七绝的压卷之作。

　　飞将军李广是西汉时期的著名将领,精通骑马射箭。汉文帝时因抗击匈奴有功被封为中郎。元光六年(前129),任骁骑将军,领万余骑出雁门击匈奴,因众寡悬殊负伤被俘。匈奴兵将其置卧于两马间,李广佯死,于途中趁隙跃起,奔马返回。后任右北平郡太守。匈奴畏服,称其为飞将军,数年不敢来犯。元狩四年(前119),漠北之战中,李广任前将军,因迷失道路,未能参战,愤愧自杀。李广英勇善战,历经汉景帝、武帝,立下赫赫战功,对部下也很谦虚和蔼。文帝、匈奴单于都很敬佩他,但他年纪不大而自杀,许多部下及不相识的人都为他扼腕痛哭,司马迁称赞他是"桃李不言,下自成蹊"。

【注释】

　　① 但使:只要。　② 龙城飞将:指汉朝飞将军李广。李广是西汉时期的名将,被匈奴称为"飞将军"。龙城是天水市的别称。李广是天水人,故被称为"龙城飞将"。　③ 不教:不叫,不让。

【旅游看点】

　　龙城　天水市别称,古称成纪。天水之名源于"天河注水"的美丽传说。称天水为"龙城"是源自它是华夏始祖"人首龙身"的伏羲的出世之地,所以又有"羲皇故里"之称。天水郡称呼始于汉武帝元鼎三年

（前114）。天水是甘肃少有的山青水绿的地方，素有"陇上江南"之美誉。其著名景点之一是麦积山风景名胜区，名胜区内峰峦叠翠、山环水绕，兼具江南水乡的秀美和北国山川的雄奇。麦积山石窟是中国四大石窟之一，以其精美的泥塑艺术闻名世界，被誉为东方雕塑艺术陈列馆，是理想的旅游胜地。2014年作为中国、哈萨克斯坦和吉尔吉斯斯坦三国联合申遗的"丝绸之路：长安—天山廊道的路网"中的一处遗址点被联合国教科文组织列入《世界遗产名录》。天水市历史悠久，历代人文荟萃，境内文物古迹众多。《三国演义》中"马谡失街亭""姜维三战小陇山"的历史故事就发生在这里。天水伏羲庙、卦台山，是海内外炎黄子孙朝宗拜祖的场所。

李广墓 位于天水市城南石马坪，是李广的衣冠冢，葬有其宝剑衣冠。墓前竖立清乾隆己未年间重建的"汉将军李广墓"和蒋中正题"汉将军李广之墓"两块石碑。墓地祭亭门前有两匹汉代石雕骏马，造型粗犷，风格古朴，石马坪也因此而得名，但现已磨损残缺。每逢清明节，群众多来此扫墓，追念先贤。

阴山 是昆仑山的北支，起自河套西北，横贯绥远、察哈尔及热河北部，是中国北方的屏障。阴山地区人类活动的历史非常悠久，是内地汉族与北方游牧民族交往的重要场所。古今有许多著名诗句描写此山，如北朝最具代表性的著名民歌《敕勒歌》。阴山山区现存名胜有昭君墓（青冢）、战国赵长城、高阙鸡鹿塞、武当召（汉名广觉寺）、美岱召、百灵庙等。在众多景观中阴山岩画最负盛名。早在公元5世纪时，境内的阴山岩画就被北魏地理学家郦道元发现。阴山岩画是古代游牧民族凿磨在阴山岩石上的艺术图画，再现了中国北方各游牧民族的历史和经济生活，具有极高的历史、科考和艺术观赏价值。岩画主要分布于巴彦淖尔境内的阴山山脉西段（东起乌中旗阿其山、西至磴口县布敦毛德沟，东西长300公里、南北宽40～70公里的区域内），已发现的有53000余幅。特别是20世纪80年代初，内蒙古自治区文物考古工作者盖山林一行根据郦道元《水经注》的记载，在巴彦淖尔境内的阴山西段发现了上万幅岩画，引起了国内外考古学界的高度关注，阴山岩画一时声名大振，被誉为"举世罕见的珍贵古代民族文物"。

凉州词①二首（其一）

王 翰

葡萄美酒夜光杯，
欲②饮琵琶马上催③。
醉卧沙场君莫笑，
古来征战几人回。

【背景】

　　王翰（687—762），字子羽，并州晋阳（今山西太原）人，唐代与王昌龄为同时期的边塞诗人。景云元年（710）进士，曾任汝州长史、仙州别驾等。其诗载于《全唐诗》的，仅有14首。

　　唐朝时各少数民族对中原的侵犯始终未断，朝廷屡派军队前往边塞御敌。而军队里除了带兵打仗的武官，还需要一批文官随军掌管文牍事务，大批的文人就有了去边塞参战的机会，"边塞诗"由此而兴盛。王翰以驾部员外郎的身份前往西北前线，在前线写下了这首流传千古的《凉州词》。

　　王翰家资富饶，性格豪放，家里养了好几匹名马，还有十来个歌伎，整天喝酒赌钱，自命王侯，狂妄一时。王翰仕途不得意，吃亏在他的豪放不羁的性格。但他的才情也缘于这种豪放的性格。当时著名学者徐坚与张说品论文坛人物时，曾有"王翰之文，有如琼林玉斝（jiǎ）"等赞美之语。杜华也是当时的著名学士，其母崔氏说："吾闻孟母三迁。吾今欲卜居，使汝与王翰为邻，足矣！"由此可见王翰的才名被当时人所看重。张说被罢了丞相后，王翰也接连被贬为六品的汝州长史、从六品的仙州别驾等。王翰到任后，还是"日聚英豪，从禽击鼓，恣为欢赏"。于是又被贬为道州司马，在上任的途中去世。

【注释】

① 凉州词：唐乐府名，又作凉州曲，即凉州地区流行歌曲的歌词。凉州，唐陇右道凉州治所在姑臧县（今甘肃武威）。 ② 欲：将要。 ③ 催：催饮。

【旅游看点】

凉州 古称雍州、雍凉之都，即现在的甘肃省武威市。凉州是河西走廊的门户，古时素有"通一线于广漠，控五郡之咽喉"之重地之称。这里曾经是中国第三大城市，一度是西北的军政中心、经济文化中心。凉州自古以来就是"人烟扑地桑柘稠""车马相交错，歌吹日纵横"的西北商埠重镇，为丝绸之路节点之一。现在的武威市被称为"五凉古都""河西都会""西夏陪都"，有"中国旅游标志之都""中国葡萄酒的故乡""世界白牦牛唯一产地"和"中国人参果之乡"等美誉。主要旅游资源代表有"一马"（马踏飞燕）、"一碑"（西夏碑）、"一寺"（白塔寺）、"一窟"（天梯

山石窟）、"一塔"（罗什寺塔）、"一庙"（文庙）、"一堡"（瑞安堡）。

葡萄酒 传入中国始于西汉。张骞出使西域将葡萄和酿酒技艺引入中原。《后汉书·宦者列传·张让》中有孟佗用一斗葡萄酒收买张让换得凉州刺史的典故。唐朝贞观十四年（640），唐太宗命交河道行军大总管侯君集率兵平定高昌。破了高昌国后，收集到马乳葡萄放到院中，并且得到了酿酒的技术，唐太宗把技术资料作了修改后酿出了甘醇浓郁的葡萄酒，并与大臣们共同品尝，这是史书中第一次明确记载内地用西域传来的方法酿造葡萄酒的档案。

夜光杯 据东方朔的《海内十洲记》中的《凤麟洲》记载："周穆王时，西胡献昆吾割玉刀及夜光常满杯。刀长一尺，杯受三升。刀切玉如切泥，杯是白玉之精，光明夜照。"这说明，早在2000多年前，酒泉就出产夜光杯，而且是稀世之宝。相传西周（约前1066—前771）国王周穆王姬满应西王母之邀赴瑶池盛会，席间，西王母馈赠姬满一只碧光粼粼的酒杯，名曰"夜光常满杯"。姬满如获至宝，爱不释手，从此夜光杯名扬千古。西周时是以和田玉制成夜光杯，运往长安、洛阳等地。后来因为玉杯在运输途中易损，则改为把和田玉运到酒泉，在当地加工成夜光杯再运输。后来和田玉供应不上，就改用在祁连山开采的酒泉玉来制作夜光杯。唐代夜光杯更是闻名遐迩，葡萄美酒产于凉州（武威），夜光杯产于肃州（酒泉），酒因杯而质愈显，杯因酒而名更著，相得益彰，名垂千秋。

凉州词二首（其一）

王之涣

黄河远上①白云间，

一片孤城万仞②山。

羌笛何须怨杨柳③，

春风不度④玉门关。

【背景】

王之涣（688—742），字季凌，祖籍晋阳（今山西太原），其高祖迁至绛（今山西绛县）。盛唐诗人。讲究义气，豪放不羁，常击剑悲歌。其诗以善于描写边塞风光著称。用词十分朴实，造境极为深远。多被当时乐工制曲歌唱。传世之作现仅存六首。以《登鹳雀楼》《凉州词》为代表作。章太炎推《凉州词》为"绝句之最"。

唐人薛用弱《集异记》记载：开元年间（713—741），王之涣与高适、王昌龄到旗亭饮酒，遇梨园伶人唱曲宴乐，三人便私下约定以伶人演唱各人所作诗篇的情形定诗名高下。王昌龄的诗被唱了两首，高适也有一首诗被唱到，王之涣接连落空。轮到诸伶中最美的一位女子演唱了，她所唱正是这首《凉州词》。王之涣甚为得意。这就是著名的"旗亭画壁"故事。此事未必实有，但由此表明王之涣这首诗在当时已成为广为传唱的名篇。

传说清朝末年，慈禧太后请一位著名的书法家为她的扇子提诗。那位书法家写的正是这首《凉州词》。由于疏忽，书法家忘了写"间"

字。慈禧大怒,要杀他。那位书法家急中生智,连忙解释道:"老佛爷息怒,这是用王之涣的诗意填的一首词",并当场读给慈禧听:"黄河远上,白云一片,孤城万仞山。羌笛何须怨?杨柳春风,不度玉门关。"慈禧听罢,转怒为喜,连声称妙。

【注释】

① 远上:远远向西望去。 ② 仞:古代的长度单位,一仞相当于七八尺。 ③ 杨柳:《折杨柳》曲。唐朝有折柳赠别的习俗。古诗文中常以杨柳喻送别情事。 ④ 度:吹到。

【旅游看点】

玉门关 俗称小方盘城,位于甘肃省敦煌市西北90公里处。相传西汉时西域和田的美玉,经此关口进入中原,玉门关因此而得名。汉武帝元狩二年(前121),骠骑将军霍去病率兵西征,沉重地打击了匈奴右部。同年,汉分河西为武威、酒泉两郡。元鼎六年(前111),又增设张掖、敦煌两郡,同时建玉门关和阳关。当时中原与西域交通莫不取道两关,从此,玉门关和阳关就成为西汉王朝设在河西走廊西部的重要关隘和丝路的交通要道。这里曾随丝绸之路的三通三绝而屡次兴废,最后沦为废墟。现在的玉门关遗迹,是一座四方形小城堡,耸立在东西走向戈壁滩狭

长地带中的砂石岗上，走敦煌西线前往雅丹魔鬼城必须经过这里。在这里可以看到一望无际的戈壁风光、形态逼真的天然睡佛，有幸还可以看到虚无缥缈的海市蜃楼。2014年，玉门关遗址作为中国、哈萨克斯坦和吉尔吉斯斯坦三国联合申遗的"丝绸之路：长安—天山廊道的路网"中的一处遗址点成功列入《世界遗产名录》。

敦煌 地处河西走廊的最西端，是中原通往西域乃至欧洲的唯一通道，是古丝绸之路的咽喉要地。在南朝被记为"华戎所交一大都会"。东汉地理学家应劭说："敦，大也；煌，盛也。"大和盛就是开拓和发达之意。著名学者季羡林说："世界上历史悠久、地域广阔、自成体系、影响深远的文化体系只有四个：中国、印度、希腊、伊斯兰，再没有第五个。而这四个文化体系汇流的地方只有一个，就是中国的敦煌和新疆地区，再没有第二个。"莫高窟是敦煌最为著名的旅游景点，位于敦煌市东南鸣沙山东的断崖上，它是中国最大的古典艺术宝库，也是佛教艺术中心。莫高窟始建于东晋太和元年（366）。存有洞窟735个，壁画45000平方米，彩塑2400余尊，唐宋木构窟檐5座。初唐时期所开凿的编号96号的石窟，窟内的大佛高35.5米，两膝间宽度为12米，是莫高窟的第一大佛。窟前的建筑为九层楼，攒尖高耸，檐牙错落，铁马叮咚，已成为莫高窟的标志之一。莫高窟被誉为"沙漠中的美术馆"和"墙壁上的博物馆"，以精美的壁画和塑像闻名于世。敦煌石窟佛教尊像中，菩萨的容貌姿态是最优美、最丰富、最动人的，菩萨像展示了东方女性美的魅力，她的塑像被世人称为"东方维纳斯"，她的画像被世人称为"东方圣母"。主要景点有莫高窟、敦煌雅丹国家地质公园、鸣沙山月牙泉、三危山、阳关。

酒泉 位于甘肃省西北部河西走廊西端的阿尔金山、祁连山与马鬃山之间，为汉代河西四郡之一，自古是中原通往西域的交通要塞，丝绸之路的重镇。酒泉因"城下有泉""其水若酒"而得名，是敦煌艺术的故乡、现代航天的摇篮、新中国石油工业和核工业的发祥地。主要有安西锁阳城、酒泉公园、酒泉卫星发射中心等旅游景点。

关山月

李 白

明月出天山,苍茫云海间。
长风几万里,吹度玉门关。
汉下①白登②道,胡窥青海湾③。
由来④征战地,不见有人还。
戍客望边邑,思归多苦颜。
高楼⑤当此夜,叹息未应闲。

【背景】

李白(701—762),字太白,号青莲居士,唐朝浪漫主义诗人,被后人誉为"诗仙"。李白祖籍陇西成纪,出生于西域碎叶城,4岁随父迁至剑南道绵州。李白存世诗文千余篇,有《李太白集》传世。762年病逝,享年61岁。其墓在今安徽当涂,四川江油、湖北安陆有纪念馆。

关山月是乐府旧题,属横吹曲词,系守边战士在马上吹奏的军乐,多抒发离别哀伤之意。后演化成古琴曲。

这首诗创作于李白人生的晚期,他感叹唐朝国力强盛,但边尘未曾肃清过。此诗就是在叹息征战之士的辛苦和后方思妇的愁苦时所作。

【注释】

① 下:出兵。 ② 白登:今山西大同东有白登山。刘邦征匈奴曾被围白登山七日。 ③ 青海湾:即今青海省青海湖,湖因青色而得名。 ④ 由来:从来,历来。 ⑤ 高楼:古诗中多以高楼指闺阁,这里指戍边兵士的妻子。

【旅游看点】

天山 这里指祁连山。它位于青海省东北部与甘肃省西部边境,由多条西北—东南走向的平行山脉和宽谷组成,"祁连"系匈奴语,匈奴呼天为"祁连",祁连山即"天山"之意。因位于河西走廊之南,历史上也曾称它为南山,还有雪山、白山等名称。祁连山平均山脉海拔在4000~5000米,地貌奇丽壮观。祁连山有广阔的原始森林,雪岭密林之中有鹿群游荡。四季不分明,"祁连六月雪"就是祁连山气候和自然景观的写照。雪莲、蚕缀、雪山草为祁连山雪线上的"岁寒三友"。1988年在祁连山北部的中东段设立甘肃省祁连山国家级自然保护区。祁连山前的河西走廊自古就是内地通往西北的天然通道,文化遗迹和名胜众多。在汉代和唐代,著名的"丝绸之路"即由此通过,留下众多中西文化交流的古迹和关口、城镇,如嘉峪关、黑水国汉墓、马蹄寺石窟、西夏碑、炳灵寺石窟等。在河西走廊东部的历史文化名城武威出土的汉代铜奔马是中国旅游的标志。

霍去病与祁连山 黄河以西一条狭长的地带被人们称为河西走廊,一座大山将它分割,南面是青藏高原,北面是茫茫戈壁。这座山就是祁连山,西汉时期一直是匈奴的地盘。祁连山下曾经发生过无数次的民族战争,使这里成为狼烟四起、战马奔腾的古战场。汉武帝时期匈奴强大,动摇着大汉的根基,公元前121年春天,汉武帝任命霍去病为骠骑将军,率领精骑一万人,从陇西(今甘肃临洮)出发,攻打匈奴。在霍去病的指挥下,汉军所至,势如破竹,阵斩匈奴折兰王、卢侯王,活捉了匈奴浑邪王的儿子及相国、都尉等,歼敌8900多人,并且缴获了匈奴休屠王的祭天金神像。同年夏,霍去病再次出征匈奴右贤王部,孤军深入并大获全胜。歼敌四万余人,俘虏匈奴屯头王、韩王等3人及将军、相国、当户、都尉等83人,斩断了匈奴的右臂。匈奴哀歌唱道:"亡我祁连山,使我六畜不蕃息;失我燕支山,使我妇女无颜色。"经此一役,匈奴不得不退到焉支山北,汉王朝收复了河西平原,为丝绸之路的开通扫平了障碍。霍去病死后,武帝下令将他的坟墓修成祁连山的模样,以彰显他力克匈奴的奇功。

从军行七首（其四）

王昌龄

青海长云暗雪山①，

孤城遥望玉门关。

黄沙百战穿②金甲，

不破楼兰③终不还。

【背景】

唐高宗调露、永隆年间（679—681），吐蕃、突厥曾多次侵扰甘肃一带，唐礼部尚书裴行俭奉命出师征讨。王昌龄的《从军行》组诗就是描写这一时期边塞战士的战斗生活情况的诗篇。诗歌采用乐府旧题，共有七首，每首写一个场面。这是其中的第四首。

《从军行》是乐府旧题，属相和歌辞平调曲，内容多反映军旅生活。

当时唐代西、北方的强敌，一是吐蕃，一是突厥。河西节度使的任务是隔断吐蕃与突厥的交通，一镇兼顾西方、北方两个强敌，主要是防御吐蕃，守护河西走廊。青海地区，正是吐蕃与唐军多次作战的场所；而玉门关外，则是突厥的势力范围。此诗描绘了边塞战士在漫长而严酷的战斗生活中誓死杀敌"不破楼兰终不还"的坚强意志和决心。

【注释】

① 雪山：祁连山，山巅终年积雪，故云。　② 穿：磨破。　③ 楼兰：汉时西域国名，即鄯善国，在今新疆维吾尔自治区鄯善县东南一

带。西汉时楼兰国王与匈奴暗中联络，屡次杀害汉朝通西域的使臣。此处泛指唐西北地区常常侵扰边境的少数民族政权。

【旅游看点】

青海湖 即诗中的"青海"，又名"库库淖尔"，即蒙语"青色的海"之意。它位于青海省东北部的青海湖盆地内，既是中国最大的内陆湖泊，也是中国最大的咸水湖。由祁连山的大通山、日月山与青海南山之间的断层陷落形成。青海湖的南北两岸曾是丝绸之路青海道和唐蕃古道的必经之地，唐朝大将哥舒翰筑城于此，置神威军戍守。这里有许多美丽的传说，传说青海湖是王母娘娘最大的瑶池，每年农历六月六西王母会在此设蟠桃盛会，宴请各路神仙。还有传说此湖是文成公主出嫁时唐王给她的日月宝镜变化而成。还有的说，是当年东海龙王最小的儿子引来108条河水，汇成这浩瀚的西海，因此他成了西海龙王。现在环湖及周边主要景点有日月山、倒淌河、湖里木沟岩画、橡皮山、茶卡盐湖、茶卡寺、伏埃古城、鸟岛、海心山、北向阳古城、舍卜吉岩画、尕海古城、金银滩草原、原子城西海镇、沙岛、西海郡三角城。每年7至8月举行的环湖自行车赛是亚洲顶级赛事，也是世界上最高海拔的国际性公路自行车赛。

楼兰古国 地处新疆巴音郭楞蒙古自治州若羌县北境，罗布泊的西北角、孔雀河道南岸7公里处。楼兰是西域最东边的丝绸之路上的当道小国，曾经十分繁华，汉匈为争夺西域都欲控制楼兰。后因严重干旱，民众南迁。公元前77年，西汉勇士、著名外交家傅介子杀楼兰王更其国名为鄯善。汉朝应鄯善之请求，派兵在其境内的伊循城内屯田。448年，北魏灭鄯善国。前后经历了600余年的鄯善国（楼兰国）至此灭亡。630年左右，其国都楼兰古城神秘消失。1900年3月，著名瑞典探险家斯文·赫定带领一支探险队到新疆考察探险，中国维吾尔族人爱克迪在返回原路寻找丢失的铁铲时遇到了沙漠狂风，意外地发现沙子下面有一座古城。第二年，斯文·赫定再次抵达这座神秘的古城，发掘出不少文物，经研究后断定，这座古城就是消失多时的古楼兰城。楼兰城的再次出现，引得各国探险家争相前往探险觅宝。英籍匈牙利人斯坦因、美国人亨廷顿、日本人桔瑞超先后抵达这座"有高度文化的古城遗址"，掠走了一批重要文物。现在的楼兰还有楼兰古国遗址、罗布泊湖心标志、龙城雅丹、太阳墓、余纯顺墓等景观。

天山雪歌送萧治归京

岑 参

天山雪云常不开①,千峰万岭雪崔嵬。

北风夜卷赤亭口②,一夜天山雪更厚。

能兼汉月照银山③,复逐胡风过铁关④。

交河城边鸟飞绝,轮台路上马蹄滑。

晻霭⑤寒氛⑥万里凝,阑干阴崖⑦千丈冰。

将军狐裘卧不暖,都护⑧宝刀冻欲断。

正是天山雪下时,送君走马⑨归京师。

雪中何以赠君别,惟有青青松树枝。

【背景】

岑参(约715—770),唐代边塞诗派的代表人物,唐玄宗天宝三年(744)进士,曾两次从军边塞,先在安西节度使高仙芝幕府掌书记;天宝末年,封常清为安西北庭节度使时,为其幕府判官。代宗时,曾官嘉州刺史(今四川乐山),世称"岑嘉州"。大历五年(770)卒于成都。其诗长于七言歌行,多描写塞上风光和战争景象,气势豪迈,语言瑰丽多姿。

岑参于唐玄宗天宝十三载(754)夏秋之交到北庭,唐肃宗至德二载(757)春夏之交东归,这首诗即作于这一时期,约与《白雪歌送武判官归京》同时期。这篇诗歌也是岑参边塞诗的名篇之一。诗歌以丰富的想象、豪迈的激情勾画出一幅极其奇伟壮丽的、充满浪漫色彩的边塞天山雪景图，寒气彻骨却热血沸腾，无怨天尤人之意，有保国安民之情。

【注释】

① 开：消散。　② 赤亭口：唐置赤亭守捉于此，在今新疆鄯善县七克台镇境内。　③ 银山：今库米什，位于吐鲁番到铁门关的半路上。银山碛西馆是唐军的驿馆，也称银山驿馆，距吐鲁番约150公里，距铁门关约200公里。　④ 铁关：即铁门关，中国古代二十六名关之一，为一长长的石峡，两崖壁立，其口有门，色如铁，形势险要。　⑤ 晻霭（ǎn ǎi）：昏暗的样子。　⑥ 寒氛：寒冷的云气。　⑦ 阴崖：背阴的山崖。　⑧ 都护：官名，汉宣帝置西域都护，总监西域诸国，并护南北道，为西域地区最高长官。唐置安东、安西、安南、安北、单于、北庭六大都护，权任与汉同，且为实职。　⑨ 走马：骑马。

【旅游看点】

天山是世界七大山系之一，东西横跨中国、哈萨克斯坦、吉尔吉斯斯坦和乌兹别克斯坦四国，全长2500公里，南北平均宽250～350公里，最宽处达800公

里以上。天山是世界上最大的独立纬向山系，也是世界上距离海洋最远的山系和全球干旱地区最大的山系。天山山脉把新疆大致分成两部分：南边是塔里木盆地，北边是准噶尔盆地。托木尔峰是天山山脉的最高峰，海拔7443米。锡尔河、楚河和伊犁河都发源于天山。天山旅游资源丰富。天池景区地处天山博格达峰北侧，海拔1981米，湖面呈半月形，是世界著名的高山湖泊之一，有"天山明珠"的称誉。西王母祖庙位于天山天池的东岸，博格达峰的西北方向，海拔2000米左右，它是新疆最古老的海拔最高的道观之一。传说王母娘娘就是在此修道成仙的。巴里坤湖位于东天山两条支脉之间，是巴里坤盆地最低处，海拔1585米，属高原性咸水湖泊，湖东有大片的草原，水洼遍布、芦苇丛生、牧草茂盛。每到春、夏、秋三季，大雁、野鸭、鱼鸥、白鸥等无数的水鸟在这里生息繁衍。2013年中国境内天山的托木尔峰、喀拉峻—库尔德宁、巴音布鲁克、博格达4个片区以"新疆天山"为名成功申请列入世界自然遗产名录，成为中国第44处世界遗产项目。

铁关 即铁门关，中国古代二十六名关之一，在焉耆以西25公里，位于库尔勒市北郊8公里处的霍拉山、库鲁克山之间的峡谷中。西汉张骞衔命出使西域曾路经铁门关，峡谷曲折幽深，岸壁如刀劈斧凿。据考，从晋代起，这里就设立了关口，因其地处险要，故名铁门关。铁门关扼孔雀河上游陡峭峡谷的出口，是焉耆盆地与塔里木盆地之间的一道天险。曾是北疆通往南疆的唯一通道，古丝绸之路中段的必经之地。如今的铁关峡谷，在拦河大坝上建起了大水库，往日奇险无比的古丝路中的一段已淹没在万顷碧水中。关旁绝壁上还留有"襟山带河"4个隶书大字。如今，铁门关旁山坡上还留有古代屯兵的遗址。峡谷中依山傍水之处，林木葱郁、百花斗艳、亭台楼阁错落有致，是盛夏时节的旅游胜地。

火山云歌送别

岑 参

火山突兀①赤亭②口,火山五月火云厚。

火云满山凝未开,飞鸟千里不敢来。

平明乍③逐④胡风断,薄暮⑤浑⑥随塞雨回。

缭绕斜吞铁关树,氤氲⑦半掩交河⑧戍。

迢迢征路火山东,山上孤云随马去。

【背景】

这首诗是即景命篇,咏云送人之作。岑参曾两度出塞,前后在边塞生活了6年,善于描写边塞瑰丽风光。火山奇观让人惊叹,山上之云更是奇峭壮丽。好友东归,以塞外奇景为对方壮行,临别不伤,别有一番风情。

阿斯塔那—哈拉和卓古墓群位于新疆吐鲁番市以东42公里处,是世界上最著名的古墓地之一,有"地下博物馆"之称。在阿斯塔那古墓,很多死者上面都罩着一个纸糊的棺材,并随葬有纸糊的衣带、鞋等物品。可能是古代纸张珍贵稀少,用过的纸不会随便扔掉,而是再做他用。这些随葬品所用的冥纸就是当时使用过的文件、档案、书信、账本等,上面的文字均是用汉文墨笔书写的。这些纸做的随葬品拆开来,就是闻名天下的"吐鲁番文书"。考古工作者在506号墓穴中,意外地发现了盛唐时期著名诗人岑参留下的一纸账单。岑参的这张账单,糊在一个独特的罩在尸体的纸棺上,这是诗人无意间给我们留下的珍贵文物。

【注释】

①突兀：高耸的样子。　②赤亭：即今火焰山的胜金口，在今鄯善县七克台镇境内，为鄯善到吐鲁番的交通要道。　③乍：突然。　④逐：随着。　⑤薄暮：傍晚的时候。　⑥浑：还是。　⑦氤氲（yūn）：浓厚茂盛的样子。　⑧交河：位于吐鲁番市以西约13公里的雅尔乃孜沟中。它最早是西域三十六国之一的"车师前国"的都城。

【旅游看点】

火山 指火焰山，位于吐鲁番盆地的北缘，古丝绸之路北道。它主要由中生代的侏罗纪、白垩纪和第三纪的赤红色砂、砾岩和泥岩组成。《山海经》中将其称之为"炎火之山"，维吾尔语叫"克孜尔塔克"，意为红山，隋唐时期曾叫它为"赤石山"。火焰山是全国最热的地方，

夏季最高气温达47.8℃，地表最高温度达70℃以上，沙窝里可烤熟鸡蛋。火焰山是吐鲁番的著名景点。吴承恩的《西游记》中孙悟空三借芭蕉扇的故事，使火焰山增添了许多神奇色彩，成为天下奇山。游人到火焰山，还能看到唐僧路过时的拴马桩——凌空的山石还屹立在胜金口内；远处一片平顶的山坡则是唐僧上马的踏脚石；拴马桩东，隔峡谷有一高峰顶着一块活像长嘴的巨石，人称八戒石。其他景点还有馒头山、云梯、千佛洞、吊桥、买买提大院、万佛山等。与火焰山荒山秃岭形成强烈对比的是那一条条穿过山体的沟谷，沟底大多清泉淙淙、绿树成荫，形成条条狭长的绿洲。其中最著名的河谷当数葡萄沟，是吐鲁番葡萄的重要产地。

火焰山 维吾尔族民间传说天山深处有一头恶龙，专吃童男童女。当地最高统治者沙托克布喀拉汗为除害安民，特派哈拉和卓去降伏恶龙。经过一番惊心动魄的激战，恶龙在吐鲁番东北的七角井被哈拉和卓所杀。恶龙的鲜血染红了整座山。因此，维吾尔人把这座山叫作红山，也就是我们所说的火焰山。

吐鲁番 位于新疆维吾尔自治区中东部，天山东部山间盆地，又称"火洲"。吐鲁番是古丝绸之路上的重镇，有四千多年的文化积淀，曾经是西域政治、经济、文化的中心之一。主要景点有：交河故城、高昌故城、阿斯塔那古墓群、火焰山、葡萄沟、苏公塔、艾丁湖、坎儿井、吐峪沟麻扎村、库木塔格大沙漠、柏孜克里克千佛洞、连木沁唐朝烽燧台遗址。

献封大夫破播仙凯歌（其二）

岑 参

官军西出过楼兰，
营幕傍临月窟①寒。
蒲海②晓霜凝马尾，
葱山③夜雪扑旌竿。

【背景】

《献封大夫破播仙凯歌》是由六首七绝组成的一组诗，前四首写凯旋，后两首则追叙战斗情形。这是其中第二首。"封大夫"即封常清，他瘦瘠跛足，入伍后凭借谋略战功，迅速升迁，曾任安西四镇节度使摄御史大夫兼北庭都护、伊西节度使、瀚海军使。天宝十三年（754）冬，播仙发生叛乱，他率军大破播仙，破播仙之时，岑参在封常清幕府供职，作此组诗。

【注释】

① 月窟：古代以为是月亮在西方的归宿之地，此借指极西之地。
② 蒲海：蒲昌海，即今新疆罗布泊。   ③ 葱山：即葱岭，今新疆的天山、昆仑山都是其干脉，此指昆仑山。

【旅游看点】

蒲海 即罗布泊，位于新疆若羌县境东北部，曾是中国第二大内陆湖，海拔780米。由于形状宛如人耳，罗布泊被誉为"地球之耳"；又被称作"死亡之海"。330年以前湖水较多，西北侧的楼兰城为丝绸之路咽喉，之后由于气候变迁及人类水利工程的影响，导致上游来水减少，直至干涸，现仅为大片盐壳。罗布泊干涸后，周围生态环境发生巨变，草本植物全部枯死，防沙卫士胡杨树成片死亡，沙漠以每年3～5米的速度向罗布泊推进，很快和广阔无垠的塔克拉玛干沙漠融为一体。罗布泊从此成了寸草不生的地方，被称作"死亡之海"。几千年来，罗布泊和因它而繁盛的楼兰古国吸引了不少中外探险家前来考察，写下了许多专著和名篇，发表了不少有关罗布泊的报道。但是，由于各种局限和偏见，也制造了许多讹误，为罗布泊罩上了神秘的色彩。

葱山 即葱岭，是古代对今帕米尔高原及昆仑山、喀喇昆仑山西部诸山的统称。为古代东方和西方陆路交通的要道。该高原是地球上两条巨大山带（阿尔卑斯—喜马拉雅山带和帕米尔—楚科奇山带）的山结，也是亚洲大陆南部和中部地区主要山脉的汇集处，包括喜马拉雅山脉、喀喇昆仑山脉、昆仑山脉、天山山脉、兴都库什山脉五大山脉，它群山起伏，连绵逶迤，雪峰群立，耸入云天，号称亚洲大陆地区的屋脊。帕米尔古称不周山，是传说中的仙山。汉朝以"葱岭"相称，因多野葱或山崖葱翠而得名。古代丝路在进入塔里木盆地以后，分为南北两道，向着不同的目的地延伸，而到了葱岭后又交会一处，直达古丝绸之路上著名的石头城。从那里起，又分南北两道，到中亚细亚、小亚细亚、南亚次大陆北部和西北部地区以及欧洲大陆等更远的地方。

古从军行

李 颀

白日登山望烽火,黄昏饮马傍①交河②。
行人刁斗③风沙暗,公主琵琶④幽怨多。
野云万里无城郭,雨雪纷纷连大漠。
胡雁哀鸣夜夜飞,胡儿眼泪双双落。
闻道玉门犹被遮,应将性命逐轻车。
年年战骨埋荒外,空见蒲桃⑤入汉家。

【背景】

李颀,盛唐诗人,赵郡(今河北赵县)人,开元十三年(725)进士及第,一度任新乡县尉,不久去官,后长期隐居嵩山、少室山一带的"东川别业"。他与王维、高适、王昌龄等著名诗人皆有来往,诗名颇高。其诗内容丰富,所作边塞诗,风格豪放,慷慨悲凉,七言歌行尤具特色。

"从军行"是乐府古题。此诗写当代之事,由于怕触犯忌讳,所以题目加上一个"古"字。作者所处的年代,是唐朝从盛极转向衰败的时代。王朝统治者逐渐腐化堕落,政治上更是黑暗有加,对内采取野蛮的阶级压迫政策,对外则不断滋事挑衅,战争频仍,百姓苦不堪言,给各族人民造成难以忍受的深重灾难。诗歌借用古事对当时帝王的好大喜功、穷兵黩武,视人民生命如草芥的行径加以讽刺,悲多于壮。

【注释】

① 傍：顺着。　② 交河：古县名，故城在今新疆吐鲁番西面。③ 刁斗：古代军中铜质炊具，容量一斗。白天用以煮饭，晚上敲击代替更柝。　④ 公主琵琶：汉武帝时以江都王刘建女细君嫁乌孙国王昆莫，恐其途中烦闷，故弹琵琶以娱之。　⑤ 蒲桃：今作"葡萄"。

【旅游看点】

交河故城 位于吐鲁番市以西约13公里的雅尔乃孜沟中，因两条绕城河水在城南交汇而得名。它最早是西域三十六国之一的"车师前国"的都城。此城在南北朝和唐朝达到鼎盛，唐朝派驻西域的最高军政机构安西都护府，最初曾设于此城。据考证，全城唯一砖瓦的双层建筑，可能就是唐时安西都护府所在地。元末察合台时期，吐鲁番一带连年战火。交河城毁损严重，最终被弃。至今城内的官署、寺院、佛塔、坊曲街道等建筑物保存较好，是目前世界上保护得最好的生土建筑城市。交河故城现存遗址是其昌盛时期所建之规模，大体为唐代遗存。交河故城有三奇。一奇是它仅有两个城门：南门和东门。南门为主门，原有建筑已荡然无存，只剩一个巨大的豁口；东门被河道长期下切阻断在悬崖上而名存实亡。二奇是交河故城三面临崖、天险自成，没有古城常有的城墙。三奇是城内屋宇殿阁，均是平地下挖而成，几乎不用木料。屋宇多为两层，临街不见门窗，穿巷方见大门。此为典型的唐代建筑特色。1961年，交河故城被国务院列为全国重点文物保护单位，被誉为"世界上最完美的废墟"。

高昌故城 位于吐鲁番市东45公里处火焰山南麓，维吾尔语亦称都护城，即"王城"之意，曾是高昌王国的都城。高昌故城是古时丝绸之路在西域的交通枢纽，城分外城、内城、宫城三部分，是古代西域留存至今最大的故城遗址。全城有九个城门。其中南面有三个城门，东、西、北面各有两个城门。西面北边的城门保存最好。进入城内，可参观外城墙、内城墙、宫城墙、可汗堡、烽火台、佛塔等留存较为完整的建筑，内城北部正中有一座不规则的方形小城堡，当地人

称"可汗堡"。类似于唐代长安城的形制和布局,全部由夯土版筑而成。城西南和东南角保存有两处寺院遗址。南角的寺院,尚存一座多边形的塔和一个礼拜窟,是城内唯一壁画保存较好的地方。据考证,玄奘西游取经路过高昌国时,曾在此讲经一月。据说高昌王和高僧玄奘结为异姓兄弟,玄奘西行时高昌王馈赠颇丰,包括马匹、随从、粮食、骆驼等大量物品,可够三十年备用。高昌故城是世界宗教文化荟萃的宝地之一。2014年在联合国教科文组织第38届世界遗产委员会会议上,高昌故城作为中国、哈萨克斯坦和吉尔吉斯斯坦三国联合申遗的"丝绸之路:长安—天山廊道的路网"中的一处遗址点被成功列入《世界遗产名录》。

白雪歌送武判官归京

岑 参

北风卷地白草①折,胡天八月即飞雪。

忽如一夜春风来,千树万树梨花开。

散入珠帘湿罗幕,狐裘不暖锦衾②薄。

将军角弓③不得控,都护铁衣④冷难着⑤。

瀚海阑干⑥百丈冰,愁云惨淡万里凝。

中军置酒饮归客⑦,胡琴琵琶与羌笛。

纷纷暮雪下辕门⑧,风掣⑨红旗冻不翻。

轮台东门送君去,去时雪满天山路。

山回路转不见君,雪上空留马行处。

【背景】

本诗是岑参边塞诗的代表作,作于他第二次出塞时。即唐玄宗天宝十三年(754)夏秋之交到唐肃宗至德二年(757)春夏之交北庭都护府期间。这次出塞,岑参充任安西北庭节度使封常清的判官(节度使的僚属),而武判官即其前任,诗人在轮台送他归京(唐代都城长安)而写下了此诗。

岑参是唐代著名的边塞诗人。当时西北边疆一带战事频繁,岑参怀着到塞外建功立业的志向,两度出塞,久佐戎幕,前后在边疆军队中生活了六年,对边塞风光、军旅生活,以及少数民族的文化风俗有切身的感受。岑参的诗想象丰富，意境新奇，气势磅礴，风格奇峭，词采瑰丽，具有浪漫主义色彩。爱国诗人陆游曾称赞说，"以为太白、子美之后一人而已"。

边塞诗派是盛唐诗歌的主要流派。唐朝因国力强大，各民族之间的经济文化交流日趋频繁，为了维护边境安宁，保护国际通商，盛唐时代安边性质的战争时有发生。而帝王好大喜功，一些官僚将帅邀功边关，唐王朝的开边战争也不断出现。盛唐诗人一方面为奋发向上、积极进取的时代精神所鼓舞，另一方面为立功边关求取功名的仕进道路所吸引，再加上一些边帅能武能文，延揽文学之士，使得很多诗人或身赴边塞，或心向边关。因此，盛唐时期的边塞诗，在隋及初唐边塞诗的基础上繁荣起来。代表诗人有高适和岑参。

【注释】

① 白草：西北的一种牧草，晒干后变白。 ② 锦衾（qīn）：丝绸的被子。 ③ 角弓：两端用兽角装饰的硬弓，一作"雕弓"。 ④ 铁衣：铠甲。 ⑤ 着（zhuó）：穿。 ⑥ 瀚海阑干：沙漠纵横交错的样子。 ⑦ 饮归客：宴饮归京的人。饮，动词，宴饮。 ⑧ 辕门：军营的门。古代军队扎营，用车环围，出入处以两车车辕相向竖立，状如门。 ⑨ 掣（chè）：拉，扯。

【旅游看点】

轮台 地处新疆巴音郭楞蒙古自治州西部、天山南麓、塔里木盆地北缘，是古西域都护府所在地。轮台在汉代是西域36国中的城邦之一，唐时属龟兹都督府乌垒州。轮台除了拥有世界上已经存活了6500万年的胡杨林风景带，还毗邻世界最大的流动性沙漠——塔克拉玛干大沙漠。这里还有世界上最长的沙漠公路，中国最长的内陆河——塔里木河等众多历史古迹和浓郁的民族风情。

北庭都护府 唐太宗为了加强对西突厥地区的管理，在640年攻破高昌以后，在高昌设立了安西都护府，管辖天山以南直至葱岭以西、阿姆河流域的辽阔地区。702年，武则天为了进一步巩固西北边疆，在庭州设立了北庭都护府（今新疆吉木萨尔北破城子），管辖天山以北包括阿尔泰山和巴尔喀什湖以西的广大地区。北庭都护府设立后，社会安定，农业、牧业、商业、手工业都得到了空前发展，成为西北地区中心。"安史之乱"爆发后，唐王朝无力西顾，将大批兵力调往内地，西域与内地联系遂被隔绝。北庭都护府孤悬塞外，坚持了三十五年之久。791年，都护府被吐蕃人攻陷，高昌回鹘统治时作为其夏宫；元代时在此设行尚书省，统领全疆；城址因战火荒废于明代初期。北庭都护府是丝绸之路新北道上的历史名城，曾对新疆的政治、经济、文化的发展起过重要的作用。北庭都护府遗址位于吉木萨尔县北庭镇境内，原城池布局受唐长安城影响，分为内外两城，内城为全城的中心所在，外城规模较大，城墙周长4596米。外城之北还有低矮的羊马城，内外城墙都有马面、敌台、角楼和城门。外城北门还有瓮城，城外有天然河环绕成护城河。北庭都护府遗址现已荒废，当地人俗称"破城子"。因被世界著名考古学家、地理学家和探险家，国际敦煌学开山鼻祖之一的马尔克·奥莱尔·斯坦因等人向世界上介绍过，兼之其本身的重要价值，使其具有较高的知名度，每年都有世界各国的科学家及旅游者慕名前往参观、考察。现随着丝绸之路新北道上旅游资源的开发，古城的旅游价值也日益显现。

第二章 至今千里赖通波

　　京杭大运河作为世界上里程最长、工程最浩大的古代运河，是中华文明的重要象征之一。它纵贯南北，南起余杭（今杭州），北抵涿郡（今北京），跨越千里沃野。在两千余年的历史长河中，大运河不仅成为沟通南北的黄金水道，更在两岸积淀了璀璨的历史文化遗产，滋养了众多名城古镇。其壮丽的自然风光与千里漕运的独特景致交相辉映，构成了一幅流动的画卷。

　　以漫游名山大川著称的唐代诗人，又怎能错过运河沿岸的动人风光？他们或北上领略幽燕之地的雄浑苍茫，或南下感受苏杭江南的温婉秀美，更以其生花妙笔，为后世留下了无数吟咏运河的瑰丽诗篇。这些穿越时空的诗句，至今仍赋予运河文化以永恒的魅力，吸引着世人的目光。

　　本章精选的30首唐诗，将引领您沿京杭大运河的水脉，穿越北京、天津、河北、山东、江苏、浙江等地区，欣赏其绝美风景，并体味诗人面对世事变迁、沧海桑田的千年慨叹。

红螺山

邓隐峰

红螺山子近边夷①,

度得之流半是奚②。

共语问酬都不会③,

可怜祗解那斯祁④。

【背景】

邓隐峰（生卒年不详），唐代元和年间著名僧人，宋代《高僧传》中有其传记。

邓隐峰、邓尼，十六国、南北朝、隋、唐、辽时期失于记载，仅传唐时名僧邓隐峰兄妹曾在红螺山学佛。故此，《五灯会元》有邓隐峰描写红螺寺的诗存于世，又传其妹邓尼圆寂在红螺寺。

【注释】

①近边夷：夷为古代对少数民族的称谓，近边夷与怀柔地处中原与少数民族的交界地带相符，可知此处红螺山应指怀柔红螺山。 ②奚：唐代居住在北方长城以外的少数民族库莫奚族。怀柔北部山区在隋代为奚的属地。 ③共语问酬都不会："问酬"是指待人接物时的客套礼节。此句是指邓与奚人徒弟语言交流有困难。 ④那斯祁：邓只听奚人多说"那斯祁"一词，词意不详。有人说是奚族的语言，现在不知何意。也许是邓隐峰对奚族僧人的评价描写，或者是古代祁与祈通用。祈是祈祷、祈求。"祗解那斯祁"即只知道向佛祖磕头、

祈祷，别的知识都不懂。

【旅游看点】

  红螺山 属燕山余脉，南襟华北平原京北腹地。位于今北京怀柔城北5公里，横跨怀柔区与房山区周口店镇，为燕山山脉与华北平原的接合部。山势巍峨雄武，领袖群峰，庄严恢宏，大气磅礴。红螺山一山双峰，比肩耸立，又称红螺姊妹峰，如两翼舒展，引带群山，远远望去，酷似一只大鹏鸟，护卫着古刹寺院。红螺寺处于千亩苍翠的古松林中，形成一幅"碧波藏古刹"的优美画卷。据明代刘侗、於奕正《帝京景物略》记载，红螺山原称"红螺崄"，分为上、中、下三崄。红螺山红螺寺辖区内有各种树木99万株，前松后柏，古树林中夹杂着橡树，丰茂的林木，随着四季轮回呈现出多姿多彩的瑰丽景象，把古寺装点得十分动人。古寺东有千余亩古松林，百年以上古松万余株，林业部门注册的名木古树达3004株。

  红螺寺 是驰名中外的佛教古刹，位于红螺山南麓，有着1600多年的悠久历史和佛教文化的深厚底蕴。红螺寺始建于东晋咸康四年（338），原名"红螺山大明寺"，明正统年间易名为"红螺山护国资福禅寺"，因有红螺仙女的美妙传说，俗称"红螺寺"。关于红螺寺的传说有两个。一个是说很久以前寺后有一深潭，潭中有二螺，体大色红，村民认为十分奇异，于是将山和寺都称为"红螺"；还有一个是说，玉皇大帝有两个美丽善良的女儿，下凡游玩时喜欢上了这里的山水，于是变成两个红螺永远留在了人间，人们为了纪念她们就把这个寺叫红螺寺。也许有这样的可能：红螺山有两座状若螺髻的山峰，而佛文化中素有螺文化传统，"红"为吉祥如意健康之色，当朝霞与夕阳普照双峰，佛意沛然充盈，故取"红螺"之名。红螺寺为我国北方佛教的发祥地，也是京北第一大古刹。在历史上，红螺寺历届住持多由皇家命派，高僧频出，千余年来在佛教界享有极高的地位，世有"南有普陀、北有红螺"之说。

登幽州台歌

陈子昂

前不见古人①,
后不见来者。
念天地之悠悠②,
独怆然③而涕④下。

【背景】

陈子昂(659? —746?),字伯玉,梓州射洪(今属四川)人。他是初唐时期诗文革新代表人物之一,推崇汉魏诗风,反对华而不实。其诗作不事雕琢,寓意深远,苍劲有力。有《陈伯玉集》传世。

万岁通天元年(696),由于契丹反叛,武则天命建安王武攸宜率军讨伐,陈子昂以参谋身份随军。武攸宜是外戚,不晓军事,使前军陷没,陈子昂前后几次上策进谏,均屡屡不被采纳,反被贬为军曹。诗人满怀悲愤地登上幽州台,写下了这首千古名作。

陈子昂第二次科考落第后,一天在长安城街上闲逛,看见一人在卖胡琴,索价百万。豪贵围观,莫敢问津,陈子昂却毫不犹豫地把它买了下来。次日在长安宣扬里宴会豪贵,宴上陈子昂捧琴出场,对众人感叹道:"我为蜀人陈子昂,自幼刻苦读书,有文百轴,不为人知,此乐贱工之乐,岂宜留心。"说完,陈子昂便将琴摔得粉碎,然后将自己的诗文分发给在场的人。在场的一些名流看了诗文后,个个感叹不已。从此以后,陈子昂的名字和他的锦绣诗文便在长安传开了,最终得到了朝廷的赏识并被重用。

【注释】

①古人：与下一句的"来者"分别指前代与后世能够重用人才的贤君。一说分别指前代和后世贤人。　②悠悠：形容时间久远，空间广大。　③怆然：伤感的样子。　④涕：眼泪。

【旅游看点】

幽州 是中国最古老的地名之一，随着历史变迁，它的属地也在不断变化。现在大家比较熟悉的称谓应是五代十国后的"燕云十六州"，其中的燕州就是幽州，也就是现在北京、河北一带。

幽州台 即蓟北楼、燕台，故址在今北京市西南。传说此为燕昭王筑的黄金台，专来招纳贤才。今天的幽州台遗址位于北京市大兴区境内。关于幽州台所在地历来有争议。二十多年前，著名学者袁行霈先生提出："幽州台就在今天的北京附近。现在还有没有什么遗迹可以发掘呢？这有待考古学家回答。如能在那确切的地址上，立一块刻有《登幽州台歌》的碑石，供'来者'凭吊，也许不是一件多余的事吧？"2010年，由北京市大兴区政府出资，在原大兴县埝坛水库区兴建了一座大型森林公园，园内有一组景观，再现了陈子昂《登幽州台歌》中的环境。

北京大兴区 是北京市下属的一个区，位于北京市南部。大兴历史悠久，最早前身为古蓟县，以建于蓟城地区得名。自先秦建县以来有2400余年，为中国最早的建制县之一，元明清三代为"天下首邑"。1958年之前属于河北省，之后划入北京市，与南苑区合并，改称大兴区。1960年改名大兴县。2001年又改为大兴区。大兴近年来旅游业蓬勃发展，虽然当年的幽州台不复存在，但中国影视大乐园、团河行宫遗址公园、北京南海子郊野公园、中华文化园、北京野生动物园等都是大兴区的主要景点。

望蓟门

祖 咏

燕台一望①客心惊,笳②鼓喧喧汉将营。

万里寒光生积雪,三边③曙色动危旌④。

沙场烽火侵胡月,海畔云山拥蓟城。

少小虽非投笔吏,论功还欲请长缨⑤。

【背景】

祖咏(生卒年不详),唐代诗人,洛阳(今属河南)人,开元十二年(724)进士。后移居汝水以北别业,渔樵终老。曾因张说推荐,任过短时期的驾部员外郎。诗多状景咏物,宣扬隐逸生活。其山水诗具有语言简洁、含蕴深厚的特点,讲求对仗,亦带有诗中有画之色彩,其与王维友善,盖"物以类聚,人以群分"或"近朱者赤,近墨者黑"故也。代表作有《终南望馀雪》《望蓟门》《七夕》《古意二首》等,其中以《终南望馀雪》和《望蓟门》两首诗最为著名。

唐代的范阳道,以今北京西南的幽州为中心,统率十六州,为东北边防重镇。它主要的防御对象是契丹。唐玄宗开元二年(714),即以并州长史薛讷为同紫薇黄门三品,将兵御契丹;开元二十二年(734),幽州节度使张守珪斩契丹王屈烈及可突干。这首诗的写作时期,大约在这二十年之间,其时祖咏当系游宦范阳。这首诗写诗人到边地见到壮丽景色而抒发立功报国的壮志,全诗一气呵成,体现了盛唐诗人的昂扬激情,其中"万里寒光生积雪,三边曙色动危旌"为有名的佳句,诗句描写沙场边塞景色,波澜壮阔,令人震动。

【注释】

①一望：一作"一去"。 ②笳：汉代流行于塞北和西域的一种类似于笛子的管乐器，此处代指号角。 ③三边：古称幽、并、凉为三边。这里泛指当时东北、北方、西北边防地带。 ④危旌：高扬的旗帜。一作"行旌"。 ⑤请长缨：西汉时书生终军曾向汉武帝请求"愿受长缨，必羁南越王而致之阙下"。后被南越相所杀，年仅二十余。缨，绳。

【旅游看点】

蓟门 北京是我国著名历史古都，早在商、周、秦、汉、隋、唐时，就有燕蓟之称，又有蓟城、蓟州、蓟县、蓟门、蓟北等称谓，但是据文献考证，不论是蓟城、蓟州，还是蓟县，没有一座城门叫蓟门。尽管在古代诗词中，经常提到"蓟门"这个字眼，但通常是泛指幽燕，即今天的北京这片地域，而不是具体指哪一座城门。

蓟门烟树 为燕京八景之一，指西直门以北的元大都城墙遗址西段。这段城墙为夯土构建，元末明军攻陷大都后，将元大都北侧城墙南移5里，蓟门烟树所指这段城墙遂遭荒废，在夯土城墙的遗址上树木生长，遂称蓟门烟树。但是在历史上，金代的典籍中就有蓟门烟树的记载，因此也有学者认为蓟门烟树指的是古蓟州城门附近的树林，目前的蓟门烟树是清乾隆年间考证错误的结果。相传清代乾隆皇帝好古成癖，有一次他在读古诗时，偶然对诗句中的"蓟门"一词产生了兴趣。他向侍读大臣发问："蓟门在哪儿？"侍读大臣对此一无所知，但又不敢说不知道，于是敷衍而笼统地回答道："在古城。"这位"真龙天子"非常认真，一定要去古城寻找蓟门。不过北京古城很多，到哪里去找呢？侍卫知道德胜门外的古城最近，距皇宫不过十里左右，于是侍候皇上出德胜门，奔西北方向走去。此处古城用土夯实而成，俗称土城。说来也巧，乾隆皇帝顺着土城走果然发现了一座古城门，他非常得意，认为此门就是蓟门。他登城远望，绿树成荫，犹如林海烟云，幽静而自然，于是诗兴大发，即席题句："十里轻扬烟霭浮，蓟门指点认荒丘"，并立石碑题写"蓟门烟树"四字。乾隆御书蓟门烟树碑位于北京电影学院附近的元大都城墙遗址上，早年有碑亭，亭顶铺设黄色琉璃瓦，如今碑在亭无。

渔 阳

杜 甫

渔阳突骑①犹精锐，赫赫雍王②都节制③。
猛将飘然④恐后时，本朝不入非高计⑤。
禄山⑥北筑雄武城，旧防败走归其营。
系书请问燕耆旧⑦，今日何须十万兵。

【背景】

杜甫（712—770），字子美，祖籍襄阳（今属湖北），出生于巩县（今河南巩义）。唐代伟大的现实主义诗人。杜甫被世人尊为"诗圣"，其诗被称为"诗史"，杜甫忧国忧民，人格高尚，而且诗艺精湛，有1400余首诗被保留了下来，在中国古典诗歌中备受推崇，影响深远。有《杜工部集》传世。

此诗当是唐宝应元年（762）冬晚在梓州作。宝应元年九月，鲁王适改封雍王，为天下兵马元帅，统河东、朔方及诸道行营回纥等兵十余万，讨史朝义，会兵于陕州。杜甫在梓闻王授钺，喜作此诗以讽河北诸将。

杜甫晚年漂泊西南。唐代宗宝应元年（762）秋七月到广德二年（764）春三月，因避剑南兵马使徐知道在成都叛乱而流寓梓州（今四川三台县城），历时一年零八个月，曾建草堂居住于东街，只是当初的草堂建筑现荡然无存了。为了纪念诗圣，后人又重建了草堂，三台梓州杜甫草堂成为继成都杜甫草堂后"蜀中第二草堂"。此外，还有甘肃陇南成县杜甫草堂和天水杜甫东柯草堂。"草堂留后世，诗圣著千秋"，可见大家对杜甫的热爱与尊重。

【注释】

①骑：冲锋陷阵的精锐骑兵。　②雍王：唐宝应元年，代宗李豫封皇太子李适为奉节王、天下兵马大元帅，不久改封鲁王，又改封雍王。　③都节制：全部指挥管辖。　④飘然：轻捷。　⑤高计：高明的计策。　⑥禄山：即安禄山，营州人，本姓康，名轧荦山。他是安史之乱祸首。　⑦耆旧：年高望重者。

【旅游看点】

渔阳　这里指天津市蓟州区。古称渔阳、蓟县，全区总面积1593平方公里，88万人口。春秋时期称为无终子国，战国时称无终邑，秦代属于右北平郡，秦始皇统一中国后，设无终县，属右北平郡；秦亡后，这里为辽广王韩广的都城。隋大业末年由无终改为渔阳，因位于渔山之阳而得名。唐开元十八年（730），改为蓟州，1913年，改蓟州为蓟县。但"古渔阳"之称谓言传至今。2016年，撤蓟县设立天津市蓟州区。辖区内拥有京东第一山——盘山、千年古刹独乐寺、万里长城缩影——黄崖关等风景名胜。

武城　这里指黄崖关。位于蓟州城北的下营镇，国家4A级旅游景区。这里依山傍水，自然景观雄、险、秀、古；人文景观新、奇、优、雅，是品位较高的旅游风景区。黄崖关长城始建于北齐天宝七年（557），明代包砖大修，1985年修复了城墙3025米，楼台20座，八卦城、水关各一座，全段长城墙体和敌楼建于海拔700米的山脊之上，陡峭险峻。被长城专家誉为"万里长城缩影"。黄崖关还拥有十大"唯一"景点，分别为：八卦关城、长城博物馆、百将碑林、百家碑林、名人篆刻碑林、毛泽东诗词墨迹碑林、载入吉尼斯世界之最的长寿园、竹刻名人名联堂、凤凰楼以及长城沿线唯一由女人修筑的寡妇楼。世人感叹：不到黄崖关，别说你了解长城。

于北平作

李世民

翠野驻戎轩①,卢龙转征旆②。
遥山丽如绮③,长流萦似带。
海气百重楼,岩松④千丈盖。
兹焉可游赏,何必襄城外。

【背景】

李世民(598—649),陇西成纪(今甘肃天水)人。为中国历史上著名的政治家、军事家、书法家、诗人。隋大业十三年(617),李世民与其父李渊在晋阳起兵,攻取长安。唐朝建立后,唐高祖李渊封李世民为尚书令,后封为秦王。李世民颇具军事才能,在统一战争中多次取得决定性胜利。后在玄武门之变中李世民杀死李建成、李元吉,成为唐朝第二个皇帝,即唐太宗。唐太宗在位23年,居安思危,虚怀纳谏,进行了一系列政治、军事改革,使社会安定、经济发展,史称"贞观之治"。李世民酷爱书法、诗歌,今存诗九十余首。

贞观十九年(645),唐太宗率兵东征高丽,班师回朝途中,经卢龙,路过渔阳,驻跸盘山,后写下这首《于北平作》。本诗简单描述了事件的背景,并对盘山景色作了高度概括。盘山的山脉、三盘、怪石、奇松在诗中都有体现。

李世民是中国历史上有口皆碑的一代英主。他所统治的时代,国盛民强,然而在其一生征战中,最大的遗憾莫过于三次东征都未能使高句丽臣服,甚至在其临死之前,还在计划如何征服高句丽。史学界很多人认为,李世民出征高句丽是其人生中的一大败笔,有穷兵黩武之嫌,犯了与隋炀帝同样的错误;但从另一方面来看,李世民东征高句丽,虽未获得重大胜利,未动摇高句丽的根基,但在一定程度上延缓了高句丽王朝的迅速强盛,也加速了高句丽王朝的没落。在征讨过程中,李世民没有采取血腥的屠杀、灭亡政策,仍是用恩威并重的方式,并巩固已得势力,为下一步彻底击溃高句丽奠定了基础。

【注释】

①戎轩:兵车,代指军队。 ②旆:旌旗。 ③绮:带有花纹或彩色图案的丝织品。 ④岩松:这里指盘山的奇松怪石。

【旅游看点】

盘山 位于天津市蓟州区城西北12公里,总面积106平方公里,因其龙山环匝,凤水萦纡,有龙游凤览之势,被誉为"京东第一山"。盘山以"五峰八石""三盘胜境"著称。主峰挂月峰,前有紫盖峰,后有自来峰,东有九华峰,西有舞剑峰,青削壁立。五峰攒簇,怪石嶙峋,形成三盘之胜。上盘松胜,盘曲翳天;中盘石胜,怪异神奇;下盘水胜,溅玉喷珠。盘山"三胜"亦称"上盘雪、中盘雨、下盘斜阳"。云变三盘,雾雨生,海气百重楼皆指此景。盘山自然景观以奇松、怪石、秀水称奇。奇松,多数扎根于石缝之间,有的横生,有的倒悬,有的形如伞盖。今盘山300岁以上奇松有凤翅松、挂钟松、伴塔松、雄鹰松、蟠龙松等近千株。怪石,千奇百怪,不可言状。著名的盘山八大怪石是晾甲石、悬空石、摇动石、将军石、蛤蟆石、菱角石、蟒石、燕子石。秀水,是盘山奇景。素帛湍飞,溪流潺潺,澎湃数十里。盘山人文景观众多,东汉时期,建有香林寺。魏晋时期,建法兴寺。唐代,兴建了云罩寺、万松寺、天成寺等十余座寺庙。明清时期特别是

清代，朝廷多次拨款赐金，对盘山寺庙进行大规模新建、扩建和修葺，前后建有72座寺庙，百余座玲珑宝塔。帝王将相、文人墨客留下了众多赞美盘山的诗文墨宝，刻于岩谷间。盘山1978年开始恢复建设，1982年正式对外开放，1994年被国务院批准为国家级重点风景名胜区，2007年被全国旅游景区质量等级评定委员会评定为首批国家5A级旅游景区。如今的盘山修复了天成寺、云罩寺，万松寺、上方寺、法藏寺等庙宇，建成了正门服务区，开通了入胜、云松、挂月三条客运索道，有碑记石刻、奇松怪石、自然奇观等300多处景观点。每年春季有盘山庙会，秋季有盘山红叶节等旅游活动，供游客游赏。

喜峰口长城 位于河北迁西县境内西北50多公里处，是燕山山脉东段的隘口。古称卢龙塞，汉代曾在此设松亭关，后易名喜逢口。相传昔有人久戍不归，其父四处寻问，千里来会，父子相逢于山下，相抱大笑，喜极而死，葬于此处，因有此称。明景泰三年（1452）筑城置关，称喜峰口关，今通称喜峰口。明永乐年间重建关门。城关楼高4丈，楼门两边构筑城墙并与万里长城相连，营垒相望，烽墩相连，气势雄壮。喜峰口自古就是交通要冲，为兵家必争之地。1933年侵华日军妄图从喜峰口入关，抗日将领宋哲元在此率部迎敌。解放战争时期，中国人民解放军东北大军挺进华北解放平津，也是由此进关。南宋爱国诗人陆游曾有"三更抚枕急大叫，梦中夺得松亭关"的诗句，可见其军事地位之重要性。出于军事目的，喜峰口关分为关城和城堡两部分：城堡坐落在群山包围的盆地里，四面用条石砌成；城墙有两丈多高，关门上建有13米高的镇远楼；关城建在城堡北面，三面临山一面靠河，由"日"字形的三道套城组成，关与关之间由坚固的石基砌墙连成一体。从山上俯瞰喜峰口，景致更为奇特：关城部分淹没于水中，水面上仅露出一小部分残墙断壁，长城顺着逶迤的山势岸边俯身扎入水中，在水里爬行一两公里后又从对岸冒出来，顺着山势蜿蜒爬上山脊，向西盘旋于崇山峻岭之间。这段入水长城如同一条巨龙俯身汲水，之后又仰首向上升腾。水下长城的形成是为了防止滦河的泛滥，1976年引滦入津工程建成潘家口水库，喜峰口的关城便被淹没于水中，只有到了枯水季节，才能露出关城残址。

爱碣石山

刘 叉

碣石何青青①,
挽②我双眼睛。
爱尔多古峭③,
不到人间行④。

【背景】

刘叉(生卒年不详),河朔间(即今河北省一带)人。约唐元和年间(813)前后在世。青少年时期生活在魏州(今河北省大名县一带),以"任气"著称,喜评论时人。当时韩愈善接天下士,他闻名前往,赋《冰柱》《雪车》二诗,名出卢仝、孟郊之上。后因不满意韩愈为谀墓之文,攫取其为墓铭所得之金而去,归齐鲁,不知所终。

这首诗据考证可能是刘叉离开韩愈门下后云游至碣石山时所作。这首诗在《全唐诗》所遗刘叉的全部诗作中,列于第24首。诗中所描写的山险峻峭拔,含有激愤不平之气。通过作者借此抒发的情感来看,他之所以这么喜爱碣石山,是因为碣石山地处偏隅,古老峻险、峭拔不群,正好使诗人触景生情,借以寄托自己引以为豪的品格情操。也正是由于这个缘故,诗人在结束自己的碣石山之行时,目光几乎都收不回来了。

【注释】

①青青:形容草木茂盛的样子。 ②挽:挽留,此处指吸引住。
③古峭:古老险峻。 ④不到人间行:此句的意思是碣石山不愿处在人间热闹繁华的地方。

【旅游看点】

碣石山 位于河北昌黎城北，现属河北省秦皇岛市。它是国家3A级旅游景区、国家级风景名胜区，有"天下神岳"之美称，是京东地区著名的春游、避暑、望秋、冬休闲的旅游胜地。碣石山36峰，磅礴雄浑，峻峭秀丽，错落有致，天然巧成。主峰仙台顶，海拔695.1米，为渤海近岸的最高峰。最早记载见于《山海经》和《禹贡》，至今已有3000多年，是久负盛名的千古神岳。碣石山不仅是观海胜地和历史名山，更是求仙拜佛的著名"仙山"。公元前219年，秦始皇派徐福带领童男童女数千人入海求仙。公元前215年，他亲临碣石山，勒石记功，并求长生不老，江山万代，并令人刻下《碣石门辞》，赞颂统一中国的历史奇功。位于碣石山景区中的古刹水岩寺始建于唐开元年间，寺内名僧云集。2001年，水岩寺被省、市宗教部门批准为正式宗教活动场所。作为秦皇岛市唯一的正式宗教活动场所，寺内有名僧存海住持。碣石山集名山之长：它有泰山之雄伟，华山之险峻，衡山之烟云，庐山之飞瀑，雁荡山之巧石，峨眉山之清凉，春、夏、秋、冬景色各异，并以奇松、怪石、雾海、冬雪四绝著称于世。

秦皇岛 处于河北东北部，南临渤海，北依燕山，东接辽宁，西接京津，是京津冀辐射东北的节点城市，是一座有着悠久历史的古城。公元前215年，秦始皇东巡碣石，刻《碣石门辞》，并派人入海求仙，曾驻跸于此，因而得名秦皇岛。秦皇岛气候温和，既蕴含古都风韵，又富有现代气息。优越的地理区位和良好的生态环境使这个城市拥有得天独厚的旅游资源。山海文化、长城文化、旅游文化、民俗文化特色鲜明，中西多元文化交融汇聚，城市文化印记俯拾皆是。

涿鹿山

胡 曾

涿鹿茫茫百草秋，
轩辕①曾此破②蚩尤。
丹霞遥映山③前水，
疑是成川血尚流。

【背景】

胡曾（约840—？），昭阳（今属湖南）人。咸通中，举进士不第，滞留长安。咸通十二年（871），路岩为剑南西川节度使，召为掌书记。乾符五年（878），高骈徙荆南节度使，又从赴荆南，后终老故乡。胡曾爱好游历，其诗通俗明快，以《咏史诗》著称，共150首，皆七绝。另有《安定集》10卷，今佚。《全唐诗》共录为1卷，仅存数首。

相传黄帝、炎帝和蚩尤为了争夺统治权在涿鹿展开了大战。《史记·五帝本纪》记载："炎帝欲侵凌诸侯，诸侯咸归轩辕……与炎帝战于阪泉之野。三战然后得其志。"这就是著名的阪泉之战。另《史记》记载"蚩尤作乱，不用帝命，于是黄帝乃征师诸侯，与蚩尤战于涿鹿之野"，这就是涿鹿之战。阪泉之战、涿鹿之战是我国历史上发生时间最早、影响最深远的战争。涿鹿之战结束后，炎帝、黄帝、蚩尤三个部落结成一体，定居在桑干盆地，日益强大，形成了中华民族的雏形。

【注释】

①轩辕：即轩辕黄帝，因黄帝姓公孙，名轩辕。 ②破：这里指打蚩尤，黄帝曾与蚩尤在此征战。 ③山：这里指的是涿鹿山。

【旅游看点】

黄帝城遗址 位于涿鹿县矾山镇西 2 公里处。考古勘察证实，黄帝城遗址的建筑年代为战国至汉代时期，系古代涿鹿的政治文化中心。虽然迄今还没有足够证据说明黄帝城确是五千年前黄帝所筑，但根据涿鹿一带的考古发现成果和司马迁的有力认定，我们有理由认为黄帝城是中华文明的象征。现存黄帝城遗址呈不规则正方形，长宽各 500 米，城墙系夯土筑成。现存城墙高 3～5 米，南、西、北城墙尚在，东城墙浸于轩辕湖中。黄帝城遗址内，文化遗迹众多，文化遗物丰富。城里有大量陶片，除少量夹砂泥质粗红陶外，大部分是泥质灰陶和黑陶。器物残件和陶鼎腿、乳状鬲足、粗柄豆柄等，有时还可捡到完整的石杵、石斧、石凿、石纺轮、石环等。

黄帝泉 即古之阪泉，位于黄帝城东 0.5 公里处。传说黄帝当年常在此泉"濯浴龙体"，故又称"濯龙池"。黄帝泉为自流泉，水自平地涌出，潴而成池，池围 97.2 米，直径 31 米，北有一出水口，潺潺流向千年形成的天然河道，足供矾山镇十多个村庄万余民众饮用。据国家水利部门专家测定，黄帝泉水为地下 1700～5000 米的深层水，水色清澈，泉涌如注，冬不结冰，夏不生腐，久旱而不竭。水利学家说，黄帝在涿鹿一带的统一战争，就是由寻找水源开始的。

涿鹿山 先秦以前史书上称独鹿。因当地有一座山形状似奔跑的梅花鹿，故名独鹿。后因此山山脚下有泉水流出，又称为浊鹿，不久改为涿鹿，故称此山为涿鹿山。涿鹿在先秦史上是个非常显赫的地方，《史记》载：黄帝战蚩尤于"涿鹿之野"，黄帝与炎帝战于"阪泉之野"，都是这里。此地也是黄帝合符釜山后而邑于涿鹿之地，同时也是黄帝的陵寝地和龙图腾、龙形象的诞生地。涿鹿是中华民族的发祥地、奠基地。涿鹿现今仍完整地保留了黄、炎、蚩三大祖先遗址遗迹 23 处，密集分布在 20 平方公里之内，其密集度、丰厚度举世罕见。依托这个资源，当地有关部门开发了黄帝城遗址文化旅游区，现在景区形成了"五个一"，即为：一堂——中华三祖堂；一湖——轩辕湖；一城——黄帝城遗址；一泉——黄帝泉；一坛——中华合符坛，并于 2011 年 12 月晋升为国家 4A 级旅游景区。

于易水送人

骆宾王

此地别燕丹①,
壮士②发冲冠③。
昔时人已没④,
今日水⑤犹寒。

【背景】

　　骆宾王(约640?—684?),字观光,婺州义乌(今属浙江)人。与王勃、杨炯、卢照邻合称"初唐四杰",在四杰中他的诗作最多。骆宾王出身寒门,七岁能诗,号称"神童"。在诗歌语言、技巧方面承前启后,骆宾王对改革唐初华丽而内容贫乏的诗风起过一定作用。

　　唐高宗仪凤三年(678),骆宾王以侍御史职多次上疏讽谏,触忤武后,不久被诬下狱。679年秋天,骆宾王遇赦出狱。是年冬,他即奔赴幽燕一带,投身于军营之中,决心报效国家。此诗大约写于这一时期,描述作者在易水送别友人时的感受,并借咏史以喻今。整首诗寓意深远,笔调苍凉。

　　骆宾王一生颇为诡奇。早年落魄无行,好与博徒游。曾从军西域,宦游蜀中。及任侍御史,又因贼罪下狱,他在诗文中则力辩其冤。获释后任临海丞,怏怏不得意。唐睿宗文明(684)时,徐敬业在扬州起兵征讨武则天,骆宾王为徐写了檄文,传说武则天读后叹息说:"宰相怎么遗漏了这样的人才!"徐敬业兵败,骆宾王下落不明,或说被杀,或说在灵隐寺为僧。

【注释】

①燕丹:指燕太子丹。　②壮士:指荆轲,战国卫人,刺客。　③发

冲冠：形容极端愤怒，头发上竖，把帽子都顶起来了。　④没：死，即"殁"。　⑤水：指易水之水。

【旅游看点】

易水 也称易河，"发西山宽中谷"（郦道元《水经注》），即今易县西部山区，是易县地域的命名实体。分南易水、中易水、北易水，为战国时燕国南界。隋开皇元年（581）置易州，十六年置易县，州县皆以水名。易水得名于公元前21世纪繁衍生息于此的有易氏部落，文化渊源为伏羲氏，与《易经》相通。易县可考证的人类历史可上溯到八千年前的北福地文化，300多处古文化遗存遍布全县，易水之滨分布着世界文化遗产清西陵及福地史前遗址、燕下都遗址、荆轲塔、老子道德经幢、紫荆关长城、云蒙双塔等全国重点文物保护单位，河北省重点文物保护单位7处。拥有清西陵、狼牙山两处国家4A级旅游景区，多处国家和省级森林公园、水利风景区。

易水砚 是易县特有砚种，为全国八大名砚之一，始于战国，盛于唐宋，现存最早实物为东汉时期玉黛石黛板砚。李白《咏易砚》诗曰："一方在手转乾坤，清风紫毫酒千樽。醉卧黄龙不知返，举杯当谢易水人。"易县拥有国家级非遗3项，省级4项，县、市级30多项。五代时期易水奚廷圭精于墨法，迁居歙州，创制徽墨，史称"易水遗规"，后世制墨必仿易水之法。

荆轲刺秦 荆轲是战国卫人，擅长击剑，有勇有谋，后游历到燕国，被田光推荐给太子丹，拜为上卿。秦灭赵后，兵锋直指燕国南界，太子丹震惧，决定派荆轲入秦行刺秦王。荆轲献计太子丹，拟以秦国叛将樊於期之头及燕督亢（今河北涿州市、易县、固安一带，是一块肥沃的土地）地图进献秦王，相机行刺。太子丹不忍杀樊於期，荆轲只好私见樊於期，告以实情，樊於期为成全荆轲而自刎。公元前227年，荆轲带燕督亢地图和樊於期首级，前往秦国刺杀秦王。临行前，燕太子丹、高渐离等许多人在易水边为荆轲送行，场面十分悲壮。"风萧萧兮易水寒，壮士一去兮不复还"，这是荆轲在告别时所吟唱的诗句。荆轲与秦舞阳入秦后，秦王在咸阳宫隆重召见了他，在交验樊於期头颅，献督亢地图时，图穷匕见，荆轲刺秦王不中，被肢解而死。荆轲虽行刺秦王不成，赔了性命，其精神却受到许多人的赞赏。

古风（其十五）

李 白

燕昭延①郭隗②，遂筑黄金台。
剧辛③方赵至，邹衍④复齐来。
奈何青云士⑤，弃我如尘埃。
珠玉买歌笑⑥，糟糠养贤才。
方知黄鹄举⑦，千里独徘徊。

【背景】

此诗应是李白在唐玄宗天宝三年（744）将离开长安时所作。李白为了实现自己的理想抱负，求索多年，终于在742年得到唐玄宗召见，却只是待诏翰林院，不受重用，心中自然是失望万分。本诗有感而作，表达了对尊重人才的燕昭王的敬仰和当权者不重用贤士的不满。

天宝元年（742）秋天，李白获唐玄宗赏识，应召入京。开始时，李白的确很受唐玄宗的重视，唐玄宗曾亲自调羹赐食李白。正当李白想要施展自己的政治才能、为国家发展做贡献、建功立业的时候，却发现一切跟他所想象的并不一样。首先，唐玄宗已经不再是那个即位之初励精图治的皇帝了；其次，李白发现皇帝对自己并不器重，唐玄宗看重的只是自己在作诗方面的才华，将自己作为装潢门面、粉饰太平的工具；最重要的是，李白明显感受到了宫廷中黑暗、腐败的一面和权臣之间钩心斗角的丑恶现象，这令他感到非常失望。李白性格清高孤傲，不屑于巴结李林甫、杨国忠、高力士等皇帝身边的权臣，他这种高傲的姿态遭到了这些权臣的嫉恨，因此受到排挤。他们开始向唐玄宗进谗言毁谤李白，而唐玄宗也渐渐地冷落了他。李白感受到了这种变化，也深深觉得这跟自己的理想相距太遥远，于是主动上表请求退隐，唐玄宗马上批准，赐金放还。天宝三年（744），李白就这样体面地离开了朝廷。

【注释】

①延：聘请。　②郭隗：战国时燕国人。据《史记·燕昭公世家》记载，战国时，燕昭王欲报齐国侵占国土之耻，屈身厚币招纳天下贤士。郭隗说："要想招致四方贤士，不如先从我开始，这样贤于我的人就会不远千里前来归附。"于是昭王修筑宫室给郭隗居住，像对待老师一样尊重他。后来乐毅、邹衍、剧辛等都相继来到燕国。当邹衍到燕国时，昭王亲自拿着扫帚，俯身在前扫除路上灰尘，恭敬相迎。后任乐毅为上将军。乐毅为燕国攻下齐国七十余城。　③剧辛：战国时燕将，原为赵国人，燕昭王招徕天下贤士时，由赵入燕。　④邹衍：亦作驺衍，战国时著名的哲学家，齐国人。　⑤青云士：指身居高位的人，即当权者。　⑥买歌笑：指寻欢作乐。　⑦黄鹄举：相传春秋时鲁国人田饶因鲁哀公昏庸不明，自比为"一举千里"的黄鹄（古书中"鹄""鹤"常常通用），用"黄鹄举矣"，表示要离开鲁国。

【旅游看点】

燕下都遗址 是燕文化的重要载体，燕文化是河北燕赵文化的重要组成部分。燕下都时期发生了燕昭王高筑黄金台招贤纳士、秦开北伐东胡开发东北、荆轲刺秦舍生取义等具有深远历史影响的重大事件。遗址位于河北省易县东南部，距县城中心4公里，这里曾是战国时期燕国的都城，是全国目前保存面积最大、保护最完整的战国大型都城遗址，1961年被国务院公布为第一批全国重点文物保护单位，为全国重点保护的一百处大遗址之一。燕下都遗址东西长约8公里，南北宽4～6公里，总面积约40平方公里。已发现不可移动文物达103处，主要类型有城墙、城濠、夯土建筑基址和遗迹、居住址、作坊址、墓葬遗址、河渠遗址。遗址区内已探明手工业作坊及居住遗址30处、古墓葬34座、古城墙8道约36公里、古河道4条、排水管道1条,出土文物总量10万余件,主要是陶、铁、铜、金、银制的建筑构件、生产用具、礼器、兵器、货币等。战国立凤蟠龙纹铜铺首入选河北文化形象名片。

黄金台 是燕昭王招贤纳士,人才兴国的标志性建筑。当时燕昭王听从郭隗建议建台并置黄金于其上,任贤士取用。昭王卑身厚币,礼贤下士的举动传为千古佳话。黄金台故址在燕下都遗址内,其后人们仰慕昭王好贤,效筑非一。台式建筑是流行于汉代以前的一种建筑形式,夯土为基,上筑宫室。燕下都遗址现存夯土建筑台基12座、地下夯土遗迹14处。

燕歌行

高 适

汉家^①烟尘在东北,汉将辞家破残贼。
男儿本自重横行,天子非常赐颜色。
摐^②金伐鼓下榆关^③,旌旆逶迤碣石间。
校尉羽书^④飞瀚海,单于^⑤猎火照狼山^⑥。
山川萧条极边土,胡骑凭陵杂风雨。
战士军前半死生,美人帐下犹歌舞!
大漠穷秋塞草腓,孤城落日斗兵稀。
身当恩遇恒轻敌,力尽关山未解围。
铁衣远戍辛勤久,玉箸应啼别离后。
少妇城南欲断肠,征人蓟北^⑦空回首。
边庭飘飖那可度,绝域苍茫更何有!
杀气三时作阵云,寒声一夜传刁斗。
相看白刃血纷纷,死节从来岂顾勋?
君不见沙场征战苦,至今犹忆李将军^⑧!

【背景】

　　《燕歌行》是高适的代表作,也是唐代边塞诗的杰作。高适一直关注东北边塞军事，自唐开元十八年（730）至二十二年（734），契丹多次侵犯唐边境，这期间他几次上蓟门和幽燕，希望为国家效力均未能如愿。开元二十一年后，幽州节度使张守珪经略边事，初有战功。但二十四年以后，张守珪在与奚族作战过程中骄逸轻敌，不恤士卒，致使战事两次失利。张守珪却隐瞒事实真相谎报军情。高适有感于此，作此诗加以讽刺。

【注释】

①汉家：汉朝，唐人诗中经常借汉喻唐。 ②摐（chuāng）：用手或器具撞击物体。 ③榆关：山海关，通往东北的要隘。 ④羽书：插有鸟羽的军用紧急文书。 ⑤单于：匈奴首领称号，也泛指北方少数民族首领。 ⑥狼山：又名郎山，即今河北易县境内狼牙山。一说在今内蒙古的狼居胥山。东汉初，匈奴、乌桓曾犯五阮关（紫荆关），全诗以幽燕地区为背景，且与开篇"汉家烟尘"相呼应，应以狼牙山为确。 ⑦蓟北：蓟曾为燕国都城。唐代蓟州在今天津市以北一带，此处当泛指唐朝东北边地。 ⑧李将军：指汉朝李广，他能捍御强敌，爱抚士卒，匈奴称他为"汉之飞将军"。

【旅游看点】

狼山 即狼牙山，坐落在河北省保定市易县西部的太行山东麓，属太行山脉，距县城45公里，因其奇峰峥嵘，状若狼牙而得名。狼山自古为旅游胜地，"狼山竞秀"被列入"易州十景"，载于明弘治《易州志》。山上有老君堂、蚕姑奶奶庙、九姑奶奶庙等庙宇，古洞、古柏众多。棋盘坨有一块天然形成的酷似棋盘的岩石，传说孙膑与其师鬼谷子常在此布棋为乐，三教堂同时供奉儒、道、佛三祖——孔子、老子、如来，堪称中华奇观。蚕姑奶奶庙是祭祀中华文明始祖黄帝正妃嫘祖的道场，传说嫘祖曾在此植桑养蚕，缫丝织锦，衣被天下，是中华农耕文明的重要历史地标。现狼牙山为国家4A级旅游景区、国家级森林公园、河北省爱国主义教育基地、全国百家红色旅游经典景区、全国休闲农业与乡村旅游示范点、中国农业公园。狼牙山有五坨三十六峰，雄奇险峻，姿态各异，有蜡烛峰、将军岩、骆驼峰、一线天、南天门

等自然景观。在狼牙山半山腰，有一个天然红玛瑙溶洞，距今已有16亿年的历史，是我国首次发现的红玛瑙质构成的自然景观，更是弥足珍贵。狼牙山的森林覆盖率达到80%，山上乔木、灌木、藤类、草本等植物物种丰富，共有9种类型，96科325属817种，是植物的王国，绿色的海洋。这里是天然氧吧，景区空气特别清新，具有很好的治疗和康复功效。近年来，景区范围扩展至158平方公里，开发了万亩花海休闲农业园等农业生态旅游项目。

五勇士纪念塔 是全国重点烈士纪念建筑物。1941年9月25日，八路军战士马宝玉、葛振林、宋学义、胡德林、胡福才五勇士为掩护主力及人民群众安全转移，在狼牙山英勇抗击日寇并将日寇引向绝路，最后弹尽路绝，舍身跳崖。景区现有狼牙山五勇士陈列馆、五勇士抗击日寇阻击战遗址、八路军弹药库、五勇士纪念塔、五勇士铜像、杨成武将军指挥所旧址、狼牙山烈士陵园，击毙日军中将阿部归秀纪念地等革命历史遗迹，是开展爱国主义和革命传统教育的重要基地。

春游罗敷潭

李 白

行歌①入谷口,路尽无人跻②。
攀崖度绝壑,弄水③寻回溪。
云从石上起,客到花间迷。
淹留④未尽兴,日落群峰西。

【背景】

  李白因敬慕美女罗敷不畏强暴、忠于爱情、冰清玉洁,于天宝十年(751)春,游经邯郸时醉行走马六十余里,不辞辛苦地来到丛台区三陵乡姜窑村游览罗敷潭,见到眼前山清水秀、云雾缭绕、碧水回溪,不禁诗兴大发,挥笔写了这首脍炙人口的《春游罗敷潭》。

  罗敷是古赵国邯郸美女的代表。作为邯郸历史文化的著名典故之一,她的故事被广为传颂。她美丽善良,冰清玉洁,敢于与恶势力做斗争,魏晋南北朝前有大量描述罗敷的诗歌。罗敷在历史上是不是真实存在过,历来有争议。李白的诗,是目前能考证的第一首实地探访、有感而发的诗歌,无疑从侧面证实了"罗敷"出自邯郸,也证明了她极有可能是历史上的一个真实人物。

【注释】

  ①行歌:一边走路一边唱歌。 ②跻:登、升。 ③弄水:戏水。 ④淹留:停留。

【旅游看点】

  罗敷潭 原名黑龙潭,在河北省邯郸市丛台区三陵乡姜窑村西南,潭长1000米，深20米，呈西北东南走向。相传，赵时姜窑村美女罗敷，已许配给赵王侍臣王仁为妻。一次罗敷在村西南桑园采桑时，被前来打猎的赵王看见。赵王被罗敷的倾国倾城之美貌所打动，欲将她占为己有。罗敷不畏赵王所迫，以袖遮面纵身投潭而死，谱下一曲至刚至烈、凄婉美丽的绝唱。乡亲们为了纪念罗敷，将黑龙潭改为罗敷潭。潭中绿水荡漾，周围山清水秀。此处有泉眼多处，常年细流，从潭上落下，叮咚有声，如音乐般动听。一到雨季，泉水顺山而下汇至潭根，猛然跌落，水声轰鸣，震天动地。悬崖上屹立着一尊巨大的罗敷汉白玉雕像。

李白路、李白亭 唐代诗人李白于天宝十年（751）春寻访罗敷潭，依乡人所指，他手扶藜杖踏开荆棘探径寻幽，行至此处，见流水潺潺、花香迷人、云呈异彩、雾锁深谷，遂流连忘返恍若有思，不觉往来数次，于是草间被踏出一条小路，此路历千年依然清亮滑白，寸草不生，后人称此路为"李白路"，并建亭以纪之。

罗敷采桑文化节 每年五月，邯郸天下第一龙景区桑园内桑葚挂满枝头，这时会举办盛大的罗敷采桑文化节活动。节日期间游客除了在桑园里尽情享受摘桑葚的乐趣外，还可以现场赋诗作画、游园、猜谜、摄影、写生，欣赏大型史诗歌舞《罗敷采桑》和《赵王出宫》等文艺表演。

邯郸 位于河北南端，晋冀鲁豫四省交界处，西依太行山脉，东连华北平原，北连邢台、南毗安阳，素称河北省的南大门。邯郸是著名的历史文化名城，早在战国时期，它就是赵国的都城。东汉末年，丞相曹操在临漳（今邯郸市临漳县）建都。同时，它还是后赵、冉魏、前燕、东魏、北齐的都城。邯郸是我国的成语典故之都，如负荆请罪、完璧归赵、价值连城、围魏救赵、毛遂自荐、纸上谈兵、邯郸学步、铜雀春深、黄粱美梦、奇货可居、南辕北辙等，都源自邯郸。此外，邯郸还是太极之乡、指南针的故乡、钢铁之都、五大祭祖圣地之一（娲皇宫）、第一批国家试点智慧城市、中国优秀旅游城市、国家园林城市。

登栖霞寺塔

蒋涣

三休寻磴道①,九折步云霓②。
瀍涧③临江北,郊原极海西④。
沙平瓜步出⑤,树远绿杨低⑥。
南指晴天外,青峰是会稽⑦。

【背景】

蒋涣(?—约795),常州义兴(今江苏宜兴)人。玄宗朝登进士第,官至礼部尚书。《全唐诗》存诗五首。

这首诗是诗人经山路登上塔顶后记录所见景色而写成的。诗人游兴浓厚,虽道路险阻,亦不在话下。登上塔顶见到一个极为开阔的境界,有山有水,远景近景尽收眼底。此诗写得如同一幅美丽的图画,使人如临其境。

【注释】

①三休寻磴道:经过一段石块砌成的山路,途中多次停下休息。 ②步云霓:步行经过弯弯曲曲的小道才登上齐云的塔顶。 ③瀍(chán)涧:二水名,在河南,为黄河支流。此处代指长江以北的乌江与滁河。 ④郊原极海西:东面郊原连绵,直至东海。 ⑤沙平瓜步出:潮落沙平,瓜步山宛然在目。 ⑥树远绿杨低:远远望去,绿杨树显得非常矮小。 ⑦会稽:此处会稽实指茅山。古《越绝书》载:"禹更名茅山曰会稽。"这两句说:天晴时,向南眺望,茅山的青色便映入眼帘。

【旅游看点】

栖霞寺 位于南京市栖霞区栖霞山中峰西麓，佛教"三论宗"的发源地。栖霞寺始建于南齐永明七年（489），原为南齐隐士明僧绍的私宅，后宅舍由智度禅师住持。梁僧朗于此大弘三论教义，被称为江南三论宗初祖，隋文帝于八十三州造舍利塔，其立舍利塔诏以蒋州栖霞寺为首。唐代时称功德寺，规模浩大，与山东长清的灵岩寺、湖北当阳的玉泉寺、浙江天台的国清寺并称天下四大丛林。清朝末年，太平天国与清兵作战时，栖霞寺毁于战火。现栖霞寺为1919年重建。1988年1月，栖霞寺被列为全国重点文物保护单位。栖霞寺占地面积40多亩，共有毗卢殿、藏经楼三进院，依山势层层上升，格局严整美观。栖霞寺前是开阔的绿色草坪，有波平如镜的明镜湖和形如弯月的白莲池，四周树木花草葱郁，远处山峰蜿蜒起伏，空气清新，景色幽静秀丽。寺内主要建筑有山门、弥勒佛殿、毗卢宝殿、法堂、念佛堂、藏经楼、鉴真纪念堂、舍利石塔。寺前有明征君碑，寺后有千佛岩等众多名胜。其中，栖霞寺舍利塔建于隋代，为八角五层石塔。千佛崖石窟始凿于南齐永明七年，历经各代凿建，现有佛像515尊。栖霞飞天壁画在2000年的考古研究中被发现，为目前千佛岩内唯一发现的、保存完好的壁画。

栖霞山 位于南京市栖霞区中部，国家4A级旅游景区。古称摄山，又名伞山，南朝时山中建有"栖霞精舍"，因此得名。栖霞山素有"六朝胜迹""金陵第一明秀山"之称，在清代被列为"金陵四十八景"之一，有"一座栖霞山，半部金陵史"的美誉。历史上曾有五王十四帝登临栖霞山，其中乾隆六下江南，五次驻跸栖霞山。栖霞山古迹遍布，山景优美，文化底蕴深厚。历史古迹遗址80多处，荟萃了宗教文化、帝王文化、绿色文化、民俗文化、地质文化、石刻文化、茶文化。自明代以来就有"春牛首、秋栖霞"之说，"栖霞丹枫"为新金陵四十景之一，山西侧的枫岭有成片的枫树，是栖霞山吸引游人的主要景致，栖霞山因此为中国四大赏枫胜地之一。栖霞山三面环山，北临长江，山有三峰，主峰三茅宫又称凤翔峰，海拔286米。栖霞山的地学内涵极为丰富，古生物化石众多，是许多地学名称的命名地，被专家称为"天然地质博物馆""地学教科书"。

瓜步山 现称瓜埠山，位于今南京六合区东南瓜埠镇，距长江约10公里。占地面积1000余亩，是距今约1200万年前喷发的一座盾形火山，瓜埠山火山地质公园被确定为六合国家地质公园核心景区，景区以火山群、石柱林群、雨花石层群等地质景观为主体，以自然生态和人文景观为辅。瓜埠山景区的石柱林是公园主要景点之一，

以玄武岩石柱为主，自上而下呈扇形排列，构成了"雄师之塔""孔雀开屏"等丰富多彩的自然景观。从瓜埠山火山地质遗迹留下的石头上可以看出千万年前岩浆是爆发的、溢出的，还是像小溪一样流淌的，时间似乎已被瞬间凝固于此。其中，部分呈放射状的扇形石柱高达70多米，比闻名于世的美国黄石公园的石柱林还要高大、壮观、雄伟。瓜埠山景区还具有非常深厚的人文底蕴。秦始皇、南北朝时期的宋文帝、北魏魏武帝、周世宗、明太祖朱元璋、清乾隆等许多古代帝王都亲临过瓜埠山；李白、骆宾王、王安石、陆游、苏东坡、辛弃疾等诗人墨客也曾在此留下脍炙人口的诗词名篇。

送朱越

王昌龄

远别舟中蒋山①暮,
君行举首燕城②路。
蓟门③秋月隐黄云,
期向金陵醉江树④。

【背景】

这首诗写于诗人江宁丞任上,表达了诗人在苍茫暮色中登舟送别友人远去的依依不舍和无限惆怅的心情。

唐开元二十八年(740)冬天,王昌龄离开长安,来到南京,出任江宁县丞,前后达八九年时间。王昌龄在南京做官心情并不舒畅,常常受人抨击,他自己也说,"县职如长缨,终日检我身",可见这个官当得并不如意。王昌龄时常将郁闷的心情寄托在美酒中,在这首《送朱越》中,由"蓟门秋月隐黄云,期向金陵醉江树"可以看出,这可能是一首酒醉后写就的诗篇。

【注释】

①蒋山:即钟山,又名紫金山,这里指钟山弥漫在一片苍茫暮色中。诗人登上舟船,送别即将远去的友人。 ②燕城:北京古称燕、蓟。燕城泛指北京,在现北京西南部。该句指朱越即将去燕城任职。 ③蓟门:隋唐时,北京称幽州、涿郡。蓟门在此代指北京。蓟门秋月代指北京的景色。此处指朱越即将远去北京。 ④江树:指江

边的树。这句话的意思是期望友人及早南回,共醉江树。

【旅游看点】

紫金山 位于南京市玄武区,又称钟山,江南四大名山之一,有"金陵毓秀"的美誉,是南京名胜古迹荟萃之地。世界文化遗产所在地、首批国家5A级旅游景区钟山风景名胜区位于紫金山南麓。紫金山主峰海拔448.9米,周围约30公里,三峰相连形如巨龙,山、水、城浑然一体,古有"钟山龙蟠,石城虎踞"之称,早在三国与汉朝就极负盛名。紫金山囊"六朝文化、明朝文化、民国文化、山水城林文化、生态休闲文化、佛教文化"系列于一山之中,为"中华城中人文第一山"。紫金山周围名胜古迹甚多,山南有紫霞洞、一人泉等景点,山前正中有中山陵,西有梅花山、明孝陵、廖仲恺墓、何香凝墓,东有灵谷寺、邓演达墓,山北有明徐达墓、常遇春墓、李文忠墓等古迹。

明孝陵 坐落于紫金山南麓独龙阜玩珠峰下,东毗中山陵,南临梅花山,位于钟山风景名胜区内,是明太祖朱元璋与其皇后的合葬陵墓。因皇后马氏谥号"孝慈高皇后",又因奉行孝治天下,故名"孝陵"。其占地面积达170余万平方米,是中国规模最大的帝王陵寝之一。明孝陵在朱元璋死前已建设十几年,朱元璋对其极为用心,耗费的人力物力惊人。其始建于明洪武十四年(1381),至明永乐三年(1405)建成,先后调用军工10万,历时达25年。承唐宋帝陵"依山为陵"旧制,又创方坟为圜丘新制。将人文与自然和谐统一,达到天人合一的完美高度,成为中国传统建筑艺术文化与环境美学相结合的优秀典范。明孝陵作为中国明皇陵之首,代表了明初建筑和石刻艺术的最高成就,直接影响了明清两代五百余年20多座帝王陵寝的形制,依历史进程分布于北京、湖北、辽宁、河北等地的明清皇家陵寝,均按南京明孝陵的规制和模式营建,在中国帝陵发展史上有着特殊的地位,故而有"明清皇家第一陵"的美誉。1961年3月,明孝陵被列为第一批全国重点文物保护单位;2003年7月,根据世界文化遗产遴选标准,明孝陵及其明功臣墓被列为世界文化遗产;2006年12月,又被列为首批国家重点风景名胜区和首批国家5A级旅游景区。

金陵 是南京最雅致而古老的正式名称，沿用至今。一般认为因南京钟山在春秋时称金陵山而得名。唐代《建康实录》明确记有楚威王是"因山立号，置金陵邑"，即用山名作为邑名。由于当年的长江还在清凉山的西麓下流过，金陵邑临江控淮，形势十分险要，所以

楚威王选在这里置金陵邑，欲借长江天堑为屏障以图谋天下。金陵邑是南京历史上年代仅次于越城的第二座古城。从城区结构上看，它貌似小城堡；但从性质上讲，已和越城迥然不同，它是一座具有行政区治所性质的古城，标志着南京设置行政区划的开始，也是南京被称为金陵的发端。金陵的来源还有另外一说，即埋金之说。相传金陵的名称是因秦始皇在龙湾金陵岗埋金以镇王气而得。《景定建康志》记载："父老言秦（始皇）厌东南王气，铸金人埋于此。"并提及在秦始皇埋金的金陵岗曾立一碑，上刻："不在山前，不在山后，不在山南，不在山北，有人获得，富了一国。"又传说秦始皇并没有真的埋金，而是诡称在山中埋金，这样，让寻金的人在山的前后南北"遍山而凿之，金未有获，而山之气泄矣"。这是秦始皇驱人凿断山脉破坏王气风水地形的计谋。此外，还有楚威王埋金说，据说当时楚威王以为南京"有王气"，于是吩咐手下在今狮子山以北的江边（古称龙湾）埋金。《景定建康志》记载："周显王三十六年（前333），楚子熊商败越，尽取故吴地。以此地有王气，因埋金以镇之，号曰金陵。"关于金陵的来源，另一种说法则是，南京地接金坛，其山产金，故名。

经江宁览旧迹至玄武湖

张九龄

南国①更数世,北湖方十洲②。
天清华林苑③,日晏景阳楼。
果下回仙骑④,津傍驻彩斿⑤。
凫鹥⑥喧凤管,荷芰斗龙舟。
七子⑦陪诗赋,千人和棹讴⑧。
应言在镐⑨乐,不让横汾秋⑩。
风俗因纡慢,江山成易由⑪。
驹王信不武,孙叔是无谋⑫。
佳气日将歇⑬,霸功谁与修。
桑田东海变,麋鹿姑苏游⑭。
否运争三国,康时劣九州⑮。
山虽幕府在,馆岂豫章留⑯。
水淀还相阅,菱歌亦故遒⑰。
雄图不足问,唯想事风流⑱。

【背景】

张九龄(678—740),字子寿,韶州曲江(今广东韶关)人。唐朝开元年间名相。他秉公守则,直言敢谏,选贤任能,不徇私枉法,不趋炎附势,为"开元之治"做出了积极贡献。张九龄的五言古诗以简练质朴的语言,寄托深远的人生慨望,对扫除唐初沿袭的六朝绮靡诗风贡献尤大,被誉为"岭南第一人"。有《曲江集》传世。

张九龄是开元时期的贤相之一,也是唐代唯一一个岭南书生出身的宰相。他耿直温雅,风仪甚整,时人誉为"曲江风度"。即使罢相后,当有人向玄宗举荐人才时,玄宗还时常问道:"其人风度得如九龄否?"开元末年,玄宗倦于理政,渐渐沉迷享乐,疏远贤人。在小人得志的凶险政情下,张九龄能守正嫉邪,刚直敢言,成为安史之乱前最后一位公忠体国、举足轻重的唐室大臣。他曾坚拒武惠妃的贿赂,粉碎了她危及太子的阴谋;他也曾反对任用奸佞的李林甫、庸懦的牛仙客为相,以至屡忤玄宗意,终于罢相。他目光远大,曾言安禄山"貌有反相,不杀必为后患",然而不为玄宗采纳。后来安史乱起,玄宗仓皇入蜀时,忆起九龄平生之言,痛哭之余,唯有遣使祭奠故人而已。

【注释】

①南国:这里指以江宁为中心的地方,今南京市。 ②十洲:传说大海中神仙居住的地方。这两句说,南国已经改变了好几个朝代,而玄武湖却好比是神仙居住的地方。 ③华林苑:三国吴时宫苑,在台城内。 ④果下回仙骑:可在果树下行走的小马。这句是说,宫人骑着矮马神仙般地在果树下回旋。 ⑤津:渡。这句是说,河岸飘扬着悬有垂带的彩旗。 ⑥凫鹥:野鸭和鸥鸟。 ⑦七子:中国古代习惯将交往密切的七个文人称"七子",这里代指狎客和女学士。 ⑧千人和棹讴:上千人随着划船的桨声节拍歌唱。 ⑨镐:指长安,这里代指国都。 ⑩不让横汾秋:南朝帝王们享受着在位之乐,和汉武帝泛舟汾河宴饮群臣不相上下。 ⑪江山成易由:六朝各代都是短命的,君臣们不理政务,一味寻欢作乐,使江山非常容易更换。

⑫孙叔是无谋：年轻的继承人，不习武事，他们的辅臣也缺乏谋略。　⑬佳气日将歇：佳气，指帝王之气。这句是说，王气一天天地消歇了，还有谁来修治霸功呢？　⑭麋鹿姑苏游：东南一带大为零落，东海变成了桑田；曾经繁华的吴都姑苏，如今成了麋鹿追逐的场所。　⑮否运争三国，康时劣九州：三国争雄时，金陵曾是吴国的国都，而到了承平时，在九州岛之中金陵已排不上号了。　⑯山虽幕府在，馆岂豫章留：豫章是长安台观名。这两句的意思是，虽然幕府山依旧，但昔日帝王居住的宫苑、台观还留得住么？　⑰菱歌亦故道：湖泊依旧，采菱的歌声也如同过去一样嘹亮。　⑱雄图不足问，唯想事风流：宏图远虑已说不上了，游湖的游客们想的只是风流乐事而已。

【旅游看点】

玄武湖 位于南京市玄武区，东枕紫金山，西靠明城墙，是江南地区最大的城内公园，也是中国最大的皇家园林湖泊、仅存的江南皇家园林，被誉为"金陵明珠"。现为国家重点公园、国家4A级旅游景区。"玄武"是中国神话故事中的四神之一，它的具体形象是龟与蛇的复合体，玄武和青龙、白虎、朱雀共同代表着东西南北四个方位，

玄武湖实际上就是北湖的意思。玄武湖距今已有2300年的人文历史，最早可追溯至先秦时期，在六朝时期辟为皇家园林，明朝时为黄册库，均系皇家禁地，直至清末举办南洋劝业会时，两江总督下令开辟丰润门（今玄武门），为玄武湖公园之滥觞。玄武湖方圆近五里，分作五洲（环洲、樱洲、菱洲、梁洲、翠洲），洲洲堤桥相通，浑然一体，处处有山有水。宋人欧阳修曾写道"金陵莫美于后湖（玄武湖最早也叫后湖），钱塘莫美于西湖"。玄武湖为风景园林，亦为文化圣地，历代多有文人墨客，政要名流在此留下身影，为后人传为美谈。玄武湖景区内有假山瀑布、童子拜观音石、郭璞墩、米芾拜石、莲花精舍和诺那佛塔、风荷苑、月季园、湖神庙、明代黄册库遗址、闻鸡亭、览胜楼等众多景点。

南京 古称金陵、建康，是江苏省省会，地处中国东部地区，长江下游，濒江近海。南京是中国四大古都之一，是中华文明的重要发祥地，历史上曾数次庇佑华夏之正朔，长期是中国南方的政治、经济、文化中心。南京地区早在100万～120万年前就有古人类活动，35万～60多万年前已有南京猿人在南京汤山生活。229年，吴大帝孙权在此建都，此后东晋、南朝的刘宋、萧齐、萧梁、陈均相继在此建都，故南京有"六朝古都"之称。继此之后，南京又先后成为杨吴西都、南唐国都、南宋行都、明朝京师、太平天国天京、"中华民国"首都，故又被称为"十朝都会"。南京自古就是一座崇文重教的城市，有"天下文枢""东南第一学"的美誉，明清时期中国半数以上的状元均出自南京江南贡院。南京是首批中国优秀旅游城市、国家历史文化名城。目前，南京有世界文化遗产1项、世界文化遗产预备名单3项、全国重点文物保护单位55处、江苏省文物保护单位114处、市级以上文物保护单位400余处。钟山风景名胜区—中山陵园风景区、夫子庙秦淮风光带为国家5A级旅游景区。

台 城

韦 庄

江雨霏霏①江草齐,

六朝②如梦鸟空③啼。

无情最是台城柳,

依旧烟笼十里堤。

【背景】

韦庄(约836—910),字端己,京兆杜陵(今陕西西安)人,韦应物四世孙,诗中自称家贫,年轻时却生活放荡。乾宁元年(894)进士,授校书郎。曾奉使入蜀。天复元年再度入蜀,后协助王建称帝,任左散骑常侍、判中书门下事、吏部侍郎等。韦庄是晚唐诗坛最优秀的诗人之一,也是晚唐五代重要词人,为花间派的代表,与温庭筠齐名,史称"温韦"。有《浣花集》十卷,《全唐诗》编其诗六卷。

这是一首凭吊六朝古迹台城的诗。中唐时期,昔日繁华的台城已是"万户千门成野草",到了唐末,台城就更是荒废不堪了。韦庄身处唐末,此时唐王朝全面走向衰落,昔日的繁华已荡然无存,如大梦一场,取而代之的是兵荒马乱、民不聊生。唐僖宗中和三年(883),韦庄客游江南,在目睹了六朝故都金陵繁华落尽之后,作此诗以抒发世变时移的感慨。

【注释】

①霏霏:雨细密的样子。　②六朝:指吴、东晋、宋、齐、梁、陈。　③空:枉然。

【旅游看点】

台城 也称苑城，在今南京鸡鸣山麓，玄武湖边，是东晋至南朝时期的朝廷和皇宫所在地。始建于三国时期吴国黄龙元年（229），为孙权所建，都城周长约10公里。东晋咸和年间开始扩建。"台"，指当时以尚书台为主体的中央政府，因尚书台位于宫墙之内，因此宫城又被称作"台城"。台城自建成后直到南朝最后一个皇帝，在长达200多年的时间里一直是国家中心所在。史载，台城"宫殿壮丽巍峨，殿阁崇伟"。公元4～6世纪，建康城是世界上最大的城市之一，台城也就成为繁华的象征。隋灭陈后，杨坚将建康的宫苑荡平为耕地，原来绮丽宫室化为废墟，南京被分割成若干县，大都市变为农业区。台城遗迹从此湮没地下。台城湮没之后，宫城的具体范围一直不明，但历代学者一直在考证、追寻。早年有学者认为，建康宫北抵玄武湖，明城墙是在其遗址上建的，所以这段城墙有了"台城"的名字。不过后来考古发掘表明这里并不是真正的台城。2002年开始，大行宫新世纪广场、南京图书馆新馆等项目开工，考古部门进场勘探，终于找到了建康宫。在6000平方米范围内，深埋地下的砖铺路，城壕和城墙、人面兽面纹、莲花纹瓦当、古井、古桥遗迹先后被发现，表明大行宫十字路口周围就是台城的所在地。南京图书馆地下一层展示的便是台城考古发现的遗迹。从南京图书馆东侧台阶走下去，墙壁上有一幅主题为"湮没的皇宫"的雕刻以及一系列展示窗，展示了台城遗址发掘的过程；而台城遗址则被做成了一个微缩景观置于地下，上面用钢化玻璃盖住，参观者走在玻璃上就可以清晰地看到脚下"台城遗址"的城墙、车道、砖井等。此外，在总统府东侧地块发掘的台城遗迹，现在也已经原址保护。2008年，考古工作者对博物馆所在地块进行发掘时，在地下2米深处发现了一处夯土墙，经考证为建康宫城的建筑遗址——台城的核心部分。正是因为这处千年遗址的出土，才有了今天的六朝博物馆。不过曾经被误认为"台城"的南京明城墙段也没有荒废。早在1994年9月，南京城墙"台城段"就修复竣工并向游人开放。这段城墙从解放门到九华山全长1700米，充分展示了南京山、水、城、林多层次结合的独特景观。登临城上，东眺钟山龙蟠苍翠，山色空明；北赏玄武十里烟柳，烟波浩渺；南观九华塔影婆娑，宝塔高耸；西览鸡鸣黄墙青瓦，古刹钟声荡气回肠。

鸡鸣寺 又称古鸡鸣寺，位于南京市玄武区鸡笼山东麓，始建于西晋，是南京城最为古老、香火最旺的佛寺之一，自古有"南朝第一寺""南朝四百八十寺之首"的美誉，是南朝时期中国的佛教中心。鸡鸣寺历史可追溯至东吴的栖玄寺，寺址所在为三国时吴国后苑之地，西晋永康元年（300）在此倚山造室，始创道场。东晋以后，此处被辟为廷尉署，至南朝梁普通八年（527）梁武帝在鸡鸣埭兴建，使这里从此真正成为佛教圣地。明洪武二十年（1387）明太祖朱元璋下令拆去旧屋，扩大规模，重建寺院。朱元璋题额为"鸡鸣寺"。后经明宣德、成化、弘治年间扩建，院落规模宏大，占地达百余亩。后来古寺毁于咸丰战火，虽同治年间重修，规模却大大缩小，但香火一直旺盛不衰。鸡鸣寺内现有大雄宝殿、观音楼、韦驮殿、志公墓、藏经楼、念佛堂和药师佛塔等主要建筑。

登金陵①凤凰台

李　白

凤凰台上凤凰游，凤去台空江自流。
吴宫②花草埋幽径，晋代③衣冠④成古丘⑤。
三山⑥半落青天外，一水⑦中分白鹭洲⑧。
总为浮云⑨能蔽日⑩，长安⑪不见使人愁。

【背景】

　　这是李白47岁时（748）第二次来到凤凰台所作。此时的李白已被排挤离开长安，自叹报国无门，愁绪万端，在金陵登上凤凰台时，眺望浩浩大江滚滚东流，看见白鹭洲分开长江水的壮观美景，想到凤凰已去，永不复返，吴宫花草，晋代衣冠，均为陈迹；人生易过，岁月难再；朝廷面临奸臣当权，国事日非，浮云蔽日，难见长安。想到这里，不禁愁绪满怀，情难自已，遂作了这首诗，表达对朝廷的不满。

　　李白是天才诗人，并且是属于那种充满创造天才的大诗人。然而，唯独在登临黄鹤楼时没能尽情尽意，"驰志"千里。原因很简单，即所谓"眼前有景道不得，崔颢题诗在上头"。因而，"谪仙诗人"不甘心，要与崔颢一比高低；于是他"至金陵，乃作凤凰台诗以拟之"，直到写出可与崔颢《黄鹤楼》等量齐观的《登金陵凤凰台》，才肯罢休。这虽然是传言，但也切合李白的性格。《登金陵凤凰台》博得了"与崔颢黄鹤楼相似，格律气势未易甲乙"的赞扬。李白的《登金陵凤凰台》与崔颢的《黄鹤楼》，为登临怀古诗作的双璧。

【注释】

①金陵：今江苏南京。 ②吴宫：三国时孙吴建都于金陵。 ③晋代：指东晋，东晋南渡后即建都于金陵。④衣冠：指当时名门望族。⑤古丘：指古墓、坟丘。 ⑥三山：山名，在南京西南长江边上。因三峰并列，南北相连，故名。 ⑦一水：指秦淮河流经南京后，西入长江，白鹭洲横其间，乃分为两支。⑧白鹭洲：长江中的沙洲，因多聚白鹭而得名。今已与陆地相连，位于南京市江东门外。 ⑨浮云：比喻奸邪小人。⑩此诗以"浮云蔽日"比喻谗臣当道障蔽贤良。陆贾《新语·慎微篇》："邪臣之蔽贤，犹浮云之障日月也。"《古诗十九首》中有"浮云蔽白日，游子不顾返"。 ⑪长安：今陕西西安。这里用京城指代朝廷和皇帝。

【旅游看点】

凤凰台的由来，一直流传着这样一个美丽的传说：南朝刘宋时期，在南京城西南山上（今瓦官寺附近），有几只美丽的大鸟飞到了这里，

这些鸟毛色鲜艳，声音动听，吸引了其他一些凡鸟跟随。这一奇特现象很快被人发现，并一传十、十传百，最后被一位王族得知，于是就将这个地方改名为凤凰里，并在此修筑了一个高台，名为凤凰台。古代只要是一块高出周围土地的平台，就可以称之为台。台可以是土夯的，可以是石头、砖瓦砌成的，也可以是天然存在的。台一般是露天的，有时也会在上面盖个亭子。凤凰台究竟是什么样式的，因为没有记载，它的样貌也就成为谜团，位置大致在如今的凤游寺路花露岗一带。

白鹭洲 长江中的沙洲，洲上多集白鹭，故名。今已与陆地相连，位于国家 5A 级旅游景区夫子庙秦淮风光带内。1924 年，有金巴父子在修葺东园故址内的鹫峰寺时，发现墙内有块镌有李白名诗《登金陵凤凰台》的石刻："三山半落青天外，一水中分白鹭洲。"此时东园故址湖中有洲，景观与长江边的白鹭洲极为相似。因此建公园时借用了白鹭洲的名称。如今的白鹭洲公园，是南京城南地区最大的公园，该园在明朝永乐年间（1403—1424）是开国元勋中山王徐达的别墅，故称为徐太傅园或徐中山园。天顺年间（1457—1464），园内建有鹫峰寺，烟火鼎盛一时。至正德年间（1506—1521），徐达后裔徐天赐将该园扩建成当时南京"最大而雄爽"的园林，取名为东园。该园成为园主与王世贞、吴承恩等著名文人诗酒欢会的雅集之所。明武宗南巡时，曾慕名到该园赏景钓鱼。

乌衣巷

刘禹锡

朱雀桥①边野草花②,
乌衣巷口夕阳斜。
旧时王谢堂前燕,
飞入寻常③百姓家。

【背景】

　　刘禹锡(772—842),字梦得,洛阳(今属河南)人。他的诗精练含蓄,往往能以清新的语言表达对人生或历史的深刻理解,因而被白居易推崇备至,誉为"诗豪"。他在远谪湖南、四川时,接触到少数民族的生活,其诗受到当地民歌的影响,用民歌体裁来写七绝是刘禹锡部分诗作引人注目的特点。

　　唐敬宗宝历二年(826),刘禹锡由和州(今安徽和县)刺史任上返回洛阳,途经金陵(今江苏南京)时,写了一组咏怀古迹的诗篇,总名《金陵五题》,其中第二首即《乌衣巷》。诗人当时还没到过金陵,始终对这个六朝古都怀着憧憬,正好有友人将自己写的五首咏金陵古迹诗给他看,他便乘兴和了五首。

　　诗中"旧时王谢堂前燕,飞入寻常百姓家"借燕子的栖巢表达作者对世事沧桑、盛衰变化的慨叹,用笔尤为曲折。施补华的《岘佣说诗》评这首诗的三四句时说:"若作燕子他去,便呆。盖燕子仍入此堂,王谢零落,已化作寻常百姓矣。如此则感慨无穷,用笔极曲。"

【注释】

①朱雀桥：即朱省桁，东晋咸康时建，是秦淮河上的浮桥。 ②花：开花。 ③寻常：平常。

【旅游看点】

乌衣巷 位于南京市秦淮区秦淮河上文德桥旁的南岸，地处国家5A级旅游景区夫子庙秦淮风光带核心地带，是中国历史上最古老而著名的古巷。乌衣巷得名有很多说法。一种说法是这里曾是东吴时期的禁卫军驻地，由于军士都穿乌衣，由此得名乌衣营；另一种说法称东晋时期王谢两家望族居住于此，而两族子弟都喜欢穿乌衣以彰显身份

尊贵，所以得名乌衣巷，这种说法在南京民间广为流传。乌衣巷名贯古今，不仅因为王导、谢安居住在这里，"书圣"王羲之、"山水诗鼻祖"谢灵运及此后的谢朓也住在这里，还因为王谢两家豪门大族在这里先后居住了三百年，出现了一批对晋朝历史影响深远的人物。588年，隋灭陈，隋文帝下令将"建康城邑平荡耕垦"。一时间六朝时期豪华的宫阙、殿宇破坏殆尽，乌衣巷的繁华也随之烟消云散。1997年，秦淮区人民政府恢复了乌衣巷，挖掘、展示乌衣巷源远流长的历史，并重建了具有民族风格的王谢古居纪念馆。古居的主体建筑为来燕堂和鉴晋楼，另附有王、谢家族陈列、六朝历史和文化艺术陈列、淝水之战半景画室、东晋起居陈列室、六朝书画、雕塑厅、洛神赋壁画厅等。楼堂外的墙壁上，有竹林七贤图、对狮图、行乐图等砖印壁画，颇具史料价值和观赏价值，庭中建有仿兰亭的小品式"曲水流觞"流杯渠。古居请诗书界名流撰写了记文、楹联，更增加了浓郁的文化氛围。

王谢 为六朝望族琅琊王氏与陈郡谢氏之合称，后成为显赫世家大族的代名词。晋永嘉之乱后，琅琊王氏和陈郡谢氏族人，从北方南迁至金陵，后因王谢两家之王导、谢安及其后继者于江左五朝的权倾朝野、文采风流、功业显著而彪炳史册，成就了后世家族无法企及的荣耀，故有"王谢"之合称。两晋南朝是中国门阀士族制度最为鼎盛的时代，在九品中正制下士族出身的高门子弟成了历史主角。在这些世家贵族当中，琅琊王氏和陈郡谢氏无疑是最为举足轻重也最富戏剧性色彩的代表，几乎没有哪个世家大族能与其比肩。三百多年间，王、谢两家族能人辈出、仕宦显达，他们或引领一代之风尚，或执一朝之牛耳，从汉魏入两晋历南朝，一直繁盛、荣耀。虽然家族内部族系庞大，各个分支升降不一，时而此支显贵，时而彼支荣达，三十年河东三十年河西，却能互相帮助，保证家族始终站在时代前沿。

泊秦淮

杜 牧

烟笼寒水月笼沙,

夜泊秦淮近酒家。

商女①不知亡国恨,

隔江犹唱《后庭花》②。

【背景】

　　杜牧（803—853），字牧之，京兆万年（今陕西西安）人。唐文宗大和年间进士。晚唐著名诗人、散文家。其诗与李商隐齐名，二人并称"小李杜"。因晚年居长安南樊川别墅，故后世称"杜樊川"。他的诗歌以七言绝句著称，著有《樊川文集》。

　　杜牧早年颇为关心政治，对当时千疮百孔的唐王朝忧心忡忡，他看到统治集团的腐朽昏庸，看到藩镇的拥兵自固，看到边患的频繁，深感社会危机四伏，唐王朝前景可悲。这种忧时伤世的思想，促使他写了许多具有现实意义的诗篇。六朝古都金陵的秦淮河两岸历来是达官贵人们享乐游宴的场所，"秦淮"也逐渐成为奢靡生活的代称。诗人夜泊于此，眼见灯红酒绿，触景生情，又想到唐朝国势日衰，当权者昏庸荒淫，便感慨万千，写下了这首诗。

　　"后庭花"是指陈后主所作的一首《玉树后庭花》。陈朝陈后主的贵妃张丽华本是兵家出身，她发长七尺，光可鉴人，陈后主对她一见钟情，据说朝堂之上，还常将其放在膝上共商国是。当时杨坚正积蓄兵力，有夺取天下之心，而陈后主并不在意，还整天过着花天酒地的生活。陈后主在光照殿前,又建"临春""结绮""望仙"三阁,自居临春阁,张丽华住结绮阁,龚孔二贵妃同住望仙阁,整日只做饮酒赋诗之事。

【注释】

①商女:歌女。 ②后庭花:即《玉树后庭花》,乐府《吴声歌曲》名,陈后主创制。陈后主沉湎于声色之中,以致亡国,后代以《后庭花》代指淫靡之音或亡国之音。

【旅游看点】

秦淮 即秦淮河,发源于江苏省溧水东北,流经南京入长江,相传是秦始皇南巡会稽时所凿,以疏淮水,故名秦淮河。秦淮河是南京的"母亲河",是孕育金陵古老文化的摇篮。城内秦淮河全长5公里,史称"十里秦淮",也是夫子庙秦淮风光带精华所在。夫子庙秦淮风光带是一个集自然风光、山水园林、庙宇学堂、街市民居、乡土人情为一体的国家5A级旅游景区。景区以夫子庙古建筑群为中心,以十里内秦淮河为轴线,东起东水关公园,西至西水关公园(今水西门)。在这"江南锦绣之邦,金陵风雅之薮",美称"十里珠帘"的夫子庙秦淮风光带上,点缀着数不尽的名胜佳景,汇集着说不完的逸闻掌故。它蕴含着南京城市发展两千多年的历史文化积淀,是南京城市最早的重要发祥地之一,也是南京历史上最热闹的文化、商业中心,代表了南京历史上的繁华。沿岸有世界最大、保存最完好的瓮城——中华门瓮

城；有明代被称为"南都第一园"，在清代与上海豫园、苏州拙政园、留园及无锡寄畅园并称"江南五大名园"，今"金陵第一园"的瞻园；有明代开国功臣中山王徐达的私家花园——白鹭洲公园；有中国古代最大的科举考场——江南贡院等著名景点。在夫子庙秦淮河风光带上还有东晋豪门贵族王导、谢安故居，明代江南首富沈万三故居，明末清初演绎《桃花扇》的传奇人物李香君的故居，我国最伟大的文学家之一、著有《儒林外史》的吴敬梓的故居，以及乌衣巷、桃叶渡、东水关、西水关、古长干里、凤凰台遗址……这些历史古迹，仿佛镶嵌在夫子庙秦淮风光带上的颗颗璀璨明珠。如今，泛舟游览中国第一历史文化名河——秦淮河，已成为南京特色旅游品牌，"夜泊秦淮"更被喻为南京水上游览的经典线路。

南京夫子庙 即南京孔庙、南京文庙、文宣王庙，位于南京市秦淮区秦淮河北岸贡院街，江南贡院以西，为供奉祭祀孔子之地，是中国第一所国家最高学府，也是中国四大文庙，为中国古代文化枢纽之地、金陵历史人文荟萃之地，不仅是明清时期南京的文教中心，也是居东南各省之冠的文教建筑群，现为夫子庙秦淮风光带重要组成部分。夫子庙是一组规模宏大的古建筑群，主要由孔庙、学宫、贡院三大建筑群组成，占地广大，有照壁、泮池、牌坊、聚星亭、魁星阁、棂星门、大成殿、明德堂、尊经阁等建筑。夫子庙已成为古都南京的特色景观区，是中国最大的传统古街市，与上海城隍庙、苏州玄妙观和北京天桥并称为中国四大闹市。夫子庙始建于东晋成帝司马衍咸康三年（337），宋景祐元年（1034）改建为孔庙，在六朝至明清时期，世家大族多聚于附近，故有"六朝金粉"之说。范蠡、周瑜、王导、谢安、李白、杜牧、吴敬梓等数百位著名的军事家、政治家、文学家在这里创造了不朽的业绩，写下了千古传诵的篇章。南京夫子庙四毁五建，最后一次破坏于1937年侵华日寇的炮火中。1985年，夫子庙经过修葺，成为中国著名的开放式国家5A级旅游景区，是蜚声中外的旅游胜地。

黄鹤楼送孟浩然之广陵

李 白

故人西辞黄鹤楼,

烟花①三月下扬州。

孤帆远影碧空②尽③,

唯见长江天际④流。

【背景】

本诗是李白出蜀壮游期间的作品。唐玄宗开元十五年(727),李白东游归来,至湖北安陆,在此住了十年之久。其间他以诗酒会友,在外游历。也正是寓居安陆期间,李白结识了长他十二岁的孟浩然。孟浩然对李白非常赞赏,两人很快成了挚友。开元十八年(730)三月,李白得知孟浩然要去广陵(今江苏扬州),便托人带信,约孟浩然在江夏(今武汉武昌)相会。几天后,孟浩然乘船东下,李白亲自送到江边。送别时写下了这首《黄鹤楼送孟浩然之广陵》。

李白与孟浩然的交往,是在他刚出四川不久,正当年轻快意的时候,他眼里的世界,还像黄金一般美好。比李白大十多岁的孟浩然,这时已诗名满天下。他给李白的印象是陶醉在山水之间,自由而愉快。李白将孟浩然引为偶像,所以他在《赠孟浩然》诗中说:"吾爱孟夫子,风流天下闻。红颜弃轩冕,白首卧松云。"

【注释】

①烟花:形容柳絮如烟、鲜花似锦的春天景物,指艳丽的春

景。　②碧空：一作"碧山"。　③尽：尽头，消失了。　④天际：天边，即天边的尽头。

【旅游看点】

广陵　扬州古称，又称江都、维扬，建城史可上溯至公元前486年，是江苏省地级市，地处江苏中部、长江与京杭大运河交汇处，有"淮左名都，竹西佳处"之称，又有着"中国运河第一城"的美誉；历史上数次兴盛，被誉为扬一益二、淮南第一州。历史上繁华的扬州城，即今天的扬州市老城区——广陵区。扬州的名称，最早见于《尚书·禹贡》"淮海维扬州"。其由来是因"州界多水，水扬波"，遂以"扬"为州名。灿烂的历史文化给扬州留下了大量的名胜古迹和丰富的旅游资源。扬州是首批国家历史文化名城、中国优秀旅游城市和"联合国人居奖"城市，现有国家A级旅游景区59家、省级旅游度假区4个、省级以上乡村旅游重点村12家。扬州是兼有北雄南秀的园林城市，"国家文化旅游示范区"——瘦西湖以秀闻名，有着"园林之胜，甲于天下"的美誉；个园因竹得名，以石取胜，游园一周，四季交替，极富诗情画意；被称为"中国晚清第一名园"的何园，复道凌空而架，回廊贯通全园，堪称"江南园林中的孤例"。扬州不仅有秀美的自然风光，有独特的园林古迹，还有精致的淮扬美味和璀璨的文化艺术，是久负盛名的旅游胜地。

忆扬州

徐凝

萧娘①脸薄②难胜泪，
桃叶③眉尖易觉愁。
天下三分明月夜，
二分无赖④是扬州。

【背景】

徐凝（生卒年不详），睦州（今浙江建德）人。主要活动在唐宪宗元和年（806—），与诤友张祜年岁相当，与白居易、元稹同时而稍晚。精研吟咏，无意进取，元和年间有诗名。后游于长安，竟无所成，遂归隐故里，优游而终。《全唐诗》录存一卷。

《忆扬州》是一首怀人的作品，但标题却不明题怀人，而偏说怀地。诗人并不着力描写这座"绿扬城郭"的宜人风物，而是以离恨千端的绵绵情怀，追忆当日的别情。不写自己的殷切怀念，而写远人的别时音容，以往日远人的情重，衬出诗人自己情怀的不堪。诗人把扬州明月写到了入神的地步，并用"无赖"之"明月"，把扬州装点出无限的风姿，与《忆扬州》的标题吻合无间，使人自然向往扬州的美好。也因他这句"天下三分明月夜，二分无赖是扬州"，扬州获得了"月亮城"的美誉。

【注释】

①萧娘：南朝以来，诗词中的男子所恋的女子常被称为萧娘，女子所恋的男子常被称为萧郎。　②脸薄：容易害羞，这里形容女子娇

美。　③桃叶：晋代王献之有妾名桃叶，笃爱之，故作《桃叶歌》。后常用作咏歌伎的典故。这里是爱少女或指思念的佳人。　④无赖：可爱，可喜之意。

【旅游看点】

瘦西湖风景区 是国家重点风景名胜区，国家5A级旅游景区，全国文明风景旅游区示范点，世界文化遗产大运河的重要组成部分。瘦西湖，原名保障湖，位于扬州市西北郊，总面积2000亩，水上面积700亩。因湖面瘦长，称"瘦西湖"。瘦西湖在清代康乾时期已形成基本格局，有"园林之盛，甲于天下"之誉。瘦西湖主要分为十四个景点，包括五亭桥、二十四桥、荷花池、钓鱼台等。瘦西湖以其悠久丰富的人文景观、秀丽典雅的自然风韵和相互因借的艺术手法，成为古今中外宾客纷至沓来的著名游览胜地。扬州有"月亮城"的美誉，在扬州最令人津津乐道的赏月去处是瘦西湖里的五亭桥。五亭桥又名莲花桥，由15个桥洞组成。相传，农历八月十五的夜晚，划船到五亭桥下，在五亭桥下的15个桥洞里都可见到一轮圆月。瘦西湖景区每年中秋会举办"拜月"仪式，向广大游客展示古制中秋拜月三上香、诵读祝文、焚烧月光纸、集体拜月、礼成、向月神跪拜许愿等礼仪，意境之美，让游人有穿越到古代的感觉。

徐凝门 为始建于明代嘉靖年间的"南便门"，清初改称为"徐宁门"，后来为了纪念写下"天下三分明月夜，二分无赖是扬州"的唐代诗人徐凝，改名"徐凝门"。旧时，以城门为界，城门内叫徐凝门内街，城门外叫徐凝门外街。徐凝门街是古城东南一条南北走向的街道，北起广陵路，隔路与皮市街相接，南至南通东路，直走向南可上跨越古运河的徐凝门桥。从古至今，徐凝门街都是颇负盛名的街道。如今，在南通东路下面"藏"着"徐凝门"。现在的徐凝门是根据当初的徐凝门在遗址上复建的，也是为了方便人们通行。虽然原来的徐凝门遗址藏在地下，考古人员还没有对该遗址进行过考古发掘，但是，从一些地方志上还能看出当初城门大致的模样。

寄扬州韩绰①判官②

杜 牧

青山隐隐水迢迢③,
秋尽江南草未④凋。
二十四桥⑤明月夜,
玉人⑥何处教⑦吹箫?

【背景】

　　唐文宗大和七年（833）四月到九年（835）初，杜牧曾在淮南节度使（使府在扬州）下任掌书记，和当时在幕任节度判官的韩绰相识。这首诗当为杜牧离扬州幕府后不久寄赠韩绰之作，具体写作时间约在大和九年（835）秋或开成元年（836）秋。杜牧在韩绰死后作过《哭韩绰》诗，可见他与韩绰有深厚的交谊。

　　唐代的扬州，是长江中下游繁华的都会，店肆林立，商贾如云，酒楼舞榭，比比皆是。"性疏野放荡"的杜牧，在这样的环境中，常夜间私服外出，饮酒宴游，流连于花街柳巷，留下了不少风流韵事。韩绰在这方面与他同道，所以回到长安后写诗寄赠。诗人本是问候友人近况，却故意用玩笑的口吻与韩绰调侃，问他当此秋尽之时，每夜在何处教妓女歌吹取乐。这样，不但韩绰风流倜傥的才貌依稀可见，两人亲昵深厚的友情得以重温，而且调笑之中还微微流露了诗人对自己"十年一觉扬州梦，赢得青楼薄幸名"的感喟，从而使此诗平添了许多风韵。

【注释】

①韩绰：生平不详。②判官：唐时节度使、观察史的僚属。 ③迢迢：形容遥远。 ④未：一作"木"。 ⑤二十四桥：此桥有二说：一为宋沈括所说，《梦溪笔谈》曾记载了扬州二十四桥的名称；一说为清李斗所说，《扬州画舫录》中说，二十四桥即吴家砖桥，又名红药桥，因故时有二十四位美人在桥上吹箫，故名。 ⑥玉人：美人。 ⑦教：使。此句意为玉人是否仍在吹箫。

【旅游看点】

二十四桥 位于江苏省扬州市，历史上的二十四桥早已颓圮于荒烟衰草。扬州市经过规划，在瘦西湖西修长桥，筑亭台，重修了二十四桥景点，它由玲珑花界、熙春台、单孔石拱桥及望春楼四部分组成，为古城扬州增添了新的风韵。二十四桥为单孔拱桥，汉白玉栏杆，如玉带飘逸，似霓虹卧波。该桥长24米，宽2.4米，栏柱24根，台阶24层，似乎处处与二十四桥对应。洁白的栏板上有彩云追月的浮雕，桥与水衔接处有巧云状湖石堆叠，周围遍植馥郁丹桂，使人随时看到云、水、花、月，体会到二十四桥明月夜的妙境。沿阶逐级而下，桥旁即为吹箫亭，亭临水边桥畔，小巧别致，亭前有平台，围以石座，若在月明之夜，清辉笼罩、波涵月影、画舫拍波、淡妆素裹，在台上吹箫弄笛，婉转悠扬，天上的月华，船内的灯影，水面的波光融为一起，使人感到好似在银河中前行。

何园 坐落于江苏省扬州市的徐凝门街66号，又名"寄啸山庄"，是一处始建于清代中期的中国古典园林建筑，被誉为"晚清第一园"。面积1.4万余平方米，建筑面积7000余平方米。何园由清光绪年间何芷舠所造，全园分为东园、西园、园居院落、片石山房四个部分，它的主要特色是把廊道建筑的功能和魅力发挥到极致，1500米复道回廊，是中国园林中绝无仅有的精致景观。其中，片石山房系石涛大师叠山作品，堪称人间孤本。曾在何园寓居过的名人有很多。何园是清代后期扬州园林的代表作，是全国重点文物保护单位，国家4A级旅游景区，全国首批20个重点公园之一。

芙蓉楼送辛渐

王昌龄

寒雨连江夜入吴,

平明①送客楚山②孤。

洛阳③亲友如相问,

一片冰心④在玉壶⑤。

【背景】

此诗当作于王昌龄官江宁丞时。辛渐是王昌龄的友人,路过镇江,将取道今安徽省(古属楚国)入洛阳,作者写了两首送别诗,最为人们传诵的是这一首。

据殷璠《河岳英灵集》卷下记载,王昌龄晚年"晚节不矜细行,谤议沸腾,再历遐荒",王昌龄此诗正是向亲友表明自己的清白。

【注释】

①平明:天刚亮时。 ②楚山:润州春秋时属吴地,战国时属楚地,故称楚山,与上句"吴"互文。 ③洛阳:指辛渐将要去的地方。 ④冰心:比喻自己心地纯洁。⑤玉壶:指品德润白无瑕。这里表示自己不会为宦情所污,以此宽慰洛阳的亲友。

【旅游看点】

江苏镇江芙蓉楼 原在镇江古城西北,据《元和郡县志》记载:"王恭为刺史,改创西南楼名万岁楼,西北楼名芙蓉楼。"现在的芙蓉楼重建于1992年,位于国家5A级旅游景区金山风景区塔影湖畔。芙蓉楼及附属亭、榭、廊等，建筑面积约1000平方米，楼前临水露台186平方米，主楼2层，高约20米，为钢筋混凝土仿木结构建筑。歇山重檐，灰琉璃瓦，红柱粉墙，秀丽壮美，与金山互为对景，是欣赏金山全景的最佳处。楼前临湖有石砌露台，俯视湖水波光粼粼，仰眺金山塔寺秀姿。楼南有掬月亭，亭外三座晶莹玲珑的白石石幢，既为湖光山色增添了光影，又使整个建筑群临水立面更完美丰富。楼北有冰心榭，是品茶和欣赏茶艺之处。亭、榭皆浮于湖上，以桥和水廊相连。楼内的明式家具、透雕花罩、楹联匾额、灯具等典雅古朴。尤具特色的是三组大型壁画《芙蓉》《蓉楼话雨》《平明送客图》，诗意盎然，把楼的悠久历史和人文景观渲染得淋漓尽致。

湖南洪江芙蓉楼 与江苏镇江芙蓉楼，都是闻名天下的芙蓉楼。芙蓉楼坐落在沅、潕水汇流处的黔城镇，为古典园林建筑。筑叠巧思，错落有致，被誉为"楚南上游第一胜迹"。据传，唐天宝七年（748）王昌龄被贬为龙标（即今洪江市）尉后，曾建芙蓉楼，作为饮酒赋诗、宴宾送客之地。因年久失修，旧址荒芜。清嘉庆二十年（1815），当地为纪念这位著名诗人，在城西香炉岩辟地作园，依名修建芙蓉楼。现建筑为清道光十九年（1839）重修。芙蓉楼主楼占地约120平方米，背廊临江，纯木结构，正面三间，重檐歇山顶。芙蓉楼一层可睹"诗家天子"的风采：悬挂的王昌龄画像慈眉善目，若有所思，表露出他对百姓的同情与关切。王昌龄任龙标尉期间，政善民安，为政以宽，深得苗、侗、汉等各族百姓的敬仰，当地至今尚有"苗女听歌""侗蛮乞诗""佳句退兵""昌龄补靴"等动人传说。二层有明轩可供远眺，周围有冰心玉壶亭、耸翠楼、半月亭等古迹，与自然的山石、江水、林木巧成布局，构成了"登眺则群山拱翠，俯视则万木交阴，沅水自北来环其下"的壮丽景象。芙蓉楼侧竖立着80多块历代题诗作赋的镌刻、碑石，其中有《王昌龄宦楚诗》十五首，以及颜真卿、岳飞、米芾等人的手迹。四周竹木相错，绿荫如盖，奇草生芳，环境清幽。

镇江是江苏省地级市，位于江苏南部、长江南岸、长江三角洲西段，长江和京杭大运河在此交汇，素有"天下第一江山"之美誉。古称"润州"，民国时曾为江苏省省会。镇江经济发达，是南京都市圈核心城市和国家级苏南现代化建设示范区及江苏长江经济带重要组成部分。镇江是全国闻名的江南鱼米之乡，市内有金山·焦山·北固山风景名胜区、茅山风景名胜区两个国家5A级旅游景区和西津渡、南山等众多名胜古迹。2016年11月，镇江被国家旅游局评为第二批国家全域旅游示范区。2022年，镇江市润州区入选第五批省级全域旅游示范区名单。此外，中国大运河镇江段入选《世界遗产名录》。

次①北固山下

王 湾

客路②青山外,行舟绿水前。
潮平③两岸阔④,风正⑤一帆⑥悬。
海日⑦生残夜⑧,江春入旧年。
乡书⑨何处达,归雁洛阳边⑩。

【背景】

王湾(生卒年不详),洛阳(今属河南)人。唐玄宗先天年间进士。任荥阳主簿,后参加唐朝政府编次官府所藏图书《群书四部录》的整理工作。以洛阳尉终。他早年即以诗著名,往来吴楚间,多有著述。

这首诗是诗人在一年冬末春初时,由楚入吴,在沿江东行途中泊舟于江苏镇江北固山下时有感而作。王湾作为开元初年的北方诗人,往来于吴楚间,被江南的清丽山水所倾倒,并受到当时吴中诗人清秀诗风的影响,写下了一些歌咏江南山水的作品,《次北固山下》就是其中最著名的一篇。

【注释】

①次:停泊。 ②客路:远行的路。 ③潮平:指潮水上涨与两岸齐平。 ④阔:一作"失"。 ⑤风正:指风正对着帆吹,顺风之意。 ⑥一帆:孤舟。 ⑦海日:海上的旭日。 ⑧残夜:夜将尽之时,即快天亮时。 ⑨乡书:家信。 ⑩归雁洛阳边:意谓希望归雁能把我的家信捎到故乡洛阳去。归雁,古时相传鸿雁可以传书。

【旅游看点】

北固山 位于镇江市北侧，濒临长江，是镇江三山名胜之一。其形势险要，风景秀丽，与金山、焦山成掎角之势。在古代北固山更为游人所乐道，故有"京口第一山"之称。远眺北固山，横枕大江，石壁嵯峨，山势险固，因此得名北固山。北固山由亘长连绵的前峰、中峰、后峰组成。主峰为后峰，亦是主景区，峰高53米，长100余米，突出于江滨。三峰由狭长山埂相连，为甘露岭，即龙埂。三国时起，即有"北固山"之名，梁武帝于大同三年（537）登山后敕令改名为"北顾山"。唐代镇江（润州）称金陵，故当时名"金陵山"。李白诗"丹阳北固是吴关"传咏后，"北固"之名沿传至今。北固山自古为军事重地，屯储军需，驻军守卫。远在三国东吴孙

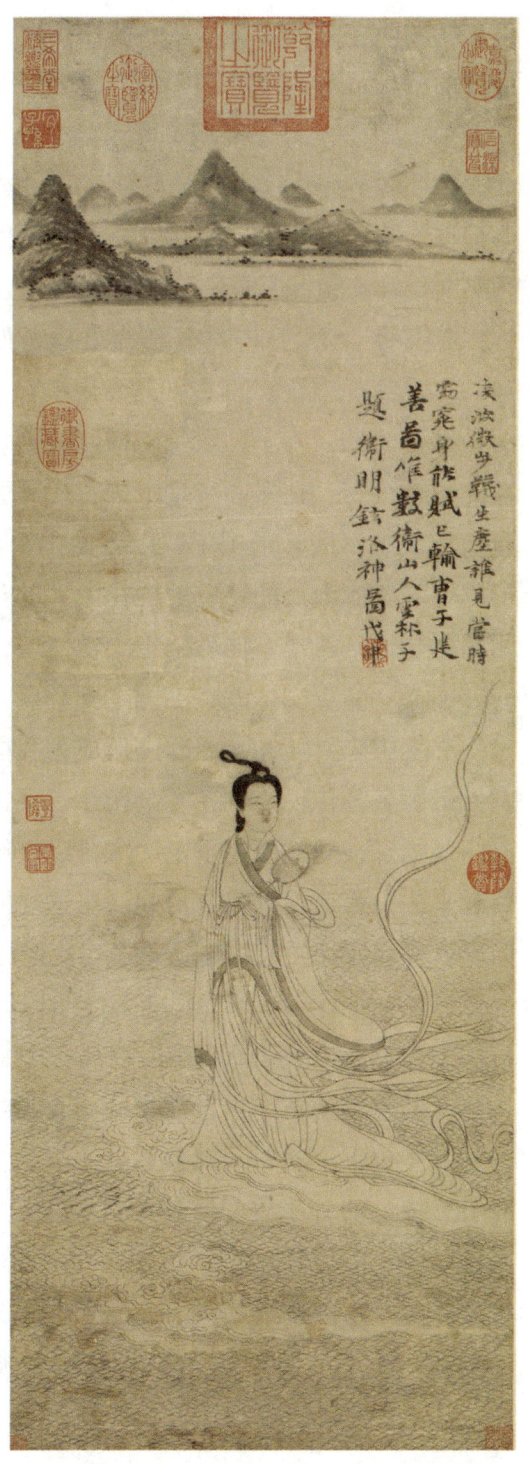

策、周瑜时，就设主管于此。北固山以其"雄险"之姿著称天下，山势由前峰稳沉再由龙埂顺中峰之脊蜿蜒直上后峰，临空破江，突兀挺立，绝壁镇涛，势拔江城。武圣岩如虎踞大江，甘露寺如龙盘长岗。北固山亦因辛弃疾《南乡子·登京口北固亭有怀》《永遇乐·京口北固亭怀古》两词、南朝梁武帝题写"天下第一江山"、刘备甘露寺招亲等历史文化胜迹和传说闻名于世。

甘露寺 坐落于北固山北峰之巅，始建于东吴甘露年间（265—266），故名"甘露寺"。古甘露寺规模宏大，宋代有僧侣500多人。明、清是全盛时期，寺宇、殿堂、僧屋计有200多间。康熙、乾隆二帝曾在此建有行宫。甘露寺又是中国古代著名的古刹之一，其建筑特点与金山、焦山不同，采用了"以寺镇山"的手法，故有飞阁凌空之势，形成了"夺冠山"的特色。现在山上的甘露寺，是唐代宝历年间由润州刺史李德裕所建，他为了纪念镇江曾作过东吴都城，使人们永远不忘三国鼎立的史实，故将三国时刘孙联盟的史迹、孙刘联姻的传说及遗物移上山来。从此，北固山便成为我国著名的历史胜境了。有关甘露寺最著名的传说为刘备东吴招亲。据说刘备借得东吴的荆州后，没有归还之意，周瑜便定下了美人计，企图乘刘备过江之机，把刘备扣留起来作为人质，以夺取荆州。可这一阴谋却被足智多谋的诸葛亮识破，就将计就计派大将赵子龙陪刘备过江，到镇江北固山甘露寺招亲，并授以锦囊妙计，策动乔国老来促使权母吴国太到甘露寺多景楼相婿。吴国太见刘备"一副天子相"，甚合心意，大为喜悦，当即答应将女儿孙尚香嫁给刘备。当日郡主孙尚香在楼上布置洞房，梳妆打扮，楼下列刀排枪保卫刘备。刘备一见胆战心惊，孙尚香见此情景，便下令撤了刀枪，刘备才敢上楼进入洞房。以后，人们就把多景楼叫作"相婚楼"，或叫"梳妆楼"。这样，孙刘联姻便弄假成真，这便是民间流传很广的"周郎妙计安天下，赔了夫人又折兵"的故事。至今京剧中《甘露寺》（又名《龙凤呈祥》）这一经典传统剧目，已深入民间。因此，凡是来镇江的游客，都要到此一游。

题润州①金山寺

张 祜

一宿金山寺,超然离世群。
僧归夜船月,龙出晓堂云。
树色中流见,钟声两岸闻。
翻思②在朝市,终日醉醺醺。

【背景】

　　张祜(约785—约852),字承吉,清河(今属河北)人,一作南阳(今属河南)人。出生于望族,家世显赫,被人称作张公子。原来客居姑苏(今江苏苏州),后迁徙淮南,一生没有做过官。他性爱山水,多游名寺,又放荡任侠。其诗以七绝胜。

　　本诗写于张祜第一次诸侯书荐失败归来,因为仕途失意,张祜整日借酒浇愁,过着放荡不羁的生活。

　　对张祜《题润州金山寺》的评价历来褒贬不一,褒者认为空前绝后,贬者多站在艺术的角度批评张祜《题润州金山寺》尾联"翻思在朝市,终日醉醺醺"打破全诗意境的和谐,落入张打油、胡钉铰之流。

【注释】

　　①润州:镇江的古称,隋开皇十五年(595)置润州,此为润州行政建置取名之始。　②翻思:反复思考。

【旅游看点】

　　金山寺　国家5A级旅游景区,位于今江苏镇江市区西北的金山上,始建于东晋，至今已有 1600 多年历史。原名泽心寺，亦称龙游寺。清康熙帝曾亲笔题写"江天禅寺"，但自唐以来，人皆称金山寺，是中国佛教诵经设斋、礼佛拜忏和追荐亡灵的水陆法会的发源地。金山寺寺门朝西，依山而建，殿宇栉比，亭台相连，遍山布满金碧辉煌的建筑，以致令人无法窥视山的原貌，因而有"金山寺裹山"之说。寺内主要建筑为天王殿、大雄宝殿、观音阁、藏经楼、方丈室等。金山寺自创建以来，经历代修葺，古迹甚多，其中主要有慈寿塔、法海洞、妙高台、楞伽台（又名苏经楼）、留云亭（又名"江天一览亭"）等。其中，慈寿塔下的"周鼎、金山图、铜鼓、玉带"合为"四宝"，被称为金山寺镇山之宝。

水漫金山 这是我国古代神话《白蛇传》中的故事情节。说是有一条白蛇修炼成人，即美丽善良的白娘子，嫁给青年许仙，日子过得很甜美。金山寺法海和尚知道了此事，就游说许仙出家，并把许仙诓藏寺中。白娘子来寻夫与法海打斗起来。白娘子施法术，霎时大水滚滚，虾兵蟹将成群一齐漫上金山去。法海慌忙以袈裟化为长堤拦水，水涨堤也长。白娘子不能获胜，只得与侍女青蛇收兵回去修炼，等待报仇机会。后许仙逃出寺来，法海又使法术将白娘子镇在西湖雷峰塔下。再后来，青蛇击倒雷峰塔，与白娘子一道打得法海躲进螃蟹腹中，白娘子与许仙又恩爱地生活在一起。相传法海确有此人，他乃唐朝宰相裴休之子，裴休笃信佛教，便送子出家。法海尊重父意，立志向往佛学，先在江西庐山学道修禅，后从庐山顺江东下，来到镇江金山，那时山上寺宇荒废，荆棘丛生，还有蟒蛇为害。后来，他把原来盘踞岩洞中的一条白蟒斗败，驱蟒入海后便住在洞中。法海在此苦修，并开山种田、艰苦振寺，为创建金山寺历经了千辛万苦。法海是开山祖师，为了创建金山寺立下了不可磨灭的功勋。然而，在《白蛇传》中的"水漫金山寺"的神话故事中，法海却被说成是破坏青年男女自由恋爱和美满婚姻的罪魁祸首，深遭世人谴责。当然，千秋功罪，历史自有评论。不过，许仙被囚和《水漫金山》故事的流传，却使金山寺名播四海。

送灵澈上人①

刘长卿

苍苍②竹林寺,
杳杳③钟声晚。
荷笠④带斜阳,
青山独归远。

【背景】

刘长卿(？—约789),字文房,河间(今属河北)人,一作宣城(今属安徽)人。开元进士,曾任监察御史、苏州长洲尉、转运使判官。因刚而犯上,两度被贬谪,官终随州刺史,因称刘随州。刘长卿享名于中唐诗坛,有"五言长城"之誉。他的山水风景诗风格清淡,与王维、孟浩然颇为接近。有《刘随州集》传世。

灵澈上人是中唐时期著名诗僧,俗姓汤,字源澄,会稽(今浙江绍兴)人,在会稽云门山云门寺出家,诗中的竹林寺在润州(今江苏镇江),是灵澈此次游方歇宿的寺院。这首诗写傍晚时分,诗人送灵澈返回竹林寺的途中。

刘长卿和灵澈相遇又离别于润州,在唐代宗大历四、五年(769—770)间。刘长卿于唐肃宗上元二年(761)从贬谪南巴(今广东茂名南)归来,一直失意待官,心情郁闷。灵澈此时诗名未著,云游江南,心情也不大得意,在润州逗留后,将返回浙江。一个宦途失意客,一个方外归山僧,在出世入世的问题上,可以殊途同归,同有不遇的体验，共怀淡泊的胸襟。这首小诗表现的就是这样一种境界。

【注释】

①灵澈上人：唐代僧人，本姓阳，字源澄，越州（今浙江绍兴）人，后为云门寺僧。善诗，名震士林。上人，对僧人的敬称。 ②苍苍：深青色。 ③杳杳：深远的样子。 ④荷笠：背着斗笠。荷，背着。

【旅游看点】

鹤林寺 旧名竹林寺，位于镇江市南郊磨笄山北麓，是镇江南郊最古老、寺院规模最大，古迹、典故最多的寺院，始建于东晋元帝大兴四年（321）。据载，南朝宋武帝刘裕未发迹时曾居此务农，常见黄鹤成群飞翔山下，即位后，乃改寺名为鹤林。古竹院是其别称，亦称"竹林精舍"。鹤林寺在唐时范围较大，据说出了山门就到城门——鹤林门。后几经兴废，规模逐渐缩小。由于寺靠近城市，文人墨客常流连其间，览物生情，吟诗作画，留下许多佳话。唐人李涉《题鹤林寺壁》写道："终日昏昏醉梦间，忽闻春尽强登山，因过竹院逢僧话，偷

得浮生半日闲。"明永乐（1403—1424）中，寺又被毁，僧得月稍葺治之于磨笄山下，就是现在鹤林寺所在的地方。明万历年间，秀水钟庚阳招僧德乘居之，吏部尚书陆光祖捐金复寺，傍侵地重建天王殿、方丈、僧寮、莲亭、竹院，有寄奴泉、米颠墓、逢僧处、香花桥、杜鹃台、濂溪祠、马祖塔、太傅松八景。

杜鹃楼 位于鹤林寺大殿后侧，为观赏鹤林寺杜鹃花而建。相传唐贞元年间，有一位外国僧人，自天台将以药养根在钵盂中的杜鹃花带到鹤林寺种植，此后每年开花。杜鹃花有一丈多高，有两位花神女子游于花下。晚唐时周宝自泾源调任浙西节度使，神仙殷七七亦来镇江，留下了一则杜鹃花在重阳二度开花的传说。后兵火焚寺，杜鹃花根株不存。宋咸淳八年（1272），寺僧重植，后又枯死。元延祐年间，当地人戈道恭家圃有杜鹃，乃移植鹤林寺，杜鹃楼始建于元延祐三年（1316），历史上屡建屡毁，直至清乾隆年间再次重建。目前，镇江市"烟雨鹤林"项目通过对鹤林寺、杜鹃楼、寄奴泉等十处景点的修缮恢复，以及磨笄山北侧地块的新建筑与山体周边老旧建筑的改造，打造了全新的"烟雨鹤林"历史文化旅游街区，部分区域已向公众开放。

题金陵渡

张　祜

金陵津渡①小山楼②,
一宿行人自可愁。
潮落夜江斜月里,
两三星火是瓜州③。

【背景】

张祜初寓姑苏,后至长安,为元稹排挤,曾漫游各地,晚至淮南。他长年浪迹江湖,集狂士、浪子、游客、幕僚、隐者于一身,有"海内名士"之誉。杜牧称赞他说:"何人得似张公子,千首诗轻万户侯。"张祜作诗常反复吟诵,雕琢字句,妻子儿女每次叫他,他都不应,说:"我正要口里生花,难道还顾得上你们吗?"张祜生性喜爱山水,游览了许多有名的佛寺,如杭州的灵隐寺、天竺寺,苏州的灵岩寺、楞伽寺,常州的惠山寺、善权寺,润州的甘露寺、招隐寺,所到之处往往题诗作赋。

这首是诗人漫游江南时写的一首小诗。张祜夜宿镇江渡口时,面对长江夜景,以此诗抒写了在旅途中的愁思,表现了心中的寂寞凄凉。

【注释】

①津渡:渡口。　②小山楼:渡口小楼,张祜寄宿之处。　③瓜州:又作"瓜洲",因其形如瓜而得名。在今江苏扬州长江边,大运河入长江处,为南北交通要冲。

【旅游看点】

西津渡历史街区 是古代镇江"金陵渡"的遗址,形成于三国时代,唐代具有完备的渡口功能,一直是我国南北水上交通、漕运的枢纽,发生过众多政治、军事、经济、文化领域的重大历史事件。明《读史方舆纪要》记载:"今(镇江)城西北三里曰西津渡,为南北对渡口,古谓之西渚……唐时亦曰蒜山渡,宋置西津寨于此,俗谓之西马头,即江口也,亦曰京口港"。渡口历史存续1400多年,衍生出了以济度救生、平安和谐为核心价值的津渡文化;融合以义渡局、救生会为代表的救生文化,以观音洞、超岸寺、铁柱宫为代表的宗教文化;以江南民居、宗教建筑、西洋建筑、民国建筑等多元聚合的渡口建筑文化;以及以宝盖山、云台山、长江、运河为主题的山水文化等。西津渡历史街区作为古代津渡文化保护区,是镇江文物古迹和文化胜迹保存最多、最集中的地区。西津渡于2011年被批准为国家4A级旅游景区,被英籍华人女作家韩素音誉为"镇江旅游的真正金矿"。

瓜洲古渡 位于扬州市古运河下游与长江交汇处,润扬大桥、扬州港与其毗邻相接,镇江金山寺与其隔江相对。"泗水流,汴水流,流到瓜洲古渡头",千年古渡,胜境犹存。唐代高僧鉴真从这里起航东渡日本,清康熙、乾隆二帝及历代文人墨客途经瓜洲,留下了许多脍炙人口的诗篇,民间传说杜十娘怒沉百宝箱的故事也发生在这里。瓜洲古渡濒江临河,四面环水,楼台亭榭参差有致,历史遗迹分布其间,堪称"古渡明珠,江滨宝石"。如今,古渡遗址、御碑亭、沉箱亭已成为中外游客寻幽探古的佳处。

题惠山寺

张 祜

旧宅^①人何在，空门^②客自过。

泉声到池尽，山色上楼多。

小洞生斜竹，重阶夹细莎^③。

殷勤^④望城市^⑤，云水暮钟和。

【背景】

张祜一生未仕，浪迹天涯，遍览大好河山，写下了大量的题诗，特别是他拜访过许多有名的佛寺，仅题寺院的诗就达40多首，是历代诗人中题诗写得最多的人。《题惠山寺》就是其中著名的一首。

张祜虽官场不利，但在诗歌创作上取得了卓越的成就。其诗作流传下来的不少，有"海内名士"之誉。他作的《宫词二首》之一："故国三千里，深宫二十年。一声《何满子》，双泪落君前。"流行一时。后来这首词传入宫禁，唐武宗病重时，孟才人恳请为上歌一曲，唱到"一声何满子"，竟气咽肠断而死。这种至精至诚的共鸣，恰恰说明了张祜诗作的魅力。

【注释】

①旧宅：指惠山寺。惠山寺建于南朝宋景元元年（423），至今遭过五次毁建。唐朝会昌年间（841—846）曾遭大火烧毁，唐朝大中年间（847—859）重建，张祜是在852年去世的。那么张祜所到惠山寺的时候，正好是惠山寺毁，或者在重建之中。故旧宅应该是指毁前的

惠山寺。或者是指惠山寺前身，南朝刘宋司徒右长史湛挺创立的"历山草堂"。　②空门：即佛门，佛教。在此代指惠山寺。　③细莎：小草。唐李贺诗："白铁锉青禾，磴间落细莎。"　④殷勤：此处为恳切、细致、认真之意。　⑤城市：指无锡县城，今无锡市区。

【旅游看点】

　　惠山 位于国家4A级旅游景区——锡惠公园内，江南名山。惠山古称华山、历山、西照山，相传西域僧人惠照曾居此处，故唐以后称惠山。惠山是无锡旅游的发源地，林木葱郁，地灵人杰，历经几千年历史，留下许多风景名胜。位于惠山东麓的天下第二泉，原名惠山泉。唐代茶圣陆羽曾到无锡访友，居惠山寺，他饮过惠山泉后，对清洌甘美的泉水极为倾心。后来陆羽品评天下水为二十等，惠山泉位列第二，天下第二泉之称于是产生。相传他就是饮用了惠山泉的水，才写下了《茶经》。惠山的寄畅园是江南园林的代表作之一，清朝康熙、乾隆二帝都曾六次下江南，每次到无锡必到寄畅园，寄畅园现为全国重点文物保护单位。锡惠公园还有以战国时期楚国公子春申君名字命名的春申涧；有着540多年历史的，全国唯一没有断代的诗社《碧山吟社》旧址建筑群以及惠山寺、秦观墓、贯华阁等。

　　惠山寺 位于惠山秀嶂街，始建于南北朝，距今已有1500余年。它的前身是南朝刘宋司徒右长史湛挺创立的"历山草堂"。刘宋景平元年（423），历山草堂被改作僧舍，称"华山精舍"，梁朝大同三年（537），"华山精舍"改称"慧山寺"。惠山寺历经千年，其间几经毁建，但香火不绝。惠山寺迄今仍保留的古迹和建筑物有古华山门、唐宋石经幢、金刚殿、香花桥和日月池、金莲桥和金莲池、御碑亭、听松石床、古银杏树、大同殿、竹炉山房和云起楼等。

　　无锡 简称"锡"，据《汉书》记载，周、秦期间，无锡境内锡山多锡矿，居民争相开挖。汉初时锡矿开尽，故名"无锡"。无锡地处长江三角洲平原腹地，江苏省南部，南濒中国第三大淡水湖——太湖，北依长江，京杭大运河绕境而过，南接浙江省、安徽省，西邻常州市，东靠苏州市,西距南京 177 公里,东距上海 128 公里,是长江经济带、长江三角洲城市群的重要城市。无锡气候温和湿润、四季分明、水美土肥、物产丰富,是全国著名的鱼米之乡,并素有布码头、钱码头、窑码头、丝都、米市之称。无锡文化属吴越文化,是国家历史文化名城,有鼋头渚、灵山大佛、无锡中视影视基地(三国城、水浒城、唐城)、梅园、蠡园、惠山古镇、荡口古镇、东林书院、崇安寺、南禅寺等景点。

送人入吴

杜荀鹤

君到姑苏见，人家尽枕河①。
古宫②闲地少③，水港④小桥多。
夜市卖菱藕，春船载绮罗⑤。
遥知未眠月⑥，乡思在渔歌。

【背景】

杜荀鹤（846—904），字彦之，号九华山人。池州石埭（今安徽石台）人。大顺二年（891）进士，官至翰林学士、主客员外郎、知制诰。工诗文，自序其文为《唐风集》十卷，今编诗三卷。

这首送别诗通过想象描绘了吴地秀美的风光，毫无离别时的伤感情绪，笔致新颖可喜，仅在结尾处轻轻点出送别之意。唐代的苏州又称吴郡，作者送人前往漫游的吴县，又叫姑苏，是当时苏州的政治、经济、文化中心。此地是富庶的鱼米之乡，丝织品闻名全国，还有不少古迹，作品抓住这些特点，通过诗句把这个典型的江南水乡城市活脱而出。作者对它熟悉而又有感情，所以此诗读来亲切有味。

【注释】

①枕河：临河。 ②古宫：即古都，此处代指姑苏。 ③闲地少：指人烟稠密，屋宇相连。 ④水港：河汊子，指流经城市的小河。一作"水巷"。 ⑤绮罗：指华贵的丝织品或丝绸衣服。一说此处是贵妇、美女的代称。 ⑥未眠月：月下未眠。

【旅游看点】

　　水巷小桥 苏州自古以来就享有"人间天堂，东方水城"的美誉。水巷小桥通称小桥流水，是古城苏州的独特风貌。苏州是名副其实的水城，城垣四周为宽阔的护城河环抱，城内河道水系纵横交错，河网如织，河道稠密，故苏州的桥梁众多。苏州的桥是一大标志性特色。唐时白居易有"绿浪东西南北水，红栏三百九十桥"之句，《宋平江图》上载有桥314座。至明代，文人高启有诗曰"画桥三百映江城"之描述，而明末《苏州水道图》载古城有桥340座。此后世事沧桑，河道减少，桥也因之拆去不少。但至今苏州城仍有河道35公里，桥175座，仍不失为中国河和桥最多的一个城市。风姿各异的古桥、纵横交错的河道、枕河而居的民宅，形成了"河街相邻，水陆并行"的双棋盘格局。

　　平江路 南起干将东路，北越白塔东路和东北街相接，古名叫"十泉里"，在苏州最古老的城市地图宋代《平江图》上，就有平江路这条街道，它是当时苏州东半城的主干道。800年来，平江路在原址保留了它河路并行的格局、肌理和长度，小桥流水、粉墙黛瓦，房屋的体量、街道的宽度和河道比例恰当，显示出疏朗淡雅的风格。平江路两边小巷特别是东边，还较好地保留了多条水巷，是今天苏州古城最有水城韵味的一处古街区。

　　苏州 古称吴，简称为苏，又称姑苏、平江，是"国家生态园林城市"。苏州位于江苏省东南部，长江三角洲中部，是江苏长江经济带的重要组成部分。东临上海，南接嘉兴，西抱太湖，北依长江，是长江三角洲重要的中心城市之一。苏州气候四季分明，雨量充沛，种植水稻、小麦、油菜，出产棉花、蚕桑、林果，特产有碧螺春茶叶、长江刀鱼、太湖银鱼、阳澄湖大闸蟹等。苏州是国家历史文化名城和风景旅游城市，有近2500年的历史，是吴文化的发祥地。苏州古典园林是中国私家园林的代表，被联合国教科文组织列入世界文化遗产名录，中国大运河苏州段被列入世界文化遗产名录。

枫桥①夜泊

张 继

月落乌啼霜满天，
江枫渔火对愁眠②。
姑苏③城外寒山寺④，
夜半钟声到客船。

【背景】

张继（约715—约779），字懿孙，襄州（今湖北襄阳）人。唐天宝十二年（753）进士及第。大历末，以检校员外郎为洪州盐铁判官。他的诗流传下来的不到50首，除描写景物的作品外，也有反映当时兵荒马乱中民生多艰之作。其诗不假雕琢，却情致清远。有《张祠部诗集》传世。

这首七绝被认为是大历诗歌中最著名的作品，为张继在至德元年（756）后漫游江浙，路过苏州时所作。时值安史之乱，因当时江南政局比较安定，不少文士纷纷逃到今江苏、浙江一带避乱，其中也包括张继。一个秋天的夜晚，诗人泊舟苏州城外的枫桥。江南水乡秋夜幽静美丽的景色，吸引着这位怀着旅愁的游子，使他领略到一种情味隽永的诗意美，写下了这首意境清远的小诗。表达了诗人旅途中孤寂忧愁的感情。

【注释】

①枫桥：本名"封桥"，因张继诗而相沿为"枫桥"，在苏州阊门外枫桥镇大运河畔、寒山寺门前，为古代水陆交通要道。　②江枫渔

火对愁眠：因愁绪而未入眠的人只能与江枫、渔火相对。江枫即江边枫树。　③姑苏：苏州的别称，因城西南有姑苏山而得名。　④寒山寺：相传因唐朝名僧寒山、拾得曾在此居住而得名，此寺在枫桥边。

【旅游看点】

枫桥风景名胜区 位于苏州城西3.5公里处的古运河畔，占地10公顷，是以寒山古寺、江枫古桥、铁铃古关、枫桥古镇和古运河"五古"为主要游览内容的省级风景名胜区。枫桥风景名胜区从1986年开始规划建设，经过多年的发展，现已成为旅游环境优美、人文景观丰富、历史遗迹众多、吴地风味浓郁、观赏趣味性强，并具有江南水乡古镇风貌的风景名胜区，是游客解读苏州的最佳选择。现开放景点有枫桥苑、枫桥铁铃关、特色旅游项目"枫桥古镇水上游"、枫桥书场等。江村桥、枫桥自古有名，距今已有1200多年的历史；著名古刹寒山寺，始建于六朝的梁代天监年间（502—519）；铁铃关建于明嘉靖三十六年（1557），清道光九年（1829）重建，又名枫桥敌楼，是苏州唯一现存的抗倭遗迹。近年来，景区又恢复了唐灯、明清街坊、江枫草堂、惊鸿渡等旧观，增添了古戏台、渔隐村、听钟桥等民俗建筑。"漕运展示馆"利用先进的光影技术、四十多只船模和图文，介绍和展示了漕运历史文化；"苏艺名人坊"聚集了苏州十几位民间艺术大师，展示作品并表演技艺；景区南部以红枫等百余种树木营造出曲径通幽、富有诗意的自然风光。

寒山寺 位于苏州市姑苏区，始建于南朝萧梁代天监年间（502—519），初名"妙利普明塔院"，国家4A级旅游景区。寒山寺占地面积约1.3万平方米，建筑面积3400余平方米，因唐代诗僧寒山子而闻名。今寺内有寒山、拾得等高僧的塑像，其中袒胸露腹、赤足蓬头，站着的是寒山，手持莲花，坐着的是拾得，双手捧净瓶。清雍正封寒山、拾得为"和合二圣"，又称"和合二仙"，取"和合"之意，成为掌管和睦团结之神、掌管婚姻的喜神。历史上寒山寺曾是中国十大名寺之一，寺内古迹甚多，除寒山、拾得的石刻像外，还有张继《枫桥夜泊》的石刻碑文，文徵明、唐寅所书碑文残片等古迹。

夜半钟声 关于"夜半钟"的说法，历史上曾聚讼纷纭。宋朝大文豪欧阳修曾提出疑问："诗人为了贪求好句，以至于道理说不通，这是做文章的毛病，如张继诗句'夜半钟声到客船'，句子虽好，但哪有三更半夜打钟的道理？"南宋范成大在《吴郡志》中综合了王直方、叶梦得等人的论辩，考证说吴中地区的僧寺确有半夜鸣钟的习俗，谓之"定夜钟"。如白居易诗："新秋松影下，半夜钟声后。"于鹄诗："定知别后宫中伴，应听缑山半夜钟。"温庭筠诗："悠然旅思频回首，无复松窗半夜钟。"都是唐代诗人在各地听到的半夜钟声。自此，这场争论才逐渐平息。现今寒山寺里的古钟已非张继诗中提及的那口唐钟了，甚至明嘉靖年间补铸的大钟也已不知下落。一说当时"遇倭变"，销熔改铸成大炮；一说已流入日本，为此日本国内还曾大力搜寻，但徒劳无功，遂留下千古之谜。如今寒山寺钟楼上悬挂的铁钟为清光绪三十二年（1906）江苏巡抚陈夔龙督造。巨钟有一人多高，外围需三人合抱，重达两吨，钟声洪亮悠扬。每年除夕夜，都要把这口钟敲108下。僧人撞钟之所以要敲108下，主要有两种含义：一是说每年有12个月、二十四节气、72候（五天为一候），相加正好是108，敲钟108下，表示一年的终结；二是依照佛教传说，凡人在一年中有108种烦恼，钟响108次，人的所有烦恼便可消除。每年除夕之夜，中外游人云集寒山寺，在悠扬的钟声中辞旧迎新，祈祷平安。

题破山寺后禅院

常 建

清晨入古寺，初日照高林。
曲径通幽处，禅房①花木深。
山光悦鸟性，潭影空人心②。
万籁③此皆寂，惟闻钟磬④音。

【背景】

常建（生卒年不详），开元十五年（727）进士及第，曾任盱眙尉。后仕途失意，所以寄情山水，常往来山林幽隐之地，后隐居鄂州武昌（今属湖北）。常建的诗在当时极受推崇，其诗多为五言，常以山林、寺观为题材，也有部分边塞诗。有《常建诗集》一卷，《全唐诗》录其诗一卷。

这首诗是一首题壁诗，是诗人游览破山寺后禅院时所作，表现了作者淡泊的襟怀。诗中着力描写后禅院景物的幽静，在优游中写感悟，具有盛唐山水的共通情调，但风格闲雅清静，艺术上与王维的高妙、孟浩然的平淡都不雷同，确属独具一格。

宋代欧阳修十分喜爱"曲径通幽处，禅房花木深"两句，说"欲效其语作一联，久不可得，乃知造意者为难工也"。后来他在青州一处山斋宿息，亲身体验到"曲径"两句所写的意境情趣，更想写出那样的诗句，却仍然"莫获一言"。由此可见常建此诗的高妙之处。现江苏常熟虞山破山寺已成著名景点，全赖常建此诗以传。

【注释】

①禅房：僧房。　②空人心：使人心空明洁净。　③万籁：各种声音。籁，从空穴里发出的各种声音，泛指声音。　④磬（qìng）：僧寺中的铜乐器。鸣钟击磬，僧人用以表示活动的开始与结束。

【旅游看点】

破山寺 即兴福寺，位于江苏省常熟市虞山北麓，是国务院确定的汉族地区佛教全国重点寺院，文物保护单位。兴福寺南齐延兴至中兴年间初名"大悲寺"。梁大同五年（539）大修并扩建，改名"福寿寺"，因寺在破龙涧旁，故又称"破山寺"。唐咸通九年（868）懿宗御赐"兴福禅寺"额，兴福寺成为江南名刹之一。清乾隆三十七年（1772）建亭勒石，立碑在兴福寺内，至今仍完整无损。兴福寺今犹存诸多名迹：唐尊胜石幢、救虎阁、白莲池、四高僧墓、抱绿轩、空心潭、空心亭、君子泉、廉饮堂、米碑亭等建筑，近年又相继重建玉佛楼、斋堂、伴竹楼、雨花厅、清冷室、退居寮、讲堂等景点。

虞山 位于江苏省常熟市，古称乌目山，横卧于常熟城西北，北濒长江，南临尚湖，是国家4A级旅游景区。因商周之际江南先祖虞仲（即仲雍）死后葬于此而得名。虞山山体由西北向东南展布，峰峦连绵起伏，海拔263米，南北宽约3公里，东西长约7公里，绕山一周约20公里，半入古城，故有"十里青山半入城"之誉。虞山景区分虞山公园及虞山国家森林公园两大组成部分，主要景点有虞山剑门、虞山城门、拂水清岩、兴福寺等。

第三章 唯见长江天际流

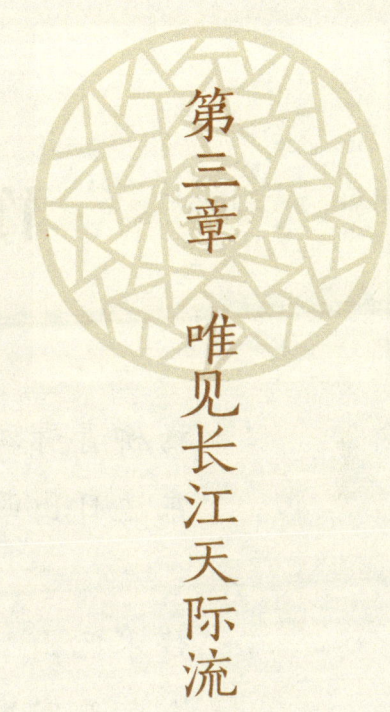

发源于被誉为"世界屋脊"青藏高原的长江，自古以来便是中华文明的摇篮与沟通东西的黄金水道。它如巨龙奔腾，气势磅礴，沿途汇聚万千湖泊与支流，恰如诗人左河水所咏："远似银藤挂果瓜，近如烈马啸天发。雄浑壮阔七千里，通络润滋亿万家。"长江流域面积辽阔，历史绵长，风光旖旎，其丰富的旅游资源堪称全国之冠。

国家层面推出的长江国际黄金旅游带，串联起最具代表性的长江流域精华。沿江的省份，如四川、重庆、湖北、湖南、江西、安徽、江苏，不仅是现代旅游发展的核心引擎，更是千百年来文人墨客为之倾倒、吟咏不息的灵感之源。三峡的险峻雄奇、洞庭湖的浩渺烟波、黄山的奇松云海、九华山的佛国仙境，无不是享誉寰宇的游览胜境。这些地方曾留下唐代诗坛巨擘李白、杜甫、白居易、王维、孟浩然等纵情山水、感怀兴衰的足迹与不朽诗篇。

本章精心辑录的35首唐诗，将引领您溯流而上或顺江而下，透过诗人的如椽巨笔，感受长江的亘古雄姿，体味沿岸的风物变迁与深沉的历史回响。

竹枝词二首

刘禹锡

（其一）

杨柳青青江水平，闻郎江上唱歌声。
东边日出西边雨，道是无晴却有晴①。

（其二）

楚水巴山②江雨多，巴人能唱本乡歌。
今朝北客思归去，回入纥那③披绿罗。

【背景】

刘禹锡于唐穆宗长庆二年（822）正月至长庆四年（824）夏在夔（kuí）州（今重庆奉节）任刺史，作《竹枝词》十一首。十一首《竹枝词》分为两组，这是其中一组二首，作于另九首（《竹枝词九首》）之后，大约是诗人前组九首完成后，又重新创作完成的，又不想在前九首后面再加上十首、十一首之题，故又题为《竹枝词二首》。

竹枝词，乐府曲名，又名《竹枝》。原为四川东部一带民歌。人民边舞边唱，用鼓和短笛伴奏。赛歌时，谁唱得最多，谁就是优胜者。刘禹锡任夔州刺史时，非常喜爱这种民歌，他学习屈原作《九歌》的精神，制成新的《竹枝词》，多写男女爱情和当地的山水风俗，流传甚广。后代诗人多以《竹枝词》为题写爱情和乡土风俗，其形式为七言绝句。

【注释】

①晴：与"情"谐音。《全唐诗》中也写作"情"。　②楚水巴山：泛指蜀楚之地的山水。　③纥（hé）那：踏曲的和声。刘禹锡另有《纥那曲》："杨柳郁青青，竹枝无限情。周郎一回顾，听唱纥那声。""踏曲兴无穷，调同词不同。愿郎千万寿，长作主人翁。"

【旅游看点】

夔州 大约就在今天重庆奉节县。从汉代起至20世纪初，奉节为巴东郡、巴州、信州、夔州、夔州府和江关都尉、三巴校尉等治地。一直为蜀东政治、经济、文化和军事中心。县城永安镇，历代曾为路、府、州、郡治地，是一座历史悠久的古城。早在6万年前就有先民在此劳动生息。如今的奉节位于重庆市东部，离重庆市区大概有600公里的距离。奉节县旅游资源以自然资源和人文资源为主，主要有夔门、白帝城、天坑地缝、龙桥河、夔州古象化石、黄金洞、古悬棺、长龙山等。2016年11月，奉节县被国家旅游局评为第二批国家全域旅游示范区。

重庆 是中国著名的历史文化名城，有文字记载的历史达3000多年，是巴渝文化的发祥地。因嘉陵江古称"渝水"，故重庆又简称"渝"。北宋崇宁元年（1102），改渝州为恭州。南宋淳熙十六年（1189）正月，孝宗之子赵惇先封恭王，二月即帝位为光宗皇帝，称为"双重喜庆"，遂升恭州为重庆府，重庆由此而得名。具有3000年悠久历史的重庆旅游资源丰富，既拥有集山、水、林、泉、瀑、峡、洞等为一体的壮丽自然景色，又拥有融巴渝文化、民族文化、移民文化、三峡文化、陪都文化、都市文化于一炉的浓郁文化景观。全市共有自然、人文景点300余处，其中，有世界文化遗产大足石刻，世界自然遗产武隆喀斯特，全国重点文物保护单位64处，国家重点风景名胜区7个，国家森林公园26个，国家地质公园9个，国家级自然保护区7个，巫山县拥有国家5A级旅游景区巫山小三峡·小小三峡。

早发白帝城

李 白

朝辞白帝彩云①间,
千里江陵②一日还。
两岸猿声啼不住,
轻舟已过万重山③。

【背景】

唐肃宗乾元二年(759)春天,李白因永王李璘案,流放夜郎,取道四川赶赴被贬谪的地方。行至白帝城的时候,忽然收到被赦免的消息,惊喜交加,随即乘舟东下江陵。此诗即是他回舟抵江陵时所作,所以诗题一作《下江陵》。前人曾认为这首诗是李白青年出蜀时所作。然而根据"千里江陵一日还"的诗意,李白曾从江陵上三峡,因此,这首诗应当是他返还时所作。

755年,安史之乱爆发。玄宗第十六子永王李璘打着靖难的旗号,招兵买马,挥师东下,其实是趁机扩大地盘,想借乱世当皇帝。兵过九江时碰见自助旅行的李白,便征召他为幕僚。怀才不遇的李白以为自己终于有用武之地,不分青红皂白就答应了,因此而卷入皇权争夺战的旋涡里。随着玄宗第三子、太子李亨即位,以正宗的政府军恢复国家秩序,"假冒伪劣"的李璘兵败被杀,李白的从政梦再次破灭,以附逆罪而被逮捕,流放夜郎。

【注释】

①彩云：指巫山之云。　②江陵：今湖北省荆州市。从白帝城到江陵约一千二百里，其间包括七百里三峡。郦道元《三峡》："自三峡七百里中，两岸连山，略无阙处。重岩叠嶂，隐天蔽日，自非亭午时分，不见曦月。至于夏水襄陵，沿溯阻绝。或王命急宣，有时朝发白帝，暮到江陵，其间千二百时里，虽乘奔御风，不以疾也。春冬之时，则素湍绿潭，回清倒影。绝巘多生怪柏，悬泉瀑布，飞漱其间。清荣峻茂，良多趣味。每至晴初霜旦，林寒涧肃，常有高猿长啸，属引凄异。空谷传响，哀转久绝。故渔者歌曰：'巴东三峡巫峡长，猿鸣三声泪沾裳。'"　③万重山：层层叠叠的山，形容山很多。

【旅游看点】

白帝城 位于今重庆奉节县瞿塘峡口长江北岸的白帝山上，是三峡中的著名旅游胜地。原名子阳城，为西汉末年割据蜀地的公孙述所建，公孙述自号白帝，故称城为"白帝城"。白帝城是观"夔门天下雄"的最佳地点。历代著名诗人李白、杜甫、白居易、刘禹锡、苏轼、黄庭坚、范成大、陆游等都曾登白帝、游夔门，留下大量诗篇，因此白帝城又有"诗城"之美誉。现如今，三峡水利工程竣工后，白帝城被四面湖水环绕，只有乘坐游船才可抵达，它突兀在长江中央，宛如一片与世隔绝的人间乐土。2017年6月10日，白帝城大遗址正式启动申报世界文化遗产项目。

白帝山 位于重庆奉节县城东面，瞿塘峡西口，是长江三峡的起点。三峡从这里到宜昌南津关，全长193公里，两岸悬崖绝壁，滩峡相间，水流湍急，地势险峻，常是历代兵家必争之地。

荆州 之名源于《尚书·禹贡》："荆及衡阳惟荆州"，为古九州之一，因境内蜿蜒高耸的荆山而得名。荆是古代楚国的别称，因楚曾建国于荆山，故古时荆、楚通用。荆州，古时又称"江陵"，是湖北省地级市，位于湖北中南部、长江中游、江汉平原腹地。荆州是春秋战国时楚国都城所在地，是国务院公布的全国首批24座国家历史文化名城之一、中国优秀旅游城市、国家园林城市、重要的公路交通枢纽和长江港口城市。2017年6月，荆州市被命名为国家卫生城市。荆州历史厚重、文化灿烂，是一座古老文化与现代文明交相辉映的滨江城市。"禹划九州，始有荆州。"荆州建城历史长达2700多年，自公元前689年楚国建都纪南城，先后有6个朝代、34位帝王在此建都，是当之无愧的"帝王之都"。从"天下第一循吏"孙叔敖到明朝万历首辅张居正，从荆州走出去的宰相达138位，是名副其实的"宰相之城"。从爱国主义诗人屈原到李白、杜甫，大批文人墨客在荆州吟诗作赋，也是实至名归的"诗词之市"。荆州也是中国龙舟文化的发源地，一年一度的"中国荆州国际龙舟节"，已成为荆州独具特色的文化品牌、扩大开放的重要载体和全市人民的盛大节日。荆州是著名的三国古战场，历史上"刘备借荆州""关羽大意失荆州"等脍炙人口的三国故事都发生在这里。荆州古城地处连东西贯南北的交通要塞，历来均为兵家必争之地，荆州城屡毁屡建，现在的荆州古城最后一次修建是在清朝顺治三年（1646），依原址而建，保存至今，是"中国南方不可多得的完璧"。全市旅游景点呈现"一城多片"的格局。"一城"即中心城区的荆州古城历史风景旅游区，"多片"即新建开发的松滋洈水风景区、洪湖国家湿地自然保护区，洪湖悦兮半岛温泉度假区和石首天鹅洲白鳍豚麋鹿自然保护区，公安黄山头森林公园。

蜀先主庙

刘禹锡

天下①英雄气,千秋尚凛然。

势分三足鼎②,业复五铢钱③。

得相能开国④,生儿⑤不象贤⑥。

凄凉蜀故妓⑦,来舞魏宫⑧前。

【背景】

刘禹锡曾于唐穆宗长庆元年(821)到四年(824)间任夔州刺史,此诗当作于此时。

蜀先主,即三国蜀汉先主刘备,先主庙,即白帝庙,在夔州(今重庆奉节)东白帝山上。

【注释】

①天下:《三国志·蜀书·先主传》载曹操谓刘备曰:"今天下英雄,唯使君与操耳。" ②三足鼎:谓蜀、魏、吴三国鼎立。孙楚《为石仲容与孙皓书》:"自谓三分鼎足之势,可与泰山共相终始。" ③五铢钱:王莽代汉时,曾废五铢钱,至光武帝时,又从马援奏请重铸,天下称便。这里以光武帝恢复五铢钱,比喻刘备想复兴汉室。 ④"得相"句:谓刘备有丞相诸葛亮辅佐,君臣相得,开创蜀汉基业。刘备常曰:"孤之有孔明,犹鱼之有水也。" ⑤儿:指刘备之子后主刘禅,小字阿斗。 ⑥象贤:效法先人好榜样。《仪礼·仕冠礼》:"继世以立诸侯,象贤也。"刘禅庸懦无能,偏信小人,不守父业,卒致亡国,故

曰"不象贤"。 ⑦蜀故妓：蜀汉原有的妓乐。 ⑧魏宫：三国曹魏之宫殿，在洛阳。蜀亡，后主刘禅降魏，举家迁至洛阳，被封为安乐县公。"司马文王（魏太尉司马昭）与禅宴，为之作故蜀伎，旁人皆为之感怆，而禅喜笑自若。……他日，王问禅曰：'颇思蜀否？'禅曰：'此间乐，不思蜀。'"（《三国志·蜀书·先主传》裴松之注引《汉晋春秋》）二句悲后主亡国。

【旅游看点】

白帝庙 内有明良殿、武侯祠、观星亭等明清时期的建筑。明良殿为明嘉靖十二年（1533）建，是庙内的主要建筑，内有刘备、诸葛亮、关羽和张飞的塑像。武侯祠内陈列着诸葛亮祖孙三代的塑像。祠前的观星亭，传说是诸葛亮夜观星象的地方。白帝庙内，历代的诗文、碑刻甚多，《凤凰碑》和《竹叶碑》最引人注目，堪称瑰宝。《竹叶碑》即《丹青正气图》，为清人曾崇德所画。远看是三枝翠竹，细看却是一首五言诗："不谢东篁意，丹青独自名，莫嫌孤叶淡，经久不凋零。"《凤凰碑》用极细腻的线条，刻画了号称"鸟中之王"的凤凰、"花中之王"的牡丹、"树中之王"的梧桐。因此，又称"三王碑"，此碑的作者为谁，现已无从查考。

永安宫托孤堂 《三国演义》里有一段白帝城刘备托孤的故事：蜀国皇帝刘备的结拜兄弟关羽败走麦城死于刀下后，刘备为他报仇，不听众臣劝阻，起兵讨伐东吴。途中另一个结拜兄弟、伐吴先锋——张飞丧身叛将范疆、张达手中，刘备愤而不谋，催兵猛进。章武二年夏六月，被东吴大将陆逊用计火烧七百里军营，因而退守到白帝城中。三国久未统一，两弟先后丧命，大军新遭重创，国事私仇使刘备忧愤成疾，眼看朝不保夕，乃招丞相诸葛亮星夜赶至。在永安宫中，刘备把儿子刘禅（阿斗）委托于诸葛亮，然后便一命归天了。从此，白帝城就因这段脍炙人口的故事而更加闻名于世了。托孤堂内的塑像就再现了这个故事。

夔州歌十绝句（其一）

杜 甫

中巴之东巴东山①，

江水开辟流其间。

白帝②高为三峡③镇，

瞿塘险过百牢关④。

【背景】

　　唐代宗大历元年（766），几经漂泊，杜甫初寓夔州（今重庆市奉节县）。山川雄壮奇险，历史古迹丰厚，杜甫一连写下十首绝句歌咏夔州的山川景色和人文景观，合为《夔州歌十绝句》。此诗是其中的一首。

　　杜甫与古夔州可谓是有缘的。他曾在此居住两年，写下了四百多首脍炙人口的诗歌，约占其诗歌创作总量的三分之一。世人极为推崇的《登高》曰："风急天高猿啸哀，渚清沙白鸟飞回。无边落木萧萧下，不尽长江滚滚来。"正是如画夔州的真实写照。古人有九月九日登高的风俗，这首诗就是代宗大历二年（767）的重阳节，杜甫在夔州登高时所作。

【注释】

　　①中巴之东巴东山：东汉末刘璋据蜀，分其地为三巴，有中巴、西巴、东巴。夔州为巴东郡，在"中巴之东"。"巴东山"即大巴山，在渝、陕、鄂三省边境，诗中特指三峡两岸连山。　②白帝：白帝城。③三峡：瞿塘峡、巫峡、西陵峡，两岸连山，七百余里。　④百牢关：

百牢关在汉中，两山相对，六十里不断，汉水流其间，因与夔州的瞿塘相似，故以作比。

【旅游看点】

奉节县 天坑位于奉节县荆竹乡小寨村。"天坑"在地理学上叫"岩溶漏斗地貌"。小寨天坑口部最大直径626米，最小直径537米，坑底最大直径522米，垂直高度666.2米，总容积11934.8万立方米，是世界上深度和容积最大的岩溶漏斗，当称"天下第一坑"，属当今世界洞穴奇观之一。天坑口四面绝壁，如斧劈刀削，雄伟壮观。坑中有无数幽深莫测的洞穴和一条汹涌澎湃的暗河。中外探险家曾多次深入天坑探险，已探明天坑中的暗河经出水洞流向迷宫河，推测天坑中的暗河来自神秘的大地缝。这里，可一睹喀斯特地貌千姿百态的景观。石林、峰林、溶洞、洼地、天生桥、落水洞、盲谷、漏斗、竖井等包罗万象、应有尽有。

夔州八阵图 又名武侯阵图，分为"水八阵"与"旱八阵"，传说为三国时诸葛亮在夔州江滩所设。水八阵在奉节老县城东沙滩上，长约2000米，宽约800米。据明代《正德夔州府志》载："其阵聚细石为之，作八八六十四堆，外复列二十四堆，堆高五六尺，相距八尺许，广如其高。"郦道元作《水经注》时，还看到垒石布阵的故址，但天长日久，大水冲没，今已不存。旱八阵位于奉节杜甫草堂东行两公里处，其阵为犬牙交错的山形，四周沟壑纵横，悬崖峭壁，地形复杂。杜甫居夔州时因景仰诸葛亮，作《八阵图》："功盖三分国，名成八阵图。江流石不转，遗恨失吞吴。"

长江三峡 又名峡江或大三峡，位于重庆市和湖北省境内的长江干流上，西起重庆市奉节县的白帝城，东至湖北省宜昌市的南津关，全长193公里，由瞿塘峡、巫峡、西陵峡组成。其中瞿塘峡位于重庆奉节境内，巫峡位于重庆巫山和湖北恩施州的巴东两县境内，西陵峡在湖北宜昌市秭归县境内。长江三峡其间有两个国家5A级旅游景区：三峡大坝和三峡人家风景区，是中国十大名胜古迹之一，首批国家级风景名胜区。人民币十元纸币背面的三峡夔门景观更彰显了长江三峡在中国悠久历史文化中重要的标志性地位。长江三峡是中国古文化的发源地之一。大峡深谷,曾是三国古战场,是无数英雄豪杰用武之地,有许多名胜古迹:白帝城、黄陵、南津关孙夫人庙等。它们同旖旎的山水风光交相辉映,名扬四海,以壮丽河山的天然胜景闻名中外。它是世界上唯一可以乘船游览的大峡谷,是中国最早向世界推荐的两条黄金旅游线之一(另一条为丝绸之路)。

瞿塘峡 又名夔峡,西起重庆市奉节县的白帝城,东至巫山县的大溪镇,全长约8公里。在三段峡谷中,它最短,最狭,最险,气势和景色也最为雄奇壮观。其"雄"首先是山势之雄。游人进入峡中,但见两岸险峰上悬下削,如斧劈刀削而成。山似拔地来,峰若刺天去。峡中主要山峰,有的高达1500米。瞿塘峡中河道狭窄,河宽不过百余米。最窄处仅几十米,这使两岸峭壁相逼甚近,更增几分雄气。其中峡之西端的夔门尤为雄奇。它两岸若门,呈欲合未合之状,堪称天下雄关。瞿塘之雄还在于水势之雄。古人咏瞿塘:"锁全川之水,扼巴蜀咽喉。"瞿塘峡虽然较短,但峡小景不少。古人形容瞿塘峡"案与天关接,舟从地窟行",沿江主要景点有奉节古城、八阵图、鱼复塔、古栈道、风箱峡、粉壁墙、孟良梯、犀牛望月等,其中粉壁墙上布满了历代碑刻,十分可观。

夜雨寄北

李商隐

君问归期未有期，
巴山①夜雨涨秋池。
何当共剪西窗烛②，
却话③巴山夜雨时。

【背景】

李商隐（约813—约858），字义山，号玉溪生，又号樊南生，怀州河内（今河南焦作沁阳）人，晚唐著名诗人，和杜牧合称"小李杜"，与温庭筠合称为"温李"。其诗构思新奇，表现手法含蓄朦胧。咏史诗和爱情诗尤为出色。李商隐善写七言律诗，继承了杜甫七律锤炼严谨、沉郁顿挫的特色，又融合了齐梁诗的浓艳色彩、李贺诗的幻想象征手法，形成了深情绵邈、绮丽精工的独特风格，是唐代七律发展史上的第二座里程碑。

这首诗是诗人在梓州（今四川三台）柳仲郢幕时作。张采田认为此诗作于大中二年（848）秋李商隐游巴蜀时（张采田《玉溪生年谱会笺》）。据李商隐《楚泽》《归墅》《陆发荆南始至商洛》等诗可知（均为大中二年秋自桂林北归时作），秋天诗人行经楚泽、荆州、商洛一带，与此诗中留滞巴蜀显然矛盾，故此诗应作于梓幕期间。

《万首唐人绝句》题作"夜雨寄内"，亦非。诗人妻王氏其时已经去世。

【注释】

①巴山：指巴蜀境内的山。 ②剪西窗烛：剪烛，剪去燃焦的烛芯，使灯光明亮。这里形容深夜秉烛长谈。"西窗话雨""西窗剪烛"用作成语，所指也不限于夫妇，有时也用以写朋友间的思念之情。 ③却话：追谈，追述。

【旅游看点】

巴山 分为广义上的大巴山脉和狭义上的巴山。广义上的大巴山脉，是中国陕西、四川、湖北三省交界地区山地的总称，东西绵延500多公里，故称千里巴山。同时，它也是嘉陵江和汉江的分水岭，四川盆地和汉中盆地的地理分界线。狭义上的巴山在汉江支流的河谷以东。大巴山脉由米仓山、狭义上的巴山、大神农架、武当山、荆山等组成。山脉呈西北—东南走向，北临汉水，南近长江，主峰"神农顶"在湖北神农架林区境内，海拔3053米。巴山的旅游看点主要有摩天岭、黄安坝、亢谷风景区、青龙峡峡谷和重庆大巴山国家级自然保护区。摩天岭，位于大巴山的西端，渝、陕、鄂三省的交界处，有著名的"阴平古道"。黄安坝，坐落于大巴山的南麓，山区内群山高耸、气象壮观，山顶的草场连成一片，牛羊成群。亢谷风景区，号称"小张家界"，位于大巴山腹地，风景区内山峦重叠、森林茂密、峡谷幽深、山峰秀美。

大巴山自然保护区 位于重庆市东北部的大巴山南麓城口县境内，2000年5月经重庆市人民政府批准为市（省）级自然保护区，2003年6月经国务院批准晋升为国家级自然保护区，属于森林生态系统类型自然保护区，有国家重点保护的野生动物四十余种。其中，国家一级保护动物有云豹、林麝、金雕等六种。2025年，保护区完成春季本底资源调查，新增多条样线与监测点，记录到大量珍稀植物。其旅游景点有石人湾，因有一石山酷似人形而得名。这里沟深林茂、峡谷幽长、山形奇异、苍山滴翠、清泉如玉、景色宜人。此地是古代川陕要道，两岸数十米高的悬崖绝壁拔地而起，宛如两扇大门相峙而立，素有"一门锁两省"之说。猴儿沟长约500米，峡谷两边大山耸立，林木繁茂、沟深谷幽，时有猴子出没。谷底河流清澈见底，婉转流淌。

离思（其四）

元　稹

曾经沧海难为水，
除却巫山不是云①。
取次②花丛③懒回顾，
半缘修道半缘君。

【背景】

　　元稹（779—831），字微之，河南府东都洛阳（今河南洛阳）人，为北魏宗室鲜卑族拓跋部后裔。元稹虽一度官至宰相，却多次被贬外地。晚年大和三年（829），入尚书左丞，又出为武昌节度使，卒于任所。死后追赠尚书右仆射。元稹工诗，与白居易齐名，时称"元白"，同为新乐府运动的倡导者。现存诗近九百首，有《元氏长庆集》传世。

　　唐德宗贞元十八年（802），太子少保韦夏卿的小女儿年芳20的韦丛下嫁给24岁的诗人元稹。此时的元稹仅仅是秘书省校书郎。韦夏卿出于什么原因同意这门亲事，已然无考，但出身高门的韦丛并不势利贪婪，没有嫌弃元稹。相反，她勤俭持家，任劳任怨，和元稹的生活虽不宽裕，却也温馨甜蜜。可是造化弄人，唐宪宗元和四年（809），韦丛因病去世，年仅27岁。此时31岁的元稹已升任监察御史，幸福的生活就要开始，爱妻却驾鹤西去，诗人无比悲痛，写下了一系列的悼亡诗。此诗即作于韦丛卒后。

　　"巫山"作为山脉名词，现在主要指四川盆地东部的湖北、重庆、湖南交界一带，南北走向的连绵群峰。古代诗词歌赋中的"巫山"，除地理特定的写实之外，大多时候是"泛指"，因唐宋文化对后世的巨大影响，使得三峡地区的"巫山"成了今天中国最有名的"巫山"。其实唐诗宋词中的"巫山"大都是泛指方位地理，一般惯以"巫山"代称整个"长江三峡"，喻指"文化巫山"，并非狭义指"巫山县的山"。

【注释】

①诗句由《孟子·尽心》"观于海者难为水，游于圣人之门者难为言"蜕变而成。句意为：曾经到过大海见过海水，觉得其他的水就难说是水了；除去巫山上的神女之云，再也没有如此奇美的云了。海水深广而汹涌，自然使江河湖泊里的水相形见绌。宋玉《高唐赋》云，巫山之云为神女所化，"上属于天，下见于渊，珍怪奇伟，不可称论"；陆游《入蜀记》云："神女峰上有白云数片，如鸾鹤翔舞徘徊，久之不散，亦可异也。"如此之云，别处的云与之相比，自然黯然失色。 ②取次：草草，仓促随意。这里是"匆匆经过""仓促经过"或"漫不经心地路过"的样子。不应解释为"按次序走过"。 ③花丛：这里并非指自然界的花丛，乃借喻美貌女子众多的地方，暗指青楼伎馆。

【旅游看点】

巫山十二峰 分别坐落于巫山县东部的长江两岸，江南江北各有6峰，各距县城10~30公里不等。江北六峰有登龙、圣泉、朝云、望霞（神女）、松峦、集仙，均一一可见；江南六峰的净坛、起云、上升隐于岸边山后，只有飞凤、翠屏、聚鹤可见。十二诸峰绮丽如画、姿态万千，古往今来擅奇天下。

神女峰 位于重庆市巫山县城东约15公里处的巫峡大江北岸，位于著名的长江三峡风景区内。又名望霞峰、美人峰、仙女峰、神女天下峰，是巫山十二峰之最。相传巫山神女瑶姬居住在此处。根据《巫山县志》记载："赤帝女瑶姬，未行而卒，葬于巫山之阳为神女。"一块巨石突兀于青峰云霞之中，宛若一个亭亭玉立、美丽动人的少女，故名神女峰。古人有"峰峦上主云霄，山脚直插江中，议者谓泰、华、衡、庐皆无此奇"之说。每当云烟缭绕峰顶，那人形石柱如披上薄纱似的，更显脉脉含情，妩媚动人。此峰每天第一个迎来灿烂的朝霞，又最后一个送走绚丽的晚霞，故名"望霞峰"。

巫山神女是中国历史上脍炙人口的神话传说，最早见于《山海经》，屈原的《九歌·山鬼》和宋玉的《高唐赋》《神女赋》中都有描述。而在当地传说中，她是一个帮助大禹治水、造福生灵的女神。中国古代神话中的巫山神女也称巫山之女，传说为南唐天帝炎帝（赤帝）之女，一说是王母幼女，本名瑶姬（也写作姚姬），未嫁而死，葬于巫山之阳，因而为神。战国时楚怀王游高唐，梦与女神相遇，女神自荐枕席，后宋玉陪侍楚襄王游云梦时，作《高唐赋》与《神女赋》追述其事。其赋中描绘神女为"旦为朝云、暮为行雨"的美貌仙女。

涂山①寺独游

白居易

野径行无伴,

僧房宿有期。

涂山来去熟,

唯是②马蹄知。

【背景】

白居易(772—846),字乐天,晚年号香山居士,又号醉吟先生,祖籍太原,到其曾祖父时迁居下邽(今天的陕西省渭南市临渭区),生于河南新郑。白居易与元稹共同倡导新乐府运动,称"元白",与刘禹锡并称"刘白"。其诗歌题材广泛,形式多样,语言平易通俗,有"诗魔"和"诗王"之称。官至翰林学士、左赞善大夫。有《白氏长庆集》传世,代表诗作有《长恨歌》《卖炭翁》《琵琶行》等。白居易故居纪念馆坐落于洛阳郊外。白园(白居易墓)坐落在洛阳城南琵琶峰。

818年,白居易被贬忠州(今忠县),经过重庆时夜宿南岸下浩,看到山中隐有寺庙飞檐,打听之后听说是涂山寺,第二天便独自骑马前去游览,并因遇到了喜爱他诗歌的老和尚,在涂山寺住了好几天。遂作此诗。

【注释】

①涂山:山名,位于重庆市南岸区。　②唯是:只有。

【旅游看点】

涂山寺 坐落在重庆市南岸区涂山之上，是现存最古老的寺院，因寺内古代供有尊武祖师，因此又称为尊武寺。因庙龄悠久，已不可考。据查，西汉年间为禹王祠、涂后祠、庙宇供奉大禹与涂后的塑像。涂山寺中现有殿宇8重，房间100间，占地1万多平方米。主殿之内即供有释迦牟尼像，又供真武祖师像，第三层殿中则供有禹王、涂后像，立有"禹王治水碑"，可称是佛道和睦共处的庙院。史载大禹治水在涂山娶涂山氏为妻，古人为纪念夏禹治水的功绩，在山上建"禹王祠"，其后建禹王庙、真武寺。明清时期，寺庙有所扩大，真武寺因与禹王祠旧址合并，称为"涂山寺"。

忠州白公祠 位于忠州镇城西，始建于明崇祯三年（1630），清道光十年（1830）加以扩建，是为纪念忠州刺史白居易而建的祠堂（818年白居易任忠州刺史），是与洛阳香山"唐少传白公墓祠"齐名的两座白居易祠之一。现在的白公祠，分为两级台地，临江依山而建，气势恢宏，大门为三楼四柱三间牌楼，匾额横书白公祠，门联"遗泽被山川万民长忆贤刺史，宏篇映日月百世同仰大诗人"，道出了万民心声。因三峡水库的兴建，忠县境内各处的"国宝"汉阙，现已全部搬迁在白公祠内。"汉阙"是汉代现存于世的唯一地面建筑，全国仅29座，忠县就有5座，占全国六分之一，忠县是名副其实的中国汉阙之乡。此外，白公祠内还有正在复建的明、清古建筑关帝庙、老官庙、太保祠。这三座古建筑均是忠县库区文物搬迁保护项目，为忠县城内规模较大、保存较为完好的祠庙建筑。

相　思

王　维

红豆①生南国，
春来发几枝②。
愿③君多采撷④，
此物最相思⑤。

【背景】

　　王维（701—761），字摩诘，唐肃宗乾元年间任尚书右丞，故世称"王右丞"。河东蒲州（今山西运城）人，祖籍山西祁县。唐山水田园诗派的代表诗人。与孟浩然合称"王孟"。王维所处的年代，各种民族冲突加剧，唐王朝不断受到来自西面吐蕃和北方突厥的侵扰。开元二十五年（737）河西节度副大使崔大逸战胜吐蕃，唐玄宗曾命王维以监察御史的身份出塞宣慰，察访军情，沿途他写下了《使至塞上》《出塞》等边塞名篇。此诗是王维晚年之作，其创作年代约在"安史之乱"爆发以后，边兵大量内调，此诗作于送友人即将奔赴安西之时。

　　诗题一作《相思子》《江上赠李龟年》。这首诗约作于安史之乱

前夕，其好友李龟年离开长安，流落到湖南的潭州（今湖南长沙）。王维送别李龟年时，写下此诗，寄托挂念之情。

据唐人范摅《云溪友议》记载：明皇幸岷山，百官皆窜辱，李龟年奔泊江潭，曾于湘中采访使筵上，唱"红豆生南国"，又曰"清风朗月苦相思"。此词皆王右丞所制，至今梨园唱焉。歌阕，合座莫不望南幸而惨然。

【注释】

①红豆：相思木所结子，实成荚，子粒大小如同豌豆，微扁，色鲜红而首黑。古时常用以比喻爱情或相思之情。　②发几枝：又长出了几支新枝？　③愿：希望。一作"劝"。　④采撷：摘取。　⑤相思：想念。

【旅游看点】

长沙 是首批国家历史文化名城，是著名的"楚汉名城""潇湘之地"。长沙的旅游看点有岳麓山、岳麓书院、橘子洲、花明楼、长沙世界之窗、石燕湖生态旅游公园、大围山国家森林公园等。此外，还有马王堆汉墓、四羊方尊、三国吴简、铜官窑等历史文物及古迹。在这里，还发生了清末维新运动、旧民主主义革命和新民主主义革命等爱国救亡运动，涌现了黄兴、蔡锷、毛泽东、刘少奇等著名近现代人物，凝练了"经世致用、兼收并蓄"的湖湘文化，而湖南卫视的娱乐节目更是引领了全国的娱乐潮流。

相思子 相传古时有位男子出征，其妻朝夕倚于高山上的大树下祈望，因思念边塞的爱人，哭于树下。泪水流干后，流出来的是粒粒鲜红的血滴。血滴化为红豆生根发芽，长成大树，红豆结满了一树，人们称之为相思豆。日复一日，春去秋来。大树的果实伴着姑娘心中的思念，慢慢地变成了地球上最美的红色心形种子——相思豆。相思豆产于两广一带，又名相思子，形如豌豆，朱红色。古人常用其象征爱情或相思。现在的江苏省江阴市顾山镇有座红豆村，红豆村有座红豆院，红豆院里有棵千年红豆树。此树相传为梁代昭明太子手植，距今已有1400多年的历史，被列为重点保护文物。进入红豆院，可见这棵稀珍古树高大挺拔，枝干延伸到数十米外，形同巨伞，虽历尽千年沧桑，但仍生机盎然、枝繁叶茂。此株红豆树每三至五年开一次花,结一次果。春夏之交开花,其色洁白。秋末结果,豆荚为茶色,状若鸡心。剥开豆荚,便是一粒心形的红豆,灿若云霞。今天,红豆不仅被当作爱情的信物,人们还借红豆寄托对祖国、对故乡和亲朋的思念之情。1949年年初,顾山红豆村人民曾精选8粒大红豆寄给毛泽东主席,以表达对人民领袖的感激与眷念之情。毛主席特意让中央办公厅回信,对顾山人民表示感谢。近年来,许多海外游子和港台同胞,特意来顾山红豆院观光,并带回几粒红豆珍藏,以寄托对祖国和故土的眷恋。

山 行

杜 牧

远上寒山石径斜①，

白云生②处有人家。

停车③坐④爱枫林晚，

霜叶⑤红于二月花。

【背景】

会昌二年（842），杜牧受当时宰相李德裕的排挤，被外放为黄州刺史，其后又转池州、睦州等地。诗人外放时期，多游览周边景色。此诗约作于此期间。

据晚唐人高彦休《唐阙史》卷上记载：杜牧早年游历湖州，曾见到一个十几岁的绝色女子，惊为天人，于是毛遂自荐，与少女的母亲约定，让少女等自己十年再嫁。然世事茫茫难料，十四年后杜牧官居湖州刺史，本想抱得美人归，但再度前去时，少女已经出嫁，有两个儿子了。杜牧嗔怪，但是女子的母亲用十年之约相对，杜牧怅然，写了一首诗："自是寻春去校迟，不须惆怅怨芳时。狂风落尽深红色，绿叶成阴子满枝。"后人命题为《怅诗》或《叹花》。

【注释】

①斜：此字读xiá，为倾斜的意思。　②生：另有版本作"深"。"生"可理解为在形成白云的地方，"深"可理解为在云雾缭绕的深处。　③车：轿子。　④坐：因为。　⑤霜叶：枫树的叶子经深秋寒霜之后变成了红色。

【旅游看点】

　　爱晚亭 位于岳麓书院后青枫峡的小山上，与北京的陶然亭、西湖的湖心亭、琅琊山的醉翁亭并称中国四大名亭。2013年，爱晚亭被评为全国重点文物保护单位。该亭八柱重檐，顶部覆盖绿色琉璃瓦，攒尖宝顶，内柱为红色木柱，外柱为花岗石方柱，天花彩绘藻井，蔚为壮观。清乾隆五十七年（1792）山长罗典所建。原名"红叶亭"，又名"爱枫亭"。后据唐代诗人杜牧《山行》而改名为爱晚亭，取"停车坐爱枫林晚，霜叶红于二月花"之诗意。亭内有一横匾，上刻毛泽东手迹《沁园春·长沙》一词，亭额上"爱晚亭"三字是1952年湖南大学重修爱晚亭时，毛泽东同志接受校长李达之请，亲笔题写的。亭前石柱刻对联："山径晚红舒，五百夭桃新种得；峡云深翠滴，一双驯鹤待笼来。"爱晚亭在我国亭台建筑中影响甚大，堪称亭台之中的经典建筑。

　　岳麓书院 位于湖南省长沙市湘江西岸的国家5A级旅游景区岳麓山风景区。它和商丘的应天书院、登封的嵩阳书院、九江的白鹿洞书院，合称为中国古代四大书院。北宋开宝九年（976），潭州太守朱洞在僧人办学的基础上，正式创立岳麓书院。嗣后，历经宋、元、明、清各代，至清末光绪二十九年（1903）改为湖南高等学堂，尔后相继改为湖南高等师范学校、湖南工业专门学校，1926年正式定名为湖南大学。历经千年，弦歌不绝，故世称"千年学府"。岳麓书院占地面积21000平方米，现存建筑大部分为明清遗物，主体建筑有大门、二门、讲堂、半学斋、教学斋、百泉轩、御书楼、湘水校经堂、文庙等，各部分互相连接，完整地展现了中国古代建筑气势恢宏的壮阔景象。

登岳阳楼

杜 甫

昔闻洞庭水①,今上岳阳楼。

吴楚东南坼②,乾坤日夜浮③。

亲朋无一字④,老病⑤有孤舟⑥。

戎马⑦关山北,凭轩⑧涕泗流⑨。

【背景】

岳阳楼,唐岳州巴陵县城西门楼,相传原为三国吴时鲁肃在洞庭湖操练水军的阅兵台。唐玄宗开元四年(716),中书令张说谪守岳州,遂在阅兵台旧址建楼,常邀文人学士登楼赋诗,名始流传海内。但张说诗中仍称"西楼",尚无岳阳楼之名,孟浩然诗也只说"波撼岳阳城",至李白、杜甫,始以"岳阳楼"为题。岳阳楼今为湖南岳阳市西门城楼,濒临洞庭湖。

杜甫在大历三年(768)岁暮,登楼而作此诗。这一年,杜甫完全是在长江上的一叶孤舟中度过的,年老多病,不堪颠簸。登上岳阳楼,放眼八百里洞庭,自是感慨万千,不能自已。此诗可贵之处,即景中有人在,诗中有人在,更有"格"在。这所谓"格",正是杜甫忧国忧民的博大情怀。被后世赞为"气压百代,为五言雄浑之绝"(刘辰翁)的"千古绝唱"(王士禛)。

【注释】

①洞庭水:即洞庭湖。 ②坼:分裂。大致说来,湖在楚之东,吴之南,中由湖水分开,故曰"坼"。 ③乾坤:指日月。《水经注·湘水》载:"(洞庭)湖水广圆五百余里,日月若出没于其中。" ④字:指书信。 ⑤老病:杜甫时年五十七,身患肺病、疟疾、耳聋等多种疾病,

故云。　⑥有孤舟：谓水上漂泊，只能以舟为家。　⑦戎马：指战争。据史载，大历三年秋冬，吐蕃屡侵陇右、关中一带，京师戒严。因其地在岳阳西北，故曰"关山北"。　⑧凭轩：倚楼上栏杆。　⑨涕泗流：眼泪曰涕，鼻涕曰泗。指老泪纵横。张载《拟四愁诗》："登崖远望涕泗流。"

【旅游看点】

岳阳楼 是长江黄金旅游线上湖南境内的唯一景点，是岳阳旅游业的龙头。岳阳楼耸立在湖南省岳阳市西门城头、洞庭湖畔，自古有"洞庭天下水，岳阳天下楼"之美誉，与湖北武汉的黄鹤楼、江西南昌的滕王阁并称为江南三大名楼，并且是三大名楼中唯一一个保持木质架构的古楼。岳阳楼的楼顶为层叠相衬的"如意斗拱"托举而成的盔顶式，这种拱而复翘的古代将军头盔式的顶式结构在中国古代建筑史上是独一无二的。据考证，岳阳楼是中国仅存的盔顶结构的古建筑。开元四年（716），张说贬官岳阳后，常与文人迁客登楼赋诗，以后还有李白、杜甫、李商隐等大诗人接踵而来，写下了成百上千篇佳作。岳阳楼保存的历代文物，当推诗仙李白对联"水天一色，风月无边"最为著名，其次要数清书法家张照书写的《岳阳楼记》雕屏。雕屏由12块巨大紫檀木拼成，文章、书法、刻工、木料全属珍品，人称"四绝"。此外，人们把范仲淹作记，滕子京重修岳阳楼，大书法家苏舜钦书写的《岳阳楼记》和邵悚篆刻并称为"天下四绝"，并竖立了"四绝碑"，至今保存完好。

岳阳 古称巴陵、又名岳州，位于湖南东北部，洞庭湖之滨，依长江、纳三湘四水，江湖交汇，素称"湘北门户"，为湖南省辖地级市，省域副中心城市。建城始于公元前505年，是一座有着2500多年历史的城市。岳阳为江南最早的古城之一，境内有岳阳楼、君山岛、灵雾山、屈子祠、铁山水库、大云山国家森林公园、张谷英古建筑群等风景名胜193处，有平江起义旧址、任弼时纪念馆等革命文物纪念地22处。岳阳市旅游资源品位高，知名度大，拥有1处纳入联合国"国际湿地公约"的重要湿地、1家国家5A级旅游景区、1个国家级自然保护区、9项国家非物质文化遗产、2处国家重点风景名胜区、4个国家森林公园、28处全国重点文物保护单位。

望洞庭湖赠张丞相

孟浩然

八月湖水平①，涵虚②混太清③。
气蒸④云梦泽⑤，波撼岳阳城。
欲济⑥无舟楫，端居⑦耻圣明⑧。
坐⑨观垂钓者⑩，徒有羡鱼情。

【背景】

　　孟浩然（689—740），名浩，字浩然，襄州襄阳（现湖北襄阳）人，世称孟襄阳，曾隐居鹿门山。开元十六年（728），至长安应试，落第回乡。开元十七年至二十年（729—732），漫游吴越等地。二十五年（737），张九龄镇荆州，署为从事，不久即辞归养病。二十八年（740），友人王昌龄自岭南赦还，相见欢欣，食鲜疾发而卒，年52。孟浩然可谓一生布衣，过的虽是隐居和漫游生活，但并未忘情仕途。他和王维同为盛唐山水田园诗派的代表作家，并称"王孟"。现存诗260余首，有《孟浩然集》传世。

　　诗题一作《望洞庭湖赠张丞相》，又作《临洞庭》。张丞相，指张九龄。张九龄曾拜相，开元二十五年（737）四月，以尚书右丞相贬荆州长史。是年秋，孟浩然游洞庭湖，作诗赠张九龄以吐心曲。一说张丞相为张说，张说开元四年（716）由中书令贬为岳州刺史。

【注释】

①平：指湖水涨满而与岸齐。　②虚：元虚，指构成天地万物的元气。　③太清：天空。　④气蒸：一作"气吞"，水汽蒸腾。　⑤云梦泽：古泽薮名。一说本二泽，江北为云，江南为泽；一说云梦实

为一泽。其遗址约在今湖南益阳、湘阴以北，湖北江陵、安陆以南，武汉市以西地区，洞庭湖即在其内。　⑥济：渡。　⑦端居：犹独处、闲居，此指隐居。　⑧圣明：犹言太平盛世。　⑨坐：因，乃。⑩垂钓者：喻出仕者。

【旅游看点】

洞庭湖　古称云梦，是中国第二大淡水湖，位于湖南省北部，长江中游的荆江河段以南。在古代，曾号称"八百里洞庭"，水域辽阔。洞庭湖面积2820平方公里，洞庭湖南纳湘、资、沅、澧四水汇入，北与长江相连，通过松滋、太平、藕池、调弦（1958年已封堵）"四口"吞纳长江洪水，湖水由东面岳阳的城陵矶附近注入长江，为长江最重要的调蓄湖泊，由于泥沙淤塞、围垦造田，洞庭湖现已分割为东洞庭湖、南洞庭湖、目平湖和七里湖等部分。洞庭湖是长江流域重要的调蓄湖泊，具有强大的蓄洪能力，曾使长江无数次的洪患化险为夷。洞庭湖是历史上重要的战略要地、中国传统文化发源地，湖区名胜繁多，以岳阳楼为代表的历史胜迹是重要的旅游文化资源，也是中国传统农业发祥地，是著名的鱼米之乡。

东洞庭自然保护区　于湖南省岳阳市境内，地处湖南省东北部，位于长江中游荆江江段南侧。保护区成立于1982年，是湖南省唯一的国家级湿地类型保护区。1994年，晋升为国家级自然保护区。是《国际湿地公约》收录的、由中国政府指定的64处国际重要湿地自然保护区之一，主要保护对象为湿地和珍稀鸟类。2015年1月，入选首批世界自然保护联盟（IUCN）绿色名录。这里是冬季观鸟的最佳位置之一，被誉为"中国观鸟之岛"，每年10月到来年的3月，大约有55种共1000万只候鸟在这里过冬。

平江杜甫墓　位于湖南岳阳平江县安定镇小田村，占地2552平方米，被国家文物局主编的《中国名胜词典》认定为全国唯一杜甫归葬墓，湖南省重点文物保护单位，有"千古名胜，诗圣遗阡"之称。整个墓祠包括杜甫墓、杜文正公祠、杜公祠堂、浣花草堂和铁瓶诗社等构成一组极具文物、史学、观赏价值的古建筑群。存有唐代莲花石础、刻字古砖等文物。

陪族叔刑部侍郎晔及中书贾舍人至游洞庭五首(其五)

李 白

帝子①潇湘去不还,

空余秋草洞庭间。

淡扫明湖开玉镜,

丹青②画出是君山③。

【背景】

《陪族叔刑部侍郎晔及中书贾舍人至游洞庭五首》是李白写下的一组七绝。唐肃宗乾元二年(759)秋,李白于流放途中遇赦,秋时由江夏(今湖北武昌)而至岳州(今湖南岳阳)。与被贬谪岭南的刑部侍郎李晔以及贬官岳州的贾至同游洞庭湖,作诗记游。这组诗生动地描绘了洞庭湖明丽的秋景,也反映了诗人渴望重返长安的心情。

【注释】

①帝子:指尧的两个女儿娥皇、女英。 ②丹青:古代绘画常用的颜色,即指图画。 ③君山:山名,又名洞庭山,位于洞庭湖中。相传娥皇、女英曾游此处,故名君山。

【旅游看点】

君山 位于湖南岳阳市西南15公里的洞庭湖中,是一个面积不足1平方公里的小岛,与千古名楼岳阳楼遥遥相对。原名洞府山,取意神仙的"洞府之庭"。传说这座"洞庭山浮于水上,其下有金堂数百间，玉女居之，四时闻金石丝竹之声，彻于山顶"。传说舜帝的两个妃子娥皇和女英葬于此，屈原在《九歌》中称之为湘君和湘夫人，故后人将此山改名为君山。总面积0.96平方公里，由大小七十二座山峰组成，被"道书"列为天下第十一福地，现为国家级重点风景名胜区，国家5A级旅游景区。君山名胜古迹众多，文化底蕴深厚，相传君山岛有5井4台、36亭、48庙。历代文人墨客围绕君山的"奇""小""巧""幽""古"，或著文赋诗，或题书刻石，是中国历史上最早的摩崖石刻、"星云图"、新石器遗址。有惊天地、泣鬼神的爱情见证——斑竹、二妃墓、柳毅井。有秦始皇的封山印、汉武帝的射蛟台、宋代农民起义的飞来钟、杨幺寨等。每一个古迹都是一段厚重的历史，每一个故事都是一段悠远的记忆，浩气连远古，衷肠诉神州。由于美丽的湖光山色与动人的神话传说，它激发过许多诗人的想象，写下许多美丽篇章，如"遥望洞庭山水翠，白银盘里一青螺"（刘禹锡《望洞庭》），"曾于方外见麻姑，闻说君山自古无，原是昆仑山顶石，海风吹落洞庭湖"（方干《题君山》），"疑是水仙梳洗处，一螺青黛镜中心"（雍陶《题群山》）等。

君山银针是中国名茶之一。产于湖南岳阳洞庭湖中的君山，形细如针，故名君山银针，属于黄茶。其成品茶芽头茁壮，长短大小均匀，茶芽内面呈金黄色，外层白毫显露完整，包裹坚实，茶芽外形很像一根根银针，雅称"金镶玉"。君山茶历史悠久，唐代就已生产并有名气。据说君山茶的第一粒种子还是四千多年前娥皇、女英播下的。后唐的第二个皇帝明宗李嗣源在第一回上朝的时候，侍臣为他捧杯沏茶，开水向杯里一倒，马上看到一团白雾腾空而起，慢慢地出现了一只白鹤。这只白鹤对明宗点了三下头，便朝蓝天翩翩飞去了。再往杯子里看，杯中的茶叶都齐崭崭地悬空竖了起来，就像一群破土而出的春笋。过了一会儿，又慢慢下沉，就像是雪花坠落一般。明宗感到很奇怪，就问侍臣是什么原因。侍臣回答说："这是君山的白鹤泉（即柳毅井）水，泡黄翎毛（即银针茶）缘故。"明宗心里十分高兴，立即下旨把君山银针定为"贡茶"。君山银针冲泡时，棵棵茶芽立悬于杯中，极为美观。

逢雪宿芙蓉山主人

刘长卿

日暮苍山①远,

天寒白屋②贫。

柴门闻犬吠③,

风雪夜归人。

【背景】

大约在唐代宗大历八年（773）至十二年（777）间的一个秋天，刘长卿受鄂岳观察使吴仲孺的诬陷获罪，贬为睦州司马，后迁随州刺史，闲时四处游览名山大川，此诗便是他冬天游当时名气比较大的芙蓉山而作。《逢雪宿芙蓉山主人》写的是严冬，应在遭贬之后。

【注释】

①苍山：青山。　②白屋：贫家的住所。房顶用白茅覆盖，或木材不加油漆叫白屋。　③犬吠：狗叫。

【旅游看点】

芙蓉山 古称青羊山，位于今湖南宁乡市与安化县的边境。这里曾经居住着三苗部落，他们是中华民族的三大始祖之一——蚩尤的后代。青羊山是三苗部落的圣山，他们曾在这座山上祭拜天地。已经出土的震惊世界的商代青铜器——四羊方尊，就是在青羊山挖掘出来的。另一件稀世珍宝象纹大铜铙也是在此地出土的。芙蓉山人烟较为稀少，但野生动植物资源很丰富。东面紧邻长沙沩山风景区。站在芙蓉山上，白天可望见洞庭湖上的游船，傍晚还能看见长沙的满城灯火。一代领袖毛泽东曾经在此地观光游览。此外，在芙蓉山上有一座历史悠久的广化寺，是唐元和年间志和禅师创建的。现芙蓉山上的普济寺为明朝时修建。

沩山风景名胜区 位于湖南宁乡西部，地处宁乡、桃江、安化三县交界处，包括沩山、黄材、巷子口、沙田、黄材水库等乡镇和单位，景区规划面积约190平方公里，区内有人口15.8万人。景区距宁乡市城40公里，距长沙市58公里，是一个集礼佛、度假、休闲、探险于一体的综合性旅游景区，分沩山佛教文化区、青羊湖水上游乐区、黄材青铜文化区、千佛溶洞观光区四大景区。2007年成为省级风景名胜区，2012年获批成为国家级风景名胜区。核心景点密印寺始建于807年，距今已有1200多年的历史。密印寺规模宏大，气度不凡，正殿四壁所嵌12988尊镏金佛像，为世界佛寺之奇观，故称"万佛殿"。密印寺周边山环水绕、景致不凡，聚集了回心

桥、来木井、龙王井、白果含檀等"沩山三十六景"。密印寺是中国禅宗五派之一沩仰宗的祖庭，据史书记载是唐代灵祐禅师来沩山创建的，不仅在中国佛教界有较大影响，而且在日本、东南亚地区享有盛誉。

宁乡市 是湖南省辖县级市，由省会长沙市代管。宁乡取意"乡土安宁"而得名，治邑于三国，建县于北宋，2017年撤县建市。宁乡地处湘东偏北的洞庭湖南缘地区，东邻望城，南接湘潭、湘乡，西与涟源、安化交界，北与益阳、桃江毗连。东西最大跨度88公里，南北纵长69公里。宁乡是已故国家主席刘少奇的故乡，是国务院批准的对外开放县，也是全国17个"中国旅游强县"之一。宁乡出土了四羊方尊、人面纹鼎、象纹大铜铙等1500多件青铜器，被誉为"南中国青铜文化中心"。宁乡历史悠久，文化灿烂。主要旅游看点有炭河里遗址、花明楼、沩山千年古刹密印寺、芙蓉山等。其中，花明楼是国家5A级旅游景区，全国重点文物保护单位，位于湖南省宁乡市东南部的一个美丽小镇。花明楼景区共占地690多亩，包括少奇同志故居、纪念馆、铜像广场、文物馆、花明楼和修养亭几个组成部分，是全国首批爱国主义教育示范基地，现已经成为湖南省重要的革命纪念地和旅游观光区之一。

谒衡岳庙遂宿岳寺题门楼

韩 愈

五岳①祭秩②皆三公③,四方环镇嵩当中④。
火维地荒足妖怪,天假⑤神柄⑥专⑦其雄。
喷云泄雾藏半腹,虽有绝顶谁能穷?
我来正逢秋雨节,阴气晦昧无清风。
潜心默祷若有应,岂非正直⑧能感通⑨。
须臾静扫众峰出,仰见突兀撑青空。
紫盖连延⑩接天柱,石廪腾掷⑪堆祝融。
森然魄动下马拜,松柏一径趋灵宫⑫。
粉墙丹柱动光彩,鬼物图画填青红。
升阶伛偻⑬荐脯⑭酒,欲以菲薄明其衷。
庙令⑮老人识神意⑯,睢盱⑰侦伺⑱能鞠躬。
手持杯珓⑲导我掷,云此最吉馀难同⑳。
窜逐蛮荒幸不死,衣食才足甘长终。
侯王将相望久绝,神纵欲福难为功。
夜投佛寺上高阁,星月掩映云曈昽。
猿鸣钟动不知曙,杲杲㉑寒日生于东。

【背景】

韩愈（768—824），字退之，河南河阳（今孟州）人。郡望昌黎，故世称"韩昌黎"。贞元八年（792），韩愈登进士第，两任节度推官，累官监察御史。后因论事而被贬阳山，历都官员外郎、史馆修撰、中书舍人等职。元和十二年（817），出任宰相裴度的行军司马，参与讨平"淮西之乱"。其后又因谏迎佛骨一事被贬至潮州。晚年官至吏部侍郎，人称"韩吏部"。长庆四年（824），韩愈病逝，年五十七，追赠礼部尚书，谥号"文"，故称"韩文公"。元丰元年（1078），追封昌黎伯，并从祀孔庙。韩愈是唐代古文运动的倡导者，被后人尊为"唐宋八大家"之首，与柳宗元并称"韩柳"，有"文章巨公"和"百代文宗"之名。后人将其与柳宗元、欧阳修和苏轼合称"千古文章四大家"。现存诗四百余首，有《昌黎先生集》行世。

此诗作于永贞元年（805）。贞元十九年（803），关中大旱，饿殍遍地。韩愈上书皇帝，请宽民徭，触犯唐德宗及权贵，被贬为阳山令。贞元二十一年（805）顺宗即位（八月改年号为永贞），遇大赦，离阳山，到郴州等候命令。同年，宪宗登基，又议大赦，韩愈由郴州赴江陵府任法曹参军，途中游衡山时写下这首诗。衡山为南岳，在今湖南省衡阳市内。衡岳庙，在衡山南岳镇，唐开元十三年（725）创建，为南岳著名胜地。

【注释】

①五岳：指东岳泰山、西岳华山、北岳恒山、南岳衡山、中岳嵩山。　②祭秩：祭礼的等级。秩，次序。　③三公：周代以太师、太傅、太保为三公，后历代指称虽有不同，但都指朝廷中的最高官位。《礼记·王制》："天子祭天下名山大川，五岳视三公。"诗句谓按照三公的等级祭祀五岳。天宝五载（746），封南岳神为司天王。　④嵩当中：中岳嵩山位居五岳中央。《史记·封禅书》："昔三代之君，皆在河、洛之间，故嵩高为中岳而四岳各如其方。"　⑤假：授予。　⑥神柄：神的权力。　⑦专：专擅。二句谓衡岳地处南方荒僻

之地,妖怪很多,故天帝授予岳神雄镇一方的威权。 ⑧正直:指岳神。《左传·庄公三十二年》:"神,聪明正直而壹者也。" ⑨感通:感应相通。据说衡山有七十二峰,而以祝融、紫盖、天柱、石廪、芙蓉五峰最著名,主峰祝融海拔1290米。二句写四峰姿态各异。 ⑩连延:绵延。 ⑪腾掷:指山势起伏之状。 ⑫灵宫:神宫,即衡岳庙。 ⑬伛偻(yǔlǔ):驼背,这里形容弯腰鞠躬,以示恭敬。 ⑭脯(fǔ):干肉。《史记·封禅书》:"名山大川祠二,以脯、酒为岁祠。" ⑮庙令:官职名。唐代五岳诸庙各设庙令一人,掌握祭神及祠庙事务。⑯识神意:懂得神的意旨。 ⑰睢盱(suīxū):喜悦貌,指面带笑容。 ⑱侦伺:形容注意察言观色。 ⑲杯珓(jiào):古时的一种卜具。 ⑳馀难同:其他的卦象都不能相比。 ㉑杲(gǎo)杲:日出明亮貌。《诗经·卫风·伯兮》："杲杲出日。"

【旅游看点】

衡山 是中国五岳之一，又名南岳、寿岳、南山，位于湖南省中部偏东南部，绵亘于衡阳、湘潭两盆地间，主体部分在衡阳市南岳区。衡山是中国著名的道教、佛教圣地，环山有寺、庙、庵、观 200 多处。衡山山神是民间崇拜的火神祝融，他被黄帝委任镇守衡山，教民用火，化育万物，死后葬于衡山赤帝峰，被当地尊称南岳圣帝。道教"三十六洞天，七十二福地"，有四处位于衡山之中，佛祖释迦牟尼两颗真身舍利子藏于衡山南台寺金刚舍利塔中。1982 年，衡山风景区被列入第一批国家级重点风景名胜区名单；2006 年 2 月，衡山入选首批国家自然与文化双遗产名录；2007 年 5 月，衡山风景区被评为首批国家 5A 级旅游景区；2007 年 8 月，衡山被列为国家级自然保护区。

石鼓书院 位于今衡阳石鼓区石鼓山，始建于唐元和五年（810），迄今已有 1000 多年的历史。宋代太平兴国二年（978），衡州名士李宽在石鼓山寻真观旁结庐读书，宋太宗赵匡胤赐名"石鼓书院"。宋至道三年（997），邑人李士真拓展其院，作为衡州学者讲学之所。宋景祐二年（1035），朝廷赐额"石鼓书院"，遂与睢阳、白鹿洞、岳麓书院并称四大书院。书院主要建筑有武侯祠、李忠节公祠、大观楼、七贤祠、敬业堂、合江亭。1944 年 7 月，石鼓书院在衡阳保卫战中毁于日军炮火。2008 年，仿照清代格局重建石鼓书院。

衡阳 位于湖南省中南部，湘江中游，衡山之南。衡阳历史悠久、山水优美，是中国优秀旅游城市，境内旅游资源较为丰富。南岳忠烈祠、南岳大庙、蔡侯祠、王家祠堂、衡州窑、云集窑、水口山铅锌矿冶遗址、王氏宗祠、王船山故居及墓、罗荣桓故居、湘南学联旧址被列为全国重点文物保护单位。以石鼓书院为代表的人文景观与以南岳衡山为代表的自然景观遍布。同时，衡阳会战的悲壮也使其得到了"中国抗战纪念城"的称号。

题三闾大夫庙

戴叔伦

沅湘①流不尽，
屈子②怨何深③。
日暮秋风起，
萧萧④枫树林。

【背景】

戴叔伦（732—789），字幼公，一字次公。一说名融，字叔伦。润州金坛（今属江苏）人。年少时师从萧颖士，博闻强记，聪慧过人。大历元年（766），在刘晏手下任职，后任涪州督赋、抚州刺史，以及容州刺史，加御史中丞，官至容管经略使。在任期间政绩卓著。贞元五年（789），上表辞官归隐，客死返乡途中。今存诗近三百首，《全唐诗》录其诗二卷。

诗题一作《过三闾庙》。三闾（lú）庙，即屈原庙，因屈原曾任三闾大夫而得名，是奉祀春秋时楚国三闾大夫屈原的庙宇，根据《清一统志》记载，庙在长沙府湘阴县北六十里（今汨罗市境内）。诗人于大历（766—779）中在湖南做官期间，经过此地时，睹物思人，于是写下了这首凭吊诗。

【注释】

①沅（yuán）湘：指沅江和湘江，沅江、湘江是湖南的两条主要河流。　②屈子：指屈原。句意是屈原的怨恨好似沅江湘江深沉的河

水一样。 ③何深：多么深。此处化用屈原的《九歌》《招魂》中的诗句："袅袅兮秋风，洞庭波兮木叶下""湛湛江水兮上有枫，目极千里兮伤春心。魂兮归来哀江南！" ④萧萧：风吹树木发出的响声。

【旅游看点】

屈子祠 亦称屈原庙，现辟为屈原纪念馆，位于湖南省汨罗城西北玉笥山顶。始建于汉代，原址无考。清乾隆二十一年（1756），将屈子祠移建至玉笥山上，占地7.8亩。自山脚至祠有石级119级。此祠为三进青砖结构。祠正门牌楼墙上绘有13幅屈原生平业绩和对理想追求的写照的浮雕。1978年建葛洲坝水利枢纽时，将它迁至今址，且按原貌重建。屈子祠依山面江，景色秀美。由此地南眺，大江南岸诸峰历历在目。每逢端午佳节，这里都举办龙舟竞渡。江上彩舟如梭，岸上游人如织，热闹异常。屈子祠是全国重点文物保护单位、全国青少年爱国主义教育基地。屈子祠汨罗江景区是国家级重点风景名胜区，是湘楚文化旅游黄金线上的重要景点。

汨罗 简称罗城，隶属于岳阳市，处湖南省东北部，紧靠洞庭湖东畔、汨罗江下游。汨罗市东部、东南部分别与长沙市长沙县望城区接壤，西邻湘阴县和沅江市，北接岳阳县，东北与平江县交界。因境内有汨水、罗水会合，其下游名汨罗江，因以名市，是"中国龙舟名城"。旅游资源丰富，主要景点有汨罗江、屈子祠、神鼎山、八景洞、任弼时故居、汨罗江国际龙舟竞渡中心、屈子公园、普德观等。

端午习俗 汨罗江畔具有一整套丰富、独特而又神秘的端午习俗，分布于汨罗市的汨罗江流域中下游一带。汨罗江畔端午节一般从农历五月初一开始到十五日止，整个节日活动具有悠久的历史性、广泛的群众性、丰富的多样性、浓郁的文化性、狂热的参与性和深远的影响。2005年，"汨罗江畔端午习俗"进入了第一批国家级非物质文化遗产保护名录。2009年9月30日，被列入联合国《人类非物质文化遗产代表作名录》。

黄鹤楼

崔 颢

昔人①已乘黄鹤②去,此③地空余④黄鹤楼。

黄鹤一去不复返,白云千载空悠悠。

晴川⑤历历⑥汉阳⑦树⑧,芳草萋萋⑨鹦鹉洲⑩。

日暮乡关⑪何处是⑫?烟波江上使人愁。

【背景】

崔颢(约704—754),汴州(今河南开封)人,盛唐诗人。唐玄宗开元十一年(723)进士。开元后期,曾以监察御史任职河东军幕。天宝初,任太仆寺丞,迁司勋员外郎,世称"崔司勋"。宦海浮沉,终不得志。他诗名很大,《旧唐书·文苑传》把他和王昌龄、高适、孟浩然并提,但其诗流传甚少,现存诗仅四十几首,有《崔颢诗集》传世。其早期诗作多写闺情,流于浮艳轻薄。后历边塞,诗风大振,忽变常体,风骨凛然,尤其是边塞诗慷慨豪迈,雄浑奔放。

唐代诸多诗选,七律部分以《黄鹤楼》开篇或压卷,是因为这首诗被后世称为"唐人七律第一",这和李白的一个典故有关。在众多的唐代诗人中,和江汉地区结下了不解之缘的首推唐代诗坛巨星、号称"诗仙"的李白。李白青少年时代在江汉地区漫游十多年,因而自称"少长江汉"。又说:"我本楚狂人。"这些并非诗人自夸,实是他的肺腑之言。楚山楚水曾造就过战国屈原这样伟大的诗人,李白成长也离不开壮丽的楚地山水对他的哺育和陶冶。李白的诗集中共收诗歌1000

余首,其中有关黄鹤楼和江夏、汉阳的诗共有50多首,武昌蛇山留下了许多李白的传说和遗址,有搁笔亭、太白亭、李白读书处等。由于崔颢的《黄鹤楼》诗,还引出李白"眼前有景道不得,崔颢题诗在上头"而搁笔的千古佳话。

【注释】

①昔人:指传说中乘黄鹤的仙人。 ②黄鹤:一作"白云"。 ③此:一作"兹"。 ④余:一作"遗"。 ⑤晴川:指长江。 ⑥历历:分明可数貌。 ⑦汉阳:黄鹤楼在武昌,与汉阳隔江相对。 ⑧树:一作"戍"。 ⑨萋萋:草盛貌。《楚辞·招隐士》:"王孙游兮不归,春草生兮萋萋。" ⑩鹦鹉洲:原在武昌城外长江中,相传因东汉末年祢衡在此赋《鹦鹉赋》而得名,后渐湮没。今汉阳拦江堤外的鹦鹉洲,系清乾隆年间新淤的一洲,原名补得洲,嘉庆间改为今名,已非原址。 ⑪乡关:故乡。 ⑫是:一作"在"。

【旅游看点】

黄鹤楼 位于武昌蛇山之上，有"天下江山第一楼"的美誉，是国家5A级旅游景区，也是武昌最负盛名的古迹和游览地。黄鹤楼因其历史悠久、文化厚重、地势险要、规模宏大、气势雄伟而位居中国江南三大名楼之首。黄鹤楼始建于三国时期吴黄武二年（223），传说是为了军事目的而建，孙权"以武而昌"，筑城为守。原址位于蛇山西麓下黄鹤矶上（武昌桥头附近）。《南齐书》有许多与黄鹤楼有关的神话传说，以至后代"事列神仙之传，迹存述异之中"。黄鹤楼历尽沧桑，屡建屡毁，屡毁屡建。今日的黄鹤楼为1985年重建。

鹦鹉洲 原在武汉市武昌城外江中。相传由东汉末年祢衡在黄祖的长子黄射大会宾客时，即席挥笔写就一篇"锵锵戛金玉，句句欲飞鸣"的《鹦鹉赋》而得名。后祢衡被黄祖杀害，亦葬于洲上。历代不少名人"藏船鹦鹉之洲"纵观大江景色，留下了很多诗篇佳句，如这首崔颢《黄鹤楼》"晴川历历汉阳树，芳草萋萋鹦鹉洲"、李白《鹦鹉洲》"烟开兰叶香风暖，岸夹桃花锦浪生"、孟浩然《鹦鹉洲送王九之江左》"昔登江上黄鹤楼，遥看江中鹦鹉洲"。但此洲在明末逐渐沉没。现在汉阳拦江堤外的鹦鹉洲，系清乾隆年间（1736—1795）新淤的一洲，曾名"补课洲"，嘉庆年间（1796—1820）将补课洲改名鹦鹉洲，并于光绪二十六年（1900）重修了祢衡墓。墓为石建，方形，额题"汉处士祢衡墓"，甚为古朴别致。

武昌 古属九州之一的荆州地域，是湖北省委、省政府所在地，武汉中心城区之一。位于湖北省武汉市东南部，与汉阳区、江汉区、江岸区隔江相望，北至余家头罗家港与青山区毗邻；东、南与洪山区洪山乡、青菱乡交错接壤；西傍长江。武昌有众多的风景名胜，最为著名的为黄鹤楼、东湖和蛇山。作为历史文化名城，武昌留有大量的遗迹遗址。主要有古文化遗迹遗址，如放鹰台；近代工业教育遗址，如布纱丝麻四局；昙华林历史文化街区遗址；辛亥革命遗迹遗址，如起义门、红楼等；新民主主义革命遗迹遗址，如中共"五大"会址、武昌中央农民运动讲习所旧址；还有宗教文化遗迹遗址，如宝通寺、长春观等。

赤 壁

杜 牧

折戟①沉沙铁未销②,
自将③磨洗认前朝④。
东风不与周郎便⑤,
铜雀⑥春深锁二乔⑦。

【背景】

武宗会昌二年（842）四月，杜牧出任黄州（今属湖北）刺史，四年（844）九月，转池州刺史。黄州有赤壁矶，亦作"赤鼻矶"，杜牧守黄州时游此，因感于三国赤壁之战事，而作此诗。诗中赤壁并非赤壁之战时周瑜破曹操之地，只是借以抒怀古之意而已。杜牧《齐安郡晚秋》诗亦有"可怜赤壁争雄渡"句。后苏轼贬黄州，作《赤壁赋》和《念奴娇·赤壁怀古》，亦借黄州赤壁咏周瑜破曹事。

赤壁之战是指东汉末年，孙权、刘备联军于建安十三年（208）在长江赤壁（今湖北省赤壁市西北）一带大破曹操大军，奠定三国鼎立基础的以少胜多、以弱胜强的著名战役。这是中国历史上著名战役之一，也是三国时期"三大战役"中最为著名的一场。它也是中国历史上第一次在长江流域进行的大规模江河作战，标志着中国军事政治中心不再限于黄河流域。孙刘联军最后以火攻大破曹军，曹操北回，孙、刘各自夺去荆州的一部分。数百年来，历史学界对于"赤壁之战"发生的地点问题多有讨论，诸说并起，被传媒称为"新赤壁大战"。至少有七种"赤壁说"：蒲圻说、黄州说、钟祥说、武昌说、汉阳说、汉川说、嘉鱼说。从现当代观点来看，争论的焦点在蒲圻说和嘉鱼说之间，而历史学出版物和已发现文物证据更偏向于蒲圻说。

【注释】

①折戟：断折的战戟。 ②销：销蚀。 ③自将：自己拿起。 ④前朝：指汉末三国争雄时期。 ⑤东风：指赤壁之战借东风火烧曹操事。周郎即周瑜，时为吴军前线总指挥。 便，方便。 ⑥铜雀：台名，曹操所建，在魏都邺城（今河北临漳县西）。 ⑦二乔：即大乔、小乔。大乔嫁孙权之兄孙策，小乔嫁周瑜。

【旅游看点】

赤壁风景名胜区 是国家4A级旅游景区，位于赤壁市西北38公里处，是中国古代著名战役中唯一保存原貌的古战场。主要景观有赤壁摩崖石刻、周瑜塑像、拜风台、凤雏庵、翼江亭、赤壁大战陈列馆、赤壁碑廊、千年银杏、三国雕塑园等数十处。

临洮陆水湖风景区 位于赤壁市区。湖北省首批公布的省级风景名胜区，总面积268.5平方公里，其中水域面积57平方公里，800多个岛屿镶嵌其间，错落有致。四十多年前，随着三峡水库试验坝在桂家畈的筑起而形成。这里"高峡出平湖"，群山环湖，湖中有岛，"湖似战盘藏百局，岛如棋子补千图"。湖面或开阔或狭小，狭似曲径通幽，阔成豁然开朗。可划小舟随碧波荡漾，也可乘飞艇直达水浒城及桃花岛、竹岛、麋鹿岛、鸟岛等众多岛屿。中华水浒城是大型电视连续剧《水浒传》的外景拍摄基地之一，包括郊野一条街和水泊梁山等主要景点。陆水湖风景名胜区以山幽、林绿、水清、岛秀而闻名遐迩，被誉为"楚天明珠"，是避暑消闲、旅游度假的理想场所。2002年，陆水湖风景区通过国务院审批，成为国家级重点风景名胜区。

东吴赤壁 古称蒲圻，设置于三国黄武二年（223），因湖多盛产蒲草形成集市而得名。1986年，蒲圻县撤县设市。1998年更名为赤壁市，隶属于咸宁市。位于湖北省的东南部，长江中游的南岸，北倚省会武汉，南临湘北岳阳。赤壁历史悠久，海内闻名，皆因中国历史上东汉末年的那场"赤壁之战"。

渡荆门送别

李 白

渡远荆门外，来从①楚国②游。
山随平野尽，江入大荒③流。
月下飞天镜④，云生结海楼⑤。
仍怜⑥故乡水⑦，万里送行舟。

【背景】

此诗为开元十三年（725）李白初出峡时过荆门而作。李白一生好做江山游，这次"仗剑去国，辞亲远游"（《上安州裴长史书》），原是胸怀大志，要到外面的大世界做一番大事业的。年轻气盛、雄心勃勃的诗人第一次离开故乡，乘舟出峡，看到峡外如此壮阔雄奇的景象，自然感到新奇，兴奋不已。但李白久居蜀中，乍离乡远游，难免产生眷恋之情，所以诗歌最后一句"仍怜故乡水，万里送行舟"点明题中"送别"之意。

荆门，山名，在今湖北宜昌市东南长江南岸，与虎牙山隔江相对，为楚之西塞，因山形似门，又在楚（楚亦称荆）地，故名。相传在远古时代，由巫山神女峰飞来一头雄狮，由安徽的黄山飞来一只猛虎，它们为争夺山水，龇牙相斗，被夏禹发现，抛出一根铁链把它们锁住，从此，狮虎各踞南北，故俗称"青狮对白虎"。

【注释】

①从：作。　②楚国：李白出峡东游，舟经楚地，故曰"楚国游"。

③大荒：辽阔的原野，与上句"平野"互文。　④天镜：指水中明月之影。　⑤海楼：海市蜃楼。　⑥怜：爱。　⑦故乡水：长江之水由故乡蜀中流来，故云。《荆门浮舟望蜀江》云："正是桃花流，依然锦江色。"亦是此意。

【旅游看点】

荆门山 位于湖北宜昌红花套镇北端。山体南北长3公里，东西宽2公里，方圆约6公里。主峰海拔139.2米。此山与对岸虎牙山隔江相望，形成一道长江出三峡入江汉平原的门阙，江岸峭壁千寻，峥嵘突兀，状如虎齿，是历代兵家常争之地，有"楚之西塞"之称。荆门山共有12峰，历代素称"十二碚"。十二碚形如馒头，依次排列江边，山峦叠翠、彩云缥缈，别有情趣。主要景观有大仙人桥、小仙人桥、天鹅抱蛋、狮子崖（掉石崖）、三管笔（笔砚经卷）、仙人洞（金象洞）、观音池、凤凰台、悬棺崖（棺材岩）、兵洞（安蜀洞）、荆门石佛、乌龟碑（清朝古碑）、巴蔓子墓等，景点集中分布于南北两端。荆门山是古代文人墨客在三峡地区留下诗作最多的地点之一，因李白这首《渡荆门送别》而家喻户晓。

明显陵 位于湖北钟祥市城东北 7.5 公里的纯德山，是明世宗嘉靖皇帝的父亲恭睿献皇帝朱祐杬、母亲章圣皇太后的合葬墓。1988 年元月被国务院公布为全国重点文物保护单位，2000 年 11 月 30 日被联合国教科文组织批准列入《世界遗产名录》，2008 年 4 月，明显陵被国家旅游局批准为国家 4A 级旅游景区。明显陵，始建于明正德十四年（1519），迄于明嘉靖三十八年（1559），历时四十年建成。明显陵围陵面积 183.13 公顷，整个陵园双城封建，其外罗城周长 3600 余米，红墙黄瓦，金碧辉煌，蜿蜒起伏于重峦叠嶂之中。此陵由 30 余处规模宏大的建筑群组成，依山间台地渐次布列有纯德山碑、敕谕碑、外明塘、下马碑、新红门、旧红门、御碑楼、望柱、石象生、棂星门、九曲御河、内明塘、祾恩门、陵寝门、双柱门、方城、明楼、前后宝城等，疏密得当，错落有致，尊卑有序，建筑掩映于山环水抱之中，相互映衬，如同"天造地设"，是建筑艺术与环境美学相结合的天才杰作。明显陵是明嘉靖初期重大历史事件"大礼仪"的产物，规划布局和建筑手法独特，在明代帝陵规制中具有承上启下的作用。其陵寝建筑中金瓶形的外罗城、九曲回环的御河、龙鳞神道、琼花双龙琉璃影壁和内外明塘等都是明陵中仅见的孤例，尤其是"一陵两冢"的陵寝结构为历代帝王陵墓中绝无仅有。由瑶台相连而成的哑铃状的两座地下玄宫神秘莫测，一直为世人称奇。明显陵原始建筑和环境风貌保存完好，建筑规模宏大，陵寝结构独特，文化内涵丰厚，堪称中国帝陵建筑的精品。

咏怀古迹五首（其三）

杜 甫

群山万壑赴荆门①，生长明妃②尚有村。
一去紫台③连朔漠④，独留青冢⑤向黄昏。
画图⑥省识⑦春风面⑧，环佩空归⑨月夜魂。
千载琵琶作胡语⑩，分明怨恨曲⑪中论。

【背景】

　　此组诗（五首）为大历元年（766）杜甫寓居夔州（今重庆奉节）时作。诗借咏古迹以抒己怀，故题曰《咏怀古迹》，并非专咏古迹。五诗各自成篇，每篇各咏一人。第一首咏庾信，第二首咏宋玉，第三首咏王昭君，第四首咏刘备，第五首咏诸葛亮。

　　王昭君是中国古代四大美女之一。她是美的化身，是和平的使者、民族团结的象征，其历史功绩和社会评价位列四大美女之首。据记载：汉元帝为安抚北匈奴，同意昭君与单于结成姻缘，以保两国永远和好。在一个秋高气爽的日子里，昭君携着琵琶，随着垂老的呼韩邪单于，走在黄沙漫天的塞外，昭君告别故土，登程北漠。一路黄沙滚滚、马嘶雁鸣，撕裂着她的心；悲切之感，使她心绪难平。她在坐骑之上，拨动琴弦，奏起一首悲壮离别之曲——《出塞》。南飞的大雁听到这凄婉悦耳的琴声，望着骑在马上的惊艳女子，忘记摆动翅膀，纷纷跌落于平沙之上。从此，"平沙落雁"成为千古绝唱。

【注释】

　　①荆门：山名，在今湖北省宜昌市东南长江南岸。　②明妃：即王

昭君，名嫱，汉元帝时宫人，远嫁匈奴呼韩邪单于。晋人避司马昭讳，改昭君为明君，故曰"明妃"。　③紫台：即紫宫，天子所居。此指汉宫。④朔漠：北方沙漠之地，此指匈奴。　⑤青冢：王昭君墓，在今内蒙古自治区呼和浩特市南。　⑥画图：《西京杂记》卷二："元帝后宫既多，不得常见，乃使画工图形，按图召幸之，诸宫人皆赂画工，多者十万，少者亦不减五万。独王嫱不肯，遂不得见。匈奴入朝，求美人为阏氏，于是上案图以昭君行。及去，召见，貌为后宫第一，善应对，举止娴雅。帝悔之，而名籍已定，帝重信于国外，故不复更人。"　⑦省识：犹不识，与下"空"字对文。按图召幸，自不识得真面目。　⑧春风面：美丽面容。　⑨空归：魂归而身不得归，故云"空归"。　⑩胡语：胡音。　⑪曲：指琴曲《昭君怨》。相传王昭君远嫁匈奴，心中不乐，乃作《怨旷思惟歌》，后人名为《昭君怨》。实不可信，当系后人伪托。二句意为千载以后，人们还分明从琵琶所奏的《昭君怨》一类歌曲中，听到王昭君在诉说她那无穷的怨恨。吴师道《昭君出塞图》："琵琶马上无穷尽，最恨当年误入宫。"

【旅游看点】

昭君村　在今湖北兴山县南妃台山下，唐属归州。村中有粉黛林、佳丽岛、浣纱处、彩石滩等20多处景点。在这里，王家崖云雾缭绕，香溪河九曲八弯，娘娘泉古朴典雅，昭君像亭亭玉立，吸引着八方游客纷纷驻足游览。王昭君去世已经2000多年了，这里依然向游人展现着昭君故里独特的地方文化以及汉代宫廷仕女文化，是绝无仅有的汉代历史文化景观。

宜昌　古称夷陵，位于湖北的西南部，长江上游和中游的分界处。宜昌以"三国故地"而著称，在古典名著《三国演义》中，有三十六个故事都发生在这里，如火烧连营七百里、赵子龙大战长坂坡、张飞横矛当阳桥、关羽败走麦城等，历史遗迹和故事俯拾皆是。宜昌依长江而建，是三峡大坝、葛洲坝等国家重要战略设施的所在地，被誉为"世界水电之都"。同时，宜昌也是中国优秀旅游城市，境内有四处国家5A级旅游景区，神秘的神农架风景区就在宜昌附近。被誉为"世界四大文化名人"之一的屈原、被称为"中国古代四大美女"之一的王昭君，都出生在古宜昌境内，屈原祠、昭君村、读书洞、娘娘井等众多的历史文化遗迹，讲述着无数优美动人的传说。

汉江临眺

王　维

楚塞①三湘②接，荆门九派③通。
江流天地外，山色有无中。
郡邑④浮前浦，波澜动远空。
襄阳好风日⑤，留醉与山翁⑥。

【背景】

　　题一作《汉江临泛》，汉江，即汉水，发源于陕西嶓冢山，流经湖北，至武汉市汉阳入长江，为长江最大支流。

　　此诗为开元二十八年（740）十月，王维以殿中侍御史知南选，途经襄阳（今属湖北）时作。

【注释】

　　①楚塞：指楚国地界。　②三湘：说法不一，或谓湘潭、湘乡、湘阴（或湘源），或指潇湘、蒸湘、沅湘，或指潇湘、资湘、沅湘，多泛指今洞庭湖南北、湘江流域一带。　③九派：九条支流，郭璞《江赋》："流九派乎浔阳。"　④郡邑：指沿江的城市都邑。　⑤好风日：好风光。　⑥山翁：指山简。据《晋书·山简传》：简镇襄阳，优游卒岁，唯酒是耽。豪族习氏有佳园池，简每出嬉游，多之池上，置酒辄醉，名之曰高阳池。

【旅游看点】

　　襄阳　位于湖北省西北部，汉江中游平原腹地，是湖北省地级市，省域副中心城市，国家历史文化名城，楚文化、汉文化、三国文化的主要发源地，已有2800多年建制历史，历代为经济军事要地。素有"华夏第一城池""铁打的襄阳""兵家必争之地"之称。襄阳名胜古迹旅游以三国文化为主要特色，有隆中风景名胜区、襄阳城等著名景点，刘备"三顾茅庐""隆中对"等故事就发生在这里。襄阳是鄂西生态文化旅游圈中心城市，2013年襄阳入围首批国家智慧城市。2014年襄阳入围"信息惠民"国家试点城市。

隆中 也称古隆中，是湖北十佳景区，是襄阳市最负盛名的旅游景点，距襄阳城西约10公里。"山不高而秀雅；水不深而澄清；地不广而平坦；林不大而茂盛；鹤相亲，松篁交翠"，这是罗贯中在《三国演义》中对隆中的描述。古隆中至今已有1800年历史，是被世人誉为夏、商、周以后第一人杰——诸葛亮在197至207年躬耕隐居的地方。因诸葛亮"躬耕陇亩"、刘备"三顾茅庐"引发《隆中对策》，被世人称为智者摇篮，三分天下的策源地。这里保留了他学习、交友、生活的许多遗迹，明代就已形成"隆中十景"。中华人民共和国成立后，这里又先后重修了隆中书院、诸葛草庐、吟啸山庄、铜鼓台、观星台、棋盘石等众多景点。隆中景区是湖北鄂西生态文化旅游圈的重要支撑点，更是三国旅游线的起点和主要客源集散地。2014年8月，隆中景区投资修建的草庐剧场建成，大型实景话剧《草庐诸葛亮》在草庐剧场上演。

昭明台 也称钟鼓楼，为襄阳标志性建筑。为纪念南朝梁昭明太子萧统而建。根据历史记载："楼在郡治中央，高三层，面南，翼以钟鼓，为方城胜迹。"1990年在考证昭明台1000多年历史的基础上，重建昭明台，现为襄阳市博物馆。昭明台又名山南东道楼，位于襄阳城中心，跨北街西南而建。青砖筑台，中以条石拱砌洞，洞高4.5米，宽3.5米，台上建5开间重檐歇山顶式楼，高约15米，东西各建横屋4间，西南有鼓楼、钟楼各一，此楼雄踞城中，古誉为"城中第一胜迹"。

与诸子登岘山

孟浩然

人事有代谢①，往来成古今。
江山留胜迹②，我辈复登临。
水落鱼梁③浅，天寒梦泽④深。
羊公碑⑤尚在，读罢泪沾襟。

【背景】

诗题一作《与诸子登岘首》。岘山，又名岘首山，在今湖北襄阳市南。《元和郡县图志·山南道·襄州》："岘山，在（襄阳）县东南九里。山东临汉水，古今大路。"诸子，指一同登山的诸位朋友。子，古代对男子的敬称。

此诗为作者隐居襄阳时，与友人登岘山而作。此诗借登临而发吊古伤今之思，写来全不费力，语淡情深，意趣清远，颇含哲理，耐人寻味。

【注释】

①代谢：新陈交替变化。 ②胜迹：名胜古迹，即指下羊公碑。 ③鱼梁：洲名。《水经注·沔水》："沔水中有鱼梁洲，庞德公所居。"沔水：即汉水。 ④梦泽：即云梦泽。见上《望洞庭湖赠张丞相》诗注③。 ⑤公羊碑：晋羊祜镇襄阳，颇受百姓爱戴，祜死，襄阳人在岘山为之立碑纪念。《晋书·羊祜传》："祜乐山水，每风景，必造岘山，置酒言咏，终日不倦。尝慨然叹息，顾谓从事中郎邹湛等曰：'自

有宇宙，便有此山。由来贤达胜士，登此远望，如我与卿者多矣！皆湮灭无闻，使人悲伤。如百岁后有知，魂魄犹应登此也。'湛曰：'公德冠四海，道嗣前哲，令闻令望，必与此山俱传。'"羊祜卒后，"襄阳百姓于岘山祜平生游憩之所建碑立庙，岁时飨祭焉。望其碑者莫不流涕，杜预因名曰'堕泪碑'"。

【旅游看点】

岘山 紧邻湖北省襄阳市中心城区，由羊祜山、虎头山、琵琶山、真武山、凤凰山等多个山体组成。东起汉江，西至新207国道，北至环山路，南至余家湖，总面积约65平方公里。岘

山资源丰富，林木茂密、历史遗迹众多，具有很高的生态文化旅游价值，岘山森林公园为国家森林公园、国家4A级旅游景区。

鱼梁洲 位于汉江中游襄阳市区河段，在汉江公路铁路大桥下游2.5公里处，处在襄阳、襄城、樊城的环抱之中，素有"汉江明珠"之美誉，它三面环水、水质优良，四周的静态水面达30多平方公里，是汉江中的第一大岛。据《襄阳府志》载："鱼梁、亦槎头，在岘津上水落

时洲人摄竹木为梁，以捕鱼。"故取鱼梁洲之名，此洲历经变迁，曾有许多不同的称呼。如鱼梁洲、月洲、孤屿（局部）、玉娘洲、大河洲、无粮洲、大沙洲、无浪洲等。1981年，经地名标准化处理，才恢复其原名。《襄阳县志》曾记载东汉时，荆州牧刘表在襄阳城东二十里（即鱼梁洲）建高台以养鹰，名曰"呼鹰台"，又曰"景升台"，喂养猎鹰，供其打猎、逍遥。唐代著名诗人孟浩然不但在鱼梁洲上"踏雪寻梅乐逍遥"，还在其诗《夜归鹿门山歌》中描述了"鱼梁渡头争渡喧"的景象。在《与诸子登岘山》中感慨道："水落鱼梁浅，天寒梦泽深。"唐代另一位诗人皇甫冉在《杂言月洲歌送赵洌还襄阳》中亦赞叹鱼梁洲（月洲）有"汉之广兮中有洲，洲如月兮水环流"的得天独厚的地理环境。著名诗人、文学家张九龄、王维、王昌龄、皮日休等足迹遍及鱼梁洲。宋咸淳四年（1268），忽必烈派兵攻打襄阳，知道襄阳易守难攻，就围而不攻，控制水陆交通，断粮草，阻援兵。六（1270）至八年（1272），在樊城迎旭门外汉水中鱼梁洲上筑实心台，训水军7万，造战船5000艘，与宋军鏖战争雄五年之久。1965年之前，汉江洪水肆虐，鱼梁洲沉睡千年无人问津，直到1965年丹江口蓄水发电后，洪水受到扼制，沙洲再没有被全淹没过。1996年2月，襄阳市委、市政府经过慎重决策，决定开发鱼梁洲。经过不断发展，如今，这里已成为知名的旅游度假区。

西塞山怀古

刘禹锡

王濬楼船①下益州②,金陵③王气黯然收。
千寻④铁锁沉江底,一片降幡⑤出石头⑥。
人世几回伤往事⑦,山形⑧依旧枕寒流⑨。
今逢四海为家⑩日,故垒⑪萧萧⑫芦荻⑬秋。

【背景】

　　西塞山,又名道士洑矶、矶头山,在今湖北黄石市东长江边上,横江一面,危峰突兀,截流激漩,既险且峻,状若关塞。三国吴设江防于此。晋太康元年(280),王濬率晋军舰队,自蜀东下灭吴,在此用烈火烧熔东吴横江铁索,乘胜直取金陵,统一天下。此诗即咏这段史事。

　　刘禹锡在长庆四年(824)由夔州(今重庆奉节)刺史,调任和州(今安徽和县)刺史,沿江东下,途经西塞山,感而赋诗。

【注释】

　　①楼船:高大的战船。　②益州:即今四川成都。　③金陵:即今江苏南京,时称建业,为东吴国都。　④寻:古以八尺(一说七尺)为一寻。东吴末帝命人在江中轧铁锥,又用大铁索横于江面,拦截晋船,终失败。　⑤降幡:降旗。　⑥石头:城名,亦名石首城,又名石城。故址在今南京市石头山后,南北全长约三千米,为攻守金陵必争之地。　⑦往事:兼指吴、东晋、宋、齐、梁、陈六朝迭相亡国的史事,因六朝都建都金陵。　⑧山形:指西塞山。　⑨寒流:指长江。　⑩四海为家:意即国家统一。《史记·高祖本纪》:"天子以四海为家。"　⑪故垒:六朝以来的

营垒遗迹。　⑫萧萧：秋风声。　⑬芦荻：两种生长于湿地和水边的同科异种植物。

【旅游看点】

　　西塞山　位于黄石市东部，三面环江，唯有一脉纤立山梁与千里楚山相接，素有长江中下游门户之称。西塞山壁立江心，横山锁水，危峰突兀，雄奇磅礴，易守能攻，为长江第一要塞。自东汉年间到新中国成立前夕，百余次较大规模的战争在这里发生。著名的战例有："孙策攻黄祖""周瑜破曹操""刘裕走恒元""李自成大战清军""铁索横江"等。主要游览景点有北望亭、双观亭、桃花亭、牡丹亭、画廊、元真子钓鱼台、桃花古洞、三国古栈道、龙窟寺等。

　　黄石　位于湖北省东南部，长江中游南岸，东北临长江。黄石是华夏青铜文化的发祥地之一，也是近代中国民族工业的摇篮，境内有武九铁路贯穿，并有大广、沪渝、福银、杭瑞四条高速公路交会，还拥有国家一类水运口岸。境内有以"三山三湖"为代表的集众多自然景观和人文历史于一体的风景名胜，有国家4A级旅游景区7家，3A级旅游景区15家；有各类文化遗迹超1500处，其中，全国重点文物保护单位8处、省级文物保护单位52处、市（县）级文物保护单位181处。

宣州谢朓楼饯别校书叔云

李 白

弃我去者，昨日之日不可留。

乱我心者，今日之日多烦忧。

长风万里送秋雁，对此可以酣高楼①。

蓬莱②文章建安骨③，中间小谢④又清发⑤。

俱怀逸兴⑥壮思⑦飞，欲上青天揽明月。

抽刀断水水更流，举杯销愁愁更愁。

人生在世不称意，明朝散发弄扁舟⑧。

【背景】

此诗为天宝十二年（753）秋李白登宣州谢朓楼饯别秘书省校书郎李云而作。宣州，今属安徽。谢朓楼，为南朝齐著名诗人谢朓任宣州太守时所建，又称谢公楼、谢朓北楼。李白有《秋登宣城谢朓北楼》诗。

诗题一作《陪侍御叔华登楼歌》。华，指李华，字遐叔。天宝十一载（752）迁监察御史，累转侍御史。李华为著名散文家，与萧颖士齐名，世称"萧李"。

【注释】

①酣高楼：在谢朓楼酣饮。 ②蓬莱：代指东汉洛阳皇家藏书和著书处东观。《后汉书·窦章传》："是时学者称东观为老氏藏室、道家蓬莱山。" ③建安骨：即建安风骨，指建安时期以曹操、曹丕、曹植

父子和建安七子为代表的诗文风格。 ④小谢：指谢朓，因后于谢灵运，故称小谢以别之。 ⑤清发：清新俊发。此以小谢自比。 ⑥逸兴：清逸脱俗的兴致。王勃《滕王阁序》："遥吟俯畅，逸兴遄飞。" ⑦壮思：疾思，指才思敏捷。谢朓《七夕赋》："君王壮思风飞，冲情云上。" ⑧散发弄扁舟：指绝世隐居。

【旅游看点】

宣州 今宣城，简称宣，古称宛陵，地处安徽省东南部，东临杭州，南倚黄山，西和西北与池州、芜湖毗邻。宣城是中国历史文化名城、文房四宝之乡、国家园林城市、江南鱼米之乡，文化底蕴深厚。自西汉设郡以来，距今已有2000多年的历史。有桃花潭、敬亭山、太极洞、龙川古村等著名景点。宣城还有世界闻名的宣纸和宣笔。

谢朓楼 与岳阳楼、黄鹤楼、滕王阁并称为江南四大名楼。位于宣城市宣州区，系南齐著名诗人谢朓任宣城太守时所建。谢朓于南齐明帝建武年间（494—496）出任宣城太守，于城关陵阳山顶建造一室取名曰"高斋"，在任期间理事、生活于此。曾作《高斋视事》诗，又作《高斋闲望》《后斋回望》等诗篇。唐初，宣城人为怀念谢朓，于"高斋"旧址，新建一楼，因楼位于郡治之北，取名"北楼"，又因该楼建成时，敬亭山已经扬名，登楼可眺望敬亭山，故又称为"北望楼"。唐代李白曾多次来宣城，登此楼凭吊，赋诗抒怀。李白的另一首诗《秋登宣城谢朓北楼》也脍炙人口，千古传唱。由于李白之诗广为传颂，故该楼又被为"谢公楼""谢朓楼"。历代文人名士慕名而来，登楼观赏者络绎不绝，赋诗题咏者难以计数。唐代白居易曾随长兄寓居宣城并作有《窗中列远岫》一诗，抒发登此楼的观感。该诗被当时的宣歙观察使所知，大为赞赏，并举荐其赴京应试，得中为第四名进士，从而步入仕途。直至他晚年还作有《寄题郡斋》诗曰："……无复新诗题壁上，虚教远岫列窗间。再喜宣城章句动，飞觞遥贺敬亭山。"该楼多次修建，楼基周围有历代诗文碑刻和修楼碑记。抗日战争时期（1937）该楼被日机炸毁。现已复建如初，重现昔日风采。

题宣州开元寺

杜 牧

南朝①谢朓城②，东吴③最深处。

亡国④去如鸿，遗寺藏烟坞⑤。

楼飞九十尺，廊环四百柱。

高高下下中，风绕松桂树。

青苔照朱阁，白鸟两相语。

溪声⑥入僧梦，月色晖粉堵⑦。

阅景无旦夕，凭阑有今古。

留我酒一樽，前山看春雨。

【背景】

此诗写于开元三年（838）春，当时杜牧任宣州（今安徽宣城）团练判官。诗人游览开元寺，有感而作。

【注释】

①南朝：东晋以后，建都金陵的宋、齐、梁、陈四个朝代的通称。②谢朓城：为南朝齐的诗人谢朓曾任太守的城市，在宣城外陵阳山上建有一座楼，人称谢朓楼，也称北楼。③东吴：三国时期的吴因地处江东，故称江南一带为东吴。④亡国：指东晋与南朝相继灭亡。⑤坞：四面高而中间凹下的地方。⑥溪声：此处指宛溪水流声。宛溪即宣州东溪，源出东南峄山，流绕城东，开元寺即在该溪边。⑦粉堵：粉墙。

【旅游看点】

宣州开元寺 本名永乐寺，建于东晋时代。唐玄宗开元二十六年（851）诏天下诸州各建一寺，以纪年为名，称开元寺。开元塔位于宣城市区开元寺遗址陵阳山第三峰（今宣州电影院右侧），初名永塔。塔名随寺名而改，唐称开元寺塔，宋称景德寺塔，亦称多宝塔，清称永宁塔。该塔从始建至今已有长达1600余年的历史。此塔"时坏时修"，民国十八年（1929）维修过一次，中华人民共和国成立后曾维修过两次。现存为九级六面砖塔，高34米。塔内设有螺旋木梯，游人拾梯可直达其顶。登顶后，市区周围山水风光尽收眼底。明著名戏剧家汤显祖寓宣时，曾作《开元寺浮屠》一诗。诗云："坐对芙蓉塔，延观柏枧云。青霞城北涌，翠潋水西分。巅树疑岚湿，岩花入暝薰。风铃流梵响，玉漏自闻声。"开元塔影倒映句溪河，形成"句溪塔影"，为宣城胜景之一。清时刘方蔼有《句溪塔影》诗："中漏江城塔，波痕回不迷，倒悬如水立，光刺与天齐。梯浪分层级，攀鳞俨上跻。漫夸东海市，清白莹灵犀。"开元塔经历代多次重修，塔形及其结构都有较大变化，唯有塔顶三截插瓶护环上盘挂的粗铁链，自北宋以来一直保持着原样。

宛溪河 又名澄江，宋时建有澄江亭，人们常夜饮赏月于此，"澄江夜月"为古宣城十景之一。南齐著名诗人谢朓有"余霞散成绮，澄江静如练"诗句赞之。历史上，宛溪河经济、文化地位非常重要，它连接宣城市区，透过水阳江上接宁国，下达芜湖，让古宣城成为皖南重要的商品集散地。如今已建成休闲性的滨河公园，包括响山泛舟公园、鳌峰赤壁文化公园和阳江生态公园及六处辅助性游园，宛溪、济川桥、凤凰桥、南门大桥、鳄城外滩等，两岸柳树成行，春天一片桃红柳绿，夏季里绿树成荫，秋时桂香四溢，冬梅绽放异彩，是市民休闲的好去处。

赠汪伦

李 白

李白乘舟将欲行,
忽闻岸上踏歌^①声。
桃花潭水深千尺,
不及^②汪伦送我情。

【背景】

李白游泾县(在今安徽省)桃花潭时,附近贾村的汪伦经常用自己酿的美酒款待李白,两人便由此结下了深厚的友谊。历代出版的《李白集》《唐诗三百首》《全唐诗》注解,都认定汪伦是李白游历泾县时遇到的一个普通村民,这个观点延续至今,今人安徽学者汪光泽和李子龙先后研读了泾县《汪氏宗谱》《汪渐公谱》《汪氏续修支谱》,确知"汪伦又名凤林,为唐时知名士",与李白、王维等人关系很好,经常以诗文往来赠答。开元天宝年间,汪伦为泾县令,李白"往候之,款洽不忍别"(详见《李白学刊》第二辑李子龙《关于汪伦其人》)。按此诗或为汪伦已闲居桃花潭时,李白来访所作。李白于天宝十三载(754)自广陵、金陵至宣城,则此诗当不早于此前。

据清代袁枚《随园诗话补遗》记载:唐天宝年间,泾县豪士汪伦听说大诗人李白南下旅居南陵叔父李冰阳家,欣喜万分,写信给李白:"先生好游乎?此地有十里桃花。先生好饮乎?此地有万家酒店。"李白欣然而往。到了泾县,李白问汪伦桃园和酒家在什么地方,汪伦回答说:"桃花是潭水的名字,并无桃花。万家是店主人姓万,并没有万家酒店。"引得李白大笑。

【注释】

①踏歌:民间的一种唱歌形式,一边唱歌,一边用脚踏地打拍子,可以边走边唱。 ②不及:不如。

【旅游看点】

桃花潭 位于安徽宣城市泾县桃花潭镇境内,在青弋江的上游。《一统志》谓其深不可测。景区内自然景观和人文景观融为一体,既有清新秀丽的皖南风光,又有保存完整、风格独特的古代建筑。因陶渊明的《桃花源记》和李白的《赠汪伦》而闻名,沿着桃花潭水而上,就是皖南山区最大的水电站——陈村水电站,登上水电站的大坝极目远望,可以看到闻名于世的太平湖,它与黄山一衣带水。从太平湖乘游艇可以直达黄山脚下。

太平湖风景区 地处黄山市黄山区的西北部,位于黄山和九华山之间,先后获得"中国最美的地方""国家湿地公园""国家水利风景区"等称号。太平湖镇也被评为中国环境优美乡镇之一。太平湖碧波万顷,层峦叠翠。湖中的黄金岛,犹如太平湖上的明珠,亭亭玉立,岛上林木茂密,鸟语花香,一步一景,如诗如画。除了美景,此地还盛产一种名茶——太平猴魁。太平猴魁是传统名茶,是中国十大名茶之一,属于绿茶类尖茶,为尖茶中的极品,久享盛名。在2004年举办的国际茶博会上,太平猴魁获得"绿茶茶王"的称号。

独坐敬亭山

李 白

众鸟高飞尽,

孤云①独去闲。

相看两不厌,

只有敬亭山②。

【背景】

　　这首五绝作于天宝十二载(753)秋李白游宣州时,距他被迫于天宝三载离开长安已有整整十年时间了。长期的漂泊生活,使他饱尝了人间辛酸滋味,看透了世态炎凉,从而加深了对现实的不满,增添了孤寂之感。此诗描写了独坐敬亭山时的情趣。据统计,李白写敬亭山的诗歌有45首,此诗成为"千古绝唱"。

【注释】

　　①孤云:陶渊明《咏贫士诗》"孤云独无依"。朱谏注:"言我独坐之时,鸟飞云散,有若无情而不相亲者。独有敬亭之山,长相看而不相厌也。"　②敬亭山:在今安徽宣城市北。《元和郡县志》云:"在宣城县北十里。山有万松亭、虎窥泉。"

【旅游看点】

　　敬亭山国家森林公园 位于宣州城北5公里的水阳江畔。敬亭山原名昭亭山,晋初为避晋文帝司马昭名讳,改称敬亭山,属黄山支脉,东西绵亘百余里,坐拥一峰、净峰、翠云峰三大主峰,最高峰翠云峰海拔324.1米。周围60余座山头如鸟朝凤,似众星捧月般簇拥在一峰周围。敬亭山虽不高,但在此丘陵地带拔地而起,远看满目青翠,云漫雾绕,犹如猛虎卧伏;近观林壑幽深,泉水淙淙,显得格外灵秀。

南齐诗人谢朓《游敬亭山》诗有"兹山亘百里，合沓与云齐，隐沦既已托，灵异居然栖"的描绘；李白先后7次登临此地，且留有"相看两不厌，只有敬亭山"。自南齐谢朓《游敬亭山》和李白《独坐敬亭山》诗篇传颂后，敬亭山声名鹊起。谢李之后，白居易、杜牧、韩愈、刘禹锡、梅尧臣、汤显祖、施闰章、梅清、梅庚等慕名登临，吟诗作赋，绘画写记，历代吟诵敬亭山的诗、文、画达千数，敬亭山遂被称为"江南诗山"，饮誉海内外。抗日战争时期，陈毅将军率部东进，途经宣城即兴吟《由宣城泛湖东下》七绝一首："敬亭山下橹声柔，雨洒江天似梦游。李谢诗魂今在否？湖光照破万年愁。"诗情山水中，此山历经沧桑，历代修建的楼台亭阁、寺庙宫观、摩崖石刻等风景名胜多达50余处，但风雨兵燹，名木古迹几毁坏殆尽。其中幸存者有宋代双塔、古昭亭坊、虎窥泉等。同时，这里有丰富的动植物资源，包括国家一级保护动物扬子鳄和属于敬亭特产的敬亭蝾螈等。其中，杜鹃花为敬亭山的山花，李白有"蜀国曾闻子规啼，宣城又见杜鹃花"之名句。此外，敬亭山还以茶闻名，历史上早就有了采茶的文字记录，其物产有名者为敬亭绿雪茶，有清代施闰章咏茶诗："敬亭雀舌争相传，手制从过谷雨天。酌向素瓷浑不变，乍疑花气扑山泉。"

玉真公主冢 玉真公主李持盈（692—762），字玄玄，是武则天的孙女，唐朝睿宗皇帝李旦第十女，唐明皇李隆基的胞妹。她在唐代公主的影响力中，仅次于太平公主和安乐公主，居于第三的位置。玉真公主降世之初，母窦氏被执掌皇权的祖母武则天赐死，自幼由姑母太平公主抚养。受父皇和姑母敬奉道教的影响，她豆蔻年华便入道为女冠，号持盈法师，号上清玄都大洞三景师，封崇昌县主食租赋。入道后广游天下名山，好结有识之士，尤垂青才华横溢的平民道友李白，力荐李白供奉翰林为圣上潜草诏诰。李白傲视权贵遭谗言而赐金还山，公主郁郁寡欢，愤然上书去公主称号。安史之乱后，她追寻李白隐居敬亭山。后香消玉殒魂寄斯山，百姓将其安息之地称为玉真公主冢，世代祭拜。李白的"众鸟高飞尽，孤云独去闲。相看两不厌，只有敬亭山"。借赞美敬亭山的同时，也蕴含着对玉真公主的深深怀念之情。

清 明

杜 牧

清明①时节雨纷纷,

路上行人欲断魂②。

借问③酒家何处有,

牧童遥指杏花村④。

【背景】

　　唐会昌四年(844),杜牧出任池州刺史。根据《江南通志》记载:杜牧在担任池州刺史时,有一天心情不好,想喝酒。这一天恰好是清明,他一路骑马一路找酒喝,便写了此诗。

【注释】

　　①清明:二十四节气之一。在阳历4月5日前后,旧俗当天有扫墓、踏青、插柳等活动。　②欲断魂:形容伤感极深,好像灵魂要与身体分开一样。　③借问:请问。　④杏花村:杏花深处的村庄,今在安徽池州。受此诗影响,后人多用"杏花村"作酒店名。

【旅游看点】

　　池州杏花村风景区 是国家4A级旅游景区,位于池州市西郊,距今已有1300多年的历史。杏花村因诗而名垂千秋,也因诗而名扬天下,被世人誉为"天下第一诗村"。古时曾有"十里烟村一色红""村酒村花两共幽"的佳境记载。因诗的艺术魅力,仅为一个村而立志的《杏花村志》,被收入我国古代最大一部文献《四库全书》。村内树木葱郁,小桥流水，酒旗若隐若现，有青莲馆、昭明堂、吟诗台、半亩园、杏花岛等景点，处处流露出诗的芬芳。

池州 别名秋浦，安徽省地级市，是长江南岸重要的滨江港口城市，长三角城市群成员城市、皖江城市带承接产业转移示范区、全国双拥模范城市、国家森林城市，也是安徽省"两山一湖"（黄山、九华山、太平湖）旅游区的重要组成部分，皖南国家旅游文化示范区核心区域，是中国佛教四大名山之一的九华山所在地。池州素有"千载诗人地"之誉，为省级历史文化名城。621年设州置府，迄今已1400余年。南朝萧统曾住池州编著《昭明文选》，成为中国现存最早的一部诗文总集；诗仙李白三上九华、五游秋浦，留下《秋浦歌》等众多诗篇；晚唐杜牧曾任池州知府，所作的《清明》使杏花村闻名于世。池州境内以九华山为中心，分布着大小旅游景区300多个，其中有4处国家级旅游品牌：国家重点风景名胜区、国家5A级旅游景区、国际性佛教道场、中国四大佛教名山之一——九华山；被誉为华东"动植物基因库"的国家级野生动植物保护区——牯牛降；被誉为"中国鹤湖"的国家级湿地珍禽自然保护区——升金湖；九华山国家森林公园——九子岩。还有首批4个国家级工农业旅游示范点，以及平天湖国家级水上运动训练基地和杏花村等人文景观，是理想的休闲胜地。

望九华山赠青阳韦仲堪

李 白

昔在九江①上,遥望九华峰。

天河挂绿水,秀出九芙蓉。

我欲一挥手,谁人可相从。

君为东道主,于此卧云松②。

【背景】

李白自唐天宝八年(749)至上元二年(761)前后十二年中,因时任青阳县令韦仲堪相邀,曾多次并游九华山,其间常作诗送友,这首诗即是其中一篇。约作于唐天宝十四年(755)。

据记载:唐天宝十三年(754)的冬天,李白应好友高霁和韦仲堪的邀请,相聚在九华山西麓的夏侯草堂,共同谱写了《改九子山为九华山连句》。从此,九子山正式更名为九华山。

【注释】

①九江:指长江。 ②卧云松:指隐居。

【旅游看点】

九华山 古称陵阳山、九子山,与四川峨眉山、山西五台山、浙江普陀山,并称为中国佛教四大名山,位于安徽省池州市青阳县境内。九华山西北隔长江与天柱山相望,东南越太平湖与黄山同辉,是安徽"两山一湖"(黄山、九华山、太平湖)黄金旅游区的北部主入口、主景区。连绵一百多公里,主要有九十九峰,主峰十王峰海拔 1344.4 米,山体由花岗石组成,山形峭拔凌空,素有"东南第一山"之称,至今保留着乾隆御赐金匾"东南第一山"。主要风景有九子泉声、五溪山色、莲峰云海、平冈积雪、天台晓日、舒潭印月、闵园竹海、凤凰古松等。山间古刹林立,香烟缭绕,古木参天,灵秀幽静,素有"莲花佛国"之称。现存寺庙99座,佛像万余尊。著名的寺庙有甘露寺、化城

寺、祇园寺、旃檀林、百岁宫、上禅堂、慧居寺等,收藏文物达千余件。山中还有金钱树、叮当鸟、娃娃鱼等珍稀动植物。

青阳县 是安徽省池州市下辖县,位于长江中下游南岸、皖南山区北部,东临南陵、泾县,南连石台、黄山区,西交贵池区,北与铜陵市接壤。青阳已有2100多年历史。九华山位于县境西南,佛教文化源远流长。地方戏曲"青阳腔"被誉为京剧鼻祖,是首批"国家非物质文化遗产"。目连戏、傩戏、九华民歌被广为传唱。境内有滕子京墓、太平山房、李氏宗祠等古文化、古墓葬、古建筑、碑碣崖刻400余处。主要景点有九子岩、甘露寺、狮子峰、莲花峰、清源山、神仙洞、龙泉圣境、佛缘谷等。

登天都峰

释岛云

盘空千万仞①,险若上丹梯;

迥入天都里,回看鸟道低。

他山青点点,远水白凄凄②;

欲下前峰暝,岩间宿锦鸡③。

【背景】

释岛云(生卒年不详),唐代僧人,俗名缪岛云,少为僧,唐会昌年中(841—846)敕准还俗。他慕东国僧掷钵神异事迹来黄山探访,遍游全山,成为有记载以来最早登上天都峰的人,也是唐代诗人中歌咏黄山最多的人,他的诗多刻在黄山绝壁之上。至清代,人们还能从石壁上读到他的《黄山怀古》《仙僧洞》《汤泉》《仙石桥》等诗。

【注释】

①仞:读 rèn,古代计量单位,七尺或八尺为一仞,如山高万仞。 ②凄凄:云兴起的样子。 ③锦鸡:一种雉科动物。

【旅游看点】

天都峰 位于黄山东南,与光明顶、莲花峰并称黄山三大主峰,为 36 大峰之一,海拔 1810 米。古称"群仙所都",意为天上都会,故取名"天都峰"。天都峰峰顶平如掌,有"登峰造极"石刻,中有天然石室,可容百人,室外有石,像醉汉斜卧,名"仙人把洞门"。极目远望,云山相接,俯瞰群山,千峰竞秀。古诗有句:"任它五岳归来客,一见天都也叫奇。"今有民谣:"不到天都峰,白跑一场空。"意为游黄山而不登天都峰,等于虚此一行。1983年,在半山寺上方,从天都峰腰另辟新径至天都峰顶,又增添了新的景点。峰内有仙人把洞门、鲫鱼背、天桥、百步云梯、松鼠跳天都、天上玉屏、童子拜观音、金鸡叫天门、二僧朝佛等景点。

黄山是世界文化与自然双重遗产,世界地质公园,国家5A级旅游景区,国家级风景名胜区,全国文明风景旅游区示范点,中华十大名山,天下第一奇山。它位于安徽省南部黄山市境内,有72峰,主峰莲花峰海拔1864.8米,与光明顶、天都峰并称三大黄山主峰,为36大峰之一。黄山是安徽旅游的标志,是中国十大风景名胜唯一的山岳风光。黄山原名"黟山",因峰岩青黑,遥望苍黛而名。后因传说轩辕黄帝曾在此炼丹,故改名为"黄山"。黄山代表景观有"四绝三瀑",四绝:奇松、怪石、云海、温泉;三瀑:人字瀑、百丈泉、九龙瀑。黄山迎客松是安徽人民热情友好的象征,承载着拥抱世界的东方礼仪文化。明朝旅行家徐霞客登临黄山时赞叹:"薄海内外之名山,无如徽之黄山。登黄山,天下无山,观止矣!"被后人引申为"五岳归来不看山,黄山归来不看岳"。

滁州西涧

韦应物

独怜①幽草涧边生,
上有黄鹂②深树鸣。
春潮带雨晚来急,
野渡③无人舟自横。

【背景】

韦应物(737—792?),京兆万年(今陕西西安)人。出身名门望族,十五岁即以三卫郎为玄宗近侍。安史之乱后,失职流落。代宗广德元年(763),为洛阳丞。德宗建中二年(781),擢尚书比部员外郎。三年(782),出为滁州刺史。贞元元年(785),任江州刺史,世称"韦江州"。三年(787),入朝为左司郎中,人称"韦左司"。四年(788),出为苏州刺史,故世称"韦苏州"。约贞元八年(792),卒于苏州。韦应物为中唐著名诗人,其诗众体兼备,尤长于五言,题材广泛,以山水田园为最著。后人往往将他与王维、孟浩然、柳宗元并称"王孟韦柳",或与柳宗元并称"韦柳",又将其与陶渊明并称"陶韦"。有《韦苏州集》(又称《韦江州集》)。

此诗作于德宗贞元元年(785)韦应物罢滁州刺史闲居滁州西涧时。西涧,在滁州城西,俗名上马河。诗以恬淡之笔写寻常之景,充满幽情野趣,有动有静,绘声绘色,宛如一幅精美的春雨郊游图画,令人流连忘返,叹赏不已!

【注释】

①独怜：唯独喜爱。　②黄鹂：即黄莺，正是春日所见。　③野渡：郊野渡口。寇準《春日登楼怀归》之"野水无人渡，孤舟尽日横"，即化用韦应物句。

【旅游看点】

滁州 简称滁，古称涂中、清流、新昌。是安徽省省辖市，是南京都市圈、合肥都市圈核心圈城市、长三角城市群成员城市。滁州早在先秦时期为棠邑之地（今南京六合），三国设镇，南朝建州，隋朝始称滁州，因滁河（涂水）贯通境内，又"涂"通"滁"，故名为"滁州"。滁州吴风楚韵，气贯淮扬，接壤金陵西北，为六朝京畿之地，自古有"金陵锁钥、江淮保障"之称，有"形兼吴楚、气越淮扬""儒风之盛、夙贯淮东"之誉。滁州地处淮左，湖光山色秀美，既富江南美景，又有淮左秀色，旅游资源十分丰富。浙江湖州贡生尹梦璧于明代天启元年（1621）在滁州任通判时，将滁州秀丽风光的最佳景致归为滁州十二景：琅琊古刹、让泉秋月、丰岭祥云、清流瑞雪、花山簇锦、重熙洞天、西涧春潮、龙蟠叠翠、菱溪夜雨、石濑飞琼、柏子灵湫、谯楼大观。滁州现有国家级风景名胜区、国家级森林公园、国家级重点文物保护单位6处，省级自然保护区和重点文物保护单位36处，有名山、名亭、古关、古寺、历史文化遗址等自然人文景观100多处，国家级重点对外开放寺院2处。最著名的景点为琅琊山。除了美景，滁州还出过皇帝，明朝开国皇帝朱元璋就出生在滁州凤阳县。凤阳花鼓闻名全国，比凤阳花鼓更为出名的是凤阳小岗村——中国农村改革的发源地。

琅琊山 位于滁州古城西南约5公里处，主峰小丰山海拔317米，享有"蓬莱之后无别山""皖东明珠"的美誉，山中大片天然次生林保存完好，林壑幽美，溪流淙淙，密林之中掩映着建于唐代的琅琊寺和建于宋代的醉翁亭（全国四大名亭之首）及姊妹亭"丰乐亭"；还有集"古驿道、古关隘、古战场"于一体的有"金陵锁钥"之称的清流关。山间摩崖石刻遍布，其中"欧文苏字"碑、吴道子的菩萨石刻像被称为"镇山"之宝。琅琊山因盛产中药材，被人们誉为"天然药圃"。

望天门山

李 白

天门中断楚江①开，

碧水东流至此回。

两岸青山相对出，

孤帆一片日边来②。

【背景】

此诗是唐玄宗开元十三年（725）春夏之交，二十五岁的李白初出巴蜀，乘船赴江东经当涂（今属安徽），途中初次经过天门山所作。诗中描写了舟行江中顺流而下远望天门山的情景，赞美了大自然的神奇壮丽，表达了李白初出巴蜀时乐观豪迈的情感，展示了其自由洒脱、无拘无束的精神风貌。

【注释】

①楚江：即长江。古代长江中游地带属楚国，所以叫楚江。 ②日边来：指孤舟从天水相接处的远方驶来，远远望去，仿佛来自日边。

【旅游看点】

天门山 位于安徽和县与芜湖市长江两岸，在江北的叫西梁山，在江南的叫东梁山。两山隔江对峙，形同天设的门户，所以叫"天门"。《江南通志》记云："两山石状晓岩，东西相向，横夹大江，对峙如门。俗呼梁山曰西梁山，呼博望山曰东梁山，总谓之天门山。"因李白《望天门山》一诗而天下闻名。天门二山中以东梁山最为陡峭，突兀江中，如刀削斧砍，巍巍然砥柱中流，令一泻千里的长江折转北去，形成"碧水东流至此回"的奇特景象。远望，只见水天相接之处，各种船只从"天门"中穿梭往来，让游人赏不尽大自然这鬼斧神工的美景。船过"天门"顺江而下，便可游览诗仙李白江中揽月、骑鲸升天的采石矶和青山太白墓；再往下不远处就是和县乌江镇，可游览生为人杰、死为鬼雄，兵败垓下的西楚霸王项羽庙。

芜湖 简称"芜"，别称江城。位于长三角西南部，南倚皖南山系，北望江淮平原，市区坐落在长江与青弋江交汇处。春秋时设邑，因鸠鸟繁多而得名"鸠兹"，距今已有 2500 余年。芜湖自古享有"江东名邑""吴楚名区"之美誉。此地明代中后期是著名的浆染业中心，近代为"江南四大米市"之首。1876 年中英《烟台条约》把芜湖辟为通商口岸，成为近代安徽开放的先锋，因"长江巨埠、皖之中坚"（孙中山语）名誉华夏。如今的芜湖港是长江水运第五大港、安徽省最大的货运、外贸、集装箱中转港，国家一类口岸，年通过能力约 5000 万吨。芜湖山水相映，有半城山半城水之称，旅游资源丰富，有国家 5A 级旅游景区方特旅游度假区，还有天门山、鸠兹古镇、大白鲨海洋公园、丫山风景区、马仁奇峰、赭山公园等。

宿五松山下荀媪家

李 白

我宿五松下，寂寥无所欢。
田家秋作①苦，邻女夜舂寒。
跪进②雕胡饭③，月光明素盘。
令人惭漂母④，三谢⑤不能餐。

【背景】

此诗题下原注：宣州。五松山，在今安徽铜陵南。此诗为唐肃宗上元二年（761），李白往来于宣城、历阳之间时的作品。诗是李白游五松山时，借宿在一位贫苦妇女荀媪家，受到殷勤款待，亲眼看到了农家的辛劳和贫苦，有感而作。此诗诉说了劳动的艰难，倾诉了自己的感激和惭愧之情。

据专家考证，李白一生中曾三次游历铜陵，留下吟咏铜陵及与铜陵有关的诗作达十三首，其中八首涉及五松山。

【注释】

①秋作：秋收劳动。 ②跪进：古人席地而坐，上半身挺直，坐在足跟上。 ③雕胡饭：即菰米饭。雕胡指"菰"，俗称茭白，生在水中，秋天结实，叫菰米，可以做饭，古人把它当作美餐。 ④漂母：在水边漂洗丝絮的妇人。《史记·淮阴侯列传》载：汉时韩信少时穷困，在淮阴城下钓鱼，一洗衣老妇见他饥饿，便给他饭吃。后来韩信助刘邦平定天下，功高封楚王，以千金报答漂母。这里以漂母比荀媪。 ⑤三谢：多次推托。

【旅游看点】

五松山 位于安徽铜陵。依江而立,绝顶处原有古松,据《舆地纪胜》载"山旧有松,一本五枝,苍鳞老干,黛色参天",故名"五松山"。明万历《铜陵县志》记载:五松山,铜陵县东南四里,东临天井湖,西临玉带河,背后与铜官山相眺。跃然登临,见长江蜿蜒,环顾四周,群峦逶迤。李白曾三次登五松山,在此漫游和寓居,美丽风光使之流连忘返。山上原建有太白楼,后毁于战火。现已辟为天井湖宾馆,环境优雅,殊于别处。

铜陵 位于安徽省中南部、长江下游,北接合肥,南连池州,东邻芜湖,西临安庆。铜陵历史悠久,因铜得名、以铜而兴,素有"中国古铜都,当代铜基地"之称。采冶铜的历史始于商周,盛于汉唐,延绵3500余年。新中国第一炉铜水、第一块铜锭出自铜陵。第一个铜工业基地建于铜陵,第一支铜业股票发自铜陵。唐代诗人李白一生遍历名山大川,在其晚年曾巡游到铜陵,留下了不少脍炙人口的诗作。铜陵的采铜业在唐代发展到鼎盛时期,李白如实地把它记录在诗文中。唐天宝十三年(754)李白巡游秋浦,往来于铜陵、贵池之间,写下了组诗《秋浦歌》,其中第十四首写道:"炉火照天地,红星乱紫烟。赧郎明月夜,歌曲动寒川。"同年,在另一首《答杜秀才五松见赠》诗中,李白以他惯有的浪漫主义手法写道:"铜井炎炉歊九天,赫如铸鼎荆山前。陶公矍铄呵赤电,回禄睢盱扬紫烟。"自李白之后,历代名人学士纷沓而来,多有诗文传世。铜陵市拥有天井湖、浮山、凤凰山等国家4A级旅游景区9家,拥有天然湿地543.8平方公里,白荡湖、菜籽湖、枫沙湖、陈瑶湖和市区东湖、西湖等湖泊星罗棋布,世界上首座利用半自然水域条件对国家一类重点保护动物白鳍豚进行养护的基地也坐落于此。城区里最高山峰为海拔495.7米的铜官山,因早在西汉时期朝廷在此地设"铜官"而得名。此外,还有螺丝山、笔架山、板栗山、杨家山、金口岭等,它们与天井湖一起,以秀美的湖光山色点缀着这座精致的江南小城。如今的铜陵市,有不少以五松山命名的场所,如五松山剧院、五松山宾馆、五松山大道、五松新村等。

夜泊牛渚怀古

李　白

牛渚西江①夜，青天无片云。
登舟②望秋月，空忆谢将军③。
余亦能高咏，斯人④不可闻。
明朝挂帆去⑤，枫叶落纷纷。

【背景】

此诗作地明确，而作年难以确考。牛渚，即牛渚矶，又称牛渚圻。《元和郡县图志·江南道四·宣州》："牛渚山，在（当涂）县北三十五里。山突出江中，谓之牛渚圻，津渡处也。"牛渚山，今名翠螺山，在安徽马鞍山市西南七公里。牛渚矶，传说中古时候有金牛出渚，因以得名。又因此处产五彩石，三国吴时改名采石矶。唐贞观初，于山上置采石戍。今马鞍山市采石矶公园，即其地。

诗题下原注："此地即谢尚闻袁宏咏史处。"东晋镇西将军谢尚，曾镇牛渚。袁宏，小字虎，字颜伯，有逸才。据《世说新语·文学》载："袁虎少贫，尝为人佣载运租。谢镇西经船行，其夜清风朗月，闻江渚间贾客船上有咏诗声，甚有情致，所诵五言，又其所未尝闻，叹美不能已，即遣委曲讯问，乃是袁自咏其所作咏史诗，因此相要，大相赏得。"袁宏得到谢尚的赞誉，从此声名渐大，官至东阳太守。题中"怀古"，就是指这件事。

【注释】

①西江：西来大江，此指长江。　②登舟：步出船舱望月。　③谢将军：指谢尚。　④斯人：指谢尚。　⑤去：一作"席"。

【旅游看点】

采石矶 即牛渚矶，位于安徽省马鞍山市的长江南岸，南接著名米乡芜湖，北连六朝古都南京。与南京燕子矶、岳阳城陵矶并称"长江三大名矶"。以山势险峻，风光绮丽，古迹众多而列三矶之首，素有"千古一秀"之美誉。采石矶突兀江中，绝壁临空，扼据大江要冲，水流湍急，地势险要，自古为兵家必争之地，亦是江南名胜。古往今来，它吸引着许多文人名士，像白居易、王安石、苏东坡、陆游、文天祥等都曾来此题诗咏唱，特别是唐代诗人李白，多次来采石矶游览，留下了许多有名的诗篇。2003年，采石矶被评为国家4A级旅游景区。

太白楼 面临长江，背连翠螺，浓荫簇拥，是一座雄伟壮观的古建筑。它与湖南岳阳的岳阳楼、湖北武昌的黄鹤楼、江西南昌的滕王阁，合称为江南著名的"三楼一阁"。它初建于唐元和年间（806—820），原名谪仙楼，距今已有1200余年历史。清雍正八年（1730）重建，改名为"太白楼"。太白楼历代均有修建，现存建筑建于清光绪年间（1875—1908）。太白楼高18米，长34米，宽17米，采用我国传统的古建筑式样，主楼三层，一层为厅，二层为楼，三层为阁。前后分两院，前为太白楼，后为太白祠，由回廊相连，二、三楼阁檐下置郭沫若书写的"太白楼"和张恺帆书写的"谪仙楼"匾额，各具神韵，十分醒目。进门檐下两壁嵌有一块清代重修太白楼碑记和一块记载李白生平的碑文。进入大厅，迎面大屏风绘有太白漫游采石图，壁上挂着太白游踪图，楼上设两尊黄杨木太白雕像，一立一半卧，还有太白手书拓本和各种版本诗集陈列，以及历代名士文人的诗篇、楹联、匾额和绘画。太白楼西侧是广济寺。广济寺西首有蛾眉亭，亭建于北宋，已有900多年历史。亭内有数方珍贵的古碑。蛾眉亭据险而临深，凭高而望远，景色秀丽。亭左前方临江之处，有一块平坦巨石为联璧台，此石嵌在葱郁陡峭的绝壁上，伸向江中，险峻异常。民间传说诗人李白是在这里跳江捉月，骑鲸上天的，故又称捉月台或舍身崖。

翠螺山 原名牛渚山，在安徽马鞍山市西南7公里处。面临长江、牛渚河，东北与荷包山、宝积山、西山、马鞍山一脉相连。海拔131米，周长5公里，山上松翠欲滴，山形酷似蜗牛，故名翠螺山。李白有诗描绘："绝壁临巨川，连峰势相向。乱石流濮间，回波自成浪。但惊群木秀，莫测精灵状。更听猿夜啼，忧心醉江上。"翠螺山以秀丽为胜，而不乏奇险。山之西麓有"西大洼"，这里岩石裸露，崖陡谷深，草木葱茏。春天，梨花胜雪；秋日，红叶似火。一石一草，皆令人赏心悦目。"蜗牛尾"有临江巨壁，如刀斧削成，壁面纹理起伏，似一幅天然山水图画；崖端巨石数块伸出崖壁，如猛兽昂首长啸。江水奔流，浪拍云崖，气势壮观，堪可称险。游人倚翠螺、瞰长江，听林涛与江浪共鸣，看沙鸥与白帆互逐，犹如置身仙境。

李白墓

白居易

采石①江边李白坟,绕田无限草连云。
可怜荒垄②穷泉③骨,曾有惊天动地文。
但是诗人多薄命④,就中沦落⑤不过君⑥。

【背景】

李白墓原在龙山,元和十二年(817)宣歙观察使范传正根据李白的遗愿把李白墓迁至青山。白居易所见,当是范传正未迁葬时的旧墓,"坟高三尺,日益摧圮"(范传正《唐左拾遗翰林学士李公新墓碑》)。

此诗约作于唐德宗贞元十五年(799),白居易二十八岁,在宣州(今安徽宣城)。诗写李白墓地的简陋和荒凉,对李白诗文成就表示了由衷的推崇和钦慕,同时对李白生前的落魄和身后的萧条表示了深切的同情和不平。

【注释】

①采石:原名牛渚矶,在安徽省马鞍山市长江南岸。 ②荒垄:荒芜的坟墓。 ③穷泉:泉下,指埋葬人的地下,墓中。 ④薄命:命运不好,福分差。 ⑤沦落:落魄,穷困失意。 ⑥君:指李白。

【旅游看点】

李白墓 位于安徽省马鞍山市当涂县城东南的青山西麓,2006年5月25日,被国务院批准列入第六批全国重点文物保护单位名单。青山位于当涂县城东南 7.5 公里处，亦名青林山（今当涂县太白乡太白村前），高 372 米，北临姑溪河，东傍丹阳湖，西隔青山河与龙山对峙，南视平野。方圆 30 公里的青山，又名谢公山，环顾四周群峦叠翠，芳草如茵，茂林盛树，景色清幽。南朝齐著名诗人、宣城太守谢朓游历至此，被青山景色陶醉，遂于青山南麓建造故宅一处（今谢公祠）。在《草堂集》中，李白对青山情有独钟，说"一生低首谢宣城""青山日将暝，寂寞谢公宅""宅近青山，同谢朓公之脱骨"。范传正为了遂李白的遗愿，他同当涂县令诸葛纵合力将李白墓迁葬于青山西麓。范传正亲自为新墓撰文，"谢家山兮李公墓，异代诗流同此路。"给予李白很高的评价。墓前建了享堂一座（今太白祠）。青山李白墓经历千余年的风风雨雨，一方面，受到历代诗人的祭拜，如白居易、贾岛、杜荀鹤……直到清代的刘大櫆、姚鼐，都在此留下踪迹。特别是 64 岁的贾岛千里迢迢来此，不幸客死当涂，葬于当涂李白墓不远处（一说在四川安岳县城南 1.5 公里的安泉山麓），巧应了范传正"异代诗流同此路"的谶语。另一方面，李白墓也历经沧桑。自墓建成到清光绪四年（1878），共修葺了 12 次。1938 年遭到日本侵略军的炮火轰炸，太白祠焚塌，祠后李白墓基被毁，范传正所撰刻的墓志铭石碑也未幸免，墓地杂草丛生，成为一片废墟。"文革"期间，红卫兵曾要挖墓掘尸，经当地农民奋力保护，才留下了这座名冢。

当涂 隶属于安徽省马鞍山市，位于安徽东部，长江下游南岸，地处长三角经济圈与皖江城市带交会处，介于马鞍山和芜湖之间。当涂有 2200 多年置县史，秦代设为丹阳县，隋开皇九年（589）定名当涂。县城历史上曾为宋代太平州、明清太平府、清代长江水师、安徽学政署所在地。当涂是历代文人墨客览胜抒怀的绝佳之地。自秦代以来，当涂曾吸引中国文学史上 600 多位诗人，在这里留下了 1000 多首脍炙人口的诗文。诗仙李白七次游历当涂，写就《望天门山》等 56 首千古绝唱，晚年定居当涂，终老长眠于青山。北宋著名词人李之仪，写下了"我住长江头，君住长江尾；日日思君不见

君,共饮长江水。"这首传唱千年的经典名篇。南朝周兴嗣世居当涂,并著蒙学经典《千字文》。当涂还享有"民歌之海"的美誉,当涂民歌入选国家首批非物质文化遗产保护名录。风景名胜有谢公祠、李白墓园、甄山禅林、叶家桥、横山石门、金柱塔、黄山塔、济美坊等。

第四章 黄河之水天上来

　　黄河是中华民族的母亲河，几千年的华夏文明自此发源。自秦至宋，黄河沿岸始终是政治与文化的核心地带，古都长安、东都洛阳、太行雄关与齐鲁儒风，共同勾勒出这片地域的辉煌图景。唐朝的诗人们在此或寻儒求仕，或寻仙问道，足迹遍踏山水之间。他们以动人的诗篇，深情传颂这片土地的厚重与灵性。时至今日，人们仍能从这些诗歌中领略中原大地的昔日荣光，并对这份沉甸甸的历史文化怀有无限向往。本章收录唐诗43首，涵盖陕西、山西、河南与山东四省。

马嵬二首

李商隐

其一

冀马燕犀①动地来,自埋红粉自成灰。
君王若道能倾国,玉辇何由过马嵬。

其二

海外徒闻②更③九州,他生未卜此生休。
空闻虎旅传宵柝④,无复鸡人⑤报晓筹⑥。
此日⑦六军同驻马,当时七夕笑牵牛。
如何四纪⑧为天子,不及卢家有莫愁⑨。

【背景】

此诗咏叹马嵬事变。李商隐生活在晚唐国势颓危的氛围下,这不能不使他对历史抱有更多的批判意识,对政治怀有更多的拯救情绪,对荒淫误国者含有更多的痛恨心理,因此写下这组诗以达讽喻之意。

马嵬事变发生于唐玄宗天宝十四年(755)安史之乱爆发之后。据《旧唐书·杨贵妃传》记载:安禄山攻破潼关后,唐玄宗带领杨贵妃及大臣逃出长安城,行至马嵬坡,禁军大将陈玄礼密启太子杀掉杨国忠父子,继而六军不发,要求除掉杨贵妃。唐玄宗无可奈何,遂将杨贵妃缢死于佛室。关于杨贵妃的下落,有很多传说:一说杨贵妃被赐白绫一条,缢死在马嵬坡佛堂的梨树下,时年三十八岁。在安史之乱平定后，唐玄宗曾派人去寻找杨贵妃的遗体，但未寻得。一说为乱军所杀，还有说法是杨贵妃并未死，而是远渡重洋去了日本。

【注释】

①冀马燕犀：冀州产的马、燕地制造的犀甲，这里统指安禄山的叛军。 ②徒闻：空闻，没有根据的听说。 ③更：再，还有。 ④传宵柝（tuò）：鸣响夜间报更的刁斗。 ⑤鸡人：皇宫中报时的卫士。汉代制度，宫中不得养鸡，卫士候于朱雀门外，传鸡唱。 ⑥筹：计时的用具。 ⑦此日：指马嵬坡事变当日。 ⑧四纪：四十八年。岁星十二年一周天为一纪，玄宗在位四十五年，约为四纪。 ⑨莫愁：古洛阳女子，嫁为卢家妇，婚后生活幸福。

【旅游看点】

马嵬坡 即马嵬驿，故址在今陕西省兴平市西北二十三里，距离长安（今西安）百余里，唐朝时是长安西行的第一驿站。现当地有杨贵妃墓园，是杨贵妃的衣冠冢。墓前有一碑楼，上刻"唐玄宗贵妃杨氏墓"。杨贵妃墓原是一个土冢，相传墓上封土香气宜人，传说妇女用贵妃墓上的土搽脸，可去掉脸上的黑斑，使面部肌肉细腻白嫩。因此，其墓土被称为"贵妃粉"，远近妇女争相以土搽脸，连外地游人也要带包墓土回去，于是墓堆越来越小，守墓人不断给墓堆添土，但不久又被人取光。为了保护坟墓，只好用青砖将其包砌。今在咸阳兴平马嵬街道办事处李家坡村还建有马嵬驿民俗文化村，以古驿站文化为核心，集文化旅游、民俗文化展示、休闲体验、旅游观光为一体。2015年CCTV寻找中国最美乡村评选中，此地荣获"中国最美乡村"称号。

冀州 指今河北省衡水市，《隋史》称，冀州人民"性多敦厚，务农桑"。据史料称，冀州信都地势平坦，土田饶衍，在历史上种养业都很发达。如棉花的种植在冀州信都就有较长的历史，有"冀南棉海"之称。冀州信都的林业以杨、柳、榆居多。冀州信都辖境河渠纵横，舟车辐集，水陆交通都很便利，商业十分发达。南北朝时崇尚佛法，大兴庙宇，古冀州信都作为北魏时的政治、经济、文化中心，境内寺庙众多，冀州信都有很多闻名遐迩的文化胜迹。如宋知州鲁有开建的"养正堂"，宋朝著名学者黄庭坚为之作记。大道庵位于州治北，宋朝熙宁时建，徽宗曾在此留有墨迹。可惜这些文化遗址已在兵荒马乱之中全部被毁。现尚存

的文化遗址有汉赵王张耳之墓。《隋史》称冀州"好儒学"。宋元以来此地办学之风兴盛，这种风气延续至今。

仙游寺 位于周至县城南 17 公里的黑水峪口，是西安西南线西端融自然与人文景观为一体的著名旅游景点。相传秦穆公之女弄玉与萧史的爱情故事发生在这里。始建于隋文帝开皇十八年（598），原名"仙游宫"，系隋文帝行宫。仁寿元年（601），隋文帝为了安置佛舍利，于十月十五日命大兴善寺的高僧童真送佛舍利至仙游宫，建舍利塔安置，易宫为塔，改称仙游寺。此寺唐代达到鼎盛，明清曾多次修葺。仙游寺现存隋代"法王塔"、清代大殿及配殿。其中颇有小雁塔密檐式建筑风格的法王塔，是国内现存为数不多的隋塔之一，也是中国现存最早的方形砖塔。历代许多著名的文人墨客在此留下逸闻遗迹，其中有东汉末年的经学大师马融、唐代王勃、岑参、李商隐、朱庆馀等，特别是著名诗人白居易曾在这里一气呵成写下了以李隆基和杨玉环的爱情故事为主题的长诗《长恨歌》，成为世代相传的经典作品。

送元二使①安西

王 维

渭城朝雨浥②轻尘，
客舍青青柳色③新。
劝君④更尽一杯酒，
西出阳关无故人。

【背景】

本诗为赠别而作，后由乐人谱曲，其曲名为《阳关》，又名《渭城》，并把末句"西出阳关无故人"反复歌唱，所以又称为《阳关三叠》，流传很广。

据说，同为唐代著名诗人，作为太子宾客的刘禹锡每天上朝时路过一个平房，听到里面卖烧饼的男子哀叹地唱王维的这首诗，甚是感人。于是，他给男子一万钱扩大买卖，从此却再也听不到他唱此曲了。

【注释】

①使：到某地出使。 ②浥（yì）：湿润，沾湿。 ③柳色：即指初春嫩柳的颜色。"柳"谐"留"音，赠柳表示留念，一为不忍分别，二为永不忘怀。柳树和其他树木相比，其特点是"随地可活"，这正可以拿来祝愿远行的人，到了异地后，随遇而安，能够很快融入当地的人群中，一切顺遂。 ④君：指元二，作者王维的友人元常，在兄弟中排行老二，故名"元二"。

【旅游看点】

安西 是唐中央政府为统辖西域而设的都护府的简称，治所在龟兹城（今新疆库车）。库车县位于新疆维吾尔自治区中西部，阿克苏地区东部，天山中段南麓，塔里木盆地北缘。龟兹古国地处古丝绸之路上的交通要冲，曾经是西域地区政治、经济和文化的中心，唐代安西四镇之一。季羡林曾经说过："龟兹是古印度、希腊—罗马、波斯、汉唐文明在世界上唯一的交汇之处。"佛教很可能最早由印度传入龟兹，然后又传入中原。龟兹的佛教石窟是中国佛教石窟中开凿最早的，克孜尔石窟是龟兹石窟中建造最早的，也是现存规模最大的，被现代石窟艺术家称作"第二个敦煌莫高窟"。龟兹乐舞对隋、唐时期的音乐、舞蹈、杂技、戏剧的发展和繁荣产生过重大的影响，唐代著名的音乐家龟兹人苏祗婆所创的著名乐曲《琵琶曲》被定为唐朝宫廷的宴乐。库车的主要景点有克孜尔亚山、大小龙池、库木吐拉千佛洞、克孜尔千佛洞、克孜尔尕哈烽燧以及龟兹古城等。其他还有默拉纳额什丁墓、可可沙炼铁遗址、龟兹古城遗址、林基路纪念馆、高山湖泊大龙池等。库车县的苏巴什古城也叫"苏巴什佛寺"，据说就是《西游记》中的"女儿国"，让人喝水怀孕的"子母河"，就是库车河。中原文化、西域文化及外来文化在这里不断融合发展，美丽的自然风光与古龟兹国的传统习俗在这里依然保留得较为完整，使库车成为古丝绸之路中一个引人注目的旅游胜地。

渭城 故址为秦时咸阳城，汉代改称渭城（《汉

书·地理志》），位于长安西北，渭水北岸，唐时属京兆府咸阳市辖区。唐代从长安往西去的人，多在渭城送别。今日的渭城为陕西省咸阳市渭城区，是中国历史上第一个统一的中央集权制封建国家——秦王朝的国都所在地，又是周、秦、汉、隋、唐等13个王朝的京畿之地，文物荟萃，古迹众多，素有"天然历史博物馆"之称。闻名遐迩的周陵、规模宏大的秦咸阳宫遗址、雄伟壮观的西汉帝王陵墓区、高大精美的唐顺陵石雕、巍然屹立的北杜千佛铁塔分布区内，尤其引人注目的是新中国成立以来出土的许多珍贵罕见的文物，如秦咸阳宫遗址出土的秦壁画——驷马图、秦诏版、陈爱金币，汉长陵出土的三千彩绘兵马俑、皇后玉玺，被誉为"东方维纳斯"的汉阳陵彩绘裸体陶俑，汉渭陵出土的玉奔马、玉鹰、玉熊，北周武帝孝陵出土的天元皇太后玺等文物遗迹。

阳关 在今甘肃省敦煌市西南，处于河西走廊西头，古代与玉门关同是出塞必经的关口。《元和郡县志》云，因在玉门之南，故称阳关。"玉门关"外基本是突厥的势力范围，而"阳关"内则完全属于唐朝的领土。阳关始建于公元前1世纪西汉武帝时期，是汉唐时期重要的边塞关隘和最早的海关，为保疆安民、维护西域稳定，保障丝绸之路畅通起到了重要的作用。约定俗成，"阳关大道"就成了希望大道、光明大道的代名词。如今的阳关是国家4A级旅游景区，位于敦煌市区西南70公里处，现存有汉唐时期的古关、古城、古烽燧、古水源、古道、古塞墙、古墓葬、古陶窑等众多文物遗址。景区内兴建了阳关博物馆，博物馆整体仿汉建筑风格，占地约10万平方米，是目前中国西北地区最大的景点式遗址博物馆，能够系统地反映汉唐时期敦煌及阳关的繁华与变迁。

长安秋望

赵　嘏

云物凄清拂曙①流②，汉家宫阙③动高秋。
残星几点雁横塞，长笛一声人倚楼。
紫艳半开篱菊静，红衣落尽渚莲愁。
鲈鱼正美④不归去，空戴南冠⑤学楚囚。

【背景】

赵嘏（gǔ）（约806—约853），字承祐，楚州山阳（今江苏淮安）人，晚唐诗人。会昌四年（844）进士及第。官渭南尉。精于七律，笔法清圆熟练，时有警句。

这首七言律诗是赵嘏客居长安时期所作。赵嘏曾于唐文宗大和六年（832）举进士不第，寓居长安。诗人独在异乡，见深秋凄凉景象，顿生怀乡思归之情，创作了这首诗。

据《唐才子传》记载，赵嘏《长安晚秋》一诗云："残星几点雁横塞，长笛一声人倚楼"当时人诵咏之，以为佳作，诗人杜牧读到这首诗后，大为赞赏，并称赵嘏为"赵倚楼"。

【注释】

①拂曙：拂晓，天要亮还未亮的时候。　②流：指流动。　③汉家宫阙：指唐朝的宫殿。唐朝诗人常借汉朝来写唐朝。　④鲈鱼正美：据《晋书·张翰传》记载，西晋齐王司马冏执政时，张翰为大司马东曹掾。他预知司马冏将败，又因秋风起，想念故乡苏州的莼菜鲈鱼脍的美味，便弃官回家。不久司马冏果然被杀。后常用此表示思乡之情，

故园之情和退隐之思。　　⑤南冠：是俘虏的代称。楚国在南方，因此称楚冠为南冠。本指被俘的楚国囚犯。后泛称囚犯或战俘。

【旅游看点】

长安　西安古称长安，是历史上第一座被称为"京"的都城，也是历史上第一座真正意义上的城市。长安是十三朝古都，是中国历史上建都朝代最多、建都时间最长、影响力最大的都城，居中国四大古都之首，是中华文明的发祥地，中华民族的摇篮，中华文化的杰出代表。长安是隋唐时期世界上最大的城市，丝绸之路的东方起点。公元前2世纪前后，汉武帝为了扩大西汉地域，派张骞两次出使西域，开创了由西安出发连接欧、亚、非三洲的丝绸之路。这是中国历史上首次与西方进行的最大规模的经济文化交流活动。丝绸之路东起古长安，由河西走廊到敦煌分为南北两路穿过新疆，一直到欧洲，总长7000多公里，成为此后一千多年间中国与西方交流的主要干线。人们常说：二十年中国看深圳，一百年中国看上海，一千年中国看北京，而五千年中国则看西安。西安是迄今为止唯一被联合国教科文组织确定为世界历史名城的中国城市，与雅典、罗马、开罗并称世界四大文明古都。截至2016年，西安有两项六处遗产被列入《世界遗产名录》，分别是：秦始皇陵及兵马俑、大雁塔、小雁塔、唐长安城大明宫遗址、汉长安城未央宫遗址、兴教寺塔。西安周围帝王陵墓有72座，其中有"千古一帝"秦始皇的陵墓，周、秦、汉、唐四大都城遗址，西汉帝王11陵和唐代帝王18陵，大小雁塔、钟鼓楼、古城墙等古建筑700多处。以人文景观数量巨大、种类繁多、分布广泛、价值珍贵驰誉中外。西安自然生态优美，位于西安南面的秦岭被誉为中国的"中央公园"，是中国地理和气候的南北分水岭。2009年秦岭终南山成功通过联合国教科文组织评审，成为世界地质公园。西安也是美食之都，著名小吃有肉夹馍、羊肉泡馍、裤带面等。Biángbiáng面，是陕西关中特色传统风味面食，因为制作过程中有biang、biang的声音而得名，是由关中麦子磨成的面粉，用手工拉长成宽厚的面条，用酱油、醋、味精、花椒等佐料调入面汤，淋上烧热的植物油而成。面宽且长，就像古时候人系在身上的裤带一样，故又名"裤带面"。后来有人专门造了一个"𰻞"字，

是一个合字,有 60 个笔画。并编了个顺口溜来方便记忆:"一点冲上天,黄河两道湾;八字大开口,言字往里走;你一扭,我一扭;你一长,我一长,中间夹个马大王;心字低,月字旁;定个钩钩挂麻糖,推个车车逛咸阳。"

汉长安城未央宫遗址 位于西安西北约 8 公里,今西安市未央区汉城乡。未央宫在汉长安城西南部,由承明、清凉、金华、玉堂等 40 多个宫殿组成。宫殿占长安城总面积的七分之一,与东面的长乐宫相距半公里,是西汉以及新莽、西晋、前赵、前秦、后秦、西魏、北周至隋初八个朝代的行政中枢所在地,成为中国历史上存在时间最长的宫殿。长安城未央宫遗址至今留存着 4.8 平方公里的宏大规模、等级森严的建筑规格体系,展示了位于丝绸之路东端的亚洲东方文明的发展水平,见证了汉长安城在丝绸之路发展历程中,兼具时间与空间上的双重起点价值。未央宫考古发掘和研究在 20 世纪 80 年代的十年间取得了丰硕的学术成果,试掘了前殿的附属建筑遗址,发掘了椒房殿遗址、少府的宫殿建筑遗址、中央官署建筑遗址和宫城角楼建筑遗址,对于探讨皇宫布局、丰富中国古代建筑史资料都有重大的影响。此处出土了数以万计的文物。有中央政府或皇室的宫廷档案,有各式各样的汉代宫城城建筑材料、兵器、生活用品等,这些文物从多层面形象而集中地再现了西汉帝国的光辉历史,成为研究西汉都城皇宫历史的弥足珍贵的实物资料。2014 年作为中国、哈萨克斯坦和吉尔吉斯斯坦三国联合申遗的"丝绸之路:长安—天山廊道的路网"中的一处遗址点被成功列入《世界遗产名录》。

同诸公登慈恩寺塔

杜 甫

高标①跨苍穹,烈风无时休。
自非旷士怀,登兹翻百忧。
方知象教力②,足可追冥搜③。
仰穿龙蛇窟,始出枝撑④幽。
七星在北户,河汉声西流。
羲和⑤鞭白日,少昊行清秋。
秦山忽破碎,泾渭⑥不可求。
俯视但一气⑦,焉能辨皇州。
回首叫虞舜,苍梧⑧云正愁。
惜哉瑶池饮,日晏⑨昆仑丘。
黄鹄⑩去不息,哀鸣何所投。
君看随阳雁,各有稻粱谋。

【背景】

这首诗是杜甫早期的作品。天宝十一年(752)秋天,杜甫与高适、薛据、岑参、储光羲五人共登慈恩寺塔(大雁塔),每人赋诗一首,此诗题下原注:"时高适、薛据先有此作。"今薛据诗已失传。杜甫的这首诗是同题诸诗中的翘楚。仇兆鳌《杜诗详注》中说:"岑、储两作,风秀熨帖,不愧名家;高达夫出之简净,品格亦自清坚。少陵则格法严整,气象峥嵘,音节悲壮,而俯仰高深之景,盱衡今古之识,感慨身世之怀,莫不曲尽篇中,真足压倒群贤,雄视千古矣。"

有人曾把此诗称为政治寓言诗,天宝十一年(752)是安史之乱爆发的前夕,李林甫专权,嫉贤妒能使得朝廷危机四伏,唐玄宗、杨贵妃、杨国忠等人穷奢极欲,饮宴无度,挥霍民脂民膏,使得大唐江河日下,民不聊生。岑参等三人的作品更多是从佛理角度来写登临的感受,而杜甫诗中则充满对国家、社会、人民的责任感,诗人从眼前的景观起兴,使用暗示、比喻、象征手法,对天宝时期统治阶级的腐朽糜烂、国运的渐趋衰落,表达了极大的危机感;对于广大人民的苦难,"国将不国"的社会现实,表达了极大的悲愤和无奈。唐宋以来历代评论家把杜甫《同诸公登慈恩寺塔》一诗誉为中国登临游览诗中的压卷之作。

【注释】

①高标:高耸之物,这里指慈恩塔。 ②象教力:佛祖释迦牟尼说法时常借形象以教人,故佛教又有象教之称。③冥搜:探幽。 ④枝撑:指塔中交错的支柱。 ⑤羲和:古代神话中为太阳驾车的神。 ⑥泾渭:泾水和渭水。 ⑦一气:一片朦胧不清的样子。 ⑧苍梧:相传舜征有苗,崩于苍梧之野,葬于九嶷山(在今湖南宁远县南)。这里用以比拟葬唐太宗的昭陵。唐太宗受内禅于高祖李渊,高祖号神尧皇帝。尧禅位于舜,故以舜喻唐太宗。 ⑨日晏:

天色晚。　⑩黄鹄（hú）：即天鹅，善飞，一举千里。

【旅游看点】

慈恩寺　贞观二十二年（648），太子李治为追念其生母文德皇后（即长孙氏）祈求冥福，报答慈母恩德，下令建寺，故取名慈恩寺。大慈恩寺是唐长安城内最著名、最宏丽的佛寺，唐长安三大译场之一。玄奘曾在这里主持寺务，领管佛经译场，创立了汉传佛教八大宗派之一的唯识宗，成为唯识宗（又称法相宗、俱舍宗、慈恩宗）祖庭。今天的大慈恩寺为明宪宗成化二年（1466），在唐慈恩寺西塔院的基础上修建而成的，占地76亩余（50738平方米），位于雁塔区中心地带，坐北向南，主要建筑有山门、钟鼓楼、大雄宝殿、法堂、大雁塔、玄奘三藏院、藏经楼、寮房等。2016年5月14日，世界上现存唯一一株玄奘手植的娑罗树子树，经多年培育，成功移植到西安大慈恩寺。

大雁塔　唐高宗永徽三年（652），玄奘法师为供养从印度请回的经像、舍利，奏请高宗允许在大慈恩寺内修建佛塔，即大雁塔。大雁塔为玄奘亲自设计而成，自唐代开始就是西安的标志性建筑之一。大雁塔作为现存最早、规模最大的唐代四方楼阁式砖塔，是佛塔这一印度佛教建筑形式随着佛教传播而东传入中原地区并中国化的典型物证。塔高64.5米，共七层，塔底呈方锥形，底层每边长25米，塔内有楼梯，供游人登临，可俯视西安全貌。大雁塔底层南门洞两侧嵌置碑石，西龛是唐太宗李世民撰文、大书法家褚遂良手书的《大唐三藏圣教序》碑；东龛是唐高宗李治撰文、褚遂良手书的《大唐三藏圣教序记》碑，人称"二圣三绝碑"。大雁塔还是唐朝新中进士的题名之地，即著名的关中八景之一雁塔题名，以至于后世以"雁塔题名"代称进士及第。2014年大雁塔作为中国、哈萨克斯坦和吉尔吉斯斯坦三国联合申遗的"丝绸之路：长安—天山廊道的路网"中的一处遗址点成功列入《世界遗产名录》。

曲江二首

杜 甫

(其一)

一片花飞减却春,风飘万点正愁人。
且看欲尽花经眼①,莫厌伤多酒入唇。
江上小堂巢翡翠②,苑③边高冢卧麒麟。
细推物理④须行乐,何用浮荣⑤绊此身。

(其二)

朝回日日典春衣,每日江头尽醉归。
酒债寻常行处⑥有,人生七十古来稀。
穿花蛱蝶⑦深深见,点水蜻蜓款款飞。
传语风光共流转⑧,暂时相赏莫相违。

【背景】

　　这首诗写于乾元元年(758),其时京城虽然收复,但兵戈未息,作者眼见唐朝因政治腐败而酿成的祸乱,心境十分杂乱。当时杜甫任左拾遗,是一个八品谏官,其工作就是挑皇帝的毛病。因为杜甫尽职尽责,也常惹唐肃宗不高兴。游曲江正值暮春,所以诗就极见伤春之情,诗人借写曲江景物的荒凉败坏以哀时。

　　唐朝规定,官员七十致仕,就是到了七十岁你就可以退休了。武则天大周朝的时候，兵部尚书侯知一年满七十了，上面通知其致仕，没想到他不愿意退休，为了证明自己身体健康，可以胜任职务，侯知一在百官上朝时当着圣上的面展示自己的身体状况，史书上是这样形容他的这一举动的："踊跃驰走，以示轻便。"其实按照当时的人的寿命，能活到七十岁的已属不易，能做一辈子安稳官更是难得。杜甫其实只是借此来表达自己对官场生涯的不满罢了。

【注释】

①经眼：从眼前经过。　②翡翠：翡翠鸟。　③苑：指曲江胜境之一芙蓉苑。　④物理：事物的道理。　⑤浮荣：虚名，指自己当时所任的左拾遗的官职。　⑥行处：到处。　⑦蛱（jiá）蝶：蝴蝶。　⑧流转：在一起逗留、盘桓。

【旅游看点】

曲江 又名曲江池，位于西安市南郊，北临大雁塔，距城约5公里。是我国汉唐时期一座富丽堂皇、景色优美的开放式园林，始建于秦朝。隋朝建立后，隋文帝觉得"曲"字不吉利，于是改名为"芙蓉园"。唐玄宗对曲江进行了大规模扩建，修建了紫云楼、彩霞亭、临水亭、水殿、山楼、蓬莱山、凉堂等建筑，并建了从大明宫途经兴庆宫直达芙蓉园的夹城（长7960米，宽50米）。经过唐玄宗的扩建，芙蓉园内宫殿连绵，楼亭起伏，曲江的园林建筑达到最高境界，各类文化活动也趋于高潮。据《全唐诗》记载，大诗人李白、杜甫、白居易、李商隐、张籍、元稹、刘禹锡、韦应物、温庭筠、卢照邻等都曾到曲江一游，给世人留下许多脍炙人口的优美诗句。大唐芙蓉园建于原唐代芙蓉园遗址所在地，2005年4月11日（农历三月初三），大唐芙蓉园建成正式对外开放，分为帝王文化区、女性文化区、诗歌文化区、科举文化区、茶文化区、歌舞文化区、饮食文化区、民俗文化区、外交文化区、佛教文化区、道教文化区、儿童娱乐区、大门景观文化区、水秀表演区十四个景观文化区，集中展示了唐王朝一柱擎天、辉耀四方的精神风貌、璀璨多姿、无与伦比的文化艺术，以及它横贯中天、睥睨一切的雄浑大气。园内主要景点有：紫云楼、凤鸣九天剧院、御宴宫、唐市、芳林苑、仕女馆、彩霞亭、陆羽茶社、杏园、诗魂、唐诗峡、曲江流饮、旗亭、丽人行、桃花坞、茱萸台等。

曲江流饮 在唐政府选拔官员的科举考试中，进士考试是科举中最难的一科。除通过礼部每年春季举行的全国笔试外，还要经过几道测试才能踏上仕途。正所谓"三十老明经，五十少进士"，可见之难。"岁岁人人来不得，曲江烟水杏园花"，而举子们一旦中第，对这样一件关

乎个人、门庭荣辱的大事，自然是要好好庆祝一番的，庆祝的形式就是曲江大会，也称曲江宴。又因举行宴会的地点一般都设在芙蓉园杏园曲江岸边的亭子中，所以也叫"杏园宴"。每逢上巳日（农历的三月三日），正赶上唐代新科进士正式放榜之后，人们在此踏青赏春。新科进士及第总要在这里乘兴作乐，放杯至盘上，放盘于曲流上随水转，按照古人"曲水流觞"的习俗，酒杯流至谁跟前谁就要执杯畅饮，并当场作诗，由众人对诗进行评比，称为"曲江流饮"。

乐游原

李商隐

向晚①意不适②,

驱车登古原。

夕阳无限好,

只是近③黄昏。

【背景】

　　李商隐所处的时代是国运将尽的晚唐,尽管他有抱负,但是无法施展,很不得志。李商隐二十五岁时由令狐楚的儿子令狐绹推举得中进士,不久令狐楚死。他又得到王茂之的器重,王茂之将女儿嫁给了他。因为王茂之是李党的重要人物,李商隐从此陷入牛李党争不能自拔,在官场之中异常失意,这首《乐游原》正是他心境郁闷的真实写照。

　　据程梦星《李义山诗集笺注》载,此诗写于会昌四、五年(844—845)间。是作者为担忧当时的皇帝武宗而作。武宗在位时,任用李德裕为相,对唐朝后期的弊政做了一些改革,对内打击藩镇和佛教,对外击败回鹘,加强了中央集权,唐朝一度出现中兴局面,史称"会昌中兴"。但武宗后来内宠王才人,外筑望仙台,封道士刘玄静为学士,受道士影响,因服食仙药而使身体受损而不能自拔。因而作者才有"夕阳无限好,只是近黄昏"的慨叹。

【注释】

①向晚:傍晚。　②不适:不快。　③近:快要。

【旅游看点】

　　古原 即乐游原,是唐代游览胜地,在长安(今西安)城南。乐游原在秦代属宜春苑的一部分，得名于西汉初年汉宣帝时。《汉书·宣帝纪》载，"神爵三年，起乐游苑"。一次，汉宣帝偕许皇后出游至此，迷恋于绚丽的风光，以至"乐不思归"。许氏难产死去后就葬于此，因"苑"与"原"谐音，乐游苑即被传为"乐游原"。乐游原是唐长安城的最高点，地势高平轩敞，为登高览胜的最佳地点。唐太平公主在此添造亭阁，营造了当时最大的私宅园林——太平公主庄园。太平公主谋反家产被没收后，就分赐给了宁、申、歧、薛四王，后来四王又大加兴造，遂成为以冈原为特点的自然风景游览胜地。乐游原与南面的曲江芙蓉园和西南的大雁塔相距不远，眺望如在近前，景色十分宜人，因此游览者络绎不绝。尤其是"每三月上巳、九月重阳，仕女游戏，就此祓禊登高，幄幕云布，车马填塞"。直至中晚唐之交，乐游原仍然是京城人游玩的好去处。同时，因为地理位置高，便于览胜，文人墨客也经常来此作诗抒怀。唐代诗人们在乐游原留下了近百首珠玑绝句，历来为人所称道，这首诗就是其中的翘楚。乐游原种有100多种樱花，其中还有不少是珍贵的品种，这里也是今天西安人赏樱花的首选之地。

青龙寺 今天的乐游原，现存最重要的历史文化遗迹便是青龙寺。青龙寺始建于隋代开皇二年（582），原名"灵感寺"。唐代景云二年（711）改名青龙寺。中晚唐时，乐游原上的佛教密宗道场青龙寺红极一时，作为唐代佛教密宗的道场之一，它还是中日两国文化交流的见证。历史记载，当年许多日本、朝鲜、爪哇的留学生都来这里学佛问道。从唐太宗贞观四年（630）到唐昭宗乾宁元年（894），日本国派出遣唐使节达19次，许多僧侣也随使入唐求法，如日本佛教史上著名的"入唐八家"，其中就有六人先后入青龙寺拜师学法，包括日本真言宗祖师空海。这些人回国后成派成家，青龙寺便成为他们的祖庭。北宋元祐元年（1086）以后，寺院渐废，地面建筑无存。1963年，中国社会科学院考古研究所西安唐城考古队对青龙寺遗址进行了调查。1973年至1980年，先后探得并发掘了北门遗址、东院遗址、塔院遗址、墙址等八处遗址。2008年，西安市政府依托乐游原独特的自然地理风貌和人文背景，建设了集遗址保护展示、历史文化传承和园林鉴赏、娱乐休闲等功能为一体的青龙寺遗址景区。

寒 食

韩 翃

春城①无处不飞花，
寒食东风御柳②斜。
日暮汉宫③传蜡烛④，
轻烟散入五侯⑤家。

【背景】

韩翃（生卒年不详），字君平，南阳（今河南南阳）人，中唐诗人，为"大历十才子"之一。天宝十三载（754）进士及第。曾任淄青节度使侯希逸幕府中任从事、宣武节度使幕府为从事等职。建中（780—783）初，德宗赏识其"春城无处不飞花"一诗，任驾部郎中，知制诰，官终中书舍人。其诗多送行赠别之作，善写离人旅途景色，笔法轻巧，写景别致，在当时传诵很广泛。

唐代制度，到清明这天，皇帝宣旨取榆柳之火赏赐近臣，以示皇恩。这仪式用意有二：一是标志着寒食节已结束，可以用火了；二是借此给臣子官吏们提个醒，让大家向有功也不受禄的介子推学习，勤政为民。中唐以后，几任昏君都宠幸宦官，以致他们的权势很大，败坏朝政，排斥朝官，正直人士对此都极为愤慨。有观点认为此诗正是因此而发。

飞花令，原本是古人行酒令时的一个文字游戏，属雅令，比较高雅，所以这种酒令也就成了文人墨客们的最爱。此令源自古人的诗词之趣，比如说，酒宴上甲说一句第一字带有"花"的诗词，如：花开堪折直须折。乙则接"落花时节又逢君"，花在第二字位置上。丙接"月照花林皆似霰"，花在第三字位置上。丁接"人面桃花相映红"，花在第四字位置上。接着可以是"无可奈何花落去""出门俱是看花人""深巷明朝卖杏花"。到花在第七个字位置上则一轮完成，可循环下去。行令人一个接一个，当作不出诗、背不出诗或作错、背错时，由酒令官命令其喝酒。行飞花令时选用诗和词，也可用曲，但选择的句子一般不超过7个字。飞花令之名源于名句"春城无处不飞花"。其原因有二，一是韩翃是唐德宗李适欣赏的诗人，二是韩翃本人也是好酒之人，其诗作中不少都和酒有关。

【注释】

①春城：指暮春时节的长安城。　②御柳：皇城中的柳树。　③汉宫：这里指唐朝皇宫大明宫。　④传蜡烛：寒食节普天下禁火，但权贵宠臣可得到皇帝恩赐而得到燃烛。　⑤五侯：汉成帝时封王皇后的五个兄弟王谭、王商、王立、王根、王逢时皆为侯，受到特别的恩宠。这里泛指天子近幸之臣。

【旅游看点】

汉宫 即唐代大明宫，大唐帝国的大朝正殿，唐朝的政治中心和国家象征。始建于唐太宗贞观八年（634），原名永安宫，是唐长安城三座主要宫殿"三大内"（大明宫、太极宫、兴庆宫）中规模最大的一座，称为"东内"。自唐高宗起，先后有17位唐朝皇帝在此处理朝政，历时达200余年。唐昭宗乾宁三年（896），大明宫毁于唐末战乱。大明宫是当时全世界最辉煌壮丽的宫殿群，其建筑形制影响了当时东亚地区的多个国家宫殿的建设。大明宫占地3.2平方公里，是明清北京紫禁城的4.5倍，被誉为千宫之宫、丝绸之路的东方圣殿。1961年，大明宫遗址被中华人民共和国国务院公布为第一批全国重点文物保护单位。2010年，西安市在大明宫原址上建立大明宫国家遗址公园。2014年大明宫遗址作为中国、哈萨克斯坦和吉尔吉斯斯

坦三国联合申遗的"丝绸之路：长安—天山廊道的路网"中的一处遗址点被成功列入《世界遗产名录》。

寒食是中国的传统节日，一般在冬至后105天，清明前两天。原发地是山西介休绵山。春秋时，介子推历经磨难辅佐晋公子重耳复国后，隐居介休绵山。重耳烧山逼他出来做官，子推母子隐迹焚身。晋文公为悼念他，下令在子推忌日禁火寒食，形成寒食节。汉代以前寒食节禁火的时间较长，以一月为限。汉代确定寒食节为清明前三天。唐宋时期减为清明前一天，唐太宗时还曾下政令将祭祖定于寒食节这一天。寒食节是我国形成最早的传统节日。寒食节风俗很多，家家禁火，只吃现成的冷食是最主要风俗。此外还有拜扫先茔、禁烟、祭祖、插柳、踏青、蹴鞠、秋千、赏花、斗鸡、馈宴、咏诗等。后来寒食节的祭祖等习俗与清明节合并，寒食节与清明节合而为一。

题都城①南庄

崔 护

去年今日此门中，

人面②桃花相映红。

人面不知何处去，

桃花依旧笑③春风。

【背景】

崔护（772—846），字殷功，唐代博陵（今河北定州）人。贞元十二年（796）进士及第。官至岭南节度使。《全唐诗》存诗六首，皆是佳作，尤以《题都城南庄》流传最广。该诗以"人面桃花，物是人非"这样一个看似简单的人生经历，道出了千万人都似曾相识的共同生活体验，为诗人赢得了不朽的诗名。

此诗的创作时间，史籍没有明确记载。而唐人孟棨《本事诗》和宋代《太平广记》则记载了此诗"本事"：崔护到长安参加进士考试落第后，在长安南郊偶遇一美丽少女，次年清明节重访此女不遇，于是题写此诗。这段记载颇具传奇小说色彩，其真实性难以得到其他史料的印证。后来这段轶事便演化成一段美丽的爱情故事：唐代诗人崔护春游到城南桃溪堡，与一村姑产生了爱慕之情，约定来年春天前来聘婚。次年是日，崔护来此村，时值该女随父上坟未归，便在柴门上留下"去年今日此门中，人面桃花相映红。人面不知何处去，桃花依旧笑春风"的诗句。姑娘归来见诗句十分悲切，遂昏厥不醒。数日后崔护复来定亲，见姑娘仍不省人事，便放声大哭，后将姑娘哭醒，两人便结为夫妻，传为千古佳话。这个故事以及崔护的题诗后来衍生了一个典故，即"人面桃花"。它被用来形容男女邂逅后又分离，男子追念的情形，用于泛指所爱慕而不能再见的女子，也形容由此而产生的怅惘心情。

【注释】

①都城：长安城。　②人面：指姑娘的脸。　③笑：形容桃花盛开的样子。

【旅游看点】

南庄　据宋《太平广记》记载：诗注云"都城南庄即桃溪堡"。此地位于西安长安区樊川的中心地带，距唐长安城十多公里，风景秀丽，盛产甜桃。特别是阳春三月，落英缤纷，沿村的小溪被桃花覆盖，只见桃花不见水，故谓之桃溪。隋、唐、明、清时，这里是文人墨客、达官贵戚赏春游览的好地方。时至今日，春暖花开之时，踏春赏春者依然络绎不绝。

樊川　位于西安市长安区少陵原与神禾原之间，汉高祖刘邦曾将这条川道封为武将樊哙的食邑，樊川由此得名。据传今樊川即当年樊哙花园遗址。唐代此地寺院众多，名居荟萃，发生过许多动人的故事。隋唐期间，僧侣云集樊川，以兴教寺、华严寺、兴国寺、牛头寺、云栖寺、禅经寺、洪福寺和观音寺等"樊川八大寺"最为繁盛，在佛教中也有着举足轻重的地位。唐高宗总章二年（669），原葬于西安白鹿原的玄奘遗骨迁葬于此，并修寺建塔，寺被命名为"大唐护国兴教寺"，为唐代樊川八大寺院之首。樊川从汉代起就是长安达官贵人营构别墅之处。到了唐代更是私园别墅荟萃之地：韦杜两族贵族世代聚集在这里，唐代诗圣杜甫在樊川居住十年，崔护笔下的"人面桃花"的桃花堡也位于此处。此外杜牧、颜真卿、杨虎城的墓园也在樊川。

终南山

王 维

太乙①近天都,连山接海隅②。
白云回望合,青霭③入看无。
分野④中峰变,阴晴众壑⑤殊。
欲投人处⑥宿,隔水问樵夫。

【背景】

开元二十九年(741)至天宝三年(744)之间,王维曾隐居于长安附近的终南山,这首诗大概是诗人隐居终南期间的作品。

唐朝进士卢藏用没有官职,他来到京城长安附近的终南山隐居以扩大影响,后来朝廷终于让他出来做官。司马承祯是卢藏用的好友,想退隐天台山,卢藏用建议他隐居终南山。司马承祯说:"终南山的确是通向官场的便捷之道啊。"卢藏用深感羞愧。"终南捷径"一词便出于此典故。

【注释】

①太乙:终南山别名。 ②海隅:海边。 ③青霭:山中的云气。 ④分野:古人以天上的二十八个星宿的位置来区分中国境内的地域,被称为分野。 ⑤壑(hè):山谷。 ⑥人处:有人烟处。

小提示:旅游看点部分见下一篇祖咏的《终南望馀雪》。

终南望馀雪

祖　咏

终南阴岭①秀，

积雪浮云端。

林表②明霁③色，

城中增暮寒。

【背景】

　　这是一首应试诗。《唐诗纪事》记载，祖咏年轻时去长安应考，文题是"终南望馀雪"，必须写出一首六韵十二句的五言长律。祖咏看完后思考了一下，写出了四句就搁笔了。他感到这四句已经表达完整，若按照考官要求写成六韵十二句的五言体，则有画蛇添足的感觉。当考官让他重写时，他还是坚持了自己的看法。考官很不高兴，结果祖咏未被录取。

【注释】

　　①阴岭：北面的山岭，背向太阳，故曰阴。　②林表：林外，林梢。　③霁（jì）：雨、雪后天气转晴。

【旅游看点】

　　终南山是秦岭山脉的一段，西起陕西宝鸡眉县，东至陕西西安蓝田县。主峰位于长安区境内，海拔 2604 米。它绵延 100 余公里，雄峙在古城长安之南，成为长安城高大坚实的依托、雄伟壮丽的屏障。素有"仙都""洞天之冠"和"天下第一福地"的美称。终南山地处中国南北大陆板块碰撞拼合的主体部位，是中国南北天然的地质、地理、生态、气候、环境乃至人文的分界线，有"中国天然动物园""亚洲天然植物园"之

称，以秦岭造山带地质遗迹、第四纪地质遗迹、地貌遗迹和古人类遗迹为特色。终南山有两条著名的古道：一是子午道，是西安通往汉中、四川的要道。唐代，四川涪州（今涪陵区）进贡杨贵妃的荔枝，取道西乡驿，不三日即到长安，因此这条道也名荔子路。二是武关道，是西安经商洛通楚、豫的大道。秦始皇二十八年"自南郡由武关归"，走的即是此道。唐代韩愈去广东潮州，途经蓝关时写下了"云横秦岭家何在，雪拥蓝关马不前"的名句。

终南隐士 终南山是道教全真派发祥圣地，又名太乙山、地肺山、中南山、周南山，简称南山。"福如东海长流水，寿比南山不老松"中的南山指的就是终南山。周代把终南山、太白山统称为太乙山。据传楚康王时，天文星象学家尹喜为函谷关关令，于终南山中结草为楼，每日登草楼观星望气。一日忽见紫气东来，吉星西行，他预感必有圣人经过此关，于是守候关中。不久一位老者身披五彩云衣，骑青牛而至，原来是老子西游入秦。尹喜忙把老子请到楼观，执弟子礼，请其讲经著书。老子在楼南的高冈上为尹喜讲授《道德经》五千言，然后飘然而去。传说今天楼观台的说经台就是当年老子讲经之处。"天下修道，终南为冠"，终南山自古以来就是著名的修道圣地，它既是佛教的策源地，也是道教的发祥地，不少高僧大德多聚于此。相传姜子牙、陶渊明、王维等历史名人都曾隐居于此。终南山的这些特点，使得终南山历代多有隐士，直到今天还有许多人隐居在此。

途经秦始皇墓

许 浑

龙盘虎踞①树层层,
势入浮云亦是崩②。
一种③青山秋草里,
路人唯拜汉文陵④。

【背景】

　　许浑（约791—约858），字用晦（一作仲晦），润州丹阳（今属江苏）人，晚唐时期诗人。大和年间进士，曾任虞部员外郎、睦州和郢州刺史等官职，晚年归润州丁卯桥村舍闲居。自少苦学多病，喜爱山水林泉。其一生不作古诗，专攻律体，五七律尤多，句法圆熟工稳，声调平仄自成一格，即所谓"丁卯体"。题材以怀古、田园诗成就最为突出。

　　作为中国历史上第一个统一的封建帝国的君主，秦始皇以他的雄才伟略为此后两千年的封建国家奠定了统治的基础。但他同样以残暴寡恩、反智主义的形象留在后人的记忆之中。许浑过秦始皇陵所在的骊山，写下了这首《途经秦始皇墓》，以表达他对这个历史人物的基本评价。

　　许浑喜欢用"水""雨"之类景物构成诗境，对仗圆稳工整，如"湘潭云尽暮山出，巴蜀雪消春水来"，如"石燕拂云晴亦雨，江豚吹浪夜还风"，如"溪云初起日沉阁，山雨欲来风满楼"，为世传诵。

【注释】

①龙盘虎踞：形容地势雄峻险要。　②崩：败坏，崩塌。　③一种：

一般，同样。 ④汉文陵：即霸陵，汉文帝刘恒的陵墓，在今陕西西安东郊的霸陵原上，距秦始皇陵不远。

【旅游看点】

秦始皇陵 中国历史上第一位皇帝嬴政的陵寝，位于陕西省西安市临潼区城东 5 公里处的骊山北麓下河村附近。南依骊山，北临渭水。建成于公元前 210 年。陵墓的设计者是丞相李斯。整个陵园可分为四个层次：地下宫城（地宫）为核心部分，其他依次为内城、外城和外城以外，个个主次分明。修陵动用人数最多时近于 80 万，用 39 年时间完成。据史料记载，秦陵是一座豪华的地下宫殿，有各式宫殿建筑，陈列着许多奇珍异宝。秦陵四周分布着大量形制不同、内涵各异的陪葬坑和墓葬，现已探明的有 400 多个，其中包括举世闻名的"世界第八大奇迹"兵马俑坑。秦始皇陵是世界上规模最大、结构最奇特、内涵最丰富的帝王陵墓之一。1961 年秦始皇陵被国务院公布为第一批全国重点文物保护单位。1987 年，秦始皇陵及兵马俑坑被联合国教科文组织批准列入《世界遗产名录》。

秦始皇陵兵马俑 位于秦始皇陵以东 1.5 公里处，是秦始皇陵的陪葬坑，建筑在秦兵马俑坑的原址之上，是世界最大的地下军事博物馆。1974 年春，在秦始皇陵坟丘东侧 1.5 公里处，当地农民打井，无意中挖出一个陶制武士头。后经国家有组织的发掘，终于发现了使全世界都为之震惊的秦始皇陵兵马俑。秦始皇兵马俑陪葬坑坐西向东，三坑呈品字形排列。最早发现的是一号俑坑，呈长方形，四面有斜坡门道，左右两侧又各有一个兵马俑坑，现称二号坑和三号坑。俑坑布局合理，结构奇特，在深 5 米左右的坑底，每隔 3 米架起一道东西向的承重墙，兵马俑排列在墙间空当的过洞中。秦兵马俑以其巨大的规模，威武的场面和高超的科学、艺术水平，使观者惊叹不已，被誉为"世界第八大奇迹"。秦始皇帝陵博物院是西安的标志之一。

霸陵 西汉孝文帝刘恒的陵墓，位于西安灞桥区白鹿原上，当地人称为"凤凰嘴"。因霸陵靠近灞河，因此得名。汉文帝的陵寝是秦汉

时期唯一一座"因山为陵"的帝王陵,即依山凿挖墓室,无封土可寻。汉文帝生时以节俭出名,死后薄葬,霸陵极其朴素,受到后人称赞。霸陵是两座西汉长安城东南的西汉帝陵之一(另一座是汉宣帝刘询的杜陵,其他九座西汉帝陵,都在渭河北面的咸阳原上)。西汉一般是帝后合葬不合陵,即皇后与皇帝葬在同一处,但各立陵冢。因此,文帝陵地面不起坟,地面上的两个可见的陵冢是母薄太后和妻孝文窦皇后的陵寝。陵园之东有从葬坑多座,包括女儿馆陶大长公主(窦太主)刘嫖、刘嫖的面首(即男宠)董偃、更始帝刘玄等。现发掘36座陪葬墓,出土了造型优美的彩绘陶俑、陶罐和马、牛、羊等动物骨骼。

过华清宫绝句三首

杜 牧

（其一）

长安回望绣成堆①，山顶千门②次第③开。
一骑红尘④妃子笑，无人知是荔枝来。

（其二）

新丰⑤绿树起黄埃，数骑渔阳探使⑥回。
霓裳⑦一曲千峰上，舞破中原始下来。

（其三）

万国笙歌醉太平，倚天⑧楼殿月分明。
云中乱拍禄山舞⑨，风过重峦下笑声。

【背景】

杜牧的《过华清宫绝句》共有三首，是其经过骊山华清宫时有感而作。华清宫是唐玄宗开元十一年（723）修建的行宫，唐玄宗和杨贵妃常在此寻欢作乐，后来招致了安史之乱。后代有许多诗人写过以华清宫为题的咏史诗，而《过华清宫绝句三首》是其中的名作。

《新唐书·杨贵妃传》："妃嗜荔枝，必欲生致之，乃置骑传送，走数千里，味未变已至京师。"《唐国史补》："杨贵妃生于蜀，好食荔枝，南海所生，尤胜蜀者，故每岁飞驰以进。然方暑而熟，经宿则败，后人皆不知之。"在唐代，岭南荔枝其实无法运到长安一带，所以苏轼曾说："此时荔枝自涪州致之,非岭南也。"而且据《唐纪》载:唐明皇每年十月去骊山,至第二年春天即还宫,所以未曾六月在骊山。然荔枝盛暑方熟。词意虽美而失事实。所以此诗或为写意之作,意在讽刺玄宗宠妃之事,不可一一求诸史实。

【注释】

①绣成堆:骊山右侧有东绣岭,左侧有西绣岭。唐玄宗在岭上广种林木花卉,郁郁葱葱。　②千门:形容山顶宫殿壮丽,门户众多。　③次第:依次。　④红尘:这里指飞扬的尘土。　⑤丰:唐设新丰县,在陕西临潼东北,离华清宫不远。　⑥渔阳探使:朝廷派去观察安禄山的使臣。《全唐诗》此句下注:"帝使中使辅璆琳探禄山反否,璆琳受禄山金,言禄山不反。"　⑦霓裳(nícháng):即《霓裳羽衣曲》。当时的宫廷舞曲,是唐玄宗根据西凉节度使杨敬述进献的印度《婆罗门》舞曲十二遍亲自改编而成的。　⑧倚天:形容骊山宫殿的雄伟壮观。　⑨禄山舞:《旧唐书·安禄山传》载:禄山体肥,重三百三十斤,却能在唐玄宗面前表演胡旋舞,其疾如风。旁边的宫人拍掌击节,因为舞得太快,节拍都乱了。

【旅游看点】

华清宫 是唐代帝王游幸的别宫,华清宫景区位于西安城东30公里处,与"世界第八大奇迹"兵马俑相毗邻。为首批国家5A级旅游景区。周、秦、汉、隋、唐等历代帝王在此建有离宫别苑。因其亘古不变的温泉资源、烽火戏诸侯的历史典故、唐明皇与杨贵妃的爱情故事、"西安事变"发生地而享誉海内外,成为中国唐宫文化旅游标志性景区。华清宫内集中着唐御汤遗址博物馆、西安事变旧址——五间厅、九龙湖与芙蓉湖风景区、唐梨园遗址博物馆等文化区和飞霜殿、万寿殿、长生殿、环园和禹王殿等标志性建筑群。骊山海拔1302米,是华清宫景区的重要组成部分。山上文物胜迹众多,自然景观秀丽,遍布着烽火台、老母殿、老君殿、晚照亭、兵谏亭、上善湖、七夕桥、尚德苑、遇仙桥、三元洞等众多著名景点。"骊山晚照"是著名的"关中八景"之一。

渔阳 即今北京市密云区西南。最早文字记载是在战国时的燕国,

因其位于渔水（现白河）之阳，故称之为渔阳。秦置渔阳县，唐以后渔阳为蓟州治所。"渔阳"是唐时征戍之地，有诗句"昨夜梦渔阳"，常被后世诗人用为"征戍之地"之意象。唐时安禄山驻军在此，755年，安禄山于此举兵叛唐。现渔阳指的是天津蓟州区，是天津市的"后花园"。夏商遗存，西周遗址，汉墓群，唐宋元辽墓葬，清王爷陵和太子陵等古遗迹遍布全区。截至2015年，蓟州区有盘山风景区、黄崖关长城、翠屏湖度假、城区古文物、中上元古界标准地层剖面和八仙山原始次生林自然保护区六大旅游景区。其中，盘山被列为国家级风景名胜区，八仙山和中上元古界标准地层剖面分别被列为国家级自然保护区。还有国家重点保护的千年古刹——独乐寺和白塔寺、鼓楼、文庙、公输子庙、关帝庙、城隍庙、天仙宫等文物古迹。

行经华阴

崔 颢

岧峣①太华②俯咸京③,天外三峰④削不成。

武帝祠⑤前云欲散,仙人掌⑥上雨初晴。

河山北枕秦关险,驿路西连汉畤⑦平。

借问路旁名利客,无如此处学长生⑧。

【背景】

崔颢在天宝(742—756)年间二次入都。诗人此次行经华阴,事实上与路上行客一样,也未尝不是去求名逐利,但是一见西岳的崇高形象和飘逸出尘的仙迹灵踪,也未免动情,感叹自己何苦奔波于坎坷仕途。其思想可能是受当时崇奉道教、供养方士之社会风气的影响。此诗即作于这种心境中。

【注释】

①岧峣(tiáo yáo):山势高峻的样子。 ②太华:指华山。因潼关西面有少华山以示区别。 ③咸京:即咸阳,因曾为秦之京城故称。 ④三峰:指华山的芙蓉、玉女、明星三峰。一说莲花、玉女、松桧三峰。 ⑤武帝祠:即巨灵祠。汉武帝登华山顶后所建。帝王祭天地五帝之祠。 ⑥仙人掌:峰名,为华山最峭的一峰。 ⑦汉畤(zhì):在今陕西凤翔,畤是古代帝王祭祀天地五帝的固定处所。 ⑧学长生:指隐居山林,求仙学道,寻求长生不老。

【旅游看点】

太华 即西岳华山，为中国著名的五岳之一，中华文明的发祥地，"中华"和"华夏"之"华"，就源于华山。位于陕西省渭南市华阴市，南接秦岭，北瞰黄渭，南峰海拔 2154.96 米，是华山最高主峰，也是五岳最高峰，古人尊称它是"华山元首"。山麓下的渭河平原海拔仅 330～400 米，高度差为 1700 多米，山势巍峨，更显其挺拔，吸引了无数游览者，自古以来就有"奇险天下第一山"的说法。华山的著名景区多达 210 余处，有凌空架设的长空栈道，三面临空的鹞子翻身，以及在峭壁绝崖上凿出的千尺㠉、百尺峡、老君犁沟等，其中华岳仙掌被列为关中八景之首。几大主峰各有特色，如西峰绝壁，东峰日出，南峰奇松，北峰云雾。2004 年，华山被评为中华十大名山；2011 年，华山被评为国家 5A 级旅游景区。2018 年，华山地质公园入选"第八批国家地质公园"，是国内外游客公认的标志性山岳旅游景区。

华阴 华阴市隶属于陕西省渭

南市，因境内的西岳华山而闻名。自古有"三秦要道、八省通衢"之称，是中原通往西北的必经之地。华阴市是天下杨氏的发源地，有"天下杨氏出华阴，华阴杨氏归东宫"之说。近年来华阴因华阴老腔再度扬名中外。老腔原为码头号子，唐宋时期开始以皮影作为载体进入勾栏瓦舍，明清到民国时期则是老腔的繁荣鼎盛期。表演采用一人唱众人帮合的拖腔的方式；伴奏音乐为不用唢呐，独设檀板的拍板节奏，声腔刚直高亢、磅礴豪迈的气魄，听起来颇有关西大汉咏唱大江东去之气概。华阴老腔生于张氏家族，为华阴市泉店村张家户族的家族戏（该音乐只传本姓本族，不传外人）。2006年6月1日起，在林兆华导演的《白鹿原》中，融入了华阴老腔的表演。一演就是30场，震动京城。同年6月5日，华阴老腔被列入首批国家非物质文化遗产名录。

秦关 指潼关，地处陕西省关中平原东端，居秦、晋、豫三省交界处。潼关是关中的东大门，有"鸡鸣闻三省，关门扼九州"之说，历来为兵家必争之地。潼关居中华十大名关第二位，乾隆皇帝游历大好河山，行至于此，也不免感慨潼关之险峻，并于城楼外横额上留下"第一关"的镏金御书。潼关的形势非常险要，周围山连山，峰连峰，谷深崖绝，山高路狭，中通一条狭窄的羊肠小道，往来仅容一车一马。过去人们常以"细路险与猿猴争""人间路止潼关险"来比拟这里形势的隆要。潼关八景是潼关地区能够欣赏的八处胜景，指的是雄关虎踞、禁沟龙湫、秦岭云屏、中条雪案、风陵晓渡、黄河春张、谯楼晚照、道观神钟等。

塞①芦子

杜 甫

五城何迢迢，迢迢隔河水②。
边兵尽东征，城内空荆杞。
思明割怀卫③，秀岩④西未已。
回略⑤大荒⑥来，崤函盖虚尔⑦。
延州秦北户，关防犹可倚。
焉得一万人，疾驱塞芦子。
岐有薛大夫⑧，旁制山贼起。
近闻昆戎徒⑨，为退三百里。
芦关扼两寇⑩，深意实在此。
谁能叫帝阍⑪，胡行速如鬼。

【背景】

天宝十一载（752）十一月，安史之乱爆发了，中原一带生灵涂炭，杜甫亦饱受战乱之苦。乱起之后，杜甫带着家小由奉先往白水，又由白水向陕北流亡。吃野果子、搭窝棚，诗人和流亡的人民群众一起忍受了国破家亡的痛苦。次年七月十三日，太子李亨在灵武（今属宁夏）继位，改元至德。杜甫此时已逃到鄜州（今陕西富县一带），八月间得知新的皇帝唐肃宗即位了，便把家小安置在羌村，独身一人离开鄜州，北上延州（今陕西延安），想出芦子关（陕西横山县附近），投奔灵武。杜甫来到今延安（原名延州）后，又累又饿，本想停下来休息，当看到眼前这座庞大的关城时，顿觉浑身有力，登上了最高峰，提笔写下《塞芦子》一诗，此诗表现了杜甫筹边的策略，同时也可见杜甫"临危莫爱身"的爱国精神。诗中的千古绝句"延州秦北户，关防犹可倚，焉的一万人，疾驱塞芦子"成为安塞世代的骄傲。

【注释】

①塞，是堵塞。　②隔河水：河水指黄河。五城是定远、丰安和三个受降城，因都在黄河北，故曰"隔河水"。　③怀卫：怀卫，二州名。　④秀岩：指高秀岩，他本是哥舒翰部将，后降安禄山，这时和史思明合兵而西。　⑤回略：迂回地包抄。　⑥大荒：指西北。　⑦虚尔：兵力空虚。　⑧薛大夫：指扶风太守薛景仙。安史之乱中，长安沦陷，太子北上灵武。薛景仙的扶风成为对抗叛军、保证行在安危的重要屏障。⑨昆戎徒：与上文"山贼"同指吐蕃。　⑩两寇：指思明和秀岩。⑪帝阍：指天子之门。此句意为胡兵行动迅速，要快点叫醒朝廷。

【旅游看点】

芦子 关名，在延安西北。据《安塞县志》芦子关距今安塞县城北75公里。此地山高坡陡，峡谷状如葫芦。古代各封建王朝都派兵把守，被视为咽喉重地。唐长庆四年（824），李彝为朔方节度使，在芦关建造城防，以护塞外。后唐长兴四年（933）药彦稠诸将讨伐盘踞夏州的李彝超时，首先屯兵芦关，以壮军威。从芦关的烽火台远远望去，两山对峙，山下悬崖峭壁，犹如两扇大门，真是一座天然雄关。延河在这里跌宕生姿，随着岁月的推移，把两边的石崖切割得奇形怪状。群山中一山突现，周围的山峰高峻雄奇，唯此山的山腰形成一个平台。离此处不到2里处，有东西两座古城堡。两城相邻，前后连环。西城较小，只剩大体轮廓；东城较大，也成葫芦行，城墙从山顶逶迤而下。游人坐在石坪上，可以欣赏大自然的雄奇。

延安市 位于黄河中游，属黄土高原丘陵沟壑区。城区处于宝塔山、清凉山、凤凰山三山鼎峙中，延河、汾川河二水交汇之处的位置，成

为兵家必争之地,有"塞上咽喉""军事重镇"之称,被誉为"三秦锁钥,五路襟喉"。延安是中华民族重要的发祥地,也是中国革命的圣地。延安是中国优秀旅游城市,有着"中国革命博物馆城"的美誉。主要旅游景点有中国第一号古墓葬之称的轩辕黄帝陵、宝塔山景区、子长钟山石窟、黄河壶口瀑布、中国最大的野生牡丹群和花木兰故里万花山、黄河蛇曲国家地质公园(乾坤湾)、延安国家森林公园、洛川黄土国家地质公园等。延安是中国红色旅游景点最多、内涵最丰富、知名度最高的红色旅游资源富集区,有枣园革命旧址、杨家岭革命旧址、王家坪革命旧址、凤凰山革命旧址、南泥湾、清凉山、延安革命纪念馆、延安新闻纪念馆、中国抗日军政大学纪念馆等,是中国保存最完整、面积最大的革命遗址群。

安塞腰鼓 数千年的历史文化积淀,孕育了韵味淳厚的黄土风情文化。安塞腰鼓具有2000多年的历史。由几人或上千人一同进行表演,磅礴的气势、精湛的表现力令人陶醉,被称为"天下第一鼓"。安塞腰鼓是"安塞三绝"之一,2006年5月20日,安塞腰鼓经国务院批准被列入第一批国家级非物质文化遗产名录。

题石窟

宋 昱

梵宇开金地①,香龛②凿铁围③。

影中群象动,空里众灵飞。

檐牖④笼朱旭,房廊挹⑤翠微。

瑞莲⑥生佛步,瑶树⑦挂天衣。

邀福⑧功虽在,兴王代久非。

谁知云朔外,更睹化胡⑨归。

【背景】

宋昱(生卒年不详),为杨国忠党,官至中书舍人。资产甚富,至德元年(756)被乱兵所杀。现存诗三首。

这是历史上最早写大同云冈石窟的诗。诗中讲了石窟开凿的时代、石窟佛像的生动形象、景色的秀丽和神奇的传说。

【注释】

①梵宇、金地:都指佛寺。 ②龛:盛佛像或神主的阁子,这里指石窟。 ③铁围:此指云冈石窟所在的武周山。 ④檐牖:屋檐下的窗户。 ⑤挹(yì):舀,收取。 ⑥瑞莲:吉祥的莲花。 ⑦瑶树:此处泛指佛国宫的一切珍树奇木。 ⑧邀福:祈福。 ⑨化胡:东晋时,道士王浮为扬道抑佛,杜撰《老子化胡经》一书,敷衍出一段老子死后转生天竺(古印度)为佛,教化释迦成道的故事。

【旅游看点】

云冈石窟 位于中国北部山西省大同市西郊 17 公里处的武周山南麓。始建于 460 年，由当时的佛教高僧昙曜奉旨开凿。石窟依山开凿，东西绵延 1 公里。按照开凿的时间可分为早、中、晚三期，不同时期的石窟造像风格也各有特色。现存有主要洞窟 45 个，大小窟龛 252 个，石雕造像 51000 余尊，为中国规模最大的古代石窟群之一，与敦煌莫高窟、洛阳龙门石窟和天水麦积山石窟并称为中国四大石窟艺术宝库。云冈石窟是石窟艺术"中国化"的开始，记录了印度及中亚佛教艺术向中国佛教艺术发展的历史轨迹，反映了佛教造像在中国逐渐世俗化、民族化的过程。云冈石窟 2001 年被联合国教科文组织列入《世界遗产名录》，2007 年被国家旅游局评为首批国家 5A 级旅游景区。

大同 位于山西省北部大同盆地的中心，晋冀与内蒙古三省区交界处、黄土高原东北边缘，为全晋之屏障、北方之门户。且扼晋、冀、内蒙古之咽喉要道，有"北方锁钥"之称。自古为军事重镇和战略重地，是兵家必争之地。马铺山是汉代刘邦与匈奴奋战七昼夜的战场；金沙滩（属山西朔州）是杨家将血战的疆场。大同在历史上一直是中国北方比较有影响力的大城市之一，素有"三代京华，两朝重镇"之称。五岳之一的北岳恒山、古代建筑的杰出代表悬空寺声名远扬。以云冈石窟、北魏悬空寺为代表的北魏文化；以华严寺、善化寺、观音堂、觉山寺塔、圆觉寺塔为代表的辽金文化；以边塞长城、兵堡、龙壁、明代大同府城为代表的明清文化，构成了大同鲜明的地域文化特色。

北岳庙

贾 岛

天地有五岳，恒岳居其北。
岩峦叠万重，诡怪①浩②难测。
人来不敢入，祠宇白日黑。
有时起霖雨③，一洒天地德。
神兮安在哉，永康我王国。

【背景】

贾岛（779—843），字阆仙，唐朝河北道幽州范阳县（今河北涿州）人。中唐诗人。曾出家为僧，后还俗，屡举进士不第。其诗喜写荒凉枯寂之境，颇多寒苦之辞。以五律见长，注意词句锤炼，刻苦求工，人称诗奴，与孟郊共称"郊寒岛瘦"。本诗充满了诡怪难测的色彩，突出了恒山的高耸险峻。

贾岛初次在京城里参加科举考试。一天他骑在驴背上想到了一句诗："鸟宿池边树，僧敲月下门。"想用"推"字，又想用"敲"字，反复思考没有定下来，便继续吟诵，不停做着推和敲的动作，周围的人对此感到惊讶。当时韩愈临时代理京城的地方长官，他正带车马出巡，贾岛不知不觉走到韩愈仪仗队的第三节，还在不停地做推敲的手势。于是就被韩愈左右的侍从拥到韩愈的面前。贾岛详细地解释了他在酝酿的诗句，用"推"字还是用"敲"字没有确定，精神离开了眼前的事物，忘了回避。韩愈停下车马思考了好一会儿，对贾岛说："用'敲'

字好。"两人于是并排骑着驴马回家，一同谈论作诗的方法，好几天不舍得分别。韩愈因此跟贾岛结下了深厚的友谊。"推敲"一词便由此产生。

【注释】

①诡怪：奇异怪诞。　②浩：广大。　③霖雨：连绵大雨。

【旅游看点】

恒岳　即北岳恒山，与东岳泰山、西岳华山、南岳衡山，中岳嵩山并称为五岳。它横跨晋、冀两省，西衔雁门关、东跨太行山，南障三晋，北瞰云、代二州，莽莽苍苍，横亘塞上，巍峨耸峙，气势雄伟。景区以双峰并峙的天峰岭和翠屏峰为中心，主峰天峰岭在浑源县城南，海拔2016.8米，被称为"人天北柱""绝塞名山""天下第二山"。苍松翠柏、庙观楼阁、奇花异草、怪石幽洞构成了著名的恒山十八景。恒山因险峻的自然山势和独特的地理位置，成为兵家必争之地。许多帝王、名将都在此打过仗，这是恒山在五岳中最引以为豪的。关隘、城堡、烽火台等众多古代战场遗迹被保存了下来，气势壮观，风景如画。

悬空寺　位于恒山金龙峡西侧翠屏峰的峭壁间，始建于1400多年前的北魏王朝后期，是国内仅存的佛、道、儒三教合一的独特寺庙。悬空寺距地面高约60米，最高处的三教殿离地面90米，素有"悬空寺，半天高，三根马尾空中吊"的俚语，以如临深渊的险峻而著称。因历年河床淤积，现仅剩58米。其建筑特色可以概括为"奇、悬、巧"三个字。奇——远望悬空寺，像浮雕嵌在峭壁间，近看，大有凌空欲飞之势。悬——全寺共有殿阁40间，表面看上去支撑它们的是十几根碗口粗的木柱，其实有的木柱根本不受力。巧——建寺时因地制宜，充分利用峭壁的自然状态布置和建造寺庙各部分建筑，将一般寺庙平面建筑的布局、形制等建造在立体的空间中。唐开元二十三年（735），李白游览悬空寺后，在石崖上留下"壮观"二字。明代大旅行家徐霞客称悬空寺为"天下巨观"。

雁门太守行

李 贺

黑云压城城欲摧，甲光①向日金鳞开②。
角声满天秋色里，塞上燕脂③凝夜紫。
半卷红旗临易水④，霜重鼓寒⑤声不起。
报君黄金台⑥上意，提携玉龙⑦为君死！

【背景】

李贺（790—816），字长吉，河南福昌（今河南洛阳宜阳县）人，中唐诗人，是唐宗室郑王李亮后裔。有"诗鬼"之称，与李白、李商隐三人并称唐代"三李"。李贺20岁到京城长安参加科举考试，唐朝重视科举出身，因父亲名中"晋"与进士的"进"同音，以冒犯父名被取消考试资格。由于他才华出众，担任了名为奉礼郎的卑微小官，后辞官归乡隐居，功名无成，哀愤之思日深。加之其妻病卒，李贺忧郁成疾，27岁因病离世。留下了"黑云压城城欲摧""雄鸡一声天下白""天若有情天亦老"等千古佳句。

关于此诗创作年代有两种说法。一种说法是此诗作于唐宪宗元和九年（814）。当年唐宪宗以张煦为节度使，领兵前往征讨雁门郡之乱，李贺即兴赋诗鼓舞士气，作成了这首《雁门太守行》。另一种说法，据唐张固《幽闲鼓吹》载：李贺曾把诗卷送给韩愈看，此诗放在卷首，韩愈看后也很欣赏。而这是元和二年（807）的事。据一些传说和材料记载推测，认为此诗应该是写平定藩镇叛乱的战争。

据《唐语林》记载:"李贺以歌诗谒韩愈,愈时为国子博士分司,送客归,极困。门人呈卷,解带旋读之,有篇《雁门太守行》云:黑云压城城欲摧,甲光向日金鳞开。却缓带,命迎之。"在韩愈的大力推荐下,李贺声名远扬。

【注释】

①甲光:铠甲迎着太阳闪出的光。 ②金鳞开:(铠甲)像金色的鱼鳞一样闪闪发光。 ③燕脂:即胭脂,这里指暮色中塞上泥土有如胭脂凝成。夜紫和燕脂都暗指战场的血迹。 ④易水:河流名,发源于河北省易县境内,因燕太子丹送荆轲刺秦于此作别,高渐离击筑,荆轲合着音乐高歌:"风萧萧兮易水寒,壮士一去兮不复还!"而名扬天下。 ⑤霜重鼓寒:天寒霜降,战鼓声沉闷而不响亮。 ⑥黄金台:故址在今河北省易县东南,相传战国燕昭王所筑。燕昭王求士,筑高台,置黄金于其上,广招天下人才。 ⑦玉龙:宝剑的代称。

【旅游看点】

雁门关 坐落于山西忻州的代州古城北部勾注山脊,是中国古代关隘规模最宏伟的军事防御工程。

雁门关是宋明两代的历史标志，长城上的重要关隘，与宁武关、偏关合称为"外三关"。《吕氏春秋》中说它居"天下九塞"之首。雁门关关楼上"三关冲要无双地，九寨尊崇第一关"的对联，形象地表述出雁门关的险要地理与重要位置。雁门关还是中国历史上最著名的古战场。据统计，两千多年来，发生在雁门关的战争有文字记载的就有二百二十多场，涌现的英勇战将更是无可计数，是历代名将建功立业的主要场所。明朝初年，代州城内建造了一座宏大的将军庙，把历史上在雁门关英勇杀敌的所有将军们都加以供奉。据明朝万历年间《代州志》记载，庙内供奉的历代将军共有三十四位，其中李牧、周勃、李广、卫青、霍去病、杜延年、郅都、牵招、杨素、李靖、李广进、杨业、杨延昭等著名战将都名列其中。

忻州 位于山西省中北部，素有"晋北锁钥"之称。忻州文化积淀深厚，传统艺术源远流长，有"摔跤之乡""民歌海洋"之誉。忻州旅游资源独具特色。山、水、庙、关、林、泉、洞等名胜古迹遍布，有五台山、芦芽山、赵杲观、禹王洞四座国家级森林公园，有历史上著名的古长城重要关隘雁门关、宁武关、偏头关，有八路军总部遗址、有现存最大的祠宇杨家祠堂，有旧中国最大的封建官僚私邸阎锡山故居，有黄河娘娘滩、宁武天池、万年冰洞等一大批旅游景点。

春日晋祠同声会集得疏字韵

李 益

风壤①瞻唐本②,山祠③阅晋馀。
水亭④开帘幕⑤,岩榭引簪裾⑥。
地绿苔犹少,林黄柳尚疏。
菱苕⑦生皎镜⑧,金碧⑨照澄虚⑩。
翰苑⑪声何旧,宾筵醉止初。
中州有辽雁,好为系边书⑫。

【背景】

李益(748—829),字君虞,陇西姑臧(今甘肃武威)人,后迁河南郑州。中唐边塞诗的代表诗人。大历进士,曾官至礼部尚书。"大历十才子"之一。其边塞诗主要抒写边地士卒久戍思归的幽怨心情,不复有盛唐边塞诗的豪迈乐观情调。他擅长绝句,尤工七绝。

唐代蒋防曾写唐传奇《霍小玉传》,据说就是以李益为原型而作。故事写陇西李益与妓女霍小玉的爱情悲剧。李益初与霍小玉相恋,同居多日。得官后,聘表妹卢氏,与小玉断绝。小玉日夜思念成疾,后得知李益负约,愤恨欲绝。忽有"豪士"挟持李益至小玉家中,小玉誓言死后必为厉鬼报复。李益娶卢氏后,因猜忌休妻,"至于三娶,率皆如初焉"。明代胡应麟称赞:"此篇尤为唐人最精彩动人之传奇"。

【注释】

①风壤:风俗、风土。 ②唐本:晋阳(今太原)北有故唐城,

相传为帝尧所建。 ③山祠：晋祠位于悬瓮山麓，故称山祠。 ④水亭：指难老泉亭，在晋祠圣母殿南。 ⑤帟（yì）幕：小帐篷。 ⑥簪裾（jū）：显贵者的服饰，这里指达官贵人。 ⑦菱苕（tiáo）：菱和芦苇，两种水生植物。 ⑧皎镜：像镜子一样的水面，比喻水面清澈。 ⑨金碧：琉璃瓦的金碧色。 ⑩澄虚：清澄的天空。 ⑪翰苑：文坛、文苑。 ⑫系边书：系家书于雁足，托鸿雁传书。

【旅游看点】

晋祠 位于山西省太原市晋源区晋祠镇，原名为晋王祠，初名唐叔虞祠，是为纪念晋国开国诸侯唐叔虞（后被追封为晋王）及母后邑姜后而建。晋祠为晋国宗祠，是中国现存最早的皇家园林。晋祠是中国唐宋古建、园林、雕刻艺术的典范。现存的有盛唐时期碑刻，宋、元、明、清不同时期的古代建筑100余座，特别是主体建筑圣母殿被誉为中国古代建筑史上唯一具有典型性的北宋时期代表性建筑实例。保存在圣母殿内的宋塑群像不仅是中国雕塑史上唯一反映宫廷人物的造像，也是中国雕塑史上的罕见精品。殿内两侧为难老、善利二泉，晋水主要源头由此流出，常年不息，水温17℃左右，清澈见底。祠内贞观宝翰厅有唐太宗写的"御碑""晋祠之铭并序"。晋祠内还有著名的周柏、唐槐，周柏位于圣母殿左侧。唐槐在关帝庙内，老枝纵横，至今生机勃勃，郁郁苍苍，与川流不息的难老泉和精美的宋塑42个侍女像、圣母像誉为"晋祠三绝"。

太原 濒临汾河，三面环山，自古就有"锦绣太原城"的美誉，是中国北方军事、文化重镇，世界晋商都会。太原曾经是唐尧故地、战国名城、北朝霸府、天王北都、中原北门、九边重镇、晋商故里。太原有丰富的文化遗产，晋祠古典园林，其宋代的建筑和塑像尤为珍贵；天龙山佛教石窟，石雕像为中原地区罕见的佳作；龙山道教石窟，是中国仅有的元代道教石窟；双塔永祚寺，其"双塔凌霄"已成为太原的标志。太原被称为面食之都，刀削面是最有代表性的美食，堪称天下一绝，已有数百年的历史。

七月一日晓入太行山

李 贺

一夕绕山秋，香露①濭②蒙蓈③。
新桥倚云阪④，候虫嘶露朴⑤。
洛南今已远，越衾⑥谁为熟⑦。
石气何凄凄，老莎⑧如短镞⑨。

【背景】

　　元和八年（813）春，李贺告病回昌谷（今洛阳宜阳）休养了一段时日。但他不甘沉沦，又举足南游，希望在南楚或吴越一展才华，但无甚结果。他折回洛阳，告别长辈亲友，同年十月十四日又西进长安。元和九年（814），他决然辞去奉礼郎之职，重回昌谷"归卧"。然后取道宜阳、洛阳、经河阳，入太行，过长平、高平，于深秋到达潞州（今山西长治）。此后在潞州张彻的荐举下，做了三年的幕僚。此诗即从昌谷赴山西潞州时途中所作。

　　李贺有积极用世的政治怀抱，虽然仕途困厄，疾病缠身，诗风以空灵甚至诡异见长，奇特的语言营造悲冷的氛围是李贺诗歌最为成功的因素之一。旧历七月初一被认为是入秋的第一天，这首诗写早秋的太行山晓景，凄清、惆怅，正是李贺诗歌一贯的艺术风格。

【注释】

　　①蓝：为萝类。　②濭（kè）：本意指水流，这里指沾湿。　③蒙（lù）：也叫王刍，恶草。　④云阪：山深有云气生处。　⑤露朴，带有

露水的丛生之木。 ⑥越衾，用越布做的被子。 ⑦谁为熟：因要早起而行，不能熟寐。 ⑧莎：莎草，即香附子，可入药。 ⑨镞，箭头。

【旅游看点】

太行山 又名五行山、王母山、女娲山，耸立于北京、河北、山西、河南4省市间，山脉北起北京市西山，向南延伸至河南与山西交界地区的王屋山，西接山西高原，东临华北平原，呈东北—西南走向，绵延数400余公里。它是中国地形第二阶梯的东缘，也是黄土高原的东部界线，是中国东部地区重要山脉和地理分界线。太行山脉多东西向横谷，自古就是交通要道，商旅通衢。古时有著名的"太行八陉"。太行山北高南低，大部分海拔在1200米以上。山势东陡西缓，山中多雄关，著名的有位于河北的紫荆关，山西的娘子关、虹梯关、壶关、天井关等。太行山形势险峻，历来被视为兵要之地。从春秋战国直到明、清，两千多年间烽火不息。主要景点有位于山西省长治市的通天峡景区、位于山西省壶关县的大峡谷景区、位于河北省石家庄市的苍岩山景区、位于河北省邢台市的邢台峡谷群和天河山景区、位于河北省邯郸市的京娘湖景区、古武当山景区和朝阳沟景区、位于河南省济源市的王屋山景区等。

太行八陉 陉（xíng）即山脉中断的地方。太行八陉即古代晋、冀、豫三省穿越延袤千里、百岭互连的太行山相互往来的8条咽喉通道；著名的有军都陉、蒲阴陉、飞狐陉、井陉、滏口陉、白陉、太行陉、轵关陉等，古称太行八陉，是三省边界千峰耸立、交错山岭之间的重要军事关隘所在之地。太行八陉中的轵关陉、太行陉、白陉合称南三陉，是古来山西与中原之间的要隘。

洛南 位于陕西省东南部，属商洛市。洛南生态环境优美，地处秦岭东段，横跨长江黄河两大流域，是天然的避暑胜地。洛南有丰厚的文化遗产，是华夏汉字文化故里，字圣仓颉造字于此，故洛南又是华夏文明的发祥地之一。仓颉传说、静板书被列为国家级非物质文化遗产。洛南文庙、秦岭观华山等是其著名景点。

登鹳雀楼

王之涣

白日依①山尽,
黄河入海流。
欲穷②千里目,
更上一层楼。

【背景】

　　王之涣仕途颇为不顺,开元十四年(726)曾任冀州衡水主簿,因被人诬谤,乃拂衣去官。此后十五年,王之涣赋闲在家,过着清苦的生活,《登鹳雀楼》便作于家居期间。王之涣与岑参、高适、王昌龄被世人称为我国唐代著名的"四大边塞诗人"。可惜诗歌散失严重,传世之作仅六首。

　　沈括在《梦溪笔谈》中记述:"河中府鹳雀楼三层,前瞻中条,下瞰大河。唐人留诗者甚多。"王之涣的这首五绝是"唐人留诗"中的不朽之作。根据武汉大学教授王兆鹏对唐诗影响力的研究,中华书局出版的《唐诗排行榜》一书,《登鹳雀楼》排名高居第四位。

　　《登鹳雀楼》刚刚问世之际,人们只觉得此诗朗朗上口,意境非凡,并不知道作者是谁。女皇帝武则天读到此诗以后,也是喜不自禁,于是就问亲信大臣李峤:是哪位才子写下了这首绝句,朕要好好封赏他。李峤一听,心生邪念,当即回答是自己的好友朱佐日。女皇帝立刻将朱佐日召来,赏给了彩绸百匹,并赐封了御史官衔,以示对天下才子的嘉奖和恩宠。而此诗的真正作者王之涣,却因为无人器重,穷困潦倒到了极点。后人为他打抱不平,于是演绎出了王之涣、高适、王昌龄在酒楼中与伶人打赌赛诗,最后王之涣拔了头筹的典故，即有名的"旗亭画壁"的故事。

【注释】

①依：依傍。 ②穷：穷尽，使达到极点。

【旅游看点】

鹳雀楼 又名鹳鹊楼，是国家4A级旅游景区。古时因时有鹳雀栖其上而得名。位于山西永济市蒲州古城西面的黄河东岸，与湖北的黄鹤楼、湖南的岳阳楼、江西的滕王阁并称中国古代四大名楼。由北周大将军宇文护建造。鹳雀楼自公元6世纪的北周创建，到元初因兵燹毁灭，数百年间，一直是历代名流显宦、文人雅士登高望远，观瞻黄河，吟咏酬唱，流连忘返之处，并留下了无数脍炙人口的名篇。鹳雀楼，作为黄河文化的象征，中国古代建筑的精品，其模型陈列在北京人民大会堂内，也曾作为珍贵的礼品，赠送澳门特别行政区政府永久收藏。原楼元代因战火被毁，其故址也因明代黄河泛滥而淹没。1997年12月开始复建，围绕鹳雀楼而规划的文化景区，分为鹳雀楼观览区、蒲州风情区、黄河风情区和视觉景观控制区四大部分。2002年9月26日，新鹳雀楼落成并正式对游人开放。其外观四檐三层，内分六层，是现存最大的仿唐建筑，也是国内唯一采用唐代彩画艺术恢复的国内最大的仿唐建筑。

永济 地处山西省西南端，位于晋、秦、豫"黄河金三角"区域中心，是山西省的南大门。"舜都蒲坂、大唐蒲州、爱情圣地、旅游名城"是永济的城市名片。永济旅游资源十分丰富，文化遗址、宝寺名刹、名人故里、山川名胜达140余处，是晋南黄河根祖文化旅游区的龙头，形成了以鹳雀楼为龙头的西线人文景观旅游区和以五老峰为龙头的东线自然景观旅游区。《西厢记》的发生地普救寺、国家级风景名胜区五老峰、中条第一禅林的万固寺、避暑胜地王官谷、杨贵妃故里等声名远扬。

同赵校书题普救寺

杨巨源

东门高处天,一望几悠然。
白浪过城下,青山满寺前。
尘光①分驿道②,岚色③到人烟。
气象④须文字,逢君⑤大雅篇⑥。

【背景】

杨巨源(755—?),字景山,后改名巨济。河中治所(今山西永济)人。贞元五年(789)进士。曾任太常博士、礼部员外郎,凤翔少尹,国子司业等职,年七十退休,后为河中少尹,食其禄终身。

杨巨源与白居易、元稹、刘禹锡、王建等人交好,甚受尊重。《唐诗纪事》说:"杨巨源以'三刀梦益州,一箭取辽城'得名,故乐天诗云:早闻一箭取辽城,相识虽新有故情。清句三朝谁是敌?白须四海半为兄。"

【注释】

①尘光:尘土的颜色。 ②驿道:驿使送公文所走的道路。 ③岚色:山岚的颜色。 ④气象:自然界的景象。 ⑤君:指赵校书。 ⑥大雅篇:指《诗经大雅》,指对才德高尚之人的赞美。

【旅游看点】

普救寺 位于山西省运城市永济市蒲州古城东3公里的西厢村的塬上。始建于唐武则天时期,原名西永清院,是一座佛教十方院。元代王实甫《崔莺莺待月西厢记》中说的"红娘月下牵红线,张生巧会崔莺莺"的爱情故事就发生在普救寺内。普救寺的建筑富丽堂皇,"红墙匝绕，古塔高耸，绿树丛中，殿宇隐现"。普救寺的建筑由寺院和园林两部分组成，寺院部分在前，园林部分在后。寺院建筑布局为上中下三层台，东中西三轴线（西轴为唐代，中轴为宋金两代，东轴为明清形制），从前到后，西轴线上的建筑有大钟楼、塔院回廊、莺莺塔、大雄宝殿；中轴线上有天王殿、菩萨洞、弥陀殿、罗汉堂、十王堂、藏经阁；东轴线上有前门、僧舍、枯木堂、正法堂、斋堂、香积厨等，规模恢宏，别具一格。加之和《西厢记》故事密切关联的建筑：张生借宿的"西轩"、崔莺莺一家寄居的"梨花深院"、白马解围之后张生移居的"书斋院"穿插其间。寺后是一地势高低起伏，形制活泼的园林花园。历史名剧《西厢记》，描述了张生和崔莺莺的爱情故事。当年，张生赴京赶考，途中遇雨，到普救寺游玩，碰巧，在寺内看见了扶送父亲灵柩回乡时滞留在寺内的崔莺莺，两人一见钟情。张生当年的读书处西轩，就在大雄宝殿的西侧。莺莺和她母亲、侍女红娘居住的梨花深院，就在大雄宝殿的东侧。在这里有张生越墙会莺莺的跳墙处，也有张生上墙踩踏过的杏树。

莺莺塔 位于普救寺西轴线上，原名舍利塔，是佛寺中的瞻礼建筑。因《西厢记》中红娘月下牵线，张生巧会莺莺的动人故事发生在塔下，它便成了崔张恋爱的历史见证，又因其形制清秀挺拔，婀娜多姿，所以，人们称它为"莺莺塔"。莺莺塔具有奇特的回声效应。在塔的附近以石相击，人们在一定位置上便可听到"咯哇、咯哇"的回声，类似青蛙鸣叫，称之"普救蟾声"，为古时永济八景之一。莺莺塔回廊西侧外有一个击蛙台，这是击石的最佳位置；台下不远的山坡上有一座小亭，名叫蛙鸣亭，这里是听类似青蛙鸣叫回音的最好去处。莺莺塔还具有收音机、窃听器和扩大器的效能。在莺莺塔下，人们可以听到从塔内传来的二点五公里外蒲州镇上的唱戏声、锣鼓声，附近村镇上的汽车声、拖拉机声，人们在家里的说话声、嬉笑声以及鸡鸣狗叫声。另外，塔下的鸟叫声，通过莺莺塔的"扩音"之后，声音变大，可以传播到很远的地方。这座塔同北京天坛的回音壁、河南宝轮寺塔、四川潼南县大佛寺内的"石琴"，并称为中国现存的四大回音建筑；和缅甸掸邦的摇头塔、匈牙利索尔诺克的音乐塔、摩洛哥马拉克斯的香塔、法国巴黎的钟塔、意大利的比萨斜塔,并称为世界六大奇塔。

蒲州古城 位于山西省永济市境西南约17公里处黄河东岸,《帝王世纪》云"尧旧都在蒲,舜都蒲坂",传说指的就是这里。唐代和明代的蒲州城规模最大,是此城两个繁荣昌盛时期。据《蒲州府志》记载,蒲州古城高八丈、方圆一千六百步,比现今的平遥古城大两万余米,是山西境内最大的古城。后因地震,黄河泛滥以及战争等原因破坏严重。1947年因黄河水涨,大量居民迁出,1959年,因三门峡水库建设,蒲州城被列入淹没区,城内居民全部迁出,古城从此废弃。现古城城砖剥揭几尽,但城坯土垣轮廓几乎完整保存,城内鼓楼及南、西、北门遗构清晰可见。现主要景点为蒲津渡遗址,位于黄河东岸,与普救寺相依。历史上这里曾有一座横跨黄河的浮桥,比西方波斯军队架的博斯普鲁斯海峡浮桥还要早48年,堪称天下第一浮桥。1991年完整出土了唐开元十二年(724)铸造的铁牛四尊、铁人四尊、铁山两座、铁墩四个、七星铁柱一组、明代防护石堤70余米、明正德十六年(1521)记事碑一通。四尊铁牛是至今中国发现的历史最早、体积最大、分量最重、数量最多、工艺最精的渡口铁牛,是中华古代文明成就的又一重大发现。2001年被国务院公布为全国重点文物保护单位。

春夜洛城闻笛

李 白

谁家玉笛暗飞声,
散入春风满洛城①。
此夜曲中闻折柳②,
何人不起故园③情。

【背景】

　　这首诗是唐玄宗开元二十二年(734)或二十三年(735)李白游洛城(即洛阳)时所作。洛阳在唐代是一个很繁华的都市,时称东都。当时李白客居洛城,大概在客栈里,偶然听到笛声而触发故园情,因作此诗。

【注释】

　　①洛城:即洛阳城,今河南省洛阳市。　②折柳:即《折杨柳》笛曲,乐府"鼓角横吹曲"调名。内容多写离情别绪,唐人有临别时折柳相赠的习俗。　③故园:故乡,家乡。

【旅游看点】

　　洛阳 位于河南省西部、黄河中下游,因地处洛河之阳而得名。洛阳处于豫西山区,东临嵩岳,西依秦岭,南望伏牛,北靠太行,形成了"河山拱戴,形势甲于天下"之势,有"四面环山六水并流、八关都邑、十省通衢"之称。洛阳是东汉、曹魏、西晋、北魏及隋唐时期丝绸之路的东方起点,隋唐大运河的中心枢纽。以洛阳为中心的河洛文化是中华民族文明的源头与核心,河图洛书在此诞生。洛阳是中国四大古都之一，曾为十三朝古都，因此有"千年帝都"之称，是中国历史上唯一被定命名为神都的城市，中国历史上唯一的女皇武则天就定都在此。牡丹因洛阳而闻名于世，有"洛阳牡丹甲天下"之称，被誉为"千年帝都，牡丹花城"。洛阳旅游景点有丰富的人文景观，其中龙门石窟是中国四大石窟之一，白马寺是中国第一座官办佛教寺院，洛阳古墓博物馆是世界上最大的古墓群，此外还有二程墓、白园、关林等一大批历史遗迹。

折柳 我国古代有"折柳送别"的风俗。古时柳树又称小杨或杨柳，因"柳"与"留"谐音，可以表示挽留之意。离别赠柳表示难分难离、不忍相别、恋恋不舍的心意。折柳一词最早出现在汉乐府《折杨柳歌辞》"上马不捉鞭，反折杨柳枝。蹀座吹长笛，愁杀行客儿。""折柳"一词寓含"惜别怀远"之意。"折柳送别"时，要吹笛，有时还要放声歌唱，所以，古诗中常把折柳、吹笛（唱曲）联系在一起，来表达依依惜别的深情。《折杨柳》曲多表现伤离惜别之情，其音哀怨幽咽。唐朝时这一民间习俗在文人墨客中成为时尚，因送别的地点多在长亭、桥头或大堤，长安灞桥就成了有名的送别之地。隋唐灞桥建于隋开皇三年（503），是中国迄今发现时代最早、规模最大的多孔石拱桥。灞桥在唐朝时设有驿站，凡送别亲人好友东去，一般都要送到灞桥后才分手，此桥也曾因此被叫作"销魂桥"，流传着"年年伤别，灞桥风雪"的词句。"灞桥风雪"从此成了长安胜景之一。送别之人往往折下桥头柳枝相赠，相传那个地方的杨柳被送行人攀折殆尽。唐代文人雅士们不断写诗作赋，仅《全唐诗》中直接描写或提及灞桥（灞水、灞陵）的诗篇就达114首之多，灞桥折柳赠别的离愁别绪和深情厚谊就被定格了下来。唐代的灞桥早已荒废，现在的灞桥将原石板桥改为钢筋混凝土桥，现桥宽10米，两旁还各留宽1.5米的人行道，成为一条阳关大道。1994年，当地人在灞河取沙时意外发现灞桥遗址。遗址桥墩长约400米，已清理三孔桥洞（桥墩4座、残券拱3孔），2004年国庆节期间一场大水过后，又冲出隋代桥墩10座，残长约100米，隋唐灞桥为全国重点文物保护单位。

赏牡丹

刘禹锡

庭前芍药①妖无格,
池上芙蕖②净少情。
唯有牡丹真国色③,
花开时节动京城。

【背景】

刘禹锡(772—842),字梦得,河南洛阳人,其祖先为中山靖王刘胜。唐朝文学家、哲学家,有"诗豪"之称。刘禹锡诗文俱佳,涉猎题材广泛,与柳宗元并称"刘柳",与韦应物、白居易合称"三杰",并与白居易合称"刘白"。

牡丹是中国的特产名花,春末开花,花大而美。唐代高宗、武后时开始从汾晋(今山西汾河流域)移植于京城,玄宗时传入长安被视为珍品。此诗即写唐人赏牡丹的盛况。描绘了唐朝惯有的观赏牡丹的习俗和牡丹的倾国之色。

宋人笔记《事物纪原》:"(唐)武后诏游后苑,百花俱开,牡丹独迟,遂贬于洛阳,故洛阳牡丹冠天下。"李肇《唐国史补》卷中写道:"京城贵游尚牡丹,三十余年矣。每春暮,车马若狂,以不耽玩为耻。执金吾铺官围外,寺观种以求利,一本有直数万者。"从此可见牡丹受洛阳人欢迎的盛况。

【注释】

①庭前芍药：多年生草本植物，初夏开花，形状与牡丹相似。
②芙蕖（fú qú）：荷花的别名。　③国色：倾国倾城之美色。

【旅游看点】

洛阳牡丹 作为观赏花卉第一次进入皇家园林始于隋炀帝时期，唐《海山记》记载："隋帝辟地二百里为西苑（今洛阳西苑公园一带），诏天下进花卉，易州进二十箱牡丹，有赫红、飞来红、袁家红、醉颜红、云红、天外红、一拂黄、软条黄、延安黄、先春红、颤风娇……"唐朝初年，武则天将家乡西河的牡丹移于洛阳上林苑，"京国牡丹日月渐盛"。到玄宗时，牡丹由洛阳传入长安，得到了迅速发展。但一方面是由于长安的气候环境不如洛阳"花最宜"，另一方面则是因为长安缺少掌握牡丹培植技艺的花师，所以在经历了中晚唐100多年之后，牡丹在长安逐渐销声匿迹。北宋时期，全国的政治、经济中心转移到洛阳、开封一带。这时恰恰又有一位大文学家欧阳修编撰了《洛阳牡丹谱》《洛阳牡丹图》和《洛阳风土记》三本有关洛阳牡丹花的专著，特别在其中的一篇《洛阳牡丹品序》的文章中，对洛阳牡丹大加赞赏，等于替洛阳牡丹做了一个绝妙的"广告"，从此洛阳的牡丹才算真正的名冠天下了。所以洛阳的牡丹并不是因为武则天的故事而出名，实际上是由于欧阳修的文章而出名的。

中国国花园 坐落于洛阳的中心，洛河南岸的隋唐古城遗址上，东起洛阳桥南——龙门大道，西至牡丹桥南——王城大道，北依洛浦长廊，南望美丽新区。建于2001年9月，2003年4月建成并向中外游人开放。中国国花园以隋唐城历史文化为依托，以牡丹文化为主要内容，熔历史文化、牡丹文化和园林景观为一体，是集科普、科教、游览、保护文化遗址的多功能综合性公园。园内种植牡丹1080多个品种750亩60余万株，是一个近千亩的牡丹主题公园，先后荣获人文类"洛阳新八大景"、洛阳市最佳牡丹观赏园、最佳牡丹观赏景点3个（国色广场、九色同现、木栈道）、"单株花朵最大的牡丹""最受游人欢迎的牡

丹园"、人气最旺的牡丹园等称号。

隋唐遗址植物园 位于隋唐时期古城遗址上,是以河南豫西地区地域性植物和隋唐城遗址文化为基础,坚持科学保护与合理利用相结合,集科研、科普、文化娱乐为一体的综合性植物园。建于 2005 年 12 月,是国家 4A 级旅游景区。隋唐城遗址植物园总占地面积 2864 亩,园内建设了千姿牡丹园、野趣水景园、木兰琼花园、万柳园、岩石园、百草园、梅园、竹园、海棠园、桂花园、芳香园等 17 个专类园区。其中,千姿牡丹园占地 400 亩,由百花园、九色园、特色园、科技示范园组成,共种植九大色系牡丹 1200 多个品种 30 多万株。同时,通过置石、园林小品等艺术手法,以楹联、雕刻等形式,对赞美洛阳牡丹的诗词、典故等进行充分展示,丰富了牡丹文化的内涵,是目前洛阳市牡丹品种最多、花色最全、文化氛围最浓的牡丹园。

宿白马寺

张 继

白马驮经事已空，
断碑残刹见遗踪。
萧萧茅屋秋风起，
一夜雨声羁思①浓。

【背景】

唐玄宗天宝十四年（755），安禄山叛军攻陷洛阳城。756年，安禄山在洛阳称大燕皇帝，东都洛阳遭到严重破坏，白马寺也未能幸免。《旧唐书》曾载："回纥至东京，以贼平，恣行残忍，士女惧之，皆登圣善寺及白马寺二阁以避之。回纥纵火焚二阁，伤死者万计，累旬火焰不止。"张继于"安史之乱"后抵洛，在一个秋雨之夜投宿此寺，目睹兵火残状，触景生情，在感慨万千中，写下了这首《宿白马寺》诗。

【注释】

①羁（jī）思：即羁旅之思。在外做客思念故乡的心情。

【旅游看点】

白马寺 位于河南省洛阳市老城以东12公里，洛龙区白马寺镇内。创建于东汉永平十一年（68），是中国第一古刹，佛教传入中国后兴建的第一座官办寺院，有中国佛教的"祖庭"和"释源"之称。东汉永平七年（64），汉明帝刘庄（刘秀之子）夜宿南宫，梦一个身高六丈，头顶放光的金人自西方而来，在殿庭飞绕。次日晨，汉明帝将此梦告诉给大臣们，博士傅毅启奏说"西方有神，称为佛，就像您梦到的那样"。汉明帝听罢大喜，派大臣蔡音、秦景等十余人出使西域，拜求佛经、佛法。永平八年（65），蔡、秦等人告别帝都，踏上"西天取经"的万里征途。在大月氏国（今阿富汗境至中亚一带），遇到印度高僧摄摩腾、竺法兰，见到了佛经和释迦牟尼佛白毡像，恳请二位高僧东赴中国弘法布教。永平十年（67），二位印度高僧应邀和东汉使者一道，用白马驮载佛经、佛像同返国都洛阳。永平十一年（68），汉明帝敕令在洛阳西雍门外三里御道北兴建僧院。为纪念白马驮经，取名"白马寺"。"寺"字即源于当时东汉负责外交事务的官署"鸿胪寺"之"寺"字，后来"寺"字便成了中国寺院的一种泛称。摄摩腾和竺法兰在此译出《四十二章经》，为现存中国第一部汉译佛典。白马寺现存的遗址古迹为元、明、清时所留，各殿内的佛像大多是元代用干漆制成的，特别是大雄宝殿的佛像，是洛阳现存最好的塑像。寺庙内还存有自唐以来的历代碑碣40多座，以元代书法家赵孟頫手书的《洛京白马寺祖庭记》最为珍贵。寺大门外有两匹宋代的石雕马，大小和真马相当，形象温和驯良。相传这两匹石雕马原在永庆公主（宋太祖赵匡胤之女）驸马、右马将军魏咸信的墓前，后由白马寺的住持德结和尚搬迁至此。寺内主要建筑有山门、殿阁、齐云塔院等。在白马寺广场的东南处塔院桥前有一墓冢，是唐代著名宰相狄仁杰之墓。

白马寺石榴 石榴原产地为现在伊朗、阿富汗和俄罗斯南部。汉武帝时期与葡萄、苜蓿一道被张骞由西域带回长安，作为珍品栽植于上林苑和骊山的温泉宫。东汉至西晋时期，洛阳成为全国石榴的栽植中心。隋唐时期洛阳依然是石榴栽植中心。人们常说五月石榴红胜火，但在白马寺却恰恰相反，这里的石榴花是白色的。农历五月，榴花盛开，晶莹洁白，如玉似雪，十分好看。据说，在古代，白马寺内种植的石榴和葡萄都与别处不一样，枝叶茂盛，果实硕大。葡萄个大如枣，一个石榴重达七斤。故当时在国都洛阳城内，流传着这样的谚语：白马甜榴，一实值牛。

国际佛殿苑 白马寺内现有印度、泰国、缅甸三所外国佛殿。2004

年 6 月 25 日,印度前总理瓦杰帕伊参访白马寺,朝拜印度两位高僧摄摩腾、竺法兰在白马寺的圣冢,萌生在白马寺修建具有印度建筑风格佛殿的念头。2006 年 7 月佛殿动工,2010 年印度总统普拉蒂巴·德维辛格·帕蒂尔和全国政协副主席王志珍出席佛殿落成仪式。2010 年,应我国国家文物局的邀请,缅甸驻华使馆公使衔参赞郭蒂梭先生参加了河南之旅活动,其间获悉可以在洛阳白马寺修建一座供奉缅甸佛像的佛塔。2012 年 4 月 10 日,缅甸风格佛塔奠基典礼举行,缅甸宗教部长一行 17 人莅临参加典礼。佛塔于 2016 年 6 月完工。1992 年,为增进中泰两国佛教界的友谊,泰国善信瓦塔纳先生及多位泰国善信捐赠的一尊高 7.2 米,重 8 吨的铜质镀金佛像运抵白马寺,白马寺出资修建泰式风格佛殿一座以供奉佛像。佛殿于 1992 年奠基,1995 年竣工,1997 年举行佛殿落成和佛像开光典礼。国际佛殿苑是中国与印、缅、泰三国友谊的象征。

香山寺二绝

白居易

（其一）

空山①寂静老夫闲，伴鸟随云往复还。
家酝满瓶书满架，半移生计入香山。

（其二）

爱风岩上攀松盖，恋月潭边坐石棱②。
且共云泉结缘境，他生当作此山僧。

【背景】

　　白居易晚年因厌倦朝廷争斗，加之受佛老思想的影响，决定远离宦海，隐居在东都洛阳。他十分钟爱香山寺的清幽，常常出入香山寺中，但是寺门破败，墙壁剥落，导致僧人的住宿简陋，佛像也已经被侵蚀，不堪言状。于是，白居易决心修复香山寺。在重修香山寺后，他更加喜爱龙门山水和香山风景之美，便移居香山寺，拜僧人如满为师，并自号香山居士。八年后的开成五年（840），白居易又不顾年老体衰为在香山寺建藏经堂尽心尽力，为佛教经典在香山寺保存创造了很好的条件。同年十一月，还把他在洛阳居住十余年所写的八百余首诗辑录为《白氏洛中记》藏于香山寺藏经堂。

　　大和五年（831），白居易的挚友元稹猝死于武昌军节度使任所，弥留之际，他留下遗嘱让白居易为其撰写墓志。元稹死后，他的家人带着价值六七十万贯的马绫、银鞍、玉带等物作为润笔费来见白居易。白居易睹物思人，万分悲痛，一口答应"文不当辞"，但"赀不当纳"，推辞再三。元稹家人坚持留下钱物离开。白居易把这六七十万贯钱物全部作为修缮香山寺的费用，于第二年五月开工，经过三个月的紧张施工，修复后的香山寺再现了"关塞之气色，龙潭之景象，香山之泉石，石楼之风月，与往来者耳目一时而新"的景象。（见《白居易集》940 页《修香山寺记》）

武宗会昌六年（846）八月十四日，白居易于洛阳去世，享年 75 岁，遗命葬于香山寺如满大师塔侧。白居易去世后，唐宣宗李忱写诗悼念他说："缀玉联珠六十年，谁教冥路作诗仙？浮云不系名居易，造化无为字乐天。童子解吟《长恨》曲，胡儿能唱《琵琶》篇。文章已满行人耳，一度思卿一怆然。"

【注释】

①空山：指香山。　②石棱：石头的棱角。此处专指多棱的山石。

【旅游看点】

香山寺 位于河南省洛阳市龙门山的南侧，与龙门石窟隔河相望。始建于北魏熙平元年，武则天称帝时重修该寺，并常亲驾游幸，留下了"香山赋诗夺锦袍"的佳话。白居易曾捐资六七十万贯，重修香山寺，并撰《修香山寺记》，使得寺名大振。清康熙年间再次重修，乾隆皇帝曾巡幸香山寺，称颂"龙门凡十寺，第一数香山"。1936 年香山寺进行重新修建后，为蒋介石庆祝五十寿辰而在寺内建一幢两层小楼，位于香山寺内东南侧，被称为"蒋宋别墅"。

香山赋诗夺锦袍 690 年，武则天在洛阳称帝，她非常钟情于洛阳山水，也很喜欢位于其中的清幽雅致的香山寺，经常在香山寺中石楼坐朝。在一次春游香山寺时，武则天别出心裁，主持了一次"龙门诗会"。唐代诗风很盛，武则天对胜出者"赐以锦袍"，群臣各不相让，奋力争夺。首先成诗的是左史东方虬："春雪满空来，触处如花开，不知园里树，若个是真梅"，武则天觉得东方虬文思敏捷，又才华出众，立即把锦袍赐给了他，而此时，多数大臣也相继成诗，经当众诵读，一致认为宋之问的七言诗更在东方虬之上，武则天遂决定把锦袍赐给宋之问，"香山赋诗夺锦袍"也成了诗坛上的一段佳话。

归嵩山作

王 维

清川带长薄①,车马去②闲闲。

流水如有意,暮禽相与还。

荒城③临古渡,落日满秋山。

迢递④嵩高下,归来且闭关⑤。

【背景】

这首诗作于开元二十二年(734)秋。开元中(713—741),唐玄宗常住东都洛阳,王维在洛阳附近的嵩山也有隐居之所。此诗是王维从济州(今山东济宁)贬所返回后,从长安(今陕西西安)回嵩山时所作,写作者归隐嵩山途中所见的景色和心情。

开元九年(721),王维任大乐丞,因伶人舞黄狮子犯忌,负连带责任,被贬济州司库参军(看粮仓的九品小官),这对刚刚踏入仕途的王维而言是一个较大的打击。王维自小受母亲影响,信奉佛教,因而隐居成为他排解苦闷的一个手段。

据唐传奇《集异记》记载,开元九年(721),王维踌躇满志地参加科举考试,意欲摘取桂冠之时,忽闻有个诗人张九皋通过唐公主的途径,已得到取殿试第一的许诺。王维一筹莫展,只得与好友岐王李范(玄宗弟)斟酌,对方苦思许久,出一妙计。岐王准备好两件事:一是写好其清新隽永的诗作十首;二是谱怨切的琵琶曲一首习熟。五天后,李范为其引见公主。引见之日,李范为王维精心打扮,妙年洁白，风姿郁美的超凡形象，一下就跃入了公主的眼帘。公主便向李范探询，李寓意深长，含笑答："知音者也。"公主听出话外有音，命取琵琶来让其弹奏。王维胸有成竹，弹出一首新曲《郁轮袍》。高超卓绝的精湛技艺和酣畅淋漓的传神情感，深深地拨动了在场聆听者的心弦。曲终，满座宾客无不动容。公主大奇，岐王又介绍："此生非止音律，词学亦无出其右。"王维即献上怀中诗卷，公主读毕惊骇至极曰："这些皆我平时吟诵者，原以为古贤佳作，乃子之为乎？"因令更儒衣再晤，升上客座，穷尽贵宾之礼善待也。当公主悉知王维也是来京赴考的举子时，即曰："此等才华横溢之士不登榜首，更待何人？"还召试官至第，由宫婢传话下去。主考官当然心领神会。殿试之上，王维终于"大魁天下"，从此踏上仕途，名扬四海。

【注释】

①长薄：绵延的草木丛。　②去：行走。　③荒城：应该指的是嵩山附近的登封等县。　④迢递：遥远的样子。　⑤闭关：闭门谢客。

【旅游看点】

少林寺 位于河南省郑州市嵩山五乳峰下，始建于北魏太和十九年（495），因坐落于嵩山腹地少室山茂密丛林之中，故名"少林寺"。少林寺以禅宗和武术并称于世，被誉为天下第一名刹。唐初，少林寺十三和尚因助唐有功，受到唐太宗的封赏，赐田千顷，水碾一具，并称少林僧人为僧兵，从此，少林寺名扬天下。少林寺是汉传佛教的禅宗祖庭，在中国佛教史上占有重要地位。少林功夫是中国武术中体系最庞大的门派，素有"天下功夫出少林，少林功夫甲天下"之说。

嵩山 古时名为"外方"，夏商时称"嵩高"。西周时称"岳山"，周平王迁都洛阳后，定嵩山为"中岳"，五代以后称"中岳嵩山"。嵩山由太室山与少室山组成，共72峰。太室山主峰峻极峰为嵩山之东峰，海拔1492米，主要建筑为中岳庙、嵩阳书院。据传，大禹的第一个妻子涂山氏生启于此，山下建有启母庙，故称之为"太室"（室：妻也）。少室山距太室山约10公里，连天峰为嵩山之西峰，海拔1512米，为嵩山最高峰，主要建筑为少林寺。据说，禹王的第二个妻子，涂山氏之妹栖于此。人于山下建少姨庙敬之，故山名谓"少室"。嵩山是三教的策源地，对三教的形成和传播都起到了极大的作用。

登封 位于河南省中西部，中岳嵩山南麓。夏朝最早在阳城（今登封告成）建都，称为禹都阳城。696年，武则天登嵩山、封中岳，以示大功告成，改嵩阳县为登封县，改阳城县为告成县。金代将两县合并为登封县。登封旅游资源十分丰富，少林寺是佛教禅宗祖庭，中岳庙是五岳之中规模最大的道观，嵩阳书院则是北宋鸿儒程颢、程颐兄弟讲学之所，是宋明理学的发源地之一。

上阳台

李 白

山高水长，

物象千万。

非有老笔①，

清壮何穷②。

【背景】

唐天宝三年（744），李白与杜甫、高适洛阳相遇后，携手同游王屋山，见阳台宫内有已故道士司马承祯所作巨幅王屋山水壁画，遂题此诗。《上阳台》落款"十八日"，无纪年。据王屋山《大唐王屋山中岩台贞一生先庙碣》可知，司马承祯羽化于乙亥（735）六月十八日，可知李白此诗是为司马承祯九周年忌日而作。

司马承祯是与济源相邻的温县人，先后三次被武则天、唐睿宗诏入宫内讲经。李白早年离家出蜀游三峡时，曾和司马承祯等人结为"仙中十友"。

《上阳台帖》，是李白唯一存世手迹。1956年，著名文物收藏家张伯驹将珍藏多年的《上阳台帖》送给毛主席，毛主席收藏两年后转交故宫博物院。书帖卷前有宋徽宗赵佶瘦金书标题，卷前后有元人张宴、明人项元汴、清人梁清标及乾隆、嘉庆皇帝等鉴藏印记。已故国学大师启功曾作《李白〈上阳台帖〉墨迹》一文，确认为李白真迹。

【注释】

①老笔：老练刚劲之笔。这里指造诣深厚的画家或文学家的文

笔。②何穷：何，怎么；穷，追寻到尽头。这里可理解为完全彻底。

【旅游看点】

阳台 即阳台宫。坐落于河南省济源市城区西北30公里的道教第一大洞天王屋山华盖峰的南麓，因地处阳台而得名。王屋山道教三宫之一。始建于唐开元十二年（724）。北依天坛山，面向九芝岭，有"丹凤朝阳"之称。现有建筑8座35间，主要建筑大罗三境殿、玉皇阁。大罗三境殿（即三清殿）为河南省现存最大的明代单檐歇山式木构建筑。殿内30根方形石柱，通身雕刻云龙、丹凤、瑞禽、祥兽及神仙世俗故事，为明代石刻艺术珍品。玉皇阁为河南省最高明清歇山式楼阁，玉皇阁廊柱浮雕是阳台宫众多浮雕中最具欣赏价值的艺术精品，20根八角形石柱上，用高浮雕手法雕刻盘龙丹凤、花鸟禽兽、高士羽人，以及民间故事苏武牧羊、龙抓王小、飞虎山、桃源洞、孝子图等，形象丰富生动，体现了明代精湛的石刻艺术。院中有千年娑罗树1株，桧柏5株。月台两侧桧柏形如龙凤，称"龙柏""凤柏"。

王屋山 位于河南省济源市西北部，是中国古代九大名山之一，在《尚书》《山海经》《国语》《尔雅》等典籍中多有记载。女娲补天、黄帝祭天、愚公移山等创世神话都产生在这里。2006年，王屋山被中国民间艺术家协会命名为"女娲神话之乡""创世神话之乡"。寓言故事《愚公移山》家喻户晓，中华人民共和国成立以来半个多世纪里，经过历届领袖的倡导，愚公移山精神已经成为中华民族精神的重要组成部分。王屋山是道教"天下第一洞天"，在中国道教历史上具有独尊的地位。春秋时期的老子、河上公，魏晋时期的魏华存，唐代的司马承祯，宋代的贺兰栖真，金元时期的丘处机等道家人物都曾在王屋山悟道修炼。

济源 因济水发源地而得名。发源于王屋山的济水，古代与长江、黄河、淮河并称"四渎"。山东境内的济南、济宁、济阳等市县，都因济水而得名。《诗经·国风》160首，其中的王风、郑风、邶风、卫风、鄘风、曹风、齐风反映的都是济水流域的社会生活。济水和黄河共同哺育了华夏文明。济源古称"原"，曾是夏王朝的都城，历史悠久，风

光旖旎，为游览胜地。境内有数万年前人类活动文化遗存，仰韶、龙山文化遗址遍布各处。各级文保单位138处。古代木结构建筑190余座，其年代、等级和数量全省第一，堪称"中原古建博物馆"。盘古开天、黄帝祭天等系列神话列入国家级非物质文化遗产名录。主要景点有第一洞天王屋山、世纪工程小浪底、猕猴乐园五龙口、天子祭水济渎庙及黄河三峡、小沟背等八大风景区。

九月九日忆山东兄弟

王　维

独在异乡为异客，

每逢佳节倍思亲。

遥知兄弟登高处，

遍插茱萸①少一人。

【背景】

　　这是王维17岁时的作品，当时他独自一人漂泊在洛阳与长安之间。王维的家乡蒲州在函谷关和华山以东，所以称故乡的兄弟为山东兄弟。这首诗是他的名篇之一，写出了游子的思乡怀亲之情。"每逢佳节倍思亲"为千古名句。

　　九月九日又称重阳节，因"九"为阳数中最大的数字，两九相重，故曰重阳，也叫重九。重阳节早在战国时期就已经形成，魏晋以来，重阳气氛日渐浓郁，备受历代文人墨客吟咏，到了唐代被正式定为民间的节日。重阳与三月三"踏春日"皆是家族倾室而出，重阳这天所有亲人都要一起登高"避灾"。登高远眺、观赏菊花、遍插茱萸、吃重阳糕、饮菊花酒等活动是重阳节的习俗。《太平御览》卷三十二引《风土记》云："俗于此日，以茱萸气烈成熟，尚此日，折萸房以插头，言辟热气而御初寒。"

【注释】

　　①茱萸（zhū yú）：一种香草。古时每逢重阳节，人们会插戴茱萸，据说可以避邪。

【旅游看点】

　　茱萸峰 是云台山景区的主峰，海拔1038米。茱萸峰俗名小北顶，海拔1308米，峰顶有真武大帝庙、天桥、云梯。相传王维名诗《九月九日忆山东兄弟》即于此峰有感而作，所以此峰后被命名为茱萸峰。茱萸峰峰腰有药王洞，深 30 米，直径 10 米，相传是唐代药王孙思邈采药炼丹的地方。药王洞口有古红豆杉一株，高约 20 米，树干粗达三人合抱，枝繁叶茂，树龄在千年左右，是国内罕见的名木。

山茱萸 是云台山特产，这个名称最早出现在《神农本草经》中。民间相传战国时期赵王有颈椎病，颈痛难忍，一位姓朱的御医用一种干果煎汤给赵王服用，很快使赵王解除病痛。赵王问朱御医用了什么灵丹妙药，朱御医回答是山萸果，如若坚持服用，不但可治愈颈椎疼痛，还可安神健脑、清热明目。为了表彰朱御医的功绩，就将山萸更名为山朱萸，后来人们将山朱萸写成现在的山茱萸，并逐渐流传了下来。茱萸肉含有丰富的营养物质和功能成分，明代李时珍的《本草纲目》集历代医家都有应用山茱萸的经验，把山茱萸列为补血固精、补益肝肾、调气、补虚、明目和强身之药。山茱萸先开花后萌叶，秋季红果累累，绯红欲滴，艳丽悦目，为秋冬季观果佳品。

云台山 位于河南省焦作市修武县境内，神话传说中此山曾称盘古山、女娲山、五行山，东汉泛称太行山，东晋始称云台山。云台山是一处以太行山岳丰富的水景为特色、以峡谷类地质地貌景观和悠久的历史文化为内涵的生态旅游景区。东汉刘协禅让帝位于魏王曹丕，死后葬于云台山南麓。魏晋竹林七贤、东晋大画家顾恺之都曾在此留下足迹。主要景点有红石峡、潭瀑峡、泉瀑峡、青龙峡、峰林峡、子房湖、茱萸峰、叠彩洞、猕猴谷、百家岩、万善寺等。2004 年 2 月 13 日，云台山被联合国教科文组织评选为全球首批世界地质公园。

焦作 位于河南省西北部，北依太行山，南临滔滔黄河。太行山层峦叠嶂，黄河源远流长。大山大河造就了焦作自然风光的壮丽之美。焦作古称山阳、怀州，是华夏民族早期活动的中心区域之一，是司马懿、韩愈、李商隐、朱载堉、许衡及竹林七贤山涛、向秀等人的故里。焦作是中国太极拳发源地。拥有云台山风景名胜区、神农山景区、青天河景区 3 家国家 5A 级旅游景区，CCTV 焦作影视城、圆融无碍禅寺等 10 家国家 4A 级旅游景区。

月夜忆舍弟

杜 甫

戍鼓①断人行,边秋②一雁③声。
露从今夜白④,月是故乡明。
有弟皆分散,无家问死生。
寄书⑤长不达,况乃未休兵。

【背景】

　　这首诗是乾元二年(759)秋杜甫在秦州所作。这年九月,安禄山、史思明从范阳引兵南下,攻陷汴州,西进洛阳,山东、河南都处于战乱之中。杜甫共有四个弟弟。759年,他西来秦州时只有最小的杜占同行,另外三个弟弟杜颖、杜观、杜丰分别在河南、山东客居。由于战事阻隔,音信不通,引起他强烈的忧虑和思念。《月夜忆舍弟》即是他当时思想感情的真实记录。诗中写兄弟因战乱而离散,杳无音信,在异乡的戍鼓和孤雁声中观赏秋夜月露,只能倍增思乡忆弟之情。

　　梁启超在"情圣杜甫"一文里曾这么写道:"我以为工部最少可以当得起情圣的徽号,因为他的情感的内容,是极丰富的,极真实的,极深刻的。他的表情方法又极熟练,能鞭辟到深处,能将他全部反映不走样子,能像电气一般一振一荡地打到别人的心弦上。中国文学界写情圣手,没有人比得上,所以我叫他做情圣。"在杜甫笔下,夫妻之情、儿女之情、兄弟之情、朋友之情、君臣之情,无所不包,创作题材及其宽广而深厚。

【注释】

　　①戍鼓:戍楼上的更鼓。鼓声响起后,就开始宵禁,禁止行人往

来。　②边秋：秋天的边地。　③一雁：孤雁。古人以雁行喻兄弟，所以此指兄弟分散之意。　④露从今夜白：指节气"白露"。　⑤书：信。

【旅游看点】

杜甫故里 位于巩义市站街镇南瑶湾村，是诗圣杜甫出生及少年时期生活的地方。杜甫故里是一处文化观光型游览景区，也是朝拜杜甫、缅怀杜甫的圣地。景区主要分为诗歌展区和诗人展区，诗歌展区以诗圣堂为中心，运用大量多媒体手段和声像方式，介绍杜甫的诗歌成就以及在中国诗歌史上的卓越地位。在这里可以欣赏杜甫诗歌的精髓和杜甫文化的深厚内涵。诗人展区从杜公祠开始，沿着瞻雪阁—诞生窑—上院—壮游园—三友堂—怀乡苑—万汇园一线，以"来自这片土地，又回归这片土地"为主体，以时间为轴线，采用室内展示与户外景观相结合的方式，系统介绍杜甫的生平经历，使游客对杜甫的一生以及他思想的成熟和变化过程有基本的了解。杜甫故里的瞻雪阁有"月是故乡明"的情景展示，表达了杜甫的思乡之情和对家乡深深的怀念，虽然此后杜甫没有再回到家乡，但是一直深深眷恋着生他养他的这片热土。

巩义市 位于中原腹地，南依嵩岳，北濒黄河，东瞻河南省会郑州，西望九朝古都洛阳，历史悠久，文明璀璨，是河洛文化摇篮，华夏根脉之一。秦庄襄王元年（249）置巩县，以"山河四塞、巩固不拔"而得名，又因地扼古都洛阳，故有"东都锁钥"之称。巩义山川秀美，人杰地灵。黄河与洛河在此激荡交融，形成太极奇观，流传着"河出图，洛出书"和伏羲演八卦的故事，开启了中国最神圣的易学之源。嫦娥奔月、后羿射日以及洛神的传说都发生在这里。建于东汉时期的青龙山慈云寺是佛教传入中国后建立的第一座寺庙，有"少林共祖，白马同乡"之誉。距今1500多年的北魏石窟精妙绝伦，是丝绸之路申遗的东端起点，黄河流域的佛教圣地。规模宏大的北宋皇陵是我国现今保存完整的两大帝王陵墓群之一，占地约160平方公里。"富甲十三代，兴盛四百年"的康百万庄园是全国三大庄园之一。东泗河畔笔架山下是世界文化名人、诗圣杜甫的故乡。"南山、北水"共同构成了丰富多样的山水风光。

河洛文化 是中华文化的源头之一，是指起源于河洛地区的区域性文化，也是我国5000年华夏文明的源泉与主脉。河洛文化以洛阳为中心，西至潼关、华阴，东至荥阳、开封，南至汝颍，北跨黄河至晋南、济源一带，是古代中国东西南北的交通枢纽。因雄踞于中原，为"天下之中"，即所谓"中国"。河图洛书是中国古代流传下来的两幅神秘图案，历来被认为是河洛文化的滥觞。汉代儒士认为，河图就是八卦，而洛书是《尚书》中的《洪范九畴》，也就是后来人们说的五行。八卦、周易、太极、六甲、九星、风水等皆可追源至此。因而人们认为河图洛书是中华文化中阴阳五行术数之源。

梁园吟

李　白

我浮黄河去京阙,挂席①欲进波连山。
天长水阔厌远涉,访古始及平台②间。
平台为客忧思多,对酒遂作梁园歌。
却忆蓬池③阮公④咏,因吟"渌水扬洪波"⑤。
洪波浩荡迷旧国,路远西归安可得!
人生达命岂暇愁,且饮美酒登高楼。
平头奴子⑥摇大扇,五月不热疑清秋。
玉盘杨梅为君设,吴盐如花皎白雪。
持盐把酒但饮之,莫学夷齐⑦事高洁。
昔人豪贵信陵君,今人耕种信陵坟。
荒城虚照碧山月,古木尽入苍梧云。
梁王⑧宫阙今安在?枚马⑨先归不相待。
舞影歌声散渌池,空馀汴水东流海。
沉吟此事泪满衣,黄金买醉未能归。
连呼五白行六博⑩,分曹⑪赌酒酣驰晖。
歌且谣,意方远,
东山高卧时起来,欲济苍生未应晚。

【背景】

《梁园吟》写于唐玄宗天宝三载（744），诗人游大梁（今河南开封一带）和宋州（州治在今河南商丘）的时候。李白离开了长安这块伤心地，乘舟沿黄河而下，辗转来到了东都洛阳。在这里碰到了神交已久但从未谋面的好友杜甫和高适。三人一见面就有一种一见如故、相见恨晚的感觉，风云际会，遍访古城名胜，猎奇前朝遗迹，吟诗作对，情趣盎然。

李白、杜甫、高适来到古吹台游览，树丛之中不知谁在抚琴，乐声悠扬，更加拨动游子们难以排遣的情思。他们三人席地而坐，把酒论诗，李白挥毫在墙上写下此诗。抚琴的梁园才女、前朝宰相宗楚客的孙女宗煜路过这里，被那墨迹未干、龙飞凤舞、气势磅礴的诗作所打动，拦住想要擦拭的僧人，花千两银子买下此墙。李白听闻引为知音，以《梁园吟》作聘礼，宗氏以粉墙做嫁妆。不择吉日，结为夫妻。李白从此开始了"一朝去京阙，十载客梁园"的生活。这就是有名的"千金买壁"的故事。

【注释】

①挂席：即挂帆、扬帆之义。　②平台：相传为春秋时期宋皇国父所筑，故址在今河南商丘东北。　③蓬池：其遗址在河南尉氏县东南。　④阮公：指三国魏诗人阮籍。　⑤渌水扬洪波：出自阮籍《咏怀诗》。　⑥平头奴子：戴平头巾的奴仆。平头，头巾名，一种庶人所戴的帽巾。　⑦夷齐：殷末孤竹君两个儿子伯夷和叔齐的并称。夷齐反对武王伐纣，武王统一天下，二人不食周粟，饿死在首阳山。　⑧梁王：指梁孝王刘武。汉文帝次子。曾营造梁园并招揽天下人才，梁王经常在这里狩猎、宴饮，大会宾朋。　⑨枚马：指汉代辞赋家枚乘和司马相如。　⑩五白、六博：皆为古代博戏。　⑪分曹：分对、分组。

【旅游看点】

梁园遗址 即现开封市禹王台公园，位于河南省开封市城区的东南隅，是以现存的禹王台（古侯台）而命名的名胜古迹公园。占地面积400余亩，以古建筑为主景，以植物园区为主体，主要景点有古吹台、御书楼、乾隆御碑亭、三贤祠、禹王殿、水德祠等。相传春秋时，晋国大音乐家师旷曾在此吹奏乐曲，故后人称此台为"吹台"。三贤祠建于明正德十二年（1517），是为纪念唐天宝三年

（744）李白、杜甫、高适三位大诗人在此台相会，饮酒赋诗，留下了《梁园吟》等脍炙人口的名篇而建。除文物古迹外，公园内还有辛亥革命烈士纪念园、牡丹园、樱花园等游览景区，被誉为汴梁八景之一。

开封 位于黄河中下游平原东部，地处河南省中东部。简称汴，古称东京、汴京，为八朝古都，具有"文物遗存丰富、城市格局悠久、古城风貌浓郁、北方水城独特"四大特色。开封已有两千七百多年的历史，是首批中国历史文化名城，中国八大古都之一。开封是世界上唯一一座城市中轴线从未变动的都城。北宋时的东京开封城是当时世界第一大城市，是清明上河图的原创地，有着"琪树明霞五凤楼，夷门自古帝王州""汴京富丽天下无""东京梦华"等美誉。主要景点有国家5A级旅游景区清明上河园、国家4A级旅游景区龙亭公园、热闹古朴的宋都御街、一门忠烈的天波杨府、梵音悠远的大相国寺、素有"天下第一塔"之称的铁塔公园、美名远扬的开封府和包公祠等。

鲁郡东石门送杜二甫

李 白

醉别复几日,登临遍池台①。
何时石门②路,重有金樽开。
秋波落泗水③,海色明徂徕④。
飞蓬⑤各自远,且尽手中杯。

【背景】

　　此诗写于唐玄宗天宝四载（745）秋天。李白于天宝三载（744）被"赐金还山"，离开了长安，到梁宋（今河南开封、商丘一带）游历，其时杜甫也因料理祖母丧事奔走于郑州、梁园（今开封）之间。两位大诗人终于在洛阳相识，一见如故。745年秋，两人又在鲁郡（今山东兖州）重逢东游，足迹踏遍了东鲁，后由于杜甫要西入长安，李白也要下江南，二人便相约一同拜访在石门山隐居的好友张叔明（其为著名的"竹溪六逸"之一），并在此处草亭中饮酒话别，李白并含泪留下了脍炙人口的千古绝唱《鲁郡东石门送杜二甫》。两人自此未再相见。

　　李白和杜甫是天宝三年四月在东都洛阳认识的，当时李白已经四十四岁，而杜甫只有三十三岁。一个享誉诗坛，一个崭露头角，因为诗歌相识相知。同年秋天，杜甫来到梁、宋，和李白再度相见，与善写边塞诗的著名诗人高适一道寻访古迹。这三人此时都不甚得意：李白刚被排挤出长安，杜甫第一次考试也失败了，而高适则还是一个浪迹天涯的布衣，政治上尚未发迹。三人在一起游梁园、游单父，登王屋,成为他们一生中值得怀念的经历之一。天宝四年(745)秋,李白和杜甫第三次会面。"醉眠秋共被,携手日同行",一道寻访幽人,遍游山水,留下了一段文坛佳话。

【注释】

①池台:池苑楼台。 ②石门:山名,在今山东曲阜东北。山不甚高大,石峡对峙如门,故名。 ③泗水:古河名,在山东省西南部。 ④徂徕(cú lái):山名,在今山东泰安市东南。 ⑤飞蓬:一种植物,茎高尺余,叶如柳,花如球,常随风飞扬旋转,故名飞蓬,又称转蓬。

【旅游看点】

鲁郡指曲阜 位于山东西南部,是儒家文化的发源地,有"东方耶路撒冷"之称。中国古史相传的"三皇五帝"中,有四人曾在曲阜留下了活动的踪迹。曲阜为奄国国都,并一度成为商王朝的都城。公元前1066年,西周武王伐纣灭商,武王将其胞弟、王国宰辅周公旦封于故奄地曲阜,立国为"鲁"。伟大的思想家、哲学家、教育家孔子就诞生在这里。1994年,孔庙、孔府、孔林被联合国教科文组织列入《世界遗产名录》。曲阜历史悠久,文化古迹众多,除孔府、孔庙、孔林外,还有颜庙、石门山、少昊陵、尼山等旅游景点。

石门山 位于曲阜城东北25公里,因两山相对宛如石门开而得名。传说孔子曾在此撰写《易经·系辞》。此处也是李白、杜甫结伴游齐鲁时宴别之地,孔尚任出仕前后两次隐居在此。石门山山峰俊秀,洞壑深幽,林木葱茏,风光秀丽,被列为国家森林公园。

泗水 又名泗河,发源于蒙山腹地新泰南部太平顶西麓,西南流入泗水县境后改向西行,至曲阜和兖州边境复折西南,于济宁市东南鲁桥镇注入京杭大运河。泗河流域是古代东夷族聚居之地,也是中华古老文明的发祥地之一。据记载,伏羲、神农、黄帝、唐尧、虞舜、皋陶、大禹等出生或活动的地点,大都在曲阜及其以东泗河上游一带。泗河流域也是儒家文化的渊源。儒家五圣以及墨子、仲子等众多的先贤都生长、活动在此。清康熙、乾隆二帝曾十次驻跸泉林，并在泉林及县治北边的泗河北岸建立两处行宫。泗水县内文物古迹众多，子在川上曰："逝者如斯夫，不舍昼夜"，这里的"川"正是说的泗河。朱熹的"胜日寻芳泗水滨，无边光景一时新，等闲识得东风面，万紫千红总是春"，也是在泗河边上所吟。现主要旅游景点有泉林泉群、泉林卞桥、安山寺、万紫千红度假区，泗张万亩桃花园等。

徂徕 即徂徕山，是泰山的姊妹山，也称南泰山。位于泰安市高新区化马湾乡与徂徕镇境内。其主峰太平顶，海拔1027米。徂徕山自然景观宜人，森林茂密，山势雄伟，重峦叠嶂，盘亘崎岖，秀水萦绕。徂徕山历史悠久，《诗经》《史记》对此山有多处记载，历史名人多有题咏，民间传说更是数不胜数。吴王阖闾、孔子、汉武帝、汉光武帝、李白曾亲自登临，司马迁也曾到达此处，汶河沿岸是春秋时鲁国人才辈出之处。山上有吴王驻跸的中军帐，有西汉赤眉军起义的根据地天胜寨，有北齐时的映佛崖摩崖刻石，有唐代大诗人李白与山东名士孔巢父等6人隐居处，有宋初理学家石介创建的徂徕书院，有石介墓，石敢当故里桥沟村，有徂徕山抗日武装起义遗址等，历史文物古迹十分丰富。

望 岳

杜 甫

岱宗夫①如何？齐鲁青未了。
造化钟神秀②，阴阳③割昏晓④。
荡胸生层⑤云，决眦⑥入归鸟。
会当凌绝顶⑦，一览众山小。

【背景】

　　杜甫，生活在唐朝由盛转衰的时期，其《望岳》诗，共有三首，分咏东岳（泰山）、南岳（衡山）、西岳（华山）。这首是望东岳泰山而作。玄宗开元二十三年（735），诗人到洛阳应进士，结果落第而归，于是北游齐、赵（今河南、河北、山东等地）。这首诗就是在漫游途中所作，是现存杜诗中年代最早的一首。此诗被后人刻石为碑立于泰山。

　　如今的泰山已经成为中国传统文化中的经典形象。成语"重于泰山"，出自汉·司马迁《报任少卿书》："人固有一死，或重于泰山，或轻于鸿毛。"用"泰山""鸿毛"这两种轻重反差极大的物体来比喻轻重悬殊的两种事物。成语"泰山北斗"出自《新唐书·韩愈传赞》："自愈没，其言大行，学者仰之如泰山北斗云。"用来比喻道德高、名望重或有卓越成就为众人所敬仰的人。

　　相传唐玄宗一次"封禅"泰山，命丞相张说担任"封禅使"。"封禅"后，张把女婿郑镒由九品官一下提成五品官。玄宗问起此事，郑镒支支吾吾，无言以对。在旁边的黄幡绰一语双关地讥笑他："此乃泰山之力也。"后来，人们就把岳父称为"泰山"。

【注释】

①夫：读 fú。句首发语词，无实在意义，语气词，强调疑问语气。　②钟神秀：聚集天地之灵气，神奇秀美。　③阴阳：阴指山的北面，阳指山的南面。这里指泰山的南北。　④割昏晓：分割黄昏和早晨。泰山高，同一时间，山南山北判若早晨和晚上。　⑤层：重叠。　⑥决眦（zì）：眦，眼角。眼角（几乎）要裂开。决，裂开。　⑦会当凌绝顶：终当，定要登上最高峰。"会当"是唐人口语，意即"一定要"。如王勃《春思赋》："会当一举绝风尘，翠盖朱轩临上春。"

【旅游看点】

岳 山高谓之岳，这首诗中特指东岳泰山。五岳是远古山神崇拜、五行观念和帝王封禅相结合的产物。五岳以中原为中心，按东、西、南、北、中方位分别命名为东岳泰山、西岳华山、南岳衡山、北岳恒山、中岳嵩山。五岳为华夏名山之首，具有景观和文化的双重价值。而泰山为五岳之首，有"五岳独尊"之说，孟子曰："孔子登东山而小鲁，登泰山而小天下。"

岱宗 泰山亦名岱山或岱岳，海拔1545米，面积426平方公里，在今山东省泰安市城北。古代以泰山为诸山所宗，故又称"岱宗"。历代帝王凡举行封禅大典，皆在此山，素有"泰山安，四海皆安"的说法。泰山现为国家5A级旅游景区，历史悠久，文物众多，自古就有"五岳归来不看山，泰山归来不看岳"的说法。1983年，经国务院批准列入国家重点风景名胜区。1987年，泰山被联合国教科文组织列为世界自然与文化双遗产。景区内有山峰156座，崖岭138座，名洞72处，奇石72块，溪谷130条，瀑潭64处，名泉72眼，古遗址42处，古墓葬13处，古建筑58处，碑碣1239块，摩崖刻石1277处，石窟造像14处，著名景点有天柱峰、日观峰、百丈崖、南天门、仙人桥、碧霞祠等。一年一度的泰山国际登山节等活动异彩纷呈。

齐鲁 古代齐鲁两国以泰山为界，齐国在泰山北，鲁国在泰山南。齐鲁原是春秋战国时的两个国名，在今山东境内，后用其代指山东地区。山东，以太行山之东而得名山东，地处黄河下游，黄海、渤海之滨，全省面积15万多平方公里，是儒家文化盛行之地。全省共有7处国家重点风景名胜区、7座国家历史文化名城、1座中国历史文化名村、97处全国重点文物保护单位（包括齐长城和京杭大运河的山东段）。国家级风景名胜区有泰山、蒙山、曲阜三孔、青岛崂山、胶东半岛海滨、青州、淄博博山。现有国家5A级旅游景区16家，分别是：济南天下第一泉风景区、泰安泰山景区、烟台蓬莱阁（三仙山·八仙过海）旅游区、济宁曲阜明故城三孔旅游区、青岛崂山旅游风景区、威海刘公岛景区、烟台龙口南山景区、枣庄台儿庄古城景区、威海市华夏城旅游景区、潍坊市青州古城旅游区、沂蒙山旅游区等。

陪李北海宴历下亭

杜 甫

东藩①驻皂盖②,北渚③凌青荷。

海右此亭古,济南名士多。

云山④已发兴⑤,玉佩⑥仍当歌。

修竹不受暑,交流⑦空涌波。

蕴真⑧惬⑨所遇,落日将如何?

贵贱俱物役,从公难重过⑩!

【背景】

天宝四年(745),诗人杜甫到临邑看望其弟杜颖,路经济南,适逢在开元年间就与杜甫在长安结为忘年交的北海太守李邕至济,在此亭宴请杜甫及济南名士,会见的欢宴就安排在新建的历下亭中。李邕、杜甫、李之芳在座,可能还有许多齐州的知名人士出来作陪。李邕与杜甫把酒长谈,论诗论史,也谈及了杜甫的祖父杜审言,这让杜甫十分感激。杜甫当即赋《陪李北海宴历下亭》诗一首。时李邕68岁,名满天下,杜甫33岁,初出茅庐。但是李邕慧眼识珠,对杜甫可以说是有知遇之恩。

李邕(678—747),字泰和,江苏扬州人。唐代书法家。李邕少年即成名,后召为左拾遗,曾任户部员外郎、括州刺史、北海太守等职,人称"李北海"。李邕为行书碑法大家,名重一时。自撰自书碑八百通,影响最大的要数《李思训碑》和《麓山寺碑》。晚年在北海太守任上遭人暗算,被宰相李林甫定罪下狱,竟被酷吏活活打死。

【注释】

①东藩:李北海,指李邕。北海指今天的山东益都,因在京师之东,

故称东藩。　②皂盖：青色车盖。汉时太守皆用皂盖。　③北渚：指历下亭北边水中的小块陆地。　④云山：远处的云影山色。　⑤发兴：催发作诗的兴致。　⑥玉佩：唐时宴会有女乐，此处指唱歌侑酒的歌伎。　⑦交流：两河交汇。《东征赋》："望河济之交流"。《三齐记》："历水出历祠下，众源竞发，与泺水同入鹊山湖。所谓交流也"。　⑧蕴真：蕴含着真正的乐趣。　⑨惬：称心，满意。　⑩难重过：难以再有同您一起重游的机会。

【旅游看点】

历下亭 历史悠久，历经沧桑，位置也几经变迁。北魏至唐代历下亭在五龙潭处，郦道元《水经注》称"客亭"，是官府为迎接宾客而建造的。唐初始称历下亭。清朝初年迁至大明湖岛上现址。李杜宴饮赋诗历下亭使这座海右古亭声名远扬，而清代何绍基手书的"海右此亭古，济南名士多"一联，被悬挂在历下亭大门两侧，成为济南人的骄傲。现在历下亭所在地大明湖是由济南众多泉水汇流而成的，与趵突泉、千佛山并称为济南三大名胜。大明湖历史悠久，湖名见诸文字已有一千四百多年，唐宋时期，大明湖就以其撼人心弦的美景而闻名四海。"四面荷花三面柳，一城山色半城湖"是大明湖风景的最好写照。大明湖里有"四怪"——蛙不鸣，蛇不现，久旱不涸，久雨不涨。碧筒饮、荷花莲子羹、奶汤蒲菜是其特色饮食。主要景观还有北极阁、铁公祠、小沧浪、遐园、汇波楼、南丰祠等。

济南 又称泉城，素有"世界泉水之都"的美誉，有着2700余年的历史，是象征中华文明重要起源的史前文明——龙山文化的发祥地和发现地。济南自然风光秀丽，有72名泉，自古就有"家家泉水，户户垂杨"之誉。在这里可以感受到老舍笔下冬天的"温情"，可以看到"济南潇洒似江南"的美景，更有"大明湖畔的夏雨荷"这样缠绵悱恻让人心肠百转的传奇故事。四大泉群趵突泉、黑虎泉、珍珠泉、五龙潭久负盛名，李清照、辛弃疾、秦叔宝、房玄龄名士辈出，是少有的集"山、泉、湖、河、城"于一体的城市。济南主要景点有趵突泉、大明湖、千佛山、百脉泉、灵岩寺等。

古泉驿

张 说

昔闻陈仲子，义守辞三公①。
身赁妻织屦②，乐亦在其中。
岂无穷贱苦，羞与倾巧同。
长白临河③上，於陵④入济东。
我行吊遗迹⑤，感叹古泉空。

【背景】

张说（667—730），字道济，一字说之，河南洛阳人，唐朝政治家、文学家。张说早年参加制科考试，策论为天下第一，曾任太子校书等职。张说前后三次为相，执掌文坛三十年，为开元前期一代文宗，与许国公苏颋齐名，号称"燕许大手笔"。

相传张说的母亲曾梦到一只玉燕自东南飞来，投入怀中，因而有孕，生下张说。后来，人们便以"玉燕投怀"作为降生贵子的祝福语。

陈仲子又叫田仲，是齐国贵族田氏的后裔，战国时期齐国著名的思想家、隐士。其兄是齐国的卿大夫，然而，陈仲洁身自好，是个不愿沾染人间一切"不洁之物"的"廉士"。奉行"上不臣于王，下不治其家，中不索交诸侯"的处世原则。故避兄离母，又先后坚辞不受齐国大夫、楚国国相等职，先迁居於陵，后隐居长白山中，终日为人灌园，以示"不入污君之朝，不食乱世之食"，最终饥饿而死。传说有一次陈仲子在睡梦中口渴异常，四处找水不得，恍恍惚惚偷了邻居一个甜瓜吃。醒后明知是梦，却觉良心不安，赶忙到街上买了一个瓜，亲自送到邻居家中。人家不要，他百般请求人家收下，才安心地回到家中。孟子虽推崇道："於齐国之士，吾必以仲子为巨擘焉。"但也批评他矫枉过正。

【注释】

①三公：中国古代朝廷中最尊显的三个官职的合称，这里指陈仲子辞楚相一事。 ②织屦（jù）：用麻、草、丝、革织的鞋子。 ③长白临河：长白，指白云峰。河，指渔沟子水，在长白山东麓。 ④於陵：古地名，今山东周村。 ⑤遗迹：指陈仲子隐居地。

【旅游看点】

古泉驿 旧在长山县（今山东淄博周村）南古於陵城址东门外之大路侧，建于汉代，为汉以来南北官道之必经之处。驿站侧有古井一口，碑刻"古泉"二字，故以此泉得名。此地为战国时陈仲子隐居处，古泉驿不远处曾有破败古房遗址，立碑镌"於陵仲子宅"。古井旁有古槐一株，传为陈仲夫妇编织草鞋的地方。

长白山 位于邹平、章丘、周村交界处，因山巅常有白云缭绕而得名。山势峻拔，重峦叠嶂，绵延数十公里。最高峰摩诃顶，海拔826.8米。白云山位于摩诃顶东南，是长白山东部主峰，又名玉皇顶，山上有玉皇宫、元君祠。这里自然环境优美，文化沉淀深厚，道教文化和道教活动源远流长，民间信仰影响广泛。传说中碧霞元君亦修道于此山，得道后受封于泰山为其道场，故长白山也有小泰山及泰山副岳之称，位《中华道藏》"七十二洞天、三十六福地"之列，其宗教活动远远早于泰山。长白山北坡有个黉（hóng）堂岭，岭上有个醴（lǐ）泉，是宋代文学家范仲淹少年时刻苦读书的地方。后人为纪念这位伟大的文学家，在醴泉旁建了寺，命名为醴泉寺。在长白山东路有陈仲子隐居地。

於陵 今山东周村，春秋战国时期设邑，为齐国属地。历史上，因商而兴，因商而城，素有"金周村""旱码头""丝绸之乡""天下第一村"之美誉。周村古商城位于周村城区西部，完整地保留有明清古建筑5万余平方米，店铺林立、街区纵横，建筑风格迥异，中西文化合璧，为山东仅有、江北罕见，且至今仍在发挥着其商贸功能，被中国古建筑委员会专家誉为"中国活着的古商业街市建筑博物馆群"。开发有千佛寺、民俗展览馆、瑞蚨祥丝绸展览馆、状元府、票证博物馆、票号展览馆、杨家大院、大染坊、魁星阁、三星庙等10余处景点。

蒙山作

萧颖士

东蒙镇海沂,合沓①馀百里。
清秋净氛霭②,崖崿③隐天起。
于役劳往还,息徒④暂攀跻。
将穷绝迹处,偶得冥心理。
云气杂虹霓,松声乱风水。
微明绿林际,杳窱⑤丹洞里。
仙鸟时可闻,羽人邈难视。
此焉多深邃,贤达昔所止。
子尚⑥捐俗纷,季随⑦蹑遐轨⑧。
蕴真道弥旷,怀古情未已。
白鹿凡几游,黄精⑨复奚似。
顾予尚牵缠,家业重书史。
少学务从师,壮年贵趋仕。
方驰桂林誉,未暇桃源美。
岁暮期再寻,幽哉羡门子⑩。

【背景】

萧颖士（717—768），字茂挺，颍州汝阴（今安徽阜阳）人，为南朝梁宗室的后裔，唐朝著名散文家、名士。唐开元二十三年（735），考进士第一。为当时名士所器重，名扬天下，从业学生众多，世称"萧夫子"。萧颖士一生致力于散文创作，与另一著名散文家李华齐名，世称"萧李"。他们的创作主张和实践，都可以看作是唐代古文运动的先驱。

《孟子·尽心》篇"孔子登东山而小鲁，登泰山而小天下"中所说的东山即为蒙山。因在鲁国的东边而得名。后来人们俗称东蒙。杜甫也曾写下"余亦东蒙客，怜君如弟兄。醉眠秋共被，携手同日行"的佳句。

据说春秋战国时期纵横家的始祖鬼谷子曾在蒙山修炼授徒，弟子过百。现山中还有隐于瀑布之后的水帘洞和升仙台，传说人由升仙台跳下，可脱离凡体，羽化成仙。悬崖上拱形洞门清晰可见，传说此洞为鬼谷子教授孙膑、庞涓等习武之地，五百年开门一次。僧人道众对蒙山情有独钟，把这里当作修炼正果、养生的圣地。

【注释】

①合杳（yǎo）：山峦连绵不断的样子。　②氛霭：云雾之气。③崖崿（è）：山崖。　④息徒：停车休息。　⑤杳窱（yǎo tiǎo）：即"窈窕"，深远幽暗。　⑥子尚：一说尚子，东汉尚长，隐居不仕。⑦季随：古代隐士。　⑧蹑遐轨：向远方走去。　⑨黄精：又叫黄独，茎肉白，皮黄，可食。这里指的是隐士的食物。　⑩羡门子：古仙人，据传秦始皇东巡海上，曾寻访此人。

【旅游看点】

蒙山 古称"东蒙""东山"，地处山东省临沂市西北、沂蒙山区腹地。总面积1125平方公里，主峰龟蒙顶海拔1156米，为山东第一大山和第二高峰，素称"亚岱"。景区内植被茂密，森林覆盖率达98%以上，负氧离子含量极高，被誉为"天然氧仓"。佳山、秀水、幽林，得天独厚的自然条件，孕育了著名的长寿养生胜地和休闲度假胜地。蒙山历史上属于东夷文明，是祭山文化的发祥地，一直为文人骚客、

帝王将相所瞩目。商周时期曾建立颛臾古国，并由其专祭蒙山。孔子登龟蒙景区慨叹"登东山而小鲁"，这里留下了庄周、老莱子、鬼谷子、李白、杜甫、唐玄宗、苏轼、康熙、乾隆等圣贤和帝王的足迹的千古佳句。蒙山旅游区主要分为龟蒙、云蒙、天蒙、彩蒙四个景区。云蒙生态旅游，龟蒙生态养生，天蒙天险观光，彩蒙山林休闲，各具特色。拥有世界最大山体雕刻——蒙山寿星、江北最长栈道——蒙山悬崖栈道、临沂对外宣传标志性旅游景点——鹰峰奇观、江北最大道观——万寿宫，世界第一跨度人行悬索桥以及群龟探海、九龙潭、伟人峰、金刚门、水帘洞瀑布、升仙台、沂蒙山小调诞生地等百余处自然人文景观。现为国家 5A 级旅游景区、国家地质公园、国家森林公园。

沂蒙山小调诞生于山东临沂沂蒙山望海楼脚下的费县薛庄镇上白石屋村，是山东的经典民歌。它的前身是 1940 年由驻沂蒙山区抗大文工团团员李林和阮若珊等人采集创作的《反对黄沙会》。1953 年秋，山东军区政治部文工团的副团长李广宗、研究组组长王印泉、乐队队长李锐云重新修改记谱，将原来歌词中的抗日主题，改为歌颂家乡的主题，后面又续加了两段歌词，定名为《沂蒙山小调》，从此沂蒙山小调正式版本诞生。《沂蒙山小调》与《茉莉花》被联合国教科文组织评定为中国优秀民歌，蜚声海内外；"沂蒙好风光"也成为沂蒙大地的主题形象。现蒙山天蒙景区内打造了以沂蒙山小调诞生地为核心，融汇沂蒙人家、沂蒙历史、沂蒙风俗、沂蒙物产、沂蒙声音、沂蒙精神、沂蒙味道、打谷场为一体的抗战时期合居山村。

客中行

李 白

兰陵美酒郁金①香,
玉碗盛来琥珀②光。
但使③主人能醉客,
不知何处是他乡。

【背景】

　　李白在天宝初年长安之行以后移家东鲁。这首诗作于东鲁的兰陵,而以兰陵为"客中",应为入长安前的作品。李白开元二十八年(740)五月来山东游历,经下邳过兰陵,闻酒香弥漫,见酒旗飞舞,于是痛饮神往已久的兰陵美酒,触发灵感,写下此诗。此时社会呈现着财阜物美的繁荣景象,他高歌纵酒,啸傲山林,怡情自然,怀才自负,毫无末路穷途之感。

　　1995年秋,在江苏省徐州市狮子山楚王墓的发掘过程中,发现墓室庖橱间有陶制球形坛,坛上泥封上印有"兰陵贡酒""兰陵丞印""兰陵之印"戳记,保存完整无缺。打开封泥后,一股浓郁的酒香溢出,令现场考古专家惊叹不已。经专家鉴定,这是目前世界上出土年代最久、保存最完好,直接印有贡酒名称的酒品。这些酒与今日兰陵美酒同为一宗,印证了兰陵美酒3000年的酿造历史。

【注释】

①郁金，一种香草，用以浸酒，浸酒后呈金黄色。 ②琥珀（hǔpò）：一种树脂化石，呈黄色或赤褐色，色泽晶莹。这里形容美酒色泽如琥珀。 ③但使：只要。

【旅游看点】

兰陵 位于山东省临沂市境内，自战国后期楚国在此置兰陵邑始，已有2200多年的历史，是山东境内最早设立的县。兰陵由楚大夫屈原命名，"兰"为圣王之香，陵为高地，有"圣地"寓意。楚人以"兰陵"命名，就是在鲁南建设一片楚国的"王道乐土"。荀子曾两任兰陵令，终老于斯，被称为后圣。屈原之后800年，在南朝齐梁两代称帝的萧氏后裔，更将兰陵作为自己祖先发祥的圣地。境内自然景色优美，抱犊崮海拔580米，为沂蒙七十二崮之一，系鲁南第一峰，为国家级森林公园；文峰山海拔234米，古松参天，巨石嶙峋，风景秀丽，素有"鲁南小泰山"的美称。县内古迹众多，荀子古墓、萧望之墓、鄫国故城、柞国故城、摩崖石刻、汉墓群等都已成为游览胜地。

兰陵美酒因产于山东兰陵镇而得名。兰陵被誉为"天下第一酒都"，兰陵美酒始酿于商代，迄今已有3000多年的历史。两汉时期，兰陵美酒已成贡品。北魏时期，农学家贾思勰对兰陵美酒生产工艺进行科学分析及加工整理，并载入世界第一部农业科学经典《齐民要术》之中，使这一宝贵的历史文化遗产保留至今。唐代开元盛世，歌舞升平，农业的进步促进了兰陵酒业飞速发展，除贡奉皇宫外，还通过京杭大运河，远销江宁、钱塘等地，山东民间酿造的低度酒也以清香平和著称。兰陵酒从此名声大振。北宋著名书画家米芾饮兰陵美酒后写下了："阳羡春茶瑶草碧，兰陵美酒郁金香"的诗句。由此可见，北宋年间兰陵美酒与阳羡春茶驰名于大江南北，被誉为宋代的两大名产。明代医学泰斗李时珍在他的名著《本草纲目》中写道："兰陵美酒，清香远达，色复金黄，饮之至醉，不头痛，不口干，不作泻。

共水秤之重于他水,邻邑所造俱不然,皆水土之美也,常饮入药俱良。"1915年,在美国旧金山召开的"巴拿马万国博览会"上,兰陵美酒荣获金质奖章,使这一传统名酒名播海外,誉满神州,跻身于国家名酒之列。

临沂 因地临沂河得名,古称琅琊、沂州,是中华文明的重要发祥地之一,素以山水沂蒙著称。临沂有临沂商城、沂蒙山、岱崮、王羲之故居、竹泉村、天上王城、汤头温泉、地下大峡谷等景点,有曾子、荀子、诸葛亮、王羲之、颜真卿、萧道成等历史名人。以蒙山为代表的自然风光游,以东夷文化为代表的人文历史游,以革命根据地为代表的红色游,以汤头温泉为代表的古典风格的汤泉游,以水城商都为代表的都市游等构成了临沂旅游的主要特色。

寄王屋山人孟大融

李 白

我昔东海上，劳山餐紫霞。

亲见安期公①，食枣大如瓜。

中年谒②汉主③，不惬④还归家。

朱颜谢⑤春辉，白发见生涯。

所期就金液⑥，飞步登云车。

愿随夫子天坛⑦上，闲与仙人扫落花。

【背景】

开元年间（713—741），唐玄宗在王屋山为道教上清派宗师司马承祯敕建阳台观，司马承祯是李白的诗友，可能是应他的邀请，唐玄宗天宝三年（744）李白同杜甫一起渡过黄河，去王屋山，他们本想寻访道士华盖君，但没有遇到。这时他们见到了一个叫孟大融的人，志趣相投，所以李白挥笔给他写下了这首诗。明代黄宗昌编《崂山名胜之略》时将诗名改为《崂山》。

李白15岁时开始游学道教。曾同蜀中道家名流赵蕤（ruí）一起隐居岷山多年。在山中，他们养奇禽异鸟千余只，呼之即来，掌中取食，传为奇闻。唐开元十三年（725）李白在江陵与三代国师、茅山宗传人、年近八十的高道司马承祯不期而遇。司马承祯去天台山即把李白列为他在天下所结识的"仙宗十友"之一。李白在鲁期间也多次寻访道友,天宝四年(745),在齐州(济南)的道教寺院紫极宫接受道箓,加入道士行列。李白之所以去崂山,是因为唐朝另一位老道吴筠的怂恿。吴因为进士不第而学道,在744年遇到李白之前,已经去嵩山和茅山修炼过多年。然而有意思的是,李白到了崂山,印象更深的是海而不是山,所以,他先说"东海"(东边的海,泛指,而不是现如今作为专有名词的"东海"),然后才说"劳山"。

【注释】

①安期公:传说琅琊郡隐士,秦汉时人,在海边以卖药为生,精通长生不老之术,后来得道成仙,被称为"千岁翁"。 ②谒(yè):拜谒,拜见。 ③汉主:唐朝人避尊者讳,也是为了免祸,讽喻当朝时,常以汉代唐,"汉主"实指"唐朝皇帝",这里指的是唐玄宗。 ④惬(qiè):舒适,惬意。 ⑤谢:这里指憔悴。 ⑥金液:道家为求长生而服用的药液。 ⑦天坛:王屋山绝顶,相传为黄帝礼天处。

【旅游看点】

崂山 位于青岛市东部,黄海之滨。古代又曾称牢山、劳山、鳌山等。主峰名为"巨峰",又称"崂顶",海拔1132.7米,是中国海岸线第一高峰,有着"海上第一名山"之称。当地有一句古语说:"泰山虽云高,不如东海崂。"崂山是道教发祥地之一,有"神仙窟宅"之称。自春秋时期就云集着一批长期从事养生修身的方士之流,明代志书曾载"吴王夫差尝登崂山得灵宝度人经"。到战国后期,崂山已成为享誉国内的"东海仙山"。传说秦始皇、汉武帝都曾来此求仙。成吉思汗敕封丘处机之后,崂山全真道大兴。清代中期,道教宫观多达近百处,有"九宫八观七十二庵"之说。崂山景区主要包括巨峰、流清、太清、棋盘石、仰口、北九水和华楼几个游览区。

青岛 位于山东半岛南端,别称"琴岛""岛城",被誉为"东方瑞士"。青岛原是一个小渔村,隶属于即墨县管辖,清光绪十七年(1891)清政府在此驻防,逐渐成为海防要地。清光绪二十三年(1897)11月14日,德国以"巨野教案"为借口侵占青岛,青岛沦为

殖民地。民国三年（1914），第一次世界大战爆发，日本取代德国占领青岛。民国八年（1919），中国以收回青岛主权为导火索，爆发了"五四运动"，成为中国近、现代历史的分水岭。民国十一年（1922）12月10日，中国北洋政府收回青岛，辟为商埠。民国十八年（1929）7月，国民政府设青岛特别市，1930年改称青岛市。1949年6月2日，青岛成为华北地区最后一座解放的城市，改属山东省辖市。它三面环海，风光秀丽，冬暖夏凉，气候宜人，被誉为"夏季的天堂"。"碧海、蓝天、红瓦、绿树"是青岛的特色。栈桥是青岛的标志。青岛岬湾相间，沙软滩平。市内具有异国风格的建筑如迎宾馆、八大关，造型别致，各具风韵。市区的天主教堂、崂山的道观庙院、珠山佛寺尼庵，庄严肃穆、空灵圣洁；名人故居多而密集，国内罕见。青岛啤酒驰名中外、青岛海鲜味道鲜美，是著名的旅游避暑胜地。

春日望海

李世民

披襟眺沧海，凭轼①玩春芳。
积流横地纪②，疏派引天潢③。
仙气凝三岭，和风扇八荒④。
拂潮云布色，穿浪日舒光。
照岸花分彩，迷云雁断行。
怀卑⑤运深广，持满⑥守灵长。
有形非易测，无源讵⑦可量。
洪涛经变野⑧，翠岛屡成桑。
之罘思汉帝，碣石⑨想秦皇。
霓裳非本意，端拱⑩且图王。

【背景】

　　这首诗作于贞观十九年（645）春征高丽途中。贞观十八年十一月（644），高丽头领盖苏文发兵进攻新罗国，企图西抗唐朝，充当朝鲜半岛盟主。唐太宗李世民于是举兵讨伐。贞观十九年三月（645），李世民从定州出发。同月，太子詹事李世绩等率主力急趋辽东，渡辽水，张亮率舟师自东莱渡海，大败高丽军，遂达成阻敌援军之使命。五月中旬，唐太宗李世民渡辽水引援军赶至前线。唐太宗亲统六军师出洛阳，征讨高丽，路过蓬莱的故事家喻户晓，久传不衰，经过千余年的附会演绎，已与蓬莱的地名风物融会贯通，许多逸闻典故活灵活现，令人赞叹不已。

【注释】

①轼：亦作"凭式"，倚在车前横木上。　②地纪：维系大地的绳子，借指大地。　③天潢：指天上的星宿，属毕宿，共五星。　④八荒：八极。指东、西、南、北、东南、东北、西南、西北八面方向，指离中原极远的地方。后泛指周围、各地。四面八方遥远的地方，犹称"天下"。　⑤怀卑：指海位低下。　⑥持满：处于盛满的地位。　⑦讵（jù）：岂，难道。　⑧变野：沧海变为桑田。　⑨碣石：山名，原在今河北乐亭县境，后沉入海。秦始皇三十二年东巡，曾登此山，刻石纪功。　⑩端拱：端衣拱手，无为而治。

【旅游看点】

三岭　指传说中的东海三神山蓬莱、方丈、瀛洲。传说蓬莱神山周围五千里，四周为黑水环绕，人称黑水冥海。这里无风而波涛汹涌，声浪撼天。据传当年伯牙学琴，三年不成，便来到蓬莱神山，聆海水澎湃，群鸥悲号，心有所感，乃抚琴而歌，从此琴艺大进。琴曲《山水操》即为其当时所作。方丈神山周围五千里，上有群仙居住。他们也耕田种地，但种的不是庄稼，而是灵芝仙草。仙人们在这里修身养性，无忧无虑，长生不老。后来和尚的寺院，也借用"方丈"这一带有仙气的名字。住持寺院的和尚，也由此而称"方丈"，以求长生不老。瀛洲神山周围四千里，山上长有灵芝仙草，有泉水喷涌，甘甜醇香，美如琼浆，名为"玉醴泉"，凡人若喝上几口，便会大醉，从此长生不老。

之罘　即芝罘岛。横亘于山东省烟台市区北部的海面上，又称芝罘山，主峰高298米，是中国最大、世界最典型的陆连岛。"芝"即灵芝，芝罘岛的形状，恰似一株巨大的灵芝；"罘"即屏障。芝罘岛横卧在黄海之中，恰似一道天然屏障，护卫着"灵芝"，有"罘"一样的作用，因此称之为"芝罘岛"。秦始皇曾三次东巡,三次登芝罘,汉武帝晚年也曾来到芝罘,祈求长生不老药。这里自古就是个天然良港;早在春秋战国时期,转附(芝罘)就与碣石、句章、琅琊、会稽被称为五大港口;汉晋时代成为我国北方最大口岸;唐以后芝罘一直属于我国重要海口。

烟台 地处山东半岛东部,濒临渤海和黄海,东连威海,西接潍坊、青岛,南邻黄海,北濒渤海,与辽东半岛对峙,与大连隔海相望。烟台是环渤海经济圈内的重要节点城市、山东半岛蓝色经济区骨干城市、中国首批14个沿海开放城市之一,中国海滨城市,亚洲唯一的国际葡萄·葡萄酒城、"一带一路"国家战略重点建设港口城。烟台海岸与海岛交相辉映,海光山色秀丽,名胜古迹众多,是游览避暑胜地。烟台市主要景点有蓬莱阁、三仙山·八仙过海、龙口南山3家国家5A级旅游景区,栖霞牟氏庄园、烟台山、蓬莱海洋极地世界等21家国家4A级旅游景区。

第五章 江作青罗带

在唐朝之前,两广地区尚属未开化的荒蛮之地,社会经济与文化发展滞后。直至唐朝开元年间,著名政治家兼诗人张九龄主持扩建大庾岭新道(今梅关古道),这一交通枢纽的打通,极大促进了岭南与中原内陆的交流与融合,推动当地逐步迈向繁荣。同时,该地区也成为唐朝著名的贬谪流放之所——仅唐代一朝,便有韩愈、刘禹锡、柳宗元等文豪因政治失意而被贬至此。尽管他们远离故土、仕途坎坷,其到来却为当地注入了文化活力,带动了经济与教育的兴盛。如今,诗人们的足迹虽已远去,但其历史功绩仍被后人铭记:人们建祠立碑,纪念遗迹至今矗立于此,供世世代代拜祭缅怀。本章以珠江旅游线为叙事线索,精选唐诗13首,涵盖广东与广西地域,旨在追溯这段文化交融的历程。

送桂州严大夫同用南字

韩 愈

苍苍森八桂①,兹地在湘南。
江作青罗带,山如碧玉篸。
户多输②翠羽③,家自种黄甘④。
远胜登仙去,飞鸾⑤不假骖⑥。

【背景】

唐穆宗长庆二年（822），韩愈的朋友严谟以秘书监任桂管观察使（桂州总管府的行政长官），离京上任前，时任兵部侍郎的韩愈作此诗赠别。这首诗将深挚的友情寄寓在景物描写中，清丽工稳，质朴淡远，既是写景名篇，又是送别佳作。诗中说桂林远胜仙境，是鼓励友人赴任。诗虽无一字言送别，但宽慰之意、送别之情，自在言外。

【注释】

①八桂：神话传说，月宫中有八株桂树。桂州因产桂而得名，所以"八桂"就成了它的别称。 ②输：缴纳。③翠羽：指翡翠（水鸟）的羽毛。唐以来，翠羽是最珍贵的饰品。 ④黄甘：桂林人叫作"黄皮果"。⑤飞鸾（luán）：仙人所乘的神鸟。 ⑥不假骖（cān）：不需要坐骑。

【旅游看点】

漓江 位于华南广西壮族自治区东部，属珠江水系。从桂林到阳朔约83公里的水程，酷似一条青罗带，蜿蜒于万点奇峰之间。漓江这一段是广西东北部喀斯特地形发育最典型的地段。沿江风光旖旎，碧水萦回，奇峰倒影、深潭、流泉、飞瀑参差，构成一幅绚丽多彩的画卷，人称"百里漓江、百里画廊"。依据景色的不同，百里漓江大致可分为三个景区。第一景区：桂林市区至黄牛峡；第二景区：黄牛峡至水落村；第三景区：水落村至阳朔。漓江风景区游览胜地繁多，其中一江（漓江）、两洞（芦笛岩、七星岩）、三山（独秀峰、伏波山、叠彩山）具有代表性，它们基本上是桂林山水的精华所在。

桂林山水 是对桂林旅游资源的总称。桂林是世界著名的风景游览城市，有着举世无双的喀斯特地貌和丹霞地貌。这里的山，平地拔起，千姿百态；漓江的水，蜿蜒曲折，明洁如镜；山多有洞，洞幽景奇，瑰丽壮观；洞中怪石，鬼斧神工，琳琅满目，形成了"山清、水秀、洞奇、石美"的自然风光，自古就有"桂林山水甲天下"的赞誉。中唐时桂林已是名闻全国的风景胜地。簪山、带水、幽洞、奇石，历来被誉为桂林风景的四绝，其山水洞石浑然一体的景象组合，举世无双。烟雨、光影、植物、动物、田园、村舍、名园、古迹，则被称为桂林风景的八胜。2014年，以桂林为首的中国南方喀斯特第二期项目申遗成功，正式成为世界自然遗产。

独秀山

张 固

孤峰不与众山俦①，

直入青云势未休。

会得乾坤融结意②，

擎天一柱在南州。

【背景】

张固（生卒年不详），浙江龙泉岁贡，唐朝画家，擅画竹。

擎天一柱，成语，比喻人能担当天下重任。此成语就出自这首诗中的"擎天一柱在南州"。

【注释】

①俦（chóu）：同类。 ②会得乾坤融结意：曾经得到过乾坤造化才形成这样的形态。

【旅游看点】

独秀峰 位于桂林市中心的靖江王城内，是王城景区不可分割的一部分。南朝文学家颜延之咏独秀峰的诗"未若独秀者，峨峨郛邑间"是现存最早的描写桂林山水的诗歌。独秀峰也因此而得名。独秀峰与桂林著名的叠彩山、伏波山三足鼎立，是桂林主要山峰之一，峰平地拔起，众山环绕，陡峭高峻，气势雄伟，有天然的王者气势，素有"南天一柱"之称。

靖江王城 坐落于桂林市中心，是明太祖朱元璋的侄孙朱守谦被

封为靖江王时修造的王城,始建于洪武五年(1372),洪武二十五(1392)年建成,比北京故宫早建34年。它还是南京故宫的精华缩影。靖江王室在这里繁衍子孙11代,袭王14人,历270余年,是有明一代封藩最长的一支。现在的靖江王府是中国为数不多的集大学院校、风景名胜区(独秀峰)、完整历史建筑物、历史背景于一体的综合性景区。靖江王城外围有国内保存最完好的明代城墙。中有桂林众山之王独秀峰。在独秀峰读书岩,还可找到800年前南宋人王正功留下的"桂林山水甲天下"的摩崖石刻真迹,这一千古名句就是从这里开始流传天下的。清朝唯一的汉人格格孔四贞(即"还珠格格")的家,就在这昔日王府的深宫禁地之内。在这里还可以欣赏到戏剧的"活化石"——傩舞的表演,它是最初的宫廷演艺,起到祈福平安、敬神驱鬼的作用。

阳朔碧莲峰

沈 彬

陶潜彭泽①五株柳②,
潘岳③河阳一县花④。
两处争如⑤阳朔好?
碧莲峰里住人家。

【背景】

　　沈彬,筠州高安(今江西宜宾)人,晚唐诗人。约唐宣宗大中七年至周世宗显德四年间在世,活到了九十岁左右。少孤,苦学,但多次应举都榜上无名。后来,南唐李升镇守金陵,罗织知名大儒,沈彬献《山水园诗》有句"须知笔力安排定,不怕山河整顿难。"李升大喜,授秘书郎。南唐保大中(945年)前后以吏部侍郎致仕江西。

　　这首咏赞阳朔碧莲峰的七绝,被镌刻在碧莲峰的石壁上。诗歌颂陶潜、潘岳两位先贤居留之地的美妙,转而突出阳朔不仅兼具前二者之优,且有过之而无不及。

【注释】

　　①彭泽:隶属江西九江,东晋大诗人陶渊明曾做过彭泽令,后人常称其陶彭泽。　②五株柳:陶渊明曾在宅旁种植五棵柳树,自称"五柳先生"。　③潘岳:又叫潘安,西晋文学家。　④河阳一县花:潘安做河阳县令时,结合当地地理环境令满县栽桃花,后遂用"河阳一县花、花县"等代称潘安。　⑤争如:怎么比得上。

【旅游看点】

碧莲峰 位于阳朔县城东南部，东临漓江。其山腰峭壁如练，平滑似镜，故又称"鉴山"。乘坐游船行至漓江大桥，回首遥望此山，如一朵含苞欲放的莲花，周围群山如片片荷叶衬托着它，因而得名"碧莲峰"。碧莲峰海拔297.8米，倒映在漓江中，微风吹拂水面时，其倒影仿佛如莲花般徐徐绽放，为阳朔一大名胜。在日出及日落前后，更可观赏到"碧莲翠竹""双峰锁江""白沙渔火"等胜景。山峰西北部有山间小道，可登上山顶。站在顶峰极目眺望，十里峰林，九曲漓水，美不胜收。

阳朔 位于广西东北部，漓江西岸，桂林市区南面，距桂林市区65公里。"桂林山水甲天下，阳朔山水甲桂林"高度概括了阳朔自然风光所占有的重要位置。阳朔属典型的喀斯特岩溶地貌，境内山峰林立，平地拔起，千姿百态。山上竹木繁茂，四季常青，山山有洞，洞洞奇美，洞中乳石遍布，晶莹剔透，如艺术长廊，似天然迷宫。阳朔段漓江风光为整个漓江精华，江水清澄见底，宛如罗带的漓江蜿蜒于苍翠雄奇的群山之间。阳朔是汉族、壮族、瑶族聚居地，在数千年的历史中，形成了富有民族特色和地方特色的民风民俗。大榕树景区中心有一棵已有1400多年树龄的大榕树，著名的音乐电影《刘三姐》部分外景画面就在此拍摄。建于明代正德年间（15世纪）的兴坪古镇是漓江沿岸的著名古村之一，素以山水秀丽、景甲天下而著称。该村以清代为鼎盛期，出官宦、财主多人，现存建筑多为当时所建，至今仍保留较完好。月亮山旅游风景区沿路奇峰美景，田园秀丽，许多山岩形状独特，给人遐想，如诗如画，被称为阳朔十里画廊。遇龙河是阳朔县第二大河，全长42.5公里，至书童山汇入漓江。河两岸奇峰清嘉，竹木苍翠、水质清澈、景色宜人。西街位于阳朔县城中心，又被戏称为洋人街，已有1400多年的历史，房屋建筑古色古香，地方特色浓厚。其充满了异国情调的夜景更是风情万种，风俗浓郁。其他景点还有图腾古道、蝴蝶泉、印象刘三姐等。

登柳州城楼寄漳汀封连四州①

柳宗元

城上高楼接大荒②,海天愁思正茫茫。
惊风乱飐③芙蓉水④,密雨斜侵薜荔墙⑤。
岭树重遮千里目,江流曲似九回肠。
共来百越⑥文身地⑦,犹自音书滞⑧一乡。

【背景】

　　柳宗元（773—819），字子厚，河东（现山西运城永济一带）人，世称"柳河东""河东先生"，因官终柳州刺史，又称"柳柳州"。中唐诗人，唐宋八大家之一，柳宗元与韩愈并称为"韩柳"，与刘禹锡并称"刘柳"，与王维、孟浩然、韦应物并称为"王孟韦柳"。

　　此诗是唐宪宗元和十年（815）秋天在柳州所作。永贞元年（805），柳宗元与韩泰、韩晔、陈谏、刘禹锡等八人因参加王叔文领导的永贞革新运动失败而都遭贬为州郡司马，这就是著名的"二王八司马"事件。元和十年（815），柳宗元与韩泰、韩晔、陈谏、刘禹锡等人循例被召至京师，大臣中虽有人主张起用他们，终因有人梗阻，再度被贬。柳宗元改谪柳州刺史。韩泰、韩晔、陈谏、刘禹锡也分别出任漳州、汀州、封州、连州刺史。多年的贬谪生活使柳宗元倍感仕途险恶、人生艰难。诗人到达柳州以后，登楼之际，面对满目异乡风物，不禁百感交集，写成了这首诗。

【注释】

①漳汀封连四州：漳为漳州；汀为汀州，今属福建；封为封州；连为连州；今属广东。　②大荒：旷野。　③乱飐（zhǎn）：风吹颤动。　④芙蓉水：生长着荷花的河流。　⑤薜荔（bì lì）墙：爬满薜荔的城墙。薜荔指一种蔓生植物，也称木莲。　⑥百越：指岭南少数民族地区。　⑦文身地：蛮荒之地。当地人身上有文刺花绣的习俗，所以称文身地。　⑧滞（zhì）：阻隔。

【旅游看点】

柳州城楼（东门城楼） 俗称"东楼""东门楼"，位于城中区曙光东路中段，始建于明洪武十二年（1379），是目前广西保存较为完整的明代城门楼，距今已有600多年的历史。初建时为护城之用，清咸丰年间曾遭火灾，光绪元年（1875）重建。民间得其作为奉祀关帝的地方，称"武帝阁"。城下有戏台，于民国17年（1928）拆掉改建电话局机房大楼。民国36年（1947），中共广西地下党将其作为编辑和印刷《广西日报》柳州版的地点。此楼风格高古，端庄大方，体现了当时高超的营造技术和独具匠心的设计技巧。

柳侯祠 位于广西柳州市柳侯公园内，原名罗池庙（因建于罗池西畔得名），现改名为柳侯祠，是柳州人民为纪念唐代著名的政治家、思想家、文学家柳宗元而建造的庙。主要由柳侯祠、柳宗元衣冠墓、柑香亭组成。在柳州任职的四年中，柳宗元兴文教、释奴婢、修城郭、植树木、移风易俗、政声颇著。在他病死柳州后的第三年，地方人士按照他"馆我于罗池"的遗愿，在罗池旁建庙以作纪念。唐代就有官绅及文人墨客游历柳侯祠。自宋至今，历代文人墨客在游柳侯祠时留下的诗词、楹联就有183首。其中最有名的是被称为"三绝碑"的荔子碑。碑文摘自韩愈《柳州罗池庙碑》的《享神诗》。因其句首云"荔子丹兮蕉黄"，后人便称"荔子碑"。诗赞柳侯，作者韩愈，字为苏轼亲笔，唐宋三大文豪的文采神韵凝于一碑，为柳侯祠的镇祠之宝，其刻石技艺刀法恣肆狂放、深浅奇正、随笔赋形，与苏东坡雄奇、深厚的书法相得益彰，被人推为苏东坡书法碑中第一。

柳州 位于广西壮族自治区中北部,又称壶城、龙城,中国五大汽车城之一,是全国唯一拥有一汽、东风、上汽和重汽四大汽车集团整车生产企业的城市。柳州虽为广西最大的生态工业城市,但却有着"山清水秀地干净"的赞誉。市区青山环绕,有"世界第一天然大盆景"的美誉;水抱城流,描绘出"百里柳江,百里画廊"的景色。以柳州为圆心的250公里半径范围内,集中了广西80%的国家4A级以上的旅游景区,与毗邻的桂林市,共同构成享誉世界的大桂林旅游风景区。"柳州奇石甲天下",柳州被誉为"中华石都"。柳州是一座底蕴浓厚的历史名城和文化名城,也是一座充满风情的旅游名城。柳州是壮族歌仙的刘三姐传歌圣地,传说刘三姐在鱼峰山唱歌,感动了上天而得道成仙,山歌世代在鱼峰山脚下缭绕。壮族的歌、侗族的楼、苗族的节、瑶族的舞堪称柳州民族风情四绝。

入鬼门关

沈佺期

昔传瘴江路①,今到鬼门关。
土地无人老②,流移③几客还。
自从别京洛,颓鬓与衰颜。
夕宿含沙④里,晨行冈路间。
马危千仞谷,舟险万重湾。
问我投何地,西南尽百蛮⑤。

【背景】

沈佺期(约656—713),字云卿,相州内黄(今河南内黄)人。高宗上元进士。武则天后朝曾依附张易之兄弟,历官通事舍人、给事中、考功员外郎等职。中宗复位(705)后,被流放欢州。后召为起居郎,加修文馆直学士,历中书舍人,太子少詹事之职。沈佺期是继"初唐四杰"之后的著名诗人,高宗和武后时期的宫廷诗人,以写应制诗而闻名。沈佺期与宋之问同为当时的著名宫廷诗人,世号"沈宋",被誉为律诗的奠基人之一。

唐中宗神龙元年(705),沈佺期因谄附张易之而被流放到欢州。同年秋,他从长安出发,经四川、湖南、云南辗转了一年的时间,才到达贬地欢州(今越南北部),这首诗即是南贬欢州途中经过桂门关时所作。诗歌在景物描绘中蕴含着绝望和怨恨的情绪。

【注释】

①瘴江路：瘴气遮江蔽路。瘴，草、叶腐烂产生有毒气体。　②老：长久。　③流移：流放，即被贬谪。　④含沙：旧日认为有一种叫蜮的动物，住水里，听人声，因激水或含沙以射人。含沙里即鬼蜮之地。　⑤蛮：旧日对南方少数民族的泛称。

【旅游看点】

鬼门关　又名桂门关、天门关，在今广西北流约2公里处，位于北流、玉林两市间。有两峰对峙，其间宽30步，因其瘴疠尤多，去者罕有生还。谚云："鬼门关，十人去，九不还。"故名"鬼门关"。自汉到宋，统治者一直把它作为谪配罪徒之地。如唐朝宰相李德裕，宋朝文学家苏东坡被贬海南都是从这里经过。明宣德四年（1429）改为天门关，时人在山东侧石壁上刻"天门关"三个大字，今天三个大字仍赫然入目。新修的玉（林）北（流）公路从这里通过，是沟通梧州、广州、香港、深圳、北海、合浦的重要峡口。

北流　位于广西东南部，旧称"粤桂通衢""古铜州"，历史上曾"富甲一方"，素有"小佛山"和"金北流"之称。北流市是广西第二大侨乡，原籍北流的港、澳、台同胞和海外侨胞30多万人，分布在40多个国家和地区。北流以中国日用陶瓷之都、中国荔枝之乡、水泥之乡、建筑之乡、水稻高产之乡、世界铜鼓王的故乡而闻名。北流旅游资源丰富，主要有道教二十二洞天勾漏洞，以铸造了世界铜鼓王而闻名的汉代冶铜遗址铜石岭，桂东南第一峰大容山等。

玉林　古称郁林州，位于广西壮族自治区东南部，自古享有"岭南都会"之美誉，是一座具有两千多年历史的文化古城。玉林旅游资源丰富，被誉为"天然南国园林"，有"岭南美玉、胜景如林"的美称，以名胜古迹、侨乡风情、宗教文化、商贸旅游为特色，拥有"天南杰构"江南四大名楼之一的经略台真武阁、四大名关之一的鬼门关，全国四大名庄之一的谢鲁山庄，还有国家4A级旅游景区都峤山、云天民俗文化城（云天宫）等120多处景区景点。

经梧州

宋之问

南国无霜霰①,连年见物华②。
青林暗换叶,红蕊续开花。
春去闻山鸟,秋来见海槎③。
流芳虽可悦,会自泣长沙④。

【背景】

宋之问(656—712),字延清,名少连,汾州(今山西汾阳)人,初唐诗人,善文辞,工书法,膂力过人,时称"三绝"。与陈子昂、卢藏用、司马承祯、王适、毕构、李白、孟浩然、王维、贺知章称为仙宗十友。上元二年(675)进士及第,早年常随同皇上游宴,写过不少应制诗。后所依附武则天宠臣张易之被杀,他也被流放。他是律诗的奠基人之一,使格律诗法则更趋细密,使五言律诗的体制更臻完善,并创造了七言律诗新体。

景龙三年(709)旧历六月,中宗崩;景云元年(710)睿宗即位,认为宋之问曾附张易之、武三思,"狯险盈恶"而被流放于钦州(今广西钦州市)。宋之问在唐睿宗即位的第二年春天到达桂林,同年秋天起程继续前往流放地钦州。他乘船从漓江、桂林顺流而下,经梧州再溯浔江而上,沿途有感于秀丽江山,写出了一些绝佳的旅游诗篇,如《下桂江县黎壁》《下桂江龙目滩》《发藤州》等,抒发了对祖国大好山河无比的热爱之情。《经梧州》便是其中的一首。诗歌一方面感叹梧州特有的南国风情，一方面表明自己被贬后无奈伤感的心情。

【注释】

①霰（xiàn）：雪珠。　②物华：万物之菁华。　③楂（chá）：木筏。　④泣长沙：是巧用西汉贾谊的典故，表明自己在流放之中。

【旅游看点】

梧州 位于广西壮族自治区东部，扼浔江、桂江、西江总汇，自古以来便被称作"三江总汇"。梧州是广西东大门，"古之名郡"，岭南古城。秦始皇南取百越后，梧州纳入秦帝国版图。汉高后五年（公元前183），赵佗封其族弟赵光为苍梧王，建立苍梧王城，此为梧州建城之始。唐武德四年（621），始称梧州。明成化六年（1470），明宪宗在梧州首设总督府，这是中国历史上首个总督府，辖广西、广东，梧州成为两广政治、军事中心。1897年开埠通商，成为广西商业贸易、内河航运中心。梧州景色秀美、物产富饶、交通便捷、历史文化底蕴深厚，文化多元，兼容并蓄。在城西白鹤山中有广西保留完整的唐代古观白鹤观；在城北有纪念西江河神龙母的北宋古庙——龙母庙以及全国最早建成、独具中西方建筑艺术特色的中山纪念堂；在城区中有汉代苍梧王城旧址、宋代钱鉴铸钱基地、明代三总府遗址、明清梧州府衙遗址及广西大学梧州旧址；在古城南岸屹立着两座清代古塔——允升塔与柄蔚塔等景观。

桂江、浔江、西江 是诗人流放必经水路，秦代灵渠的开通沟通了长江、珠江水系，"北水南流，北舟逾岭"，开始确立梧州在岭南的重要地位；汉代梧州为中国海陆丝绸之路最早的对接点，逐步发展成为粤桂水运枢纽；唐代更是连接广东沿海及广西内河。桂江两岸景色秀丽，林丰叶茂，河水清澈碧绿，而浔江浑浊含沙量高，两江在梧州交汇称为西江，一清一浊，景观独特称为鸳鸯江。"桂江春泛"为宋代梧州八景之一。

同冠峡

韩 愈

南方二月半，春物①亦已少。
维舟②山水间，晨坐听百鸟。
宿云尚含姿，朝日忽升晓③。
羁旅感和鸣，囚拘④念轻矫⑤。
潺湲⑥泪久迸，诘曲⑦思增绕。
行矣且无然⑧，盖棺事乃了。

次同冠峡

今日是何朝，天晴物色饶。
落英千尺堕，游丝百丈飘。
泄乳⑨交岩脉，悬流揭浪标⑩。
无心思岭北，猿鸟莫相撩。

【背景】

贞元十九年（803），韩愈晋升为监察御史。当时关中地区大旱，韩愈在查访后发现，谷物失收，饥民啼号。而京兆尹李实，仍奏"今年虽旱，谷物甚好"，继续横征暴敛，韩愈在愤怒之下上

《论天旱人饥状》疏，反遭皇室之后的李实谗害，于同年十二月被贬为连州阳山县令。韩愈贬阳山，他的好友张曙被贬临武。《临武志》载：韩愈与张曙结伴南下，经郴州桂岭而抵临武。后韩愈经由南天门秦汉古道到达连州，再由连州乘船沿湟水去阳山。从连州沿江到阳山县城有147里水路，同冠峡是船家中途停泊、过夜、休息的码头。是日黄昏，船到同冠峡，夜宿峡中。次日清晨，韩愈作此诗。"盖棺定论"一词便是出自此诗，表达了贬谪后的心情。

韩愈作《同冠峡》《次同冠峡》诗两首，主要表达贬谪他乡后的思乡之意。韩愈在阳山县令任上，约有一年零两个月。其间，他经常到连州，请示汇报，拜访朋友。韩愈往来连州、阳山，上下连江，常常夜宿同冠峡。《次同冠峡》便是在此时所作。

【注释】

①春物：春天的事物。　②维舟：系船停泊。　③晓：天亮。
④囚拘：受束缚。　⑤轻矫：远走高飞。　⑥潺湲：水流动的样子。
⑦诘曲：屈曲，曲折。　⑧无然：不要这样。　⑨泄乳：从高处泻下的流水。　⑩揭浪标：掀起浪花。标，标榜。

【旅游看点】

同冠峡 又名"同官峡",因常有云霭缭绕于峡崖,又俗称晾纱峡。位于阳山县西同官水口,与观音岩洞相对。同冠峡系中国十二个"三峡景区"之"连江三峡"的其中一峡,以唐代文学家韩愈夜宿于此留下二首千古诗篇而闻名于世。同官峡长数公里,河面宽阔,一水静碧,悠波涟漪;岩峰高耸,险峻雄奇。洞峡苍枝挺崖,烟霞锁洞,飞瀑泻玉,云涛卷舒,峡景之美,妙绝千古。

阳山 位于广东省清远市中部,秦朝末年设阳山关,西汉高祖时置阳山县,迄今已有2200多年的历史。阳山是典型的喀斯特地貌,孕育了阳山县丰富而奇特的旅游资源,这里人文古迹众多,自然风光秀美。人文资源方面,有省级重点文物保护单位"贤令山摩崖石刻",有"读书台""远览亭""千岩表",有富丽堂皇、庄严气派的"北山古寺",有气势不凡的"广东布达拉宫"——"学发公祠",有古人类生活遗址"七拱三山寨",有清乾隆年间建造的"莫氏镬耳楼",有享誉国内外的"四驱车赛场"等;自然资源方面,有省内最高峰、原始生态保存良好的"广东第一峰",有具有"洞中张家界"美誉的"神笔洞",有依山傍水、景色优美的"石螺森林温泉",有"广东漓江"之称的"鱼水风景区"。主要旅游景点:有广东第一峰旅游风景区、贤令山风景区、水口鱼水旅游风景区、石螺森林温泉、连江山水风光、玉龙宫溶洞、北山古寺、摩崖石刻、神笔洞等。

吏隐亭

刘禹锡

结构得奇势①,朱门交碧浔②。
外来始一望,写尽平生心。
日轩③漾波影,月砌④镂松阴。
几度欲归去,回眸情更深。

【背景】

唐永贞元年(805),因刘禹锡参与"永贞革新"失败被贬为连州刺史,同年十月,朝廷又以此贬不足以偿其责,改为朗州司马(湖南常德)。814年年底,刘禹锡等人奉诏回京,不久就因写讽刺诗获罪,随即被贬到更远的播州(今贵州遵义一带)。好友柳宗元帮忙说情,愿意以相对文明的广西柳州与刘禹锡互换,最后,皇帝"终不欲伤其亲",恩准刘禹锡贬为连州刺史。其时正当壮年的刘禹锡发现连州虽然远离京城,但是"天下山水,非无美好",连州山川秀美,生活安宁,他上任之后,即深入民众,体察民情,勤廉守政,编写医术、重教兴学、关心少数民族,为发展连州做出了历史性的贡献。明代弘治年间连州知州曹镐撰《旧志序》,认为连州风气之变,"乃自韩昌黎、刘梦得两公始"。

刘禹锡任连州刺史四年半,共写下25篇散文、73首诗歌,"剡溪若问连州事,惟有青山画不如",这是刘禹锡对连州风光的由衷赞叹。连州山川风物、人情风俗都在他的诗文里,这是刘禹锡留给连州最宝贵的历史文化资源。其间，他将海阳湖疏浚修缮，使之成为唐代岭南名园。建亭立榭，合为十二景。他亲自为景区赋诗，合为"海阳十二咏"。刘禹锡命人在湖畔建造了吏隐亭，自题亭名，且自作《吏隐亭述》和五律《吏隐亭》。"几度欲归去，回眸情更深"表达了他对连州山水和人文的眷恋之情。

【注释】

①奇势：独特的气势。　②浔：水边。碧浔，指湖水。　③轩：凉亭栏杆。　④砌：台阶。

【旅游看点】

吏隐亭 是海阳湖畔的一座观景亭，刘禹锡在任连州刺史期间，看到历经50多年的海阳湖严重淤塞，亭楼塌圮，于元和十一年（816）冬开始，主持对海阳湖疏浚整治，修复亭台楼阁，还亲自设计建造了一座新亭，成为文士、僧道、乡贤及游客聚会唱和的场所。刘禹锡将新亭命名为"吏隐亭"，可能与两位道州刺史有关：一是纪念海阳湖的创建者，一生多次隐居山林的元结；二是怀念同道好友，逝于衡州任上不久的吕温。吏隐亭的规模，在刘禹锡的诗文里都有迹可循。据推测其东面背靠佛寺，南边靠近道观，亭前朝西有四个水榭，有桥与湖中小岛相连，故址在今连州中学办公大楼左侧古泉至"引人入胜"燕喜牌坊中间。可惜因时代变迁，吏隐亭和海阳湖现都已不复存在。

连州 位于广东省清远市西北部，不仅仅是千年历史文化名城，也是瑶族的聚居地，融合了中原文化、荆楚文化和岭南文化。形成既多元化又具有地方民族特色的传统民族文化。连州节庆民俗丰富多彩，各具特色。除春节、清明节、端午节、中秋节等传统节日外，各地还有多种独特的节庆习俗，如保安镇的九月九大神会，星子镇八月十六的舞火龙等。连州景区结合起来说就是"一洞一潭一峡谷"。"一洞"，是连州地下河，"洞中有河，河中有洞，洞洞相连"的奇景。"一潭"即龙潭度假景区。这里山清水秀，鸟语花香，在浓郁的瑶族文化气氛中，让人感受到淳朴自然之美。"一峡谷"即湟川三峡。山水仙境般的画

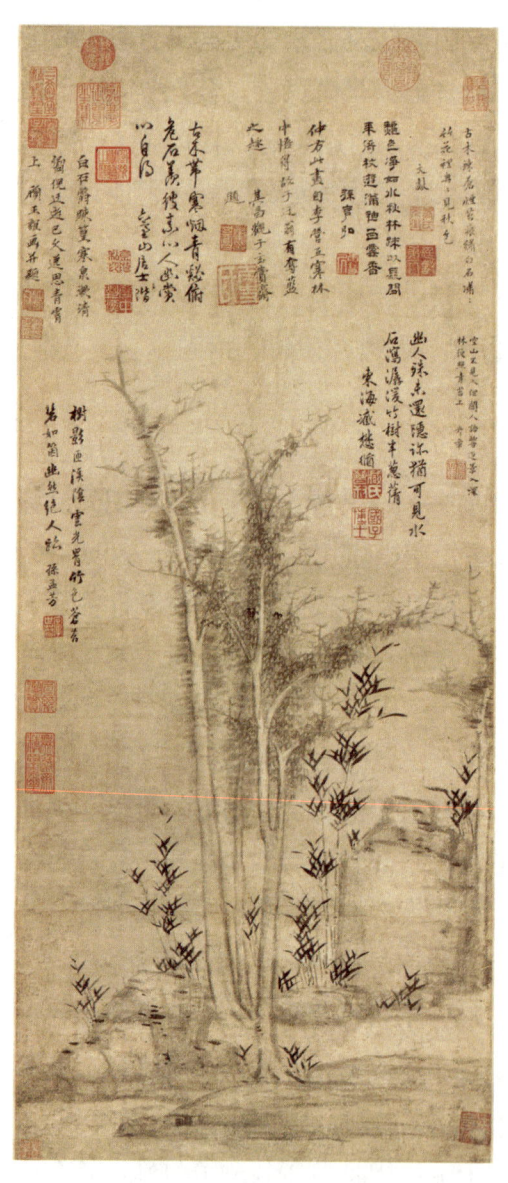

廊，飞流直下的瀑布，直如千仞的崖壁奇观，还有古代纤夫道、古戏台等。主要旅游景点还有虎头脑遗址、龙口村六朝墓群、卿罡古村、南岭国家森林公园大东山自然保护区等。2011年，连州地下河正式成为国家5A级旅游景区。

清远 位于中国广东省中部，北江中下游，北面和东北面与韶关市为邻，东南和南面接广州市，南与佛山市接壤，西与肇庆市相连，是广东省面积最大的地级市。清远素有中国温泉之乡、中国龙舟之乡、中国漂流之乡、中国优秀旅游城市、中国宜居城市等美誉。清远旅游资源丰富，着力打造了清新生态、飞霞风景名胜、英西奇特峰林、英佛湖光山色、连阳民族风情"五条热线"和温泉休闲、漂流感受、山水风光、溶洞奇观、民族风情"五大品牌"。清远漂流、四驱越野车节塑造了"山水清远，活力之乡"旅游整体形象。主要旅游景点有飞霞风景名胜区、清新温矿泉、宝晶宫、英西峰林、三排瑶寨、大旭山瀑布群、新兴的以"唐风禅韵"为主体的御金街少林禅院和凤凰台等。

贞女峡

韩　愈

江盘①峡束春湍豪②，雷风战斗③鱼龙逃。
悬流④轰轰射水府⑤，一泻百里翻云涛。
漂船⑥摆石⑦万瓦裂，咫尺性命轻鸿毛。

【背景】

贞元二十年（804）春，韩愈到贞女峡畅游时感慨于贞女峡上游几十里风景极美，胜于桂林漓江山水，因此写下了这首诗。诗人以刚劲浑健的笔力，生动地描绘了该峡极其险恶的山势和澎湃汹涌的水势。

【注释】

①江盘：江水弯曲。　②春湍豪：春水盛而流急。　③雷风战斗：形容江水翻腾，声震峡谷，有如风雷相搏击。　④悬流：这里是指峡谷很陡，谷水从上流下，状若悬空。　⑤射水府：直冲入深水之中。　⑥漂（piāo）船：水流迅急，迫害船舶的意思。　⑦摆石：移动大石。

小提示：旅游看点部分见下一篇韩愈的《宿龙宫滩》中的"湟川三峡"。

宿龙宫滩

韩 愈

浩浩复汤汤①,滩声抑更扬。
奔流疑激电②,惊浪③似浮霜④。
梦觉灯生晕,宵残⑤雨送凉。
如何连晓语⑥,一半是思乡。

【背景】

此诗作于贞元二十一年(805)。这一年正月,德宗死,唐顺宗李诵即位,大赦天下。韩愈遇赦北上,离开阳山途经龙宫滩时见其景险奇,触景生情,于是便作了此诗。

【注释】

①汤汤(shāng):大水急流的样子。 ②激电:电闪雷鸣。 ③惊浪:大浪。 ④浮霜:浪头的泡沫白如浮霜。 ⑤宵残:天亮之前。 ⑥连晓语:夜间说话到天亮。

【旅游看点】

湟川三峡 位于连州市连州镇与龙潭镇之间,古时称连峡,全长20多公里,分仙女峡、楞伽峡和羊跳峡,是珠江流域北江水系的主要支流。湟川三峡多美景,仙女峡河道险窄,湾急随身,两岸崖壁奇异。传说,天上的七仙女看见湟川三峡的景色非常美,便相约在七月七日这天下来玩。突然,一阵怪风吹来,卷走了六个仙女。最小的仙女在江边一直在哭着找姐姐。仙女峡的江水就是小仙女的泪水。"仙女峡"

由此得名。楞枷峡又名贞女峡，传秦时有几位仙女游峡，在这里遇到风雨，一女化为石头，故有此名。据史籍记载，南宋嘉泰二年（1202）五月，连江水位因连日倾盆大雨暴涨，连州城一片汪洋。洪水过后，楞枷峡河道淤塞，连州自此萧条冷落。十八年后，杨榕任连州太守，任用司法官李华治理水害。采用"上以火攻，下以堰取"的方案：先在上游筑坝拦河，蓄水备用；再于冬季在礁石四周堆满干柴枯草，点起大火；猛火过后，立即开坝，炽热的岩石被冰冻的河水冲刷，裂声如雷，碎石腾空；随后组织民工开挖、清理河床。经过三个隆冬反复多次施工，终于把楞枷峡开通，连州重又兴旺。现在峡壁上仍留有宋吏部侍郎张栻手书"楞枷古峡"四个大字。大字旁的几排小字，就是记载当时开峡的情景。羊跳峡在三个峡中是最短最窄的一个峡，长不足1公里，宽仅30余米，可谓惊羊可一跳而过。由于峡谷窄，峡内无云水自阴。这里江水深绿，江流平缓，水面如镜，怪石嶙峋，岸壁似开若合。船只驶过，似乎有随时被两壁夹住吞噬之险。屋檐似的峡壁上，垂吊着天然形成的石钟乳，形态万千。在楞枷峡和羊跳峡之间，有一个天然古戏台，成为来往船只歇息娱乐的地方。湟川之美，让历代文人墨客赞叹不已。清代进士林华皖，康熙六年任连州知州时留下《连峡行》曰："谓连峡之殊，尤瑰异卓绝者龟岩。历相九州名胜，罕有伦比，即以连峡与巫峡同观，亦岂夸美"。

龙宫滩 又称龙湫潭，因唐宋时滩旁曾有座龙宫庙而得名。此处滩浅水缓，韩愈曾夜宿于此，有感而做《宿龙宫滩》诗，今天此诗仍刻于岸壁之上。清光绪二十年（1894），广东督学使者徐琪巡视连州，经过龙湫滩，见东岸峭壁矗立，一代文豪韩愈曾在这里吟诗感慨，徐琪思绪澎湃，亲笔写就《书龙宫滩》诗，用自己的俸钱雇人刻于龙宫滩东岸崖壁上，高达二丈。山崖上另有"云涛九派"四个颇有气势的大草书。"云涛九派"诗刻的旁边建有一座亭子，玉柱金瓦、小巧玲珑。为了纪念唐代被贬来连州阳山县的伟大文学家韩愈，该亭被命名为"思乡亭"。

南海旅次

曹 松

忆归休上越王台，归思临高不易裁①。
为客正当无雁处②，故园谁道有书③来。
城头早角④吹霜尽⑤，郭⑥里残潮荡月回。
心似百花开未得，年年争发被春催。

【背景】

曹松（828—903），字梦徵，舒州（今安徽潜山附近）人，晚唐诗人。唐昭宗天复元年（901），七十余岁中进士。因同榜中王希羽、刘象、柯崇、郑希颜等皆年逾古稀，故时称"五老榜"。曹松曾官秘书正字。其诗多旅游题咏之作，风格颇似贾岛，取境幽深，工于炼字炼句。

此诗作于唐昭宗光化三年（900）之前。因屡试不第，曹松长期流落在今福建、广东一带。这首诗就是他连年滞留南海（郡治在今广东广州市）时的思归之作。作者以激荡起伏的思绪作为全诗的结构线索，在广州的独特地理背景的衬托下，着力突出登高、家信、月色、春光在作者心中激起的回响，来表现他羁留南海的万缕归思。

【注释】

①裁：剪，断。 ②无雁处：大雁在秋天由北方飞向南方过冬，据说飞至湖南衡山则不再南飞了。南海在衡山以南，故曰"无雁处"。 ③书：信。 ④早角：早晨的号角声。 ⑤吹霜尽：此处指天亮了。广州天气暖和，天一亮霜便不见了。 ⑥郭：古代在城的外围加筑的一道围墙。

【旅游看点】

　　越王台 汉代南越王尉佗所建，遗址在今广州越秀山。越秀山因此台而得名，亦称粤秀山、越王山。越秀山海拔70米，是白云山的余脉。明朝永乐年间，山上曾建有观音阁，又称观音山。越秀山是古代的海上战略要地，山顶上建有镇海楼，现为广州的城市标志之一。现越秀山被辟为越秀公园。公园内大部分为丘陵，园中有三个人工湖，分别是北秀湖、南秀湖和东秀湖。公园西部的山冈上矗立着一座高达11米的五羊石像。传说古时周代有5个仙人各骑一只口衔六枝谷穗的羊降临楚庭（广州古名），把谷穗赠给邑人，并祝人们永无饥荒。仙人言毕隐去，羊化为石。这就是广州用"羊城"和"穗"作为代称和简称的由来。五羊像被人们视为广州的标志。

　　南海 指现在的广州市。广州简称穗，别称羊城、穗城、花城。地处中国南方，广东省南部，珠江三角洲的北缘，西江、北江、东江水道在此汇合。广州濒临南中国海，珠江入海口，毗邻港澳，地理位置优越。广州历史悠久，始建于公元前214年。商代时广州地区称为"南越"，周代时又被称为"百粤""南海"。春秋战国时归属于楚国。公元前214年秦始皇平南越后，在广州地区设南海郡。其后经过两晋、两宋、明末三次移民高潮（移民来自中原地区，还包括楚、吴越、闽等岭北地区），逐渐形成了广府、客家与潮汕三大民系。广州也是海上丝绸之路的起点，唐宋时期成为中国第一大港，明清两代成为中国唯一的对外贸易大港，被称为中国的"南大门"。广州旅游资源丰富，素以名胜古迹众多而闻名。主要有镇海楼、南越王墓、陈家祠、六榕寺、光孝寺、余荫山房等历史古迹，又有毛泽东同志主办的农民运动讲习所旧址、广州起义烈士陵园、黄花岗七十二烈士墓、黄埔军校旧址、中山纪念堂、洪秀全故居等近现代革命历史纪念地。此外，白云山、石室圣心大教堂、沙面、长隆旅游度假区等国家5A级旅游景区声名远扬。广州还是美食和购物的天堂。色、香、味、形俱全的粤菜及中外各色风味饮食，为广州带来"食在广州"的美名。广州的粥、粉、面、饭皆负盛名。老西关里各种别具风味的小吃，遍布市区形形色色的市场，上下九路商业步行街、北京路商业步行街等都让中外游客流连忘返。

左迁至蓝关示侄孙湘

韩 愈

一封①朝奏九重天,夕贬潮州路八千。
欲为圣明除弊事,肯将衰朽②惜残年③!
云横秦岭家何在?雪拥蓝关④马不前。
知汝远来应有意⑤,好收吾骨瘴江⑥边。

【背景】

唐元和十四年(819)正月,唐宪宗命宦官从凤翔府法门寺真身塔中将所谓的释迦文佛的一节指骨迎入宫廷供奉,并送往各寺庙,要官民敬香礼拜。时任刑部侍郎的韩愈写《谏迎佛骨》表,劝谏阻止唐宪宗,指出信佛对国家无益,而且自东汉以来信佛的皇帝都短命,结果触怒了唐宪宗,韩愈几乎被处死。经裴度等人说情,最后韩愈被贬为潮州刺史。这是韩愈一生中最大的政治挫折。潮州州治潮阳在广东东部,距离当时的京师长安有千里之遥。宪宗盛怒之下,命韩愈"即刻上道,不容停留"。韩愈甚至来不及与京师的朋友们辞行。相伴而行的,只有自己的侄孙韩湘。在被押送出京后不久,韩愈的家眷亦被斥逐离京。就在陕西商县层峰驿,他那年仅十二岁的女儿竟病死在路上。韩愈大半生仕宦蹉跎,五十岁才因参与平淮而擢升刑部侍郎,两年后又遭此难,满心委屈、愤慨、悲伤。走到蓝田关口时,写下这首诗。

韩愈在潮州虽只有七个月的时间,但这仅仅二百多天的时间,却使潮州面貌焕然一新。其贡献一是驱除鳄鱼。潮州有一条江名为鳄溪,因为江里有很多鳄鱼,经常吃过江的百姓,被人们称为"恶溪"。韩愈为驱除鳄鱼还写了一篇《祭鳄鱼文》。二是兴修水利，推广北方先进的耕作技术。三是赎放奴婢。下令奴婢可用工钱抵债，钱债相抵就给人自由，不抵者可用钱赎，以后不得蓄奴。四是兴办教育。韩愈之前，潮州只有进士3名，韩愈之后，到南宋时，登第进士就达172名，这当属韩愈大兴教育之功。八个月后，韩愈徙袁州。但潮州百姓却把韩愈奉若神灵，祭鳄之地叫作"韩埔"，渡口叫作"韩渡"，鳄溪叫"韩江"，对面的山叫"韩山"。有诗云："八月为民兴四利，一片江山尽姓韩。"为了纪念韩愈，当地民众在韩愈去世之后为其修建了韩文公祠，至今矗立在潮州市内。

【注释】

①一封：指一封奏章，即《谏迎佛骨》表。　②衰朽：衰弱多病。　③惜残年：顾惜晚年的生命。　④蓝关：蓝田关，今在陕西省蓝田县东南。　⑤应有意：应知道我此去凶多吉少。　⑥瘴（zhàng）江：指岭南瘴气弥漫的江流。这里指贬所潮州。

【旅游看点】

韩文公祠 坐落于潮州市韩江东岸笔架山麓，是潮州八景之一"韩祠橡木"的所在地。也是目前国内保存最完整、历史最悠久的纪念韩愈的祠宇。韩文公祠始建于宋咸平二年（999），距今已有八百多年的历史。现有三层殿阁，下层为展览厅，上层辟为韩愈纪念馆，内有碑刻。除了主祠，景区内还建有"韩文公祠"石牌坊、"天南碑胜"名家书法长廊、允元亭、侍郎阁、天水园、"溅玉沁芳"景观、石雕壁画长廊、韩愈勤政廉政展览馆、橡木园等多个配套景点。

潮州 位于广东省东北部，东北与福建省诏安、平和县接壤，东面与宝岛台湾隔海相望。潮州是潮州文化的重要发源地，有"海滨邹鲁""岭海名邦"之称。此地也是广东文物古迹荟萃之地。潮州有众多属于自己的独特文化，如潮绣、潮州戏、潮州木雕、潮州菜、潮州工夫茶、潮州民居等。有着浓郁地方色彩的潮州文化对台湾及东南亚一带有着同根同源的深远影响和联系。潮州旅游资源也极其丰富，自古就有"到广不到潮，白白走一遭"的民谣。主要景点有牌坊街、广济桥、开元寺、淡浮院、韩文公祠、隆福寺、云峰寺等。

第六章 白狼河北音书断

白山黑水（长白山与黑龙江）环抱的北国大地，曾是众多游牧与渔猎民族的繁衍生息之所。辽阔的草原与浩瀚的森林，滋养了他们粗犷豪放、坚韧勇毅的民族性格。盛唐国力的强盛，极大地促进了朝廷与北方诸族之间政治、经济、文化的深度交融。在唐代诗人的笔下，这里不仅有冰封万里、壮丽苍茫的北国风光，有热情奔放、独具特色的民风习俗，更寄托着跨越民族的深厚情谊与戍边卫国的赤胆忠心。诗人们在此激扬壮志、咏叹友谊，为后世留下了丰厚而动人的历史文化篇章。本章精选唐诗九首，集中展现了涵盖内蒙古、辽宁、吉林、黑龙江等地的北疆风貌与风物人情。

过五原胡儿饮马泉

李 益

绿杨著水①草如烟,旧是胡儿饮马泉②。

几处吹笳③明月夜,何人倚剑白云天。

从来冻合④关山路,今日分流⑤汉使⑥前。

莫遣⑦行人照容鬓,恐惊憔悴入新年。

【背景】

唐代,五原是唐和吐蕃反复争夺的边缘地区,且离诗人的家乡陇西很近。李益曾经作为幽州节度使刘济的幕府在边塞生活十余年,贞元初年,诗人以幕僚身份跟随尚书杜希全在五原一带活动,重到这块被收复的失地后,国难、乡愁以及对个人前途、命运等感慨思虑都一齐涌向心头。在这种百感交集的复杂情绪的支配下,他写下了这首诗。诗歌通过对饮马泉春色的描写,慨叹美好的五原几经沦陷,边塞无长剑倚天的英雄来镇守,并抒发了诗人容颜渐老而壮志难酬的情怀。

这首诗是李益的代表作之一,与盛唐边塞诗激越高昂的情绪不同,诗中忧伤重于欢欣,失望多于希望,正是中唐时期人们思想的体现。明人胡震亨概括李益边塞诗的基本情调是"悲壮婉转",能"令人凄断",这首诗正可作为代表。

【注释】

①著水:拂水,形容垂杨丝长,可以拂到水面。 ②饮马泉:鹈鹕(pì tī)泉,在丰州城北。据说唐代丰州有九十九泉,在西受降城北三百里的鹈鹕泉号称最大。 ③笳(jiā):即胡笳,古代军中号

角。　④冻合：冰封。　⑤分流：春天泉流解冻，绿水分流。　⑥汉使：指诗人自己。　⑦莫遣：莫使。

【旅游看点】

五原县 是中国内蒙古自治区巴彦淖尔市下辖的一个县，位于内蒙古自治区西部，河套平原腹地。秦时五原属九原郡，历史文化源远流长，人杰地灵，英才辈出。史载三国名将吕布就是五原人。近代，冯玉祥"五原誓师"，响应北伐。傅作义"五原抗战"，阻击日寇，更使古郡五原名扬华夏，声震四海。主要旅游景点有天籁湖、塔尔湖、金色黄河湾等。

河套文化旅游区 位于内蒙古自治区巴彦淖尔市临河区南端，河套平原腹地。以巴彦淖尔为中心的黄河大后套流域是黄河流域的重要组成部分，河套灌区总干渠被称为"二黄河"，黄河河套文化旅游区位于"二黄河"之上，地处黄河"几"字弯顶端，是巴彦淖尔市最大的开放性湿地旅游区。景区以"总干渠"为轴心，按照"三带五区"的总体布局，"三带"即黄河生态景观带、总干渠观光休闲带、永济渠生态景观带；"五区"即河套文化观光区、河套文化体验区、河套文化度假区、河套文化养生区、河套湿地运动区。景区包括湿地公园、黄河水利文化博物馆、黄河观凌塔、酒庄老镇、富强村等主要景点，留存着秦汉时期的水利文化遗存和清代以来水利工程遗迹，水利和农耕文化底蕴极为深厚，景区全方位、多角度地展示了几千年来黄河文化、草原文化、农耕文化和移民文化在河套地区聚集、融合、传承、积淀的历程，充分展现了河套文化兼容并蓄的独特魅力。

使至塞上

王 维

单车欲问边，属国①过居延。

征蓬②出汉塞，归雁入胡天。

大漠孤烟直，长河③落日圆。

萧关逢候骑，都护在燕然④。

【背景】

王维所处的年代，各种民族冲突加剧，唐王朝不断受到来自西面吐蕃和北方突厥的侵扰。开元二十五年（737），河西节度副大使崔希逸战胜吐蕃，唐玄宗命王维以监察御史的身份出塞宣慰，察访军情，沿途他写下了《使至塞上》《出塞》等边塞名篇。

诗中"大漠孤烟直，长河落日圆"一联被王国维称为"千古壮观"的名句。曹雪芹在《红楼梦》中借香菱之口评价此诗："诗的好处，有口里说不出来的意思，想去却是逼真的；又似乎无理的，想去竟是有理有情的。"

【注释】

①属国：即典属国的简称，汉代称负责外交事务的官员为典属国，唐人有时以"属国"代称出使边陲的使臣，这里诗人用来指自己使者的身份。　②征蓬：随风远飞的枯蓬，此处为诗人自喻。　③长河：一般认为是指黄河，也有说指流经凉州（今甘肃武威）以北沙漠的一条内陆河，这条河在唐代叫马成河，疑即今石羊河。　④燕然：古山

名,即今蒙古国杭爱山。这里代指前线。

【旅游看点】

居延 中国汉唐以来西北地区的军事重镇。故址在今内蒙古自治区额济纳旗东南约17公里处,是一个历史悠久、文化底蕴厚重的多民族聚居区。早在三千年以前,居延地区就是一个水草丰美、牛羊遍地的游牧民族的"天堂"。居延海留下了大量神话传说。居延自古就以交通要道著称,张骞几次出使西域,出阳关、入居延,成就了草原丝绸之路。戈壁绿洲、瀚海沙漠、古郡重镇、关市口岸、居延汉简、黑城文书……这一切构成了额济纳地区丰富多彩、威武雄壮的历史画卷,独特的历史文化和地理风貌引人注目,成为旅游探秘者的朝圣之地。悠久的历史,灿烂的文化,曾使居延遗址如同古丝绸路上的罗布泊和楼兰古国一样闻名遐迩。现有景点有居延遗址、黑水城遗址、居延海、塔王府等。

大漠 "大漠孤烟直,长河落日圆"是唐代大诗人王维写下的千古流传的名句。这首诗中写的景观在哪里?宁夏学者苏忠深在《燕然山与燕然州》一文中谈到,王维此诗中提到的燕然州,就是唐开元元年寄治在回乐县的羁縻州,这个州的位置应在今宁夏中宁县(历史上曾是中卫县的一部分)。唐代由萧关经腾格里沙漠进入河西走廊是一条比较安全的近道,这条道路的渡河地点在宁夏中宁。由此推知,同时可看到"大漠孤烟"和"长河落日"两

种景色的地方,就在宁夏的中宁、中卫一带。如今在这一带的首批国家 5A 级旅游景区沙坡头仍可找到诗中的意境,沙坡头旅游区位于宁夏中卫市城区以西 20 公里腾格里沙漠东南边缘处。这里集大漠、黄河、高山、绿洲为一处,既具西北风光之雄奇,又兼江南景色之秀美。自然景观独特,人文景观丰厚,被旅游界专家誉为世界垄断性旅游资源。

燕然 今蒙古国杭爱山。汉代起杭爱山在中国称为燕然山,位于蒙古高原的西北,离雁门关 1800 公里左右。杭爱山山脉是蒙古北冰洋流域和内河流域的分水岭。蒙古主要河流色楞格河发源于此,向北流入俄罗斯贝加尔湖。主峰鄂特冈腾格里峰海拔 4031 米。杭爱山以北,中国人称为"极北",基本上被视为蛮荒地带。唐代文学作品中常见的"天山"也指此处。"燕然勒功"这一成语的出处就在这里。东汉永元元年(89)夏六月开始,窦宪、耿秉率军与南匈奴军队在涿邪山的匈奴人会合(今蒙古国满达勒戈壁附近),与北单于战于稽落山(今蒙古国额布根山),北单于大败逃走,汉军追击,俘杀一万三千余人,北匈奴先后有二十余万人归附。窦宪、耿秉登燕然山(今蒙古国杭爱山),由班固撰写《封燕然山铭》文,刻石纪功而还。后来人们用"燕然勒功"指把记功文字刻在石上。

征人怨

柳中庸

岁岁金河①复玉关②,
朝朝马策③与刀环④。
三春白雪归青冢,
万里黄河绕黑山⑤。

【背景】

柳中庸(？—775?),名淡,中庸是其字,河东(今山西永济)人,为柳宗元族人,中唐边塞诗人。他为大历年间进士,与弟中行并有文名。与大历十才子卢纶、李端为诗友。唐代名士萧颖士将女儿嫁给了他。其诗以写边塞征怨为主,然而意气消沉,无复盛唐气象。

《全唐诗》中柳中庸存诗仅13首。《征人怨》是其流传最广的一首。此诗约作于唐代宗大历年间(766—779),当时吐蕃、回鹘多次侵扰唐朝边境,唐朝西北边境不甚安定,守边战士长期不得归家。诗中写到的金河、青冢、黑山,都在今内蒙古自治区境内,唐时属单于都护府。由此可以推断,这首诗是为表现一个隶属于单于都护府的征人的怨情而作。

【注释】

①河:即黑河,在今呼和浩特市城南。②玉关:即甘肃玉门关。③马策:马鞭。④刀环:刀柄上的铜环,用以喻征战之事。 ⑤黑山:杀虎山,在今内蒙古呼和浩特市东南。

【旅游看点】

青冢 位于呼和浩特南郊9公里处的大黑河畔。青冢即昭君墓,蒙古语称特木尔乌尔琥,意为"铁垒",始建于公元前的西汉时期,距今已有2000余年的悠久历史。昭君墓是中国最大的汉墓之一,据民间传说,每到深秋时节,四野草木枯黄的时候,唯有昭君墓嫩黄黛绿,草青如茵。因此历代诗人常常用"谁家青冢年年青""到今冢上青草多""宿草青青没断碑"之类的诗句寓意。据说"呼和浩特"的蒙语直译为"青城",就是因青冢而得名的,而"青冢拥黛"也成为呼市八景之一。墓体周围景色宜人,加上晨曦与晚霞的映照,墓景时有变化,传说一日有三变,"晨如峰,午如钟,夕如枞"。登上墓顶,可看到连绵不断的阴山山脉横贯东西,可欣赏到呼和浩特市全景。昭君墓参观内容有青泉牌坊、石雕嫱云、和亲铜像、董必武诗碑、昭君出塞陈列、昭君诗碑廊等。

单于都护府 是唐朝建立的六个重要的都护府之一,是管理北方边疆东突厥故地的重要机构,所辖地区基本上位于今内蒙古自治区境内。916年,契丹占领云中故城,都护府废除。清代建绥远城,绥远城将军衙署曾有七十八位将军在此任职,是管辖绥远城驻防八旗、归化城土默特旗,乌兰察布盟、伊克昭盟和节制宣化和大同绿旗兵事务的机构。衙署经多次修缮,面目全非,近年开始修整,尽可能按原有形制复原,接待游人观光。

感遇三十八首（其三十七）

陈子昂

朝入云中郡，北望单于台。
胡秦①何密迩，沙朔②气雄哉。
藉藉天骄子，猖狂已复来。
塞垣③无名将，亭堠④空崔嵬。
咄嗟⑤吾何叹，边人涂草莱⑥。

【背景】

陈子昂的《感遇诗》共三十八首，诗歌或讽刺现实、感慨时事，或感怀身世、抒发理想。各篇所咏之事各异，创作时间也各不相同，应当是诗人在不断探索中有所体会遂加以记录，积累而成的系列作品。它们继承了阮籍咏怀诗的余脉，反映了作者的政治理想和对自然社会规律的认识，抨击了武周王朝的腐败统治，同情广大劳动人民的苦难，抒发自己身逢乱世、忧谗畏讥的恐惧不安和壮志难酬、理想破灭的愤懑忧伤。

陈子昂在武则天垂拱二年（686）和万岁通天元年（696）曾两次从军北征。他积极反对外族统治者制造的分裂战争，多次直言进谏，不但未被采纳，还被斥降职，一度遭到当权者的排挤和打击，壮志难酬的陈子昂三十八岁辞职还乡，后被奸人陷害，冤死狱中，年仅四十一岁。此诗大约作于垂拱二年（686），陈子昂随乔知之北征时。

【注释】

①胡秦：指外寇。　②沙朔：北方沙漠之地，指塞北。　③塞垣

（yuán）：本指汉代为抵御鲜卑所设的边塞。后亦指长城，边关的城墙。④亭堠（hòu）：古代边境上用以瞭望和监视敌情的岗亭、土堡。　⑤咄嗟（duō jiē）：叹息。　⑥草莱（lái）：杂生的草，指荒芜之地。

【旅游看点】

云中郡 在今天内蒙古托克托县境内。托克托县隶属于内蒙古自治区首府呼和浩特市，位于自治区中部、大青山南麓、黄河上中游分界处北岸的土默川平原上。县境位居北方边陲要冲，历来为兵家争战之地。秦代设云中郡，为全国三十六郡之一。唐太宗贞观年间，云中城先后设云中都护府、单于大都护府，境内置金河县。在托克托县境内，除云中古城以外，还先后修筑过黑水泉古城、阳寿故城、沙陵故城、桢陵故城、蒲滩拐古城、东胜州古城、云内州故城、碱池村古城、双墙村古城、东胜卫故城、镇房卫故城等13座古城，此地成为内蒙古古城遗址最多、保存最完好的地区之一。

呼和浩特 意为"青色的城市"，即青城，也被称为"呼市"。因召庙（蒙古族藏佛教的寺庙）云集，又称"召城"。它位于内蒙古自治区中部的土默川，是内蒙古自治区首府，也是全区的政治、经济和文化中心，是祖国北疆的历史文化名城。呼和浩特有着悠久的历史和光辉灿烂的文化，先秦时期赵武灵王在此设云中郡，民国时期为绥远省省会，1954年改名为呼和浩特。呼和浩特市具有鲜明的民族特点和众多名胜古迹，拥有为数众多的博物馆与文化遗迹，是北上草原、西行大漠、南观黄河、东眺京津的重要旅游集散中心之一。旅游景点有战国赵、秦汉、明朝的古长城；有北魏盛乐古城遗址；有见证胡汉和亲、被誉为民族团结象征的昭君博物院；有黄教寺庙大召；有清朝管辖漠南、漠北等地的将军衙署；有现存中国和世界唯一的蒙古文标注的天文石刻图的金刚座舍利宝塔；有辽代万部华严经塔（白塔）；有清康熙帝六女儿和硕恪靖公主府；有号称"召城瑰宝"的席力图召。境内还有哈达门高原牧场、神泉生态旅游风景区、"塞外西湖"哈素海等景点。

送渤海王子归本国

温庭筠

疆理①虽重海,车书②本一家。

盛勋归旧国,佳句在中华。

定界分秋涨③,开帆到曙霞④。

九门⑤风月好,回首是天涯。

【背景】

温庭筠(约812—约866),字飞卿,太原祁(今山西祁县)人。晚唐诗人、词人。出生于没落贵族家庭,富有天才,文思敏捷,每入试,押官韵,八叉手而成八韵(双手交叉八次一首诗歌就完成),有"温八叉"之称。温庭筠多次考进士均落榜,一生恨不得志,行为放浪。恃才不羁,又好讥讽权贵,多犯忌讳,被当时的权贵们所憎,故长被贬抑,终生不得志。其诗辞藻华丽,浓艳精致,内容多写闺情,少数作品对时政有所反映。其精通音律、诗歌工整,与李商隐齐名,时称"温李"。

渤海王国作为一个受唐帝国册封的地方政权,曾建都于敖东城(今吉林敦化东南)。渤海国与唐朝关系十分密切。渤海国先后派使臣朝唐有132次之多,唐朝也十多次派人赴渤海,双方贸易往来十分频繁。最为突出的是,渤海国锐意学习中原文化。多次派遣文人到长安太学学习古今制度,并抄回《汉书》《三国志》《晋书》《三十六国春秋》《唐礼》等历史、政治文献;渤海王子和贵族子弟也纷纷至中原学习,有的经过科举考试,留在唐朝做官。在渤海与唐朝的密切交往中,唐人对渤海人的感情不断加深。此诗描写的就是渤海王子学成归国时,作者与之依依惜别之情。

【注释】

①疆理：疆域。 ②车书：秦始皇统一全国，"书同文，车同轨"，后代史家多以"车书一家"表示统一。 ③秋涨：泛指因秋雨而高涨的江河。在此处泛指降水具有显著季节变化特征的地域。 ④曙霞：朝霞曙光。指渤海国在东方，太阳升起的地方。 ⑤九门：指禁城中的九种门，借指宫禁、天子。这里九门指长安，九门风月指在长安的美好生活。

【旅游看点】

渤海 即渤海国，其范围相当于今中国东北地区、朝鲜半岛东北及俄罗斯远东地区的一部分。据文献记载，渤海国是盛唐之时以靺鞨族为主建立的封建地方政权。它的历史可追溯到1300余年前。713年，唐玄宗册封其首领大祚荣为左骁卫大将军、渤海郡王、忽汗州都督称号，从此专称"渤海"，与唐朝为臣属关系。755年，渤海国迁至渤海镇，建成首府"上京龙泉府"。762年，唐朝诏令将渤海升格为国。全盛时辖境有五京、十五府、六十二州，其文化深受唐朝文化的影响，享有"海东盛国"的美誉。渤海国至926年为契丹所灭。为镇压渤海人民的反抗，使其忘却故土，契丹曾把龙泉府及寺庙等古都著名建筑付之一炬。故国遗址现可见的有上京龙泉

府遗址、故井址、禁苑址、街坛址、寺庙址、古墓址、古桥址和兴隆寺。上京龙泉府遗址坐落在距镜泊湖不足20公里的宁安市渤海镇，已列为全国重点文物保护单位。主要遗物有石灯幢、大石佛、舍利函、大石龟、文字瓦等。

渤海国上京龙泉府遗址 位于黑龙江省宁安市境内，镜泊湖东北牡丹江畔，遗址由外城、内城、宫城组成，以唐朝长安城为模式规划设计。城门四面共辟有10座城门，城内街道共发现9条，南北向5条，东西向4条，以纵向全城的"朱雀大街"最为典型，它将全城分为东、西两部分。在渤海都城内外还发掘出佛寺遗址若干处，其规模都较大，且数量较多，反映了当时渤海国佛教盛行的景况。内城在外城的北部正中，宫城位于内城的中央，宫殿区在宫城的中央，现存有五处宫殿基址。宫城东侧为禁苑遗址，其南部还有一个面积近2万平方米的池塘。北面为宫城，南面为外郭城。宫城为长方形，四面宫墙均为石砌，各有一门。宫城前部为官衙，后部为王宫。宫城内部被南北向墙分隔为东、中、西三区，各区内部又以纵横墙垣分成若干部分或院落。城垣和宫城内主体建筑遗址保存基本完整，有"海东盛国"的美誉，是研究渤海历史和唐代城市史、建筑史的重要实物资料。

塞下曲

司空曙

寒柳接胡桑，军门向大荒。
幕营随月魄，兵气长星芒。
横吹催春酒，重裘①隔夜霜。
冰开不防虏，青草满辽阳②。

【背景】

司空曙，生卒年代不详，约唐代宗大历初前后在世。广平（今河北广平）人。中唐诗人，大历年间进士，大历十才子之一，永泰二年（766）至大历二年（767）曾为左拾遗，磊落有奇才，在长安常与卢纶、独孤及和钱起等人吟咏相和，为卢纶表兄，与李约为至交。其诗多为行旅赠别之作，长于抒情，多有名句。

塞下曲，唐代乐府名。出于汉乐府《出塞》《入塞》，属横吹曲辞。为唐代新乐府题，歌辞多写边塞军旅生活。唐自开国以来，大拓疆土，统治者也非常重视武功。在这种情况下，许多文人如高适、李白、王昌龄、岑参、李益等人都有过从军或出使边塞的经历，希望创立军功而求取功名，因此，这些诗人创作了大量的《塞下曲》。

【注释】

①重裘：厚毛皮衣。　②辽阳：古辽东郡治所。

【旅游看点】

大荒 为现在长白山区，长白山古称不咸山。据《山海经》记载，

"大荒之中，有山名不咸，有肃慎氏之国"，因其"似盐之略白，但没有盐的咸"，因而叫作不咸山。长白山脉是鸭绿江、松花江和图们江的发源地，是中国满族的发祥地和满族文化圣山。长白山系的最高峰是朝鲜境内的将军峰，海拔2749米。中国境内最高峰白云峰，海拔2691米，是中国东北的最高峰。长白山植被垂直景观及火山地貌景观是首批进入中国国家自然遗产、国家自然与文化双遗产预备名录的国家自然遗产地。著名的长白山天池位于长白山主峰火山锥体的顶部，荣获海拔最高的火山湖吉尼斯世界之最。长白山是欧亚大陆北半部最具有代表性的典型自然综合体，是世界少有的"物种基因库"和"天然博物馆"。长白山的密林深处盛产人参、北五味子等药材，野生动物有濒临绝灭的东北虎及马鹿、紫貂、水獭、黑熊等。

辽阳 古称襄平、辽东城，在今辽宁省境内大辽河以东，是辽中南地区的中心城市之一。辽阳是东北地区最早的城市，是一座有着2400多年历史的文化古城。从公元前3世纪到17世纪前期，一直是中国东北地区的政治、经济、文化中心，交通枢纽和军事重镇。唐贞观十九年（645），唐太宗李世民亲率大军征讨高句丽，始克辽东城（今辽阳老城区）。唐朝攻克辽阳后曾在此设安东都护府，派重兵把守。神册三年（918），辽太祖耶律阿保机攻占辽东城，置辽阳府。后又曾经作为辽和金的陪都。明朝立国后，在东起鸭绿江西抵嘉峪关长达万里的防御线上，设置了9个国防重镇，辽阳是其中之一，为辽东镇。同时，还在东北各要塞修建了18座城池，辽阳城是其中最大的一座。辽阳有许多著名的历史人文景观和风景区；历史人文景观主要有汉魏时期墓群壁画，唐代高句丽燕州城（白岩城）、八宝琉璃井，辽代白塔，明代清风寺、古城墙遗址；清代东京城、东京陵和曹雪芹高祖曹振彦名碑、曹雪芹纪念馆等。自然景观有山清水秀的汤河旅游风景区，风光旖旎的核伙沟自然风景区，谷幽树茂的石洞沟森林公园，碧波涟涟的葠窝水库旅游区，蜿蜒奔流的太子河及四亿年前形成的喀斯特古溶洞——观音洞和终年结冰的姑嫂城冷地、冷洞奇观。

高句丽

李 白

金花折风①帽,

白马小迟回②。

翩翩舞广袖,

似鸟海东③来。

【背景】

　　此诗又名高句骊,在我国文学史上,是不可多得的珍品。此诗生动地再现了高句丽人的形象,为我国古代多民族的历史生活画卷增添了栩栩如生的一笔。唐代有大批高句丽人从集安移居到中原地区甚至黄河以南,这些移居中原的高句丽人,在一定时期内仍保持着他们独特的民族风习,李白与高句丽后人有过直接接触,因而高句丽人的形象就生动地再现于李白诗笔之下。

【注释】

　　①折风:是一种像汉族人所戴的帽子,本来是高句丽中的"贱者"所用,不加金饰。李白诗中却说"金花折风帽",显然他所见是帽上加金饰的"贵者"了。　②迟回:即徘徊。　③海东:泛指渤海以东的辽东之地,这里是指现吉林省集安市地区。

【旅游看点】

　　高句丽(gōu lí)史书中记作"高句骊",简称"句丽"或"句骊",是公元前1世纪至7世纪时期生活在中国东北地区的一个古代民族。汉元帝建昭二年（前37）夫余人朱蒙在西汉玄菟郡高句丽县（今辽宁新宾境内）建国，故称高句丽。在两晋南北朝时期，高句丽开始逐渐强大，5世纪末好太王继位起，高句丽开始进入鼎盛时期。隋朝曾三次征讨高句丽都未能成功。贞观十九年（645），唐太宗亲征高句丽，此后多次征讨唐军取得大胜。668年，唐高宗时期完全平定高句丽。高句丽人民以农业、渔猎为生，高句丽人崇拜神物三足乌。把其当作最高权力的象征。高句丽人对三足乌的这种崇拜在高句丽古墓壁画中有所体现。同时高句丽的射猎、战争壁画也体现了其作为一个边疆朝鲜民族所具有的尚武好战特点。集安市高句丽文物古迹旅游景区的好太王碑是高句丽第十九代王"国冈上广开土境平安好太王"的墓碑，立于414年，是其子高句丽第二十代王长寿王为其所立。它是中国现存最大的石碑之一，被誉为"海东第一古碑"。碑由角砾凝灰岩粗制而成，近方柱状，高6.39米，宽1~2米。四面环刻汉字隶书碑文，共1775个字，现能辨识者1590余字。碑文涉及高句丽建国神话，早期王系，好太王攻城略地之功绩，守陵制度等。是现存最早、文字最多的高句丽考古史料。它的发现，确认了自中世纪以来为世人遗忘的高句丽文明及中心之所在，在东北亚考古遗迹中占有重要地位。2004年中国东北的高句丽王城、

王陵及贵族墓葬被列入《世界遗产名录》。中国的"高句丽王城、王陵及贵族墓葬"包括王城3座、王陵12座处及贵族墓26座。

集安市 是高句丽中期都城，现隶属通化市。位于吉林省东南部，与朝鲜隔鸭绿江相望，是我国对朝三大口岸之一。集安市境内由于老岭山脉自东北向西南形成一道巨大的天然屏障，横贯集安市，抵御北来寒风，使温暖湿润的海洋气流沿鸭绿江溯源而来，造就了集安市岭南、岭北两个小气候区。岭南气候温和、空气湿润、降雨充沛、风力弱小，素有"东北小江南"之称。高句丽政权从3年至427年在集安定都，作为高句丽政治、经济、文化中心长达425年。集安蕴藏了许多不为人知的高句丽人的故事，这里有彰显高句丽民族独特建筑理念的复合式王都——国内城和丸都山城；这里有中华民族碑刻艺术珍品——好太王碑；这里有工艺精湛、规模宏大、气势雄伟，号称"东方金字塔"的将军坟；这里有色彩鲜艳、线条流畅、内涵丰富，被誉为"东北亚敦煌"的高句丽壁画，是全人类共同的宝贵的文化遗产和旅游资源。主要景点还有五女峰国家森林公园、鸭绿江风景区、云峰湖风景旅游度假区等。

营州歌

高 适

营州少年厌①原野,
狐裘②蒙茸③猎城下。
虏酒千钟④不醉人,
胡儿⑤十岁能骑马。

【背景】

　　本诗是高适于天宝中出塞燕赵从军时据所见有感而作。唐代东北边塞营州,原野丛林,水草丰盛,各族杂居,牧猎为生,习尚崇武,风俗狂放。高适在诗中描写了唐代东北边塞营州地区的汉、胡各族少年,自幼熏陶于牧猎骑射之风中,养就了好酒豪饮的习惯,练成了驭马驰骋的本领,展示了典型的边塞生活。

【注释】

　　①厌:同"餍",饱。这里作饱经、习惯于之意。　②狐裘:用狐狸皮毛做得比较珍贵的大衣,毛向外。　③蒙茸(róng):裘毛纷乱的样子。　④千钟(zhōng):极言其多;钟,酒器。　⑤胡儿:指居住在营州一带的奚、契丹少年。

【旅游看点】

　　营州　今辽宁省朝阳市,位于辽宁省西部,大凌河中上游,是唐王朝在东北地区设立的唯一的内地型府州,是东北边疆的军政重镇。隋唐时期东征高丽,均以朝阳为后方。唐贞观十九年(645),唐太宗在

东征高句丽班师途中驻跸营州。"安史之乱"祸首安禄山、史思明,以及平叛"安史之乱"者李光弼均为朝阳人。朝阳市作为营州治所在地,是我国唐代墓葬八大区之一,历年来发掘唐墓200余座,是东北地区唯一发现唐代墓葬的地方。大凌河北岸的万佛堂石窟是北魏太和二十三年(499)开凿的,被誉为中国北方石窟造像艺术宝库,宝库内的魏碑被康有为称为"元魏诸碑之极品",梁启超评为"天骨开张,光芒闪溢",同时万佛堂石窟又是一处融人文景观与自然景观于一体的风景区。朝阳市还有劈山沟、努鲁尔虎山自然保护区、清风岭等著名景点。

虏酒 朝阳酿酒的历史源远流长。到了清代,这里成为晋商太谷曹家创始人曹三喜利用烧锅"三泰号"发迹关外的第一站。民国十九年(1930年)《朝阳县志》记载:"朝境之初,有商业,自晋人始。晋人悉知蒙族无贵贱,皆嗜酒。边塞所产之高粱、莜麦价廉,且多。俗传先有'三泰号'晋人烧锅,后有喇嘛庙。由是直鲁人之营商者,亦相继而起。自有烧锅之后,合吉之平地、山荒始有转兑于汉族之举,是烧锅与香火会二事于遗迹中国一最有价值者也。"现朝阳的凌塔白酒、龙城区的泉盛河、喀左的隆中御等酒类均为全国或省级驰名品牌。

古意呈补阙乔知之

沈佺期

卢家少妇①郁金堂②,海燕双栖玳瑁③梁。

九月寒砧催木叶,十年征戍忆辽阳。

白狼河北音书断,丹凤城南④秋夜长。

谁谓含愁独不见,更教明月照流黄⑤!

【背景】

此诗又题《独不见》,为沈佺期的代表作之一。创作于武则天万岁通年间。乔知之,武则天万岁通天(696—697)年间任右补阙,垂拱元年(685)曾随左豹韬卫将军北征同罗、仆固。万岁通天元年(696)随建安王武攸宜击契丹。诗歌描写一位少妇思念久戍边塞未归的丈夫,情致婉转,色彩炫丽,音韵和谐,具有不朽的艺术魅力。

"独不见"是乐府旧题,属《杂曲歌辞》。《乐府解题》:"独不见,伤思而不见也。"多表现相思主题。

【注释】

①卢家少妇:名莫愁,是南朝民歌《河中之水歌》里的人物,后用作少妇的代称。②郁金堂:以郁金香和泥涂壁的房子。 ③玳瑁:属海龟,这里是指以玳瑁为饰的屋梁,极言梁的名贵精美。龟甲美观可作装饰品。 ④丹凤城:指京城长安。一说因秦穆公女吹箫,凤降其城,故名,后便为京城之别称。唐代民居多住在城南。 ⑤流黄:杂色丝绢,这里指黄紫相间的丝织品,泛指衣料。

【旅游看点】

辽阳 这里泛指辽东地区，今辽宁省的东部和南部与吉林省东南部地区以及朝鲜半岛大同江以北地区。包括下辽河平原、辽东山地丘陵以及辽东半岛三大区域。东端为鲸海（今日本海）长白山脉主峰（天池）及其附近山峰，西抵辽河与渤海。北界大致为辽河－鸭绿江水系与松花江水系的分界处，南抵朝鲜与黄海。其中辽河平原有辽河、太子河、浑河、大凌河、小凌河、沙河等遍布其间。辽东山地丘陵是长白山脉包括主峰在内所延伸的主脉精华部分。辽东半岛，与山东半岛雷州半岛合称"中国三大半岛"，冬暖夏凉，是避暑胜地。辽阳包括沈阳、本溪、辽阳、鞍山、营口、丹东、大连等重要城市。有沈阳故宫、金石滩国际旅游度假区、本溪水洞、鸭绿江风景区等著名景点。

白狼河 即大凌河，全长 398 公里，为辽宁西部第一大河。穿越朝阳七县（市）区全境，经锦州义县入渤海，是中国东北独流入海的较大河流之一。古时称"白狼水"，唐朝时改称"白狼河"，明朝时始称"大凌河"。这里是中华民族"多源共祖"之地，苏秉琦在《华人·龙的传人·中国人——考古寻根记》中说:"中国古文化有两个重要区系:一个是源于渭河流域的仰韶文化;一个是源于大凌河流域的红山文化。"大凌河所经的朝阳区域古迹众多、风景殊胜,是东北最为古老和最负盛誉的水系之一。10万年前已有"鸽子洞人"在此休养生息,与老哈河、西拉木伦河共同孕育了博大精深的红山文化、三燕文化和辽文化。大凌河又是古代沟通东北与中原的交通枢纽,齐国北伐山戎、曹魏征讨乌桓、前燕入主中原、北齐攻打契丹、隋唐平定高丽,均以大凌河谷为行军主道。大凌河流域主要水利工程有宫山嘴水库、菩萨庙水库、瓦房店水库、龙潭水库、水泉鸽子洞水利枢纽、白石水库、阎王鼻子水库等。其中,始建于1995年5月白石水库、坐落在辽宁省北票市大凌河干流上,地处朝阳、阜新、锦州三市中心地带,是一座以防洪、灌溉、供水为主,兼顾发电、养殖、观光旅游等综合利用的大型水利枢纽工程。水库总库容16.45亿立方米,可控制流域面积17649平方公里。规模列辽宁第三,辽西第一。燕山湖风景区位于辽宁省朝阳市西南郊25公里处,是阎王鼻子水库的一部分,景区水面23平方公里,集餐饮、娱乐为一体,为游览、观光场所。

第七章 蜀道之难难于上青天

因英国作家詹姆斯·希尔顿《消失的地平线》而蜚声世界的"香格里拉",历史悠远,风光绝美,被西方奉为"世外桃源",亦是当代旅者心驰神往的"圣地"。这片土地,一如《尘埃落定》描绘的秘境:神秘而丰饶。转动的经筒、老人脸上祥和的皱纹、猎猎飘扬的艳丽经幡、缓步而行的喇嘛,乃至消逝的土司制度,都曾在这片土地上自成秩序,安然运转。天空、湖泊、笑容——目之所及,无不浸透着温厚与安然,美好得恍若梦幻。然而回溯大唐盛世,三江并流、梅里雪山、哈巴雪山等今日奇观尚在深闺,"待字"无人识。彼时诗人们魂牵梦萦的秘境,是巴山蜀水间娴静温婉的"天府之国"——蜀川。她如一位大家闺秀,温润安闲,构筑了诗人心中的"理想国"。本章撷取十七首唐诗,为您展现唐人笔下最美的秘境图景。这条跨越云南、西藏、四川的壮丽风景线,便是今日追寻"香格里拉"的经典旅途。

蜀道难

李 白

噫吁嚱①，危乎高哉！蜀道之难难于上青天！
蚕丛及鱼凫②，开国何茫然！
尔来四万八千岁，不与秦塞③通人烟。
西当太白④有鸟道，可以横绝峨眉⑤巅。
地崩山摧壮士死⑥，然后天梯石栈相钩连。
上有六龙回日之高标，下有冲波逆折之回川。
黄鹤之飞尚不得过，猿猱欲度愁攀援。
青泥⑦何盘盘，百步九折萦岩峦。
扪参历井仰胁息，以手抚膺坐长叹。
问君西游何时还？畏途巉岩不可攀。
但见悲鸟号古木，雄飞雌从绕林间。
又闻子规啼夜月，愁空山。
蜀道之难难于上青天，使人听此凋朱颜！
连峰去天不盈尺，枯松倒挂倚绝壁。
飞湍瀑流争喧豗⑧，砯崖⑨转石万壑雷。
其险也如此，嗟尔远道之人，胡为乎来哉！
剑阁⑩峥嵘而崔嵬，一夫当关，万夫莫开。

所守或匪亲，化为狼与豺⑪，

朝避猛虎，夕避长蛇，磨牙吮血，杀人如麻。

锦城虽云乐，不如早还家。

蜀道之难，难于上青天！侧身西望长咨嗟！

【背景】

《蜀道难》为乐府古题，《乐府诗集》卷四十谓属《相和歌·瑟调曲》，并引《乐府旧题》曰："《蜀道难》，备言铜梁、玉垒（皆蜀中山名）之阻。"梁简文帝、刘孝威、阴铿等均有作。阴铿《蜀道难》云："蜀道难如此，功名讵可要？"

此诗是李白身在长安时为送友人王炎入蜀而写的，目的是规劝王炎不要羁留蜀地，早日回归长安。此诗作年，众说不一，约作于天宝初年，李白在长安时期。

【注释】

①噫吁嚱：惊叹声，蜀方言，表示惊讶的声音。宋祁《宋景文公笔记·释俗》："蜀人见物惊异，辄曰'噫吁嚱'，李白作《蜀道难》，因用之。" ②蚕丛、鱼凫：传说中古蜀国的两个先王。《文选·左思〈蜀都赋〉》："夫蜀都者，盖兆基于上世，开国于中古。"注引扬雄《蜀本王纪》："蜀王之先，名蚕丛、柏灌、鱼凫、蒲泽、开明。……从开明上至蚕丛，积三万四千岁。" ③秦塞：指秦地。贾谊《过秦论》下："秦地被山带河以为固，四塞之国也。"故曰"秦塞"。秦、蜀为邻国，战国时期秦惠文王灭蜀、置蜀郡，秦蜀始交通往来。 ④太白：山名，为终南山主峰，在今陕西眉县东南。 ⑤峨眉：山名，在今四川省峨眉山市西南。 ⑥地崩山摧壮士死：《华阳国志·蜀志》：相传秦惠王想征服蜀国，知道蜀王好色，答应送给他五个美女。蜀王派五位壮士去接人。回到梓潼（今四川剑阁之南）的时候，看见一条大蛇进入穴中，一位壮士抓住了它的尾巴，其余四人也来相助，用力往外拽。不多时，山崩地裂，壮士和美女都被压死。山分为五岭，入蜀之路遂

通。这便是有名的"五丁开山"的故事。山即今四川江油东北近剑阁界的五华山,或称五子山。 ⑦青泥:岭名。在今甘肃徽县南。《元和郡县图志·山南道·兴州》:"青泥岭,在(长举)县西北五十三里接溪山东,即今通路也。悬崖万仞,山多云雨,行者屡逢泥淖,故号青泥岭。" ⑧喧豗(huī):喧闹声,这里指急流和瀑布发出的巨大响声。⑨砯(pīng)崖:水撞石之声。砯,水冲击石壁发出的响声,这里作动词用,冲击的意思。⑩剑阁:在四川剑阁县大、小剑山之间,又名剑门关。 ⑪"一夫"四句:晋张载《剑阁铭》:"一人荷戟,万夫趦趄。形胜之地,匪亲勿居。"匪,同"非"。

【旅游看点】

剑门关 位于四川省广元市剑阁县城南 15 公里处,居于大剑山中断处,两旁断崖峭壁,直入云霄,峰峦倚天似剑;绝崖断离,两壁相对,其状似门,故称"剑门",享有"剑门天下险"之誉。剑门蜀道风景名胜区是国家 5A 级旅游景区,国家级风景名胜区,全国重点文物保护单位,国家森林公园,国家自然与文化双遗产,全国 100 个红色经典旅游景区之一。剑门关是剑门蜀道风景名胜区的核心景区,集三国文化、蜀道文化、关隘文化、红色文化为一体,融雄、险、奇、幽于一身。李白"剑阁峥嵘而崔嵬,一夫当关,万夫莫开"的赞誉让其名扬海内。剑门关内的关楼宽 18.3 米、高 19.61 米、深 17.7 米,全木结构,气势恢宏。

蜀道 是古代由长安通往蜀地的道路。蜀道穿越秦岭和大巴山,山高谷深,道路崎岖,难以通行。通常学术研究中提到的"蜀道",是指由关中通往汉中的褒斜道、子午道、故道、傥骆道(堂光道)以及由汉中通往蜀地的金牛道、米仓道等。蜀道申遗项目自 2011 年在广元启动。此前各市州共推荐了金牛道等古道上的 95 处文化遗址,经专家讨论,最后推荐了 4 条古道、68 处文化遗产点。在地域上,4 条古道涵盖四川省 7 市 26 区县,古道(遗产点)的时间最早可追溯至战国时期,最晚到清朝。其中,金牛道文化遗产点 33 处,米仓道文化遗产点 19 处，阴平道 5 处，荔枝道 11 处。2016 年 1 月，四川省确定将成都片区的王建墓、朱悦燫墓、明蜀王陵墓群、武侯祠、杜甫草堂、金沙遗址和邛窑遗址等七处文化资源纳入蜀道申请世界自然与文化双遗产范围。金牛道是古蜀历史上首次见于史书的道路。从建成以来，金牛道便成为联系川陕最重要的道路。而现代的川陕公路、宝成铁路也是沿着金牛道修建。该道全长约 600 公里，从成都出发，经德阳罗江县、绵阳梓潼县，至广元剑阁县，过剑门关至昭化，渡嘉陵江，经广元朝天区往东北方向至陕西宁强县，再经勉县到达汉中。金牛道又叫蜀栈，是古代川陕的交通干线，此道川北广元到陕南宁强一段十分险峻。诗人李白赞叹的"蜀道难，难于上青天"，就是指的这一段。金牛道的开辟时间或远在春秋战国时期，得名源于石牛粪金、五丁开道的传说，也被称为石牛道。石牛粪金、五丁开道的传说最早见于西汉末年著名学者扬雄所作的《蜀王本纪》，其后阚骃《十三州志》、常璩《华阳国志》、郦道元《水经注》等书均有记载：蜀王已有"褒汉之地"，因猎谷中，而适与秦惠王相遇。其后秦欲攻蜀，在二王相会之处列置了几头石牛，在石牛的尾巴下边置放了一些黄金，扬言石牛能粪金。蜀王贪金，但是秦惠王说道路艰险，运不过去，命五丁力士率千余人凿山开路迎牛，于是就有了金牛

道。而实际情况更可能是战国后期，蜀国与秦国共同开发的一条连通秦岭内外的商贸与文化交流的通道。

青泥岭 在甘肃省徽县境内，铁山是青泥岭山脉的最高峰，海拔1746米，又名巾子山，位于徽县东南20公里处。这条路是古蜀道险段之最，古称故道，又名陈仓道、青泥道、散关道、嘉陵道，但这都是后来的称谓。据专家研究：故道最早称为周道，是周人为其命名，见于周祁《散氏盘》铭文，"固道"就是汉代时人们所说的故道。故道在秦始皇统一中国之前就已经成为关中与汉中盆地的通衢大道，实为蜀道之始。虽然汉代有了褒斜道，但隋、唐、宋王朝一直把这条路作为入川的正驿官道。它连接金牛道和连云栈道，北起宝鸡陈仓驿，南越略阳接官亭镇内的飞仙岭，接入金牛道，青泥岭青泥驿居中南，都是故道之巅，沿途险象环生，方圆几十平方公里，险道上百里，悬崖万仞，多云密雨，泥泞难行，自古是兵家必争之地，谁占据此岭，谁就拥有战争的胜利。红军长征期间，二方面军贺炳炎一部自青泥河翻越青泥岭，冲破敌军层层封锁线北上支援甘肃成县战役，后到达甘肃会宁胜利会师。传说青泥岭是希望之岭。安史之乱的时候，唐玄宗李隆基领随从嫔妃南逃四川来到青泥岭。大雨滂沱道路泥泞，玄宗叫苦不迭，宫女太监哭号连天，当他们连滚带爬挣扎上山巅，绝望至极的时候，突然雨停云散、红日高照，玄宗一行相互望着，大家一个个像落汤鸡一样，顿时哈哈大笑，沮丧悲观全无，坐地歇息，沐浴阳光，享受美景，精神抖擞，希望重生，从此，人们就把这个岭又称作欢喜岭，并立碑以纪念之。历朝历代的地方官员皆年年来此朝拜，希望获得好运。在青泥岭脚下的济善寺有两棵世人罕见的银杏树，据说高的是李白所栽，矮的则为杜甫相隔54年后亲手所植。经过1300多年，高的已长成参天古树、枝繁叶茂、奇枝怪丫、狂傲不羁、飘逸洒脱、像一柄利剑直刺青天；矮的长得朴实挺拔，尤显得老沉凝重。如今济善寺早荡然无存，已变成一所小学校，可这两棵银杏树伴着美丽的传说已屹立千年。

送杜少府之任蜀州①

王 勃

城阙辅三秦②,风烟望五津③。
与君离别意,同是宦游人。
海内④存知己,天涯若比邻。
无为在歧路⑤,儿女共沾巾。

【背景】

王勃(649或650—676或675),字子安,郡望太原祁县(今属山西),绛州龙门(今山西河津)人。早慧好学,被誉为"神童"。王勃与杨炯、卢照邻、骆宾王齐名,并称"王杨卢骆",号为"初唐四杰",王勃被推为"四杰"之首。

诗题一作《送杜少府之任蜀川》。蜀州,垂拱二年(686)年方置,时作者已死多年,当以"蜀川"为是。蜀川,指四川,即今四川岷江流域。杜少府,不详何人。或谓杜审言,尚待详考。少府为县尉的别称。之任,赴任。这是一首送友人去蜀川赴任的诗歌,约作于乾封元年至总章元年(666—668)王勃任职长安期间。

【注释】

①蜀州:地名,今四川崇州。 ②三秦:指陕西关中一带。关中古为秦国,项羽破秦入关,三分关中之地,以封秦降将章邯为雍王,司马欣为塞王,董翳为翟王,合称"三秦"。详见《史记·项羽本纪》。 ③五津:指岷江自灌县(今都江堰市)至彭山间的五大渡

口：白华津、皂（多误作"万"）里津、江首津、沙（多误作"涉"或"不"）头津、江南津，详见《华阳国志校注》卷三《蜀志》。　④海内：四海之内，犹言天下。古代人认为我国疆土四周环海，所以称天下为四海之内。　⑤歧（qí）路：岔路，指分手之处。

【旅游看点】

蜀州　今四川崇州，位于岷江中上游川西平原西部，其建制历史长达2200年，316年设立县制，1994年撤县设市。崇州自古为繁荣富庶之地，有"蜀中之蜀""蜀门重镇"之称。崇州市山、丘、坝、河兼有的地理条件，造就了众多的旅游景观，省级森林公园鸡冠山是其中的代表。崇州市悠久的历史形成了多彩的人文景观，蜀画池、州文庙、陆游祠、光严禅院为川西不可多得的历史胜迹。州文庙是四川省境内保存最完好的四座文庙之一，是省级重点文物保护单位和中国西部孔子文化中心。崇州市的金鸡乡是中国最大的风筝制作基地，以技术精

湛、种类繁多而闻名国内外，享风筝之乡的美誉。一年一度的"崇州金鸡风筝节"是中国风筝的盛会，四川省风筝比赛、全国风筝精英赛经常在此举行。

街子古镇 位于崇州的街子镇，在崇州城西北25公里的凤栖山下，与青城后山连接。它既得山灵水秀之惠，又有光严禅院为中心的32座寺庙等古迹。街子是个历史悠久的古镇，五代时名"横渠镇"，因横于味江河畔而得名。境内有晋代古刹——光严禅院，凤栖山旅游风景区，千亩原始森林，千年银杏、千年古楠、清代古塔，清末民初古建一条街，宋代民族英雄王小波起义遗址，唐代一瓢诗人唐求故居，有拥有神奇传说的古龙潭、五柜沱、云雾洞等，全镇各种文物古迹二十余处。街子古镇是国家4A级旅游景区，省级历史文化名镇。在2010第三届中国（四川）名城古镇文化旅游节上，崇州街子古镇被评为"2010年度四川最美古镇"。在2011四川最美村落评选公益活动中，街子古镇获评"十大四川最具旅游价值村落"称号。

新津 位于四川盆地西部，成都市南部，东接双流区、南濒眉山市、西临邛崃市、北靠大邑县和崇州市，辖区面积330平方公里，距成都市区19公里，距西南航空港10公里，区位优势明显，古有"南方丝绸古道第一站"之誉，今有"成都南大门"之称。新津的"津"，按《说文》，义释"水渡"，即"渡口"之意。新津即新的渡口，新津之名得此。原横跨岷江的江安桥（索桥）为成都平原通往眉嘉平原的必经渡口，然而"江安桥，广一里半，每逢夏水盛（索桥）断绝，岁岁修理，百姓苦之"。东汉"建安二十一年（216），太守南阳李严乃凿天社山，循江通车道"（《华阳国志》）以后，今五津汇流处始成为沟通成都平原与眉嘉平原的新渡口，代替了江安桥旧渡口。新渡口日益繁荣，逐渐成为新的集市，曰"新津市"。北周孝闵帝元年（557）析山县北部置新津县，县亦因"新津市"而名"新津县"。新津县自北周定名，相袭至今，已有1450年历史，为川西重要的物资集散地和交通枢纽，是四川省经济技术向西南辐射的必经之地。2008年、2009年、2012年至 2014 年，新津县获"四川省十强县"称号。新津县境内五河汇聚，江河如带，是川西平原名副其实的水产大县，以"黄辣丁"为代表的河鲜美食饮誉全国。新津自然、地理、历史、人文相得益彰，被誉为"成都后花园"。特别是围绕"城南门户，水城新津"的城市定位，正加快推进"一生之城""花舞人间""亚特兰蒂斯黄金时代"等项目建设，以亲水文化为主要形态的山水休闲生态城市已具雏形。新津风景旅游资源非常丰富，景区范围 15 平方公里，有大小景点 20 余处。全球低碳景区最佳范例、国家 4A 级旅游景区"花舞人间"；古今第一忠孝儒林纯阳观，殿宇巍峨，以忠孝学说吸引游客；"九莲胜景"观音寺以明代壁画和泥塑闻名中外，保存完好的明代绘制的佛教十二圆觉壁画，人物造型线条流畅，比例匀称，丰满细腻，神态端庄，堪与北京法海寺和山西永乐宫壁画媲美，其中以清净慧菩萨最为精美，被誉为"东方蒙娜丽莎"；享有"稠粳出云"美称的老君庙，孤峰卓立，古柏森森，是道家修炼圣地；世界第二、亚洲第一占地千亩的水上运动中心，艇影点点，气势磅礴；梨花溪万株梨花竞相开放，如云似雪；"新津鸟岛"林木森森，鹭影蹁跹；宁静、宽阔的南河风光带是开展龙舟活动、假日休闲的好去处。诸多景观结构多元、内涵丰富，真可谓"蓉城南路第一景，川西名胜上河图"。

春夜喜雨

杜 甫

好雨知时节,当春乃发生。
随风潜①入夜,润物细无声。
野径云俱黑,江船火独明。
晓看红湿处,花重②锦官城③。

【背景】

　　这首诗写于上元二年(761)春。杜甫在经过一段时间的流离转徙的生活后,终因陕西旱灾而来到四川成都定居,开始了在蜀中的一段较为安定的生活。作此诗时,他已在成都草堂定居两年。他亲自耕作,种菜养花,与农民交往,对春雨的感情很深,因而写下了这首描写春夜降雨、润泽万物的美景诗作。

【注释】

　　①潜(qián):暗暗地,悄悄地。这里指春雨在夜里悄悄地随风而至。　②重:读作 zhòng(重在这里的意思是沉重,所以读作第四声。)　③锦官城:在成都城西南部,汉代主管织锦业的官员居此,故称。后亦作为成都的别称。

【旅游看点】

　　成都 简称蓉,四川省省会、副省级市。成都是中国五大战区之一的西部战区司令部驻地,是西部地区设立外国领事馆数量、开通国际航线数量最多的城市,是联合国教科文组织命名的世界美食之都。成都是国家历史文化名城、中国最佳旅游城市和南方丝绸之路的起点。约在公元前5世纪筑城,西汉时已成为中国六大都市之一,三国时期为蜀汉国都。北宋年间发行世界最早的纸币交子,官府在成都设立世界最早的管理储蓄银行交子务。几千年的建城史孕育了武侯祠、杜甫草堂、永陵、望江楼、青羊宫、文殊院、明蜀王陵、昭觉寺等众多历史名胜古迹和人文景观。成都也是四川大熊猫的栖息地,拥有名扬四海的大熊猫繁育研究基地。成都拥有5项世界遗产,多项世界预备遗产,是中国中西部拥有世界遗产项目数较多的城市,是一座有着3200余年历史的"最中国文化名城"。

宽窄巷子 位于成都市青羊区长顺街附近,由宽巷子、窄巷子、井巷子平行排列组成,全为青黛砖瓦的仿古四合院落,这里是成都遗留下来的较成规模的清朝古街道,与大慈寺、文殊院并称为成都三大历史文化名城保护街区。宽窄巷子是国家4A级旅游景区,被评为中国历

史文化名街，多次入选"成都十大文化地标""四川文旅新地标"等榜单，是展示成都悠闲生活方式和传统文化的重要窗口。

大熊猫繁育研究基地位于成都北郊斧头山，距市区10公里，有一条宽阔的熊猫大道与市区相连。大熊猫博物馆内珍贵的资料、丰富的展品举世无双，是认识大熊猫、回归大自然、观光旅游、休闲娱乐的极佳场所。

九眼桥 位于成都市锦江区，古名宏济桥，又名镇江桥，始建于明万历二十一年（1593），由当时布政使余一龙所建，是石栏杆、石桥面的大拱桥，长4丈宽3丈高3丈，下有9洞。在清朝乾隆五十三年（1788）由总督李世杰补修时，改名为九眼桥，是锦江上最大的一座石拱桥。古人爱用"长虹卧波"来形容石拱桥的壮丽，可是九眼桥却不是一道"长虹"，而是一张"弯弓"。在桥南不远处曾经有过一座与桥同期建造的回澜塔（俗名白塔）与之相映成趣，构成"桥是弯弓塔是箭"的奇特景观。传说中桥的第五孔（即最大最高的中洞）下面是一个"海眼"，可通大海，深不可测，八仙之一的铁拐李就是从九眼桥上升的天。20世纪50年代前，九眼桥一带是热闹的水码头，要从水路出成都下重庆，都得从这里搭船启程。而从外地水路运来的货物，也得在这里上岸。1992年，鉴于旧九眼桥有碍泄洪而被拆除。2001年11月，在距九眼桥原址仅1.9公里处，仿古九眼桥主体工程宣告建成。仿古九眼桥仍为九孔，外部全由仿古青石块砌成。桥面用青石块铺设，保留具有明代建筑风格的九孔石拱桥的形象。现在的桥附近酒吧一条街已成为成都夜文化的标志，晚上灯火辉煌。街上的酒吧达上百家，但每家酒吧都不大，最多可容纳几桌。小小的酒吧一家接一家，可以自由选择喜欢的风格与不同的酒水价格。游客可以坐在室外看河景，边欣赏风景，边喝着美酒，实在是惬意。

蜀 相

杜 甫

丞相祠堂何处寻,锦官城^①外柏森森。
映阶碧草自春色,隔叶黄鹂空好音。
三顾^②频烦天下计,两朝开济^③老臣心。
出师未捷^④身先死,长使英雄泪满襟。

【背景】

　　唐肃宗乾元二年(759)十二月,杜甫结束了为时四年寓居秦州、同谷(今甘肃成县)的颠沛流离的生活,到了成都,在朋友的资助下,定居在浣花溪畔。唐肃宗上元元年(760)的春天,他探访了诸葛武侯祠,写下了这首感人肺腑的千古绝唱。杜甫虽然怀有"致君尧舜"的政治理想,但他仕途坎坷,抱负无法施展。他写《蜀相》这首诗时,安史之乱还没有平息。目睹国势艰危,生灵涂炭,而自身又请缨无路,报国无门,因此对开创基业、挽救时局的诸葛亮,无限仰慕,倍加敬重。

　　蜀相,即诸葛亮。221年,刘备在蜀称帝,史称蜀汉,任命诸葛亮为丞相。诸葛亮于建兴元年(223)被后主刘禅封为武乡侯,故其庙又称武侯祠。

【注释】

　　①锦官城:成都的别称。　②三顾:指刘备三顾茅庐请诸葛亮出山。即诸葛亮《出师表》中所云:"先帝不以臣卑鄙,猥自枉屈,三顾臣于草庐之中,咨臣以当世之事。"③两朝开济:指诸葛亮先辅佐先主

刘备开创帝业，建立蜀汉政权，后又辅佐后主刘禅巩固帝业。　④出师未捷：指"北定中原，兴复汉室，还于旧都"（《出师表》）的理想未得实现。《三国志·蜀书·诸葛亮传》载：建兴十二年（234）春，诸葛亮出师伐魏，据武功五丈原，与司马懿对抗于渭南，相持百余日。其年八月，病卒于军中，时年五十四岁。

【旅游看点】

武侯祠 位于成都市南门武侯祠大街，肇始于刘备修建惠陵之时，它是中国唯一一座君臣合祀祠庙和最负盛名的蜀汉英雄纪念地，由刘备、诸葛亮蜀汉君臣合祀祠宇及惠陵组成，是全国影响最大的三国遗址博物馆，享有"三国圣地"的美誉。它始建于223年，是全国重点文物保护单位，国家一级博物馆，国家4A级旅游景区。一千多年来几经毁损，屡有变迁。武侯祠（诸葛亮的专祠）建于唐以前，初与祭祀刘备（汉昭烈帝）的昭烈庙相邻，明朝初年重建时将武侯祠并入了"汉昭烈庙"，形成现存武侯祠君臣合庙。现存祠庙的主体建筑为1672年重建。

锦里古街 位于成都市武侯区武侯祠旁。作为武侯祠（三国历史遗迹区、锦里民俗区、西区）的一部分，街道全长550米。现为成都市著名步行商业街，为清末民初建筑风格的仿古建筑，以三国文化和四川传统民俗文化为主要内容。古街布局严谨有序，酒吧娱乐区、四川餐饮名小吃区、府第客栈区、特色旅游工艺品展销区错落有致。锦里于2004年10月正式对外开放，其延伸段锦里二期（水岸锦里）于2009年1月开始迎客。锦里依托武侯祠，"拜武侯、泡锦里"已成为成都旅游最具号召力的响亮口号之一。2005年锦里被评选为"全国十大城市商业步行街"之一，与北京王府井、武汉江汉路、重庆解放碑、天津和平路等老牌知名街市齐名，号称"西蜀第一街"，被誉为"成都版清明上河图"。

卜 居

杜 甫

浣花溪①水水西头,主人为卜林塘幽。
已知出郭少尘事,更有澄江②销客愁。
无数蜻蜓齐上下,一双鸂鶒③对沉浮。
东行万里堪乘兴,须向山阴上小舟④。

【背景】

乾元二年（759）十二月,杜甫自同谷县抵成都后,寓居郊外古寺中。次年春,即上元元年（760）在西郊浣花溪畔择地营屋住了下来。今天成都的杜甫草堂,即诗人当年居住之地。择地后,杜甫写下《卜居》一诗。

浣花夫人的故事。传说浣花夫人是唐代浣花溪边一个农家的女儿,她年轻的时候,有一天在溪畔洗衣,遇到一个遍体生疮的过路僧人跌进沟渠里,这个游方僧人脱下沾满了污泥的袈裟,请求她替他洗净,姑娘欣然应允。当她在溪中洗涤僧袍的时候,却随手漂浮起朵朵莲花来。霎时遍溪莲花泛于水面,浣花溪因此闻名。

【注释】

①浣花溪：位于四川省成都市西郊,为锦江支流。杜甫结草堂于溪旁。　②澄江：指浣花溪。　③鸂鶒（xī chì）：水鸟名,像鸳鸯,又称紫鸳鸯。　④山阴、小舟：用王子猷典。《世说新语·任诞》篇载："王子猷居山阴,夜大雪,眠觉,开室命酌酒,四望皎然。因起彷徨,

咏左思《招隐》诗。忽忆戴安道。时戴在剡，即便夜乘小舟就之。经宿方至，造门不前而返。人问其故，王曰：'吾本乘兴而行，兴尽而返，何必见戴！'"

【旅游看点】

杜甫草堂 位于成都市青羊区草堂路。又称浣花草堂、工部草堂、少陵草堂，1955年成立杜甫纪念馆，1985年更名为成都杜甫草堂博物馆，现今是一处集纪念祠堂格局和诗人旧居风貌为一体的博物馆，是国家首批全国重点文物保护单位，首批国家一级博物馆，国家4A级旅游景区，是中国规模最大、保存最完好、知名度最高且最具特色的杜甫行踪遗迹地。杜甫在此居住近四年，创作诗歌流传至今的有二百四十余首。但杜甫离开草堂后，草堂便不复存在。五代前蜀诗人韦庄寻得草堂遗址，重结茅屋，使之得以再现。后经宋、元、明、清多次修复而成，其中两次最大的重修，是在明弘治十三年（1500）和清嘉庆十六年（1811），基本上奠定了如今杜甫草堂的规模和格局。草堂内主要有草堂寺、浣花祠、工部祠等景点。

浣花溪公园 位于成都市西南方的一环路与二环路之间，北接杜甫草堂，东连四川省博物馆，是浣花溪历史文化风景区的核心区域，占地32.32公顷，建设总投资1.2亿元，于2003年建成。浣花溪公园以杜甫草堂的历史文化内涵为背景，运用现代园林和建筑设计的前沿理论，将自然景观和城市景观，古典园林和现代建筑艺术，民俗空间和时代氛围有机结合，以自然雅致的景观和建筑凸现川西文化醇厚的历史底蕴，是一座秀美的城市公园。园内山水交融，花草树木绿荫蔽日，由万树山、沧浪湖和白鹭洲三大景点组成，浣花溪和干河两条河流穿园而过，为开放性城市森林公园，形象地演绎了杜甫的诗意韵味，是成都市著名的城市公园。

绝 句

杜 甫

两个黄鹂鸣翠柳，

一行白鹭上青天。

窗含西岭①千秋雪②，

门泊东吴③万里船④。

【背景】

762年，正值唐朝鼎盛时期，成都尹严武入朝，当时由于安史之乱，杜甫一度避往梓州。第二年，叛乱平定，严武还镇成都。杜甫也回到成都草堂。当时，他的心情很好，面对这一派生机勃勃的景象，情不自禁，写下这一首即景小诗。

严武（726—765），字季鹰。华州华阴（今陕西华阴）人。唐朝中期大臣、诗人，中书侍郎严挺之之子。初为拾遗，后任成都尹。两次镇蜀，以军功封郑国公。永泰元年（765），因暴病逝于成都，年四十。追赠尚书左仆射。严武虽是武夫，亦能诗。严武与杜甫友善，关系极其密切。杜甫居成都期间，他带着仆从和酒肉来看望杜甫，杜甫写道："竹里行厨洗玉盘，花间立马簇金鞍。"杜甫后入严武幕府任检校工部员外郎，故又有杜工部之称。此后二人诗作往来频繁，严武成了杜甫除李白、高适之外的又一知音。严武称杜甫为"杜二"。

【注释】

①西岭：指西岭雪山。 ②千秋雪：指西岭雪山上千年不化的积

雪。 ③东吴：古时候吴国的领地，今江苏省一带。 ④万里船：指不远万里开来的船只。

【旅游看点】

西岭雪山 位于成都市西郊，大邑县西岭镇境内，距成都95公里，总面积483平方公里。该景区于1989年8月被四川省政府批准列为省级风景名胜区，1994年1月经国务院批准为国家重点风景名胜区，现为世界自然遗产、大熊猫栖息地、国家4A级旅游景区。景区于1999年开发了占地为7平方公里，海拔在2200～2400米的中国规模最大、设施最好的大型高山滑雪场、大型雪上游乐场和大型滑草场、高山草原运动游乐场。西岭雪山属立体气温带，现已形成"春赏杜鹃夏避暑，秋观红叶冬滑雪"的四季旅游格局。

岷山 是中国西部大山。北起甘肃东南岷县南部，南止四川盆地西部峨眉山，南北逶迤700多公里，有"千里岷山"之说。四川境内为岷山主体部分，有摩天岭、雪宝顶、九顶山、青城山。岷山山清水秀、文化底蕴深厚，拥有世界自然遗产九寨沟、黄龙、大熊栖息地、世界文化遗产青城山—都江堰、世界自然与文化双遗产峨眉山—乐山大佛，是中国古史神话传说中上帝与众神的天庭所在地"海内昆仑山"和神仙文化、道教发祥地，中华人文女祖、蚕桑神、旅游之神嫘祖和治水英雄大禹的故里、古蜀文明的发祥地。岷山是中国高品位旅游资源最富集的地区，是中国大熊猫分布密度最大、数量最多的山系。岷山已建立唐家河、王朗、九寨沟、白河、白水江和铁布6个自然保护区。其中，位于岷山东坡四川省青川县和平武县境内的唐家河和王朗自然保护区，面积分别为4万公顷和2.8万公顷，主要保护大熊猫、金丝猴、扭角羚；位于岷山腹部四川省九寨沟县的九寨沟自然保护区，面积6万公顷，其保护对象为大熊猫、金丝猴、扭角羚；白河自然保护区面积2万公顷，主要保护金丝猴、大熊猫、扭角羚及绿尾虹雉；位于岷山东北坡甘肃文县境内的白水江自然保护区，面积约9万公顷，以大熊猫、金丝猴、扭角羚为保护重点；岷山西坡四川省若尔盖县的铁布自然保护区，面积2万公顷，保护梅花鹿及蓝马鸡等。

登 楼

杜 甫

花近高楼伤客心,万方多难此登临。
锦江①春色来天地,玉垒②浮云变古今。
北极③朝廷终不改,西山④寇盗⑤莫相侵。
可怜后主⑥还祠庙,日暮聊为《梁甫吟》⑦。

【背景】

此诗为唐代宗广德二年(764)春在成都所写。东汉末年王粲伤乱离而作《登楼赋》,诗题取意于此。

当时诗人客居四川已是第五个年头。上一年正月,官军收复河南河北,安史之乱平定;十月便发生了吐蕃攻陷长安、立傀儡、改年号,代宗奔逃陕州的事;不久郭子仪收复京师。年底,吐蕃又破松、维、保等州(在今四川北部),继而再攻陷剑南、西山诸州。诗中"西山寇盗"即指吐蕃,"万方多难"也以吐蕃入侵为最烈,同时,也指宦官专权、藩镇割据、朝廷内外交困、灾患重重、日益衰败的景象。

【注释】

①锦江:为岷江支流,自四川郫都区流经成都西南,传说江水濯锦,其色鲜艳于他水,故名锦江,又名流江、汶江,俗名府河。 ②玉垒:山名,在今四川都江堰市西北。此句以玉垒浮云的变幻不定,喻古今世事之变化无常。即作者《可叹》所云:"天上浮云似白衣,斯须改变如苍狗。古往今来共一时,人生万事无不有。" ③北极:北极星,

一名北辰，喻指朝廷。《论语·为政》："为政以德，譬如北辰，居其所而众星拱之。" ④西山：即成都西雪岭。 ⑤寇盗：指吐蕃。 ⑥后主：蜀先主刘备之子刘禅。后主庙在成都南先主庙东侧，西侧即武侯祠。后主宠信宦官黄皓，终致蜀汉亡国。代宗任用宦官程元振、鱼朝恩等，招致吐蕃陷京、銮舆幸陕之祸，故借后主托讽。后主昏庸，亡国还享祠庙，代宗尚未亡国，似胜于刘禅，但亦够可怜的了。 ⑦《梁甫吟》：乐府曲名。《三国志·蜀书·诸葛亮传》："亮躬耕陇亩，好为《梁甫吟》。"今传《梁甫吟》，后人题为诸葛亮作，实不足信，此即指所咏《登楼》诗。作者将已诗比作《梁甫吟》，有思得诸葛以济世之意。聊为，有暂且借咏以寄慨意。

【旅游看点】

玉垒山 即今玉垒山公园，位于都江堰市城西，为精巧的城市森林公园，1986年曾被列为全国十大森林公园第九位。园内有玉垒、玉屏、翠屏、盘龙、金龟、文笔诸峰。占地30余公顷，长约1500米的古驿道和纵横交错的游山小径连接着12个主要景点。园内城隍庙大殿、十殿、灵官楼、马王殿及明代古城墙、玉垒关和西关城楼近年来修葺一

新，新建了斗犀、含晖、掬翠、金鸡、芙蓉、浮云、览波等8个景点。山上古木参天，绿荫如盖，登顶可俯瞰都江堰水利工程全貌。

都江堰 坐落在成都平原西部的岷江上，距离成都市区约50公里，距离青城山仅20公里。当代著名学者余秋雨说："中国历史上最激动人心的工程不是万里长城，而是都江堰。"因为它自建成之后，两千多年来一直发挥着防洪灌溉的作用，使成都平原成为水旱从人、沃野千里的"天府之国"，至今灌区已达30余县市，面积近千万亩，是全世界迄今为止，年代最久、唯一留存、仍在一直使用、以无坝引水为特征的宏大水利工程，是中国古代劳动人民勤劳、勇敢、智慧的结晶。都江堰始建于秦昭王末年（约前256—前251），是蜀郡太守李冰父子组织修建的大型水利工程，由分水鱼嘴、飞沙堰、宝瓶口等部分组成。都江堰不仅是一个集防洪、灌溉、航运为一体的综合水利工程，还是世界自然遗产和文化遗产，全国重点文物保护单位，国家风景名胜区，国家5A级旅游景区。都江堰水利风景区主要有伏龙观、二王庙、安澜索桥、玉垒关、离堆公园、玉垒山公园、玉女峰、灵岩寺、普照寺、翠月湖等景点。

都江堰市 隶属于四川省成都市，位于成都平原西北部，以秦国蜀郡太守李冰修建的都江堰水利工程而得名，被誉为"天府之源"。都江堰市是一座具有2000多年历史、因堰而兴的城市，市境内有文物保护单位312处，体现了城中有水、水在城中、"满城水色半城山"的布局特色。都江堰市旅游资源富集，拥有举世瞩目的世界文化遗产——都江堰和青城山，古老的都江堰水利工程被誉为"世界水利文化的鼻祖"，以"青城天下幽"著称的青城山是中国道教发祥地。二者共同构成"青城天下幽、都江沃千里"的独特风貌。都江堰市是国内外知名的旅游城市。

丈人山

杜 甫

自为青城客,不唾①青城地。

为爱丈人山,丹梯近幽意②。

丈人祠西佳气浓,缘云拟住最高峰。

扫除白发黄精③在,君看他时冰雪容。

【背景】

　　此诗为杜甫漂泊西南,定居成都杜甫草堂期间所作。诗句看似直白,却意境悠远,自喻为"青城客"的杜甫,透露出对丈人山的无限热爱和赤子之情。

　　五岳丈人是青城山的别名。《太平御览》卷四引《玉匮经》:"(青城山)黄帝封为五岳丈人。"

【注释】

　　①不唾:用"千里不唾井"的典故。《玉台新咏·刘勋妻王宋之二》:"谁言去妇薄,去妇情更重。千里不唾井,况乃昔所奉。"唐骆宾王《艳情代郭氏答卢照邻》诗:"情知唾井终无理,情知覆水也难收。"王琦注:"谓尝饮此井,虽舍而去之千里,知不复饮矣,然犹以尝饮乎此而不忍吐也。" ②幽意:悠闲的情趣。 ③黄精:山中一种珍贵的药材,有返老还童之功效。

【旅游看点】

　　青城山 位于四川省都江堰市西南、成都平原西北部边缘,处于都

江堰水利工程西南 10 公里处。古称丈人山，主峰老霄顶海拔 1260 米，全山林木青翠，四季常青，诸峰环峙，状若城郭，故名青城山。在四川名山中与剑门之险、峨眉之秀、夔门之雄齐名，有"青城天下幽"的美誉。青城山和都江堰非常近，"拜水都江堰，问道青城山"是都江堰—青城山景区的常用宣传语。它是世界文化遗产，中国道教发源地，中国四大道教名山之一，全国重点文物保护单位，国家重点风景名胜区，国家 5A 级旅游景区。

丈人祠是宁封的道场。传说宁封是黄帝时期发明陶器的人，被封为"陶正"，专门负责烧制陶器。在一次烧陶时，不慎失足掉进火中，当大家赶来时，只看见从窑中升起一团五色浓烟，而宁封的身影好像随烟气在冉冉上升，大家十分惊奇，纷纷说宁封火化登仙了。据说，登仙后的宁封被人发现隐居在青城山北崖，黄帝知道他有异能，便来到青城山，筑台拜宁封为五岳丈。如今的丈人祠称建福宫，在青城山山门的右侧，内有丈人殿，塑有宁封的像，里面有对联曰："道堪总慑群流，神秘启诸天，偶窥玄妙应如海；我亦遨游万里，丈人尊五岳，漫说归来不看山。"

成都曲

张　籍

锦江近西烟水①绿，

新雨山头荔枝熟。

万里桥边多酒家，

游人爱向②谁家宿？

【背景】

张籍（约767—约830），字文昌，和州乌江（今安徽和县）人，祖籍吴郡（今江苏苏州）。贞元十五年（799）登进士第，历任太常寺太祝、国子监助教、秘书郎、国子博士、水部员外郎、主客郎中，仕终国子司业，故世称"张水部""张司业"。张籍一生贫病潦倒，四十多岁时，患眼疾几近失明，孟郊戏称"穷瞎张太祝"。张籍工诗，尤长于乐府，与王建齐名，并称"张王乐府"。存诗四百六十余首，有《张司业集》。

这首诗是张籍游成都时写的一首七绝，诗通过描写成都市郊的风物人情和市井繁华景况，表现了诗人对太平生活的向往。因为这诗不拘平仄，所以用标乐府体的"曲"字示之。

【注释】

①烟水：雾霭迷蒙的水面。　②爱向：爱戴归向。

【旅游看点】

锦江　濯锦江的简称。从唐代诗人杜甫的"锦江春色来天地"到近代藏书家章钰的"占断锦江春色丽",锦江一直是文人骚客吟咏的对象。锦江是岷江流经成都的两条主要河流——府河、南河的合称,流经成都南郊,又称府南河。以江水清澄、濯锦鲜明而著称。江南为郊野,江北为市区,江中有商船。地兼繁华,幽美之胜。今日的锦江上,仍是碧波潋潋,垂柳披拂,白鹭栖息于泥滩之上;沿岸而行,有灯火至凌晨方休的酒吧,有四把藤椅、一桌麻将的茶馆。古诗里的悠闲繁华,在现代的城市中仍然留存。

万里桥 即今成都市南门大桥,俗称老南门大桥,是成都历史上著名的古桥。桥下水入岷江流至宜宾,与金沙江合为长江,东流直达南京,唐时商贾往来,船只很多。三国时,蜀汉丞相诸葛亮曾在此设宴送费祎出使东吴,费祎叹曰:"万里之行,始于此桥。"该桥由此而得名。它既是古代成都水陆交通的一个重要起点站,又是一大名胜古迹。万里桥的名声,和历代文人短诗长赋无尽的咏叹有关。杜甫有:"西山白雪三城戍,南浦清江万里桥。"刘禹锡有:"凭寄狂夫书一纸,家住成都万里桥。"薛涛有:"万里桥头独越吟,知凭文字写愁心。"陆游好像写得最多,也最细致真切,有:"成都城南万里桥,芦根苹末风萧萧。映花辗草钿车小,驻坡蓦涧青骢骄。入门翠径绝窈窕,临水飞观何岩峣。""雕鞍送客双流驿,银烛看花万里桥。"还有:"万里桥边带夕阳,隔江渔市似清湘。"在陆游的诗里,可以看到宋代万里桥桥上桥边的风景人物,有花有竹,有车有马,有船有帆,有翠径有银烛,还有热闹的鱼市……犹如一幅清明上河图。可惜的是,由于城市化的步伐飞速,这座千年古桥于 1995 年被拆。

寄蜀中薛涛校书

王 建

万里桥边女校书①,
枇杷②花里闭门居。
扫眉才子③于今少,
管领春风④总不如。

【背景】

王建(766？—832？),字仲初,关辅(今陕西)人。曾与张籍同学于齐州鹊山。贞元、元和间,转历淄青、幽州、岭南、荆南、魏博幕,后任昭应丞、转渭南尉,与宦官王守澄联宗,写《宫词》百首。又历任太府丞、秘书郎、陕州司马。晚年罢任,闲居于京郊,约卒于大(太)和年间。王建有诗名,长于乐府、宫词,与张籍齐名,并称"张王"。他们二人是新乐府运动的先导,所创作的新乐府诗颇受推崇。白居易说他"所著章句,往往在任口中,求之辈流,亦不易得"(《授王建秘书郎制》)。有《王建诗集》(又称《王司马集》)行世。

薛涛(约768—832),唐代女诗人,字洪度。长安(今陕西西安)人。因父亲薛郧(yún)做官而来到蜀地,父亲死后薛涛居于成都。居成都时,成都的最高地方军政长官剑南西川节度使前后更换十一届,大多与薛涛有诗文往来。曾居浣花溪(今有浣花溪公园)上,制作桃红色小笺写诗,后人仿制,称"薛涛笺"。成都望江楼公园有薛涛墓。薛涛与刘采春、鱼玄机、李冶,并称唐朝四大女诗人。卓文君、薛涛、花蕊夫人、黄娥并称蜀中四大才女。其流传至今的诗作有90余首。

【注释】

①校（jiào）书：即校书郎，古代掌校典籍的官员。据说武元衡曾有奏请授薛涛为校书郎之议，一说系韦皋镇蜀时辟为此职。薛涛当时就以"女校书"广为人知。而"蜀人呼伎为校书，自涛始"（《唐才子传》）。②枇杷（pí pá）：乔木名，果实亦曰枇杷。据《柳亭诗话》，这是与杜鹃花相似的一种花，产于骆谷，本名琵琶，后人不知，改为"枇杷"。 ③扫眉才子：泛指自古以来的女才子们。扫眉，画眉。《汉书·张敞传》载张敞为京兆尹，"为妇画眉，长安中传张京兆眉妩。有司以奏敞，上问之，对曰：'臣闻闺房之内，夫妇之私，有过于画眉者。'上爱其能，弗备责也。" ④管领春风：犹言独领风骚。春风，指春风词笔，风流文采。

【旅游看点】

薛涛墓 位于成都望江楼公园西北角的竹林深处。主体由墓、墓碑、墓基平台组成，四周有护栏分隔。墓体直径约三米，由三层红砂条石砌成圆形墓基，环墓为一米宽的墓基平台，用石板拼成环墓小路，墓与平台形成一个整体，视觉效果甚佳。关于碑的造型，最初设计为浮雕云头碑，后由于在公园发现一块风蚀的古碑，碑高1.58米，宽0.82米，碑右上方隐约可见明"万历"二字，故为明碑，中间正文首字一点一横一撇的广旁似唐字，猜测应为唐女校书薛洪度墓碑，重新设计时参考了该碑的造型、尺寸，形成现在的墓体造型。现在的墓碑正面"唐女校书薛洪度墓"八个大字，由四川省著名书法家刘秉谦先生1994年十月题写。碑背面的"重建薛涛墓碑记"由四川省薛涛研究会副会长刘天文撰写。薛涛墓的立意布局，根据我国儒家思想和道家学说，认为天圆地方，设计以墙界为方以墓为圆，寓意女诗人在天地中安息，永为世人凭吊。据唐末诗人郑谷诗云："渚远清江碧簟纹，小桃花绕薛涛坟。"知唐时薛涛墓四周种了不少桃树。又据清朝初期诗人郑成基诗句："昔日桃花无剩影，到今斑竹有啼痕。"知清代的薛涛墓旁已无桃花，唯有修竹万竿。故现在的薛涛墓旁栽种了桃花、翠竹，以纪念这位杰出的女诗人。

望江楼 位于成都市东门外九眼桥锦江南岸一片茂林修竹之中，面积176.5亩，园内岸柳石栏，波光楼影，翠竹夹道，亭阁相映，主要建筑崇丽阁、濯锦楼、浣笺亭、五云仙馆、流杯池和泉香榭等，是明清两代为纪念唐代著名女诗人薛涛而先后在此建起来的。今天望江楼所在的位置，古代叫玉女津。津就是渡口的意思。为什么叫玉女津呢？这是因为在唐宋时期，这个渡口比较繁华。当时，锦江两岸是四季花开不断，姑娘们常常从浣花溪上船，一路流连观赏美景，玉女津所在的渡口就是终点，使这个渡口常常美女如云，带有许多灵气。薛涛是唐朝有名的乐伎，与唐朝的大诗人元稹、白居易、裴度、刘禹锡、杜牧等都有往来唱和，曾被元稹赞誉为"锦江滑腻峨眉秀，幻出文君与薛涛"。她用自己的井水制出的纸在当时很负盛名，被称为"薛涛笺"。薛涛生前并不住在今天的望江公园，到明代时，蜀献王朱椿为了纪念薛涛，就在今天的望江公园打井建作坊，仿制薛涛笺。由于井水经砂质地层过滤，甘甜清冽，所制出的纸号为上品。到了清康熙年间，在井旁刻了一通"薛涛井"的石碑，从此，人们就以为薛涛故里在今天的望江公园了。宋代，这里也曾修建望江楼，陆游就曾在此登楼望景，并写下了"雪山西北横，大江东南流"的《登楼》诗。

锦城写望

高 骈

蜀江①波影碧悠悠，
四望烟花匝郡楼②。
不会人家多少锦，
春来尽挂树梢头。

【背景】

　　高骈（821—887），字千里，南平郡王高崇文的孙子，晚唐名将。出生于禁军世家，历右神策军都虞侯、秦州刺史、安南都护等。咸通六年（865），高骈率军破峰州蛮。次年，进兵收复交趾，出任首任静海军节度使。后历任天平、西川、荆南、镇海、淮南等五镇节度使，其间多次重创黄巢起义军，并被唐僖宗任命为诸道行营兵马都统，封渤海郡王。因大将张璘阵亡不敢出战，严备自保，致使黄巢顺利渡江、两京失守。后兵权被削。黄巢平定后，高骈后悔当初未立功业，日渐消沉。晚年嗜好装神弄鬼，几乎达到癫狂的程度。光启三年（887）为部将毕师铎所杀。高骈身为武人而好文学，被称为"落雕侍御"。《全唐诗》编其诗一卷。

　　唐僖宗乾符元年（874），高骈来蜀任剑南西川节度观察使，兼任成都尹。到任后兴修水利，形成自李冰建堰以来都江堰水利建设的第二个高潮。此诗约作于此任职期间。

【注释】

①蜀江：河流名，位于蜀郡（今四川）境内。　②郡楼：古郡城楼。

【旅游看点】

蜀锦起源于战国时期，是四川省成都市所出产的锦类丝织品，有两千年的历史，大多以经线彩色起彩，彩条添花，经纬起花，先彩条后锦群，方形、条形、几何骨架添花，对称纹样，四方连续，色调鲜艳，对比性强，是一种具有汉民族特色和地方风格的多彩织锦。它与南京的云锦、苏州的宋锦、广西的壮锦，并称为中国的四大名锦。2006年，蜀锦织造技艺经国务院批准列入第一批国家级非物质文化遗产名录，2009年被入列世界非物质文化遗产名录。

成都蜀锦织绣博物馆是蜀锦工艺的传承单位，坐落于美丽的浣花溪畔（原成都蜀锦厂的旧址），其前身是拥有半个多世纪的成都蜀锦厂，于2009年12月对外开放。博物馆由蜀锦、蜀绣等历史文化展示部分和体现历代锦绣纹样的艺术品、工艺品的展示、销售两大部分组成，是目前国内最大的蜀锦、蜀绣展示、保护、研究中心，也是蜀锦、蜀绣文化的宣传窗口。

峨眉山月歌

李 白

峨眉山月半轮秋,
影入平羌①江水流。
夜发清溪②向三峡③,
思君不见下渝州④。

【背景】

峨眉山是蜀中大山,也是蜀地的代称。李白是蜀人,因此峨眉山月也就是故园之月。

此诗大约作于开元十三年(725)以前。这是李白初次出四川时创作的一首依恋家乡山水的诗,写诗人在舟中所见的夜景:峨眉山上空高悬着半轮秋月,平羌江水中流动着月亮的倩影。全诗连用五个地名,通过山月和江水展现了一幅千里蜀江行旅图,语言自然流畅,构思新颖精巧,意境清朗秀美,充分显示出青年李白的艺术天赋。

【注释】

①平羌:即青衣江,大渡河的支流,在今四川中部峨眉山东北。源出宝兴县北,东南流经雅安、洪雅、夹江等地,到乐山汇大渡河,入岷江。 ②清溪:指清溪驿,属四川省犍为县,在峨眉山附近。 ③三峡:《乐山县志》谓当指四川省乐山县之嘉州小三峡:犁头峡、背峨峡、平羌峡,清溪在黎头峡之上游。一说指长江三峡:瞿塘峡、巫峡、西陵峡。 ④渝州:唐代州名,属剑南道,治所在巴县,即今重庆市。

【旅游看点】

峨眉山 位于四川省乐山市峨眉山市境内，与山西五台山、浙江普陀山、安徽九华山并称为中国佛教四大名山，蜚声中外。峨眉山地势陡峭，风景秀丽，素有"峨眉天下秀"之称，山上的万佛顶最高，海拔3099米，高出峨眉平原2700多米。《峨眉郡志》云："云鬟凝翠，鬓黛遥妆，真如蝼首蛾眉，细而长，美而艳也，故名峨眉山。"山上寺庙众多，重要的有八大寺庙：报国寺、伏虎寺、清音阁、万年寺、洪椿坪、仙峰寺、洗象池、华藏寺。这里佛事频繁，据传为佛教中普贤菩萨的道场。峨眉山—乐山大佛是世界文化与自然双重遗产，峨眉山古建筑群为全国重点文物保护单位，以峨眉山为主体的峨眉山景区为国家重点风景名胜区、国家5A级旅游景区。

青衣江 是长江支流、岷江支流大渡河支流，主源为宝兴河，发源于邛崃山脉巴朗山与夹金山之间的蜀西营（海拔4930米），流经宝兴在飞仙关处与天全河、荥经河汇合后，始称青衣江，经雅安、洪雅、夹江于乐山草鞋渡处汇入大渡河。青衣江在魏晋南北朝以前名叫青衣水，又称沫水、大渡水，以青衣羌国而得名。流域内历史文化底蕴深厚，有夹江千佛岩等许多文化遗迹留存，有蜂桶寨自然保护区、上里古镇等旅游景点，流域内水力资源丰富，有玉溪河引水灌溉、龟都府水电站等水利设施。

青溪古镇 位于青川县城乔庄镇以西59公里，距成都市区约330公里。青溪古城素有"川北门户、西蜀咽喉"之称，历来为兵家必争之地、商贾云集之处，自三国时期诸葛亮手下督参军廖化屯田戍守至今已有1700多年的历史。古城内现保存有完整的明代古城格局和川北明清建筑群，风貌古拙朴质。青溪古城历史文化厚重，人文荟萃，青塘关、控夷关、写字崖、落衣沟、磨刀石、水中井、虎盘石、千年银杏、印盒石、打箭坪、南天门、点将台、鞋土山、先机亭、邓艾庙、石牛寺、华严庵等，每一个景点都是一段历史、一个传说。城外，青竹江和南渭河二水环绕，形成二龙戏珠之势，田园交错，是一座秀美的山水田园城镇。

登嘉州凌云寺作

岑参

寺出飞鸟外，青峰戴朱楼。
搏壁跻半空，喜得登上头。
殆知宇宙阔，下看三江流①。
天晴见峨眉②，如向波上浮。
迥旷烟景豁，阴森棕楠③稠。
愿割区中缘④，永从尘外游。
回风吹虎穴，片雨当龙湫。
僧房云蒙蒙，夏月寒飕飕。
回合⑤俯近郭⑥，寥落见行舟。
胜概无端倪，天宫⑦可淹留⑧。
一官讵⑨足道，欲去令人愁。

【背景】

永泰元年（765）十一月，岑参被任命为嘉州刺史，赴任途中，正逢蜀中崔旰作乱，他不得已在中途返回长安；大历元年（766），诗人同杜鸿渐再次入川；直到大历二年（767）的八月，才经成都抵达嘉州。此诗便是767年的夏天登临凌云寺有感而作，是岑参登临诗作中的名篇，可与《与诸公同登慈恩寺塔》相提并论。这时，诗人已届暮年，虽历经坎坷但壮志未酬，歌行雄健之风却依稀可见，其情绪可谓悲喜交加，别样悲壮！

【注释】

①三江流：指岷江、青衣江、大渡河。嘉州地处三江汇合处。　②峨眉：峨眉山，在嘉州西部约六十里处。　③棕楠：棕榈树、楠树。　④区中缘：尘世缘分。　⑤回合：回环盘曲。　⑥郭：外城，此处指嘉州城。　⑦天宫：天上宫殿，此处指凌云寺。　⑧淹留：逗留。　⑨讵（jù）：岂。

【旅游看点】

嘉州　唐郡名，今四川乐山，坐落在岷江、青衣江、大渡河三江交汇处。乐山是全国首批对外开放重点风景旅游城市，素有"天下山水之观在蜀，蜀之胜曰嘉州"的美称，境内以峨眉山—乐山大佛为中心，呈放射状相对集中地分布着数十个国家级、省级风景名胜。乌尤山、凌云山、东岩山连绵依托，构成了宏大的"巨型睡佛"自然景观。还有被称为"中国百慕大"的峨边黑竹沟，有大熊猫产地之一的马边大风顶自然保护区，有现在还在运行的蒸汽小火车——嘉阳小火车。

凌云寺　位于乐山大佛景区凌云山顶，被凌云九峰环抱，因是乐山大佛所在，所以又叫大佛寺。凌云寺创建于唐代，距今已有一千三百多年的历史，是由天王殿、大雄殿、藏经楼组成的三重四合院建筑，丹墙碧瓦，绿树掩映。唐开元初年（713）开凿佛像时，寺宇又有扩建。据《方舆胜览》记载："会昌前，峰各有寺。"但到会昌四、五年间，由于唐武宗李炎扬道抑佛，以僧尼"耗蠹天下"为由，下令灭佛，凌云山寺庙仅凌云寺因"做工精妙"而得以保存。唐建凌云寺毁于元顺帝战乱，明代进行了两次修复，明末又经兵乱，大部分被毁。现存凌云寺是清康熙六年（1667）重新修建的。以后又经多次修葺，尤其是中华人民共和国成立后不断维修，保存了现在的面貌。

乐山大佛　位于四川省乐山市，岷江、青衣江和大渡河三江汇流处，与乐山城隔江相望，北距成都160余公里。它是依凌云山栖霞峰临江

峭壁凿造的一尊大佛，造型庄严，头与山齐，足踏大江，双手抚膝，体态匀称，神势肃穆，排水设施隐而不见，设计巧妙。佛像开凿于唐玄宗开元初年（713），是海通禅师为减杀水势，普度众生而发起，召集人力、物力修凿的。海通禅师圆寂以后，工程被迫停止，多年后，先后由剑南西川节度使章仇兼琼和韦皋续建。直至唐德宗贞元十九年（803）完工，历时90年。它被近代诗人誉为"山是一尊佛，佛是一座山"。乐山大佛景区由凌云山、麻浩岩墓、乌尤山、巨型卧佛等景观组成，面积约8平方公里。景区属峨眉山风景区范围，是国家5A级旅游景区，是闻名遐迩的风景旅游胜地。古有"上朝峨眉、下朝凌云"之说。乐山大佛通高71米，头高14.7米，头宽10米，发髻1051个，耳长6.7米，鼻和眉长5.6米，嘴巴和眼长3.3米，颈高3米，肩宽24米，手指长8.3米，从膝盖到脚背28米，脚背宽9米，脚面可围坐百人以上，是世界上最大的石刻大佛。在大佛左右两侧沿江崖壁上，还有两尊身高超过16米的护法天王石刻，与大佛一起形成了一佛二天王的格局。与天王共存的还有成百上千尊石刻塑像，宛然汇集成庞大的佛教石刻艺术群。

寄蜀客

李商隐

君到临邛①问酒垆,
近来还有长卿②无。
金徽③却是无情物,
不许文君忆故夫④。

【背景】

此诗约作于李商隐岭表归朝之后。大中元年(847)桂管观察使郑亚请李商隐入幕,为支使兼掌书记。大中二年(848)二月,郑亚被贬循州,李商隐于三四月间离桂回朝,其间曾多次向令狐楚陈情,寻求为官机会。清程梦星评论:"此当作于岭表归朝之后,寄蜀客而致慨也。"而近人张采田认为:"此亦为座主李回致慨也。李回大中二年由西川贬湖南时,义山正桂州府罢,远赴巴蜀,希冀遇合。及回畏馋,不能携以入幕,而义山于是复向令狐陈情,去李党而入牛党,岂其初心哉!借金徽言之,便不直致。"

卓文君,是汉代临邛(今邛崃)大富豪卓王孙的掌上明珠,是一位诗词歌赋、琴棋书画无所不通的汉代著名才女。她青春寡居在家。时值年少孤贫的汉代大才子、辞赋家司马相如从成都前来拜访时任临邛县令的同窗好友王吉。王县令在宴请相如时,亦请了卓王孙作陪。后来卓王孙为附庸风雅,巴结县令,请司马相如来家做客。其间,文君同相如因一曲《凤求凰》一见钟情,相恋私奔成都。后来卓王孙顾忌情面，也只好将新婚、爱女接回临邛。但他们仍安于清贫，自谋生计，在街市上开了一家酒肆，"文君当垆，相如涤器"。如今，邛崃市城里，"文君井""琴台"古迹犹存。

【注释】

①临邛：卓文君的故乡，即今四川省邛崃市。　②长卿：司马相如字长卿。　③金徽：琴名。梁元帝《杂咏》："金徽调玉轸，兹夜抚离鸿。"　④故夫：指卓文君先夫，其先夫病故，卓文君居家，与司马相如相恋。

【旅游看点】

临邛 古城巴蜀四大古城之一，古南方丝绸之路西出成都的第一城，四川省首批命名的历史文化名城。始建于秦惠文王更元十四年（前311），迄今已有2300多年的历史，是西汉才女卓文君的故乡，素有"临邛自古称繁庶，天府南来第一州"之美誉。据史料记载，秦惠文王更元九年（前316）灭蜀以后，由于政治和军事需要，在蜀地修筑城堡，临邛、成都、郫县三地土地肥沃、地当要冲，故秦惠文王于更元十四年（前311）派蜀守张若主持修建三城（一说张仪亦参与修筑事宜）。因临近邛民（邛族）聚居地，故取名临邛。临邛城店肆林立，规模较大，城址在今邛崃临邛镇。据《华阳国志·蜀志》载："城周围六里，高五丈。造作下仓，上皆有屋，而见观楼射栏。"当时郡县制尚未普及，临邛城实为县的雏形，辖今崇庆、新津、灌县、大邑等地。

文君故居 位于古城核心区文君街中段，为省级重点文物保护单位，面积约10亩，今存汉代古井一口，井形独特，井口不过三尺，井胆渐宽，如胆瓶，井壁采用黄泥加卵石浆糊，西汉临邛才女卓文君与大辞赋家司马相如曾在此设肆卖酒。文君井早在唐代便已闻名遐迩，现存园林基本保存清代风格，曲廊花径勾连，步移换景，是江南园林与川西园林融合之精品。园内有琴台、漾虚楼、水香榭、当垆亭、凌云堂、四角亭等古建筑与月池、曲槛回廊、假山、竹木相映，错落有致，曲径通幽，玲珑典雅。"文君当垆，相如涤器"的爱情故事成为千古绝唱，文君故居也被誉为"千古第一爱情名园"。

云南曲

刘 湾

百蛮①乱南方，群盗如猬起。

骚然疲中原，征战从此始。

白门太和城，来往一万里。

去者无全生，十人九人死。

岱马卧阳山，燕兵哭泸水②。

妻行求死夫，父行求死子。

苍天满愁云，白骨积空垒。

哀哀云南行，十万同已矣。

【背景】

刘湾（约749年前后在世）生卒年均不详，字灵源，西蜀人。一作彭城（今江苏徐州）人。天宝进士。禄山之乱，以侍御史居衡阳，与元结相友善。其诗今存于全唐诗者，仅六首。

南诏王国（738—902/937），吐蕃人称之为姜域，是8世纪崛起于云贵高原的古代王国，其国民主要由乌蛮和白蛮组成，由蒙舍国首领皮罗阁于738年建立，到860年极盛时的统治范围包括今云南全境及贵州、四川、西藏东南部、越南北部、老挝北部和缅甸北部地区。902年，郑买嗣自立为帝，改国号为大长和。史学界有时将902年至937年大理国成立前的历史亦算作南诏。唐初洱海地区部落林立，互不役属，其中有六个较大部落，称为六诏，分别是：蒙嶲诏、越析诏、浪穷诏、邆赕诏、施浪诏、蒙舍诏。蒙舍诏在诸诏之南，称为"南诏"。在唐朝的支持下，南诏先后征服西洱河地区诸部，覆灭其他五诏，统一了洱海地区。但南诏与唐朝有很长时间的战争期。此诗即感慨其战争之凄惨。

【注释】

①百蛮：古代南方少数民族的总称。　②泸水：金沙江。金沙江是中国第一大河长江的上游，早在2000多年前的战国时期成书的《禹贡》中将其称为黑水，随后的《山海经》中称之为绳水。东汉许慎的《说文解字》及《汉书·地理志》中将今雅砻江以上部分称为淹水，而以若水（雅砻江）为干流。三国时期，称为泸水，诸葛武侯"五月渡泸，深入不毛"。除此以外，金沙江还有丽水、马湖江、神川等名称。

【旅游看点】

太和城南诏古国的都城。遗址位于大理古城南7.5公里、苍山佛顶峰麓、太和村一带。太和城原为河蛮城邑，城内还建过小城金刚城及南诏避暑宫。太和城的遗址内还保存有一块非常著名的石碑——《南诏德化碑》。这块石碑立于唐代宗大历元年（766），它饱经沧桑，字迹斑驳不清。766年，南诏第五代诏主阁罗凤隆重地将这块石碑立在太和城"国门"之外。南诏德化碑，无疑是南诏与唐王朝重新修好的一块基石，碑阴题名41行，是研究南诏初期阶层的结构，职官制度的重要资料，1961年3月4日被国务院公布为第一批全国重点文物保护单位。

金沙江虎跳峡位于香格里拉市虎跳峡镇境内，距香格里拉市96公里，距丽江市80公里。虎跳峡以"险"闻名天下，为世界上最深的大峡谷之一。虎跳峡有香格里拉段和丽江段之分，香格里拉虎跳峡是国家4A级旅游景区，峡谷长17公里，南岸玉龙雪山主峰海拔5596米，北岸中哈巴雪山海拔5396米，中间江流宽仅30～60米。虎跳峡的上峡口海拔1800米，下峡口海拔1630米，两岸山岭和江面相差2500～3000米，谷坡陡峭，蔚为壮观。江流在峡内连续下跌7个陡坎，216米短距离落差，水势汹涌，声闻数里。

玉案山

道 南

松鸣天籁玉珊珊,万象常应护此山。

一局仙棋苍石烂,数声长啸白云间。

乾坤不蔽西南境,金碧平分左右斑①。

万古难磨真迹在,峰头鸾鹤②几时还?

【背景】

道南,唐代僧人,是中原地区第一个到达昆明并留下作品的诗人。昆明北郊黑龙潭公园中闻名遐迩的唐梅,相传是道南栽植的。

【注释】

①乾坤二句:写滇池风光,指金马山与碧鸡山在滇池东西两岸,似乎平分了湖光水色。 ②鸾鹤(luán hè):亦作"鸑鹢"。鸾与鹤。相传为仙人所乘。滇池西岸碧鸡山俗称"睡美人",传说是古代一年轻女子的化身,她因丈夫远戍而悲啼死去,当时曾有鸾鹤飞来哀悼。

【旅游看点】

玉案山位于今昆明市西北郊,山上有筇竹寺,是佛教禅宗传入云南的第一寺。此寺最早由大理国鄯阐侯高光、高智兄弟所建,据说他俩打猎到此,见高僧拄杖插于地,任凭怎么也拔不动,翌日化成竹林,二人遂就地辟寺,取名"筇竹";亦有说此二人狩猎时见彩云中现出五百罗汉,待近前观看,这五百罗汉已悉数化作了筇竹,故名。筇竹寺依山势而建,主体建筑为山门、大雄宝殿和华严阁。此寺之所以名扬天下，是缘于寺内保存的五百罗汉彩塑。中国佛寺一般都有罗汉塑像，但达五百的仅有四川新都宝光寺、湖北汉阳归元寺、浙江天台方广寺、江苏苏州戒幢律寺、山西五台显通寺、北京碧云寺及云南昆明筇竹寺等几处，其中艺术质量最高的则公认为筇竹寺的罗汉塑像，被誉为"东方雕塑宝库中的明珠"。除了著名的五百罗汉塑像，筇竹寺参天的古树与宏大的殿宇也是值得品味之处。位于大雄宝殿之后的华严阁本是昆明唯一保存完好的清代斗拱建筑，内有清代文人钱南园书写的对联和黎广修的壁画，可惜1984年春天毁于意外火灾，五年后重建完成并举行了隆重的开光仪式。

滇池 位于昆明市西南，亦称昆明湖、昆明池、滇南泽、滇海。有盘龙江等河流注入，湖面海拔1886米，面积330平方公里，是云南省最大的淡水湖，也是我国第六大淡水湖，有高原明珠之称。平均水深5米，最深8米。湖水在西南海口泻出，称螳螂川，为长江上游干流金沙江支流普渡河上源。滇池风光秀丽，为国家级旅游度假区，占地面积18平方公里。四周有云南民族村、云南民族博物馆、西山华亭寺、太华寺、三清阁、龙门、筇竹寺、大观楼及晋宁盘龙寺、郑和公园等风景区。

昆明 位于中国西南云贵高原中部，享"春城"之美誉，云南省省会。北与四川凉山彝族自治州相连，西南与玉溪市、东南与红河哈尼族彝族自治州毗邻，西与楚雄彝族自治州接壤，东与曲靖市交界，是滇中城市群的核心圈、亚洲5小时航空圈的中心，国家一级物流园区布局城市之一。昆明是中国面向东南亚、南亚乃至中东、南欧、非洲的前沿和门户，具有东连黔桂通沿海，北经川渝进中原，南下越老达泰柬，西接缅甸连印巴的独特区位优势。昆明历史悠久，人文荟萃，具有悠久的历史、灿烂的文化，是国务院首批公布的24个历史文化名城之一，具有3万多年的人类生活史、2400多年的滇中文化史、1240多年的建城史，拥有独特的历史文化、民族文化、生态文化、佛教文化、都市时尚文化和边疆异域文化。765年，南诏国修筑拓东城，为昆明建城之始。13世纪，意大利旅行家马可·波罗将昆明誉为"壮丽大城"。昆明是世界伟大航海家郑和、人民音乐家聂耳的故乡，"重九起义""护国首义""西南联大""一二·一"运动等重大历史事件在这里发生。现有各级文物保护单位

432处，其中全国重点文物保护单位16处，省级重点文物保护单位59处。"滇剧""花灯"等地方戏曲广为人知，"昆明斑铜"工艺品独具特色，"滇菜"蜚声海外。昆明是全国十大旅游热点城市，首批中国优秀旅游城市。截至2025年，全市有各级政府保护文物693项，有石林世界地质公园、滇池、安宁温泉、九乡、阳宗海、轿子雪山等国家级和省级著名风景区，还有世界园艺博览园和云南民族村等100多处重点风景名胜，10多条国家级旅游线路，形成以昆明为中心，辐射全省，连接东南亚，集旅游、观光、度假、娱乐为一体的旅游体系。2016年6月14日，中科院对外发布《中国宜居城市研究报告》显示，昆明宜居指数在全国40个城市中位居第二。

吐蕃别馆和周十一郎中杨七录事望白水山作①

吕 温

纯精结奇状,皎皎天一涯。
玉嶂拥清气,莲峰开白花。
半岩晦云雪,高顶澄烟霞。
朝昏对宾馆,隐映如仙家。
夙闻蕴孤尚,终欲穷幽遐。
暂因行役暇,偶得志所嘉。
明时无外户,胜境即中华。
况今舅甥国,谁道隔流沙②。

【背景】

吕温(771—811),字和叔,又字化光,唐河中(今山西永济)人。德宗贞元十四年(798)进士,次年又中博学宏词科,授集贤殿校书郎。贞元十九年(803),吕温得王叔文推荐任左拾遗,并成为王叔文"永贞革新"集团中的一员。第二年,吕温随御史中丞张荐出使吐蕃,留居一年有余。因而,当"永贞革新"失败后,"二王八司马"或遭杀戮或被贬僻地,独吕温不仅因外使得免,还缘例晋升户部员外郎。宪宗元和三年(808),吕温升任刑部郎中兼侍御史。因与御史中丞窦群、监察御史羊士谔等弹劾宰相李吉甫勾结术士惑乱朝政，先后被贬为均州刺史、道州刺史。一年后又改贬衡州刺史。在道州、衡州任上，吕温打击豪绅、惩治腐败，使二州上下焕然一新，政绩卓著。但在衡州仅年余便病逝任上。

贞元二十年（804）三月，吐蕃来使，报其赞普卒，唐废朝三日，遣工部侍郎张荐吊祭之，吕温副张荐为入吐蕃使。出使期间，张荐病死。吕温继续单车前行，完成使命。贞元二十一年（805）九月，返回长安。出使吐蕃期间，吕温过河州（今甘肃临夏），经河源军（今青海西宁境内），翻日月山，亲涉青藏高原，最后从陇右地区归去。一年多时间，创作了十一首诗歌，成为历史上少数亲历青藏高原并在此写诗最多的诗人之一。此诗便是吕温出使途中在青海境内的吐蕃别馆写景抒情之作。

【注释】

①白水山：山名，即白水岭，在今青海湟源县城西南。 ②况今二句：指唐同吐蕃同属中华，是"舅甥"关系，双方间深厚的友谊绝不会因流沙的阻隔而被决裂。

【旅游看点】

吐蕃 是藏族的先民。7世纪初，以雅隆部落为主的吐蕃人在逻些（今西藏拉萨）建立吐蕃奴隶制政权。唐初，实力空前强大，在"赞普"（意为雄强之人，即首领）松赞干布率领下，迅速统一今青海玉树地区的苏毗。贞观八年（634），派遣使臣至长安，与唐朝正式建立了友好关系。贞观十五年（641），文成公主入吐蕃和亲。唐朝经常派遣使臣到吐蕃进行册封、吊祭、朝贺及报聘等系列活动。据初步统计，自贞观八年（634）唐蕃使臣往还开始，到大中四年（850）吐蕃王朝衰亡，此类活动有五十多次。因此，在《全唐诗》中，可以看到不少以送别使臣入吐蕃为题材的诗歌，如杜审言的《送和蕃使》、刘长卿的《送南特进赴行营》、皇甫曾的《送和西蕃西》等。

湟源县 地处青藏高原东端的日月山下，湟水河上游。是青海

省东部农业区与西部牧业区的接合部，宁格铁路、109国道、青新公路穿境而过，素有"海藏通衢""海藏咽喉"之称。湟源历史悠久，古为羌人居地，西汉始置临羌县。隋开皇五年（581），在石堡山（今日月乡哈城村）修筑石堡城，设戍屯兵，吐蕃人称铁刃城。《读史方舆纪要》中写道："石堡城（今指哈城）西三十里有山，山石皆赤。北接大山，南依雪山，号曰赤岭（即今日月山）。"日月山之所以驰名中外，因为它具有神奇瑰丽的迷人色彩，同时也因文成公主汉藏和亲成为汉藏人民友谊的象征，民族文化交流的见证；唐（618—907）划全国为十道，废西平郡，置鄯州都督府，湟源为鄯城县地。唐开元二十二年（734）改为吐蕃属地，湟源成为中国历史上有名的"茶马互市"，遂立碑于赤岭，以分唐与吐蕃界，从此，商贸交易频繁，成为中原通往牧区和西藏的要塞，有"日月山界限中外"之说。主要旅游看点是赤岭日月山风景区和丹噶尔古城，还有湟源排灯，2006年湟源排灯被列入首批国家级非物质文化遗产保护名录。日月山，初唐时名赤岭。位于湟源县西南，在青海湖东南，既是湟源、共和两县的交界处，又是青海农区和牧区的分界线，海拔3520米，是游人进入青藏高原的必经之地，有"西海屏风""草原门户"之称。丹噶尔古城建于明洪武年间，距今有600多年的历史，是中国西部重要的经济文化枢纽和军事重镇，也是一座古老的历史文化名城。古城布局严谨的建筑结构，经纬交织的幽幽街巷，结构独特的民居院落，气势恢宏的寺院庙宇，保存完整的"歇家"商号，乃至一片瓦、一块砖、一扇门、一合窗，无不承载着厚重的多元文化信息，展示着边塞古城发展的壮美。丹噶尔古城是宗教圣地。古城得名于著名的藏传佛教寺院东科尔。清顺治五年（1648），东科尔寺从西藏迁至古城东百米处，成为青海和西藏声名远播的寺院。以后古城内又修建了城隍庙、金佛寺、火祖阁、玉皇庙、关帝庙、财神庙、北极山群庙、清真寺等景点。

第八章 百匝千遭绕郡城

如今的海南岛是享誉中外的热带旅游天堂,然而回溯至古代,这片土地最南端的崖州,却因地处"天涯海角"、远离政治中心,成为历代失势官员难以复起的绝境,因而被视作理想的流放之所。史载,先后贬谪至此的朝廷重臣不下40人,其中皇子、宰相、内阁大学士等高官显贵就多达14位。仅唐代便有高祖第十九子李灵夔、名相韦执谊、李德裕等显赫人物流落于此。身处瘴疠之地,仕途幻灭,生活困顿,他们的诗作往往弥漫着感伤低徊的愁绪,笔下景致也常显萧瑟悲凉,全然不见今时椰风海韵、碧空蓝水的明媚景象。本章选取两首唐诗,海南彼时的风物人情与贬谪者的心境,尽在其中。

谪岭南道中作

李德裕

岭水争分①路转迷，桄榔②椰叶暗蛮溪③。
愁冲毒雾④逢蛇草，畏落沙虫⑤避燕泥。
五月畲田⑥收火米⑦，三更津吏⑧报潮鸡⑨。
不堪肠断思乡处，红槿花⑩中越鸟啼。

【背景】

　　李德裕（787—850），字文饶，赵郡赞皇（今河北赞皇）人，晚唐政治家、文学家。牛李党争中李党领袖，中书侍郎李吉甫次子。他历仕宪宗、穆宗、敬宗、文宗四朝，武宗继位后，李德裕拜相，执政五年，功绩显赫，被拜为太尉，封卫国公。武宗与李德裕的君臣相知也成为晚唐绝唱。宣宗继位后，李德裕因位高权重，党争倾轧，五贬为崖州司户。大中三年（850）十二月在崖州病逝。李德裕死后，历朝历代对他都评价很高。李商隐在为《会昌一品集》作序时将其誉为"万古良相"，近代梁启超甚至将他与管仲、商鞅、诸葛亮、王安石、张居正并列，称他是中国六大政治家之一。

　　这首诗大约作于大中（847—849）年间，是李德裕在唐宣宗李忱即位后贬岭南时所作。大中元年（847）秋，李德裕为政敌所排挤、被贬，以太子少保身份留守东都洛阳，不久再贬潮州司马。大中二年（848）冬，李德裕刚抵达至潮阳，旋踵之间贬书又到，这次以谬断刑狱等罪名又被贬为崖州司户。大中三年（849）正月抵达珠崖郡。这首诗便是他在贬官途中所作。

宣宗继位后，李德裕以太子少保之职，分司东都事务，曾向一个僧人探问前程。僧人说他会遭贬南行万里，但还能回还，并道："相公命中注定要吃一万只羊，现在还差五百没吃完，所以一定能够回来。"李德裕叹道："师傅真是神人。我在元和年间，曾做梦走到晋山，看见满山都是羊群，有几十个牧羊人对我说，这是给侍御吃的羊啊！我一直记着这个梦，没有告诉过别人！"十几日后，振武节度使米暨遣使前来，馈赠他五百只羊。李德裕大惊，将此事告知僧人，道："这些羊我不吃，可以免祸吗？"僧人道："羊已经送到，已是归你所有。"不久，李德裕果然被贬到万里之外的崖州，并死在那里。后人便用"食万羊"表示听天由命，不必强求富贵。

【注释】

①岭水争分：指五岭一带山势高峻，水流湍急，支流岔路很多。　②桄榔：棕榈科常绿乔木，生于中国海南、广西及云南西部至东南部。　③蛮溪：泛指岭南的溪流。　④毒雾：古人常称南方有毒雾，人中了毒气会死去，大概是瘴气。　⑤沙虫：古人传说南方有一种叫沙虱的虫，色赤，进入人的皮肤能使人中毒死亡。　⑥畲（shē）田：用火烧掉田地里的草木，然后耕田种植。　⑦火米：指赤谷米。　⑧津吏：管理摆渡的人。⑨潮鸡：《舆地志》说："移风县有鸡……每潮至则鸣，故称之'潮鸡'。"　⑩红槿花：落叶小灌木，花有红、白、紫等颜色。

【旅游看点】

岭南 原是唐代行政区岭南道之名，相当于现在广东、广西、海南全境及曾经属于中国皇朝统治的越南红河三角洲一带。由于历代行政区划的变动，现在提及岭南一词，特指广东、广西、海南、香港、澳门三省二区。岭南古为百越之地，是百越族居住的地方，秦末汉

初，它是南越国的辖地。所谓岭南是指五岭之南，五岭由越城岭、都庞岭、萌渚岭、骑田岭、大庾岭五座山组成。大体分布在广西东部至广东东部和湖南、江西五省区交界处。广东、广西是岭南文化发源地。从地域上来说，岭南文化大体分为广东文化、桂系文化和海南文化三大块。岭南建筑及其装饰是中国建筑之林中的奇葩，以其简练、朴素、通透、雅淡的风貌展现在南国大地上。岭南园林作为中国传统造园艺术的三大流派之一，在中国造园史上有着非常重要的意义，特别是在现代园林的创新和发展上，有着举足轻重的作用。岭南画派是岭南文化极具特色的祖国优秀文化之一，它和粤剧、广府音乐被称为"广府三秀"。岭南饮食文化以山珍、海味、粮食、蔬菜、水果等为食料，具有浓重的地方特色。

五岭 指越城岭、都庞岭、萌渚岭、骑田岭、大庾岭地处广东、广西、湖南、江西、福建五省区交界处，是中国江南最大的横向构造带山脉，是长江和珠江二大流域的分水岭。五岭是史称南岭者的主要构成。长期以来，作为天然屏障，五岭山脉阻碍了岭南地区与中原的交通与经济联系，使岭南地区的经济、文化远不及中原地区，被北人称为"蛮夷之地"。自唐朝宰相张九龄在大庾岭开凿了梅关古道以后，五岭地区才得到逐步开发。古代将五岭作为划分行政区界的地物标志，五岭山脉以南的地区称作岭南，主要是指广东、广西地区。毛泽东《长征》中曾写道"五岭逶迤腾细浪，乌蒙磅礴走泥丸"，可见五岭的巍峨壮观。其中大庾岭位于江西与广东两省边境，是珠江水系的浈水与赣江水系的章水的分水岭。原古道经庾岭之山脊筑有一雄关，即大梅关。1200多年前，张九龄奉诏在梅岭劈山开道，仅用2个多月时间，开通了一条宽一丈余，长三十多华里的山间大道，成为长江与珠江相连的黄金通道，成为中国古代经济往来的水陆，陆路对接点，和文化交流的重要通道。大梅关现尚存有数里的石板古驿道，道旁多梅树，亦称"梅岭"，为著名的赏梅之地。梅关的关楼坐落于梅岭隘口分水岭南25米处，为砖石结构，东西横卧，紧连山崖，关门南北上方分别镶嵌着石刻匾额，北面书"南粤雄关"，南面书"岭南第一关"，为明朝万历南雄知府蒋杰题。关隘北面的"梅关"二字出自清康熙南雄知府张凤翔之手。

登崖州城作

李德裕

独上高楼望帝京,
鸟飞犹①是半年程②。
青山似欲留人住,
百匝千遭③绕郡城④。

【背景】

李德裕是杰出的政治家,可惜宣宗李忱继位之后,白敏中、令狐绹当国,一反会昌时李德裕所推行的政令。李德裕成为与他们势不两立的被打击、陷害的主要对象。他晚年连遭三次贬谪。其初外出为荆南节度使;不久,改为东都留守;接着左迁太子少保,分司东都;再贬潮州司马;最后,被逐到海南,贬为崖州司户参军。大中三年(849)正月,诗人抵达崖州。作此诗时他已年过六旬,但仍心系国事。此诗便是这样的背景之下写成的。

李德裕在任时,爱才若渴,常提拔出身贫寒的读书人,深受爱戴。他贬官崖州时,有人作诗怀念:"八百孤寒齐下泪,一时南望李崖州。"后人便用"八百孤寒"形容人数众多、处境贫寒的读书人。

【注释】

①犹:尚且,还。 ②程:路程。 ③百匝(zā)千遭:形容山重叠绵密。匝,环绕一周叫一匝。遭,四周。 ④郡城,指崖州治所。

【旅游看点】

崖州是海南省三亚市四个市辖区之一,位于海南省三亚市西部。原名崖城镇。自南北朝起建制崖州,唐代的崖州最早在海南西部,后来迁往海南北部。宋朝以来历代的州、郡、县治均设在三亚市崖州镇。从唐朝起不少官僚名仁被奸臣陷害,被流放至此。单是副宰相以上的大官重臣就有14人,因此崖城又有"幽人处士家"之称。历代文人墨客、圣贤学者、达官名士的流沛谪居,广东、浙江、福建等发达地区的商贾留居落籍,对崖州城的兴盛具有重要的影响。到了明代时,崖州已具有"弦诵声黎民物庶,宦游都道小苏杭"的盛况。原古城有东、西、南三门。现存南门,是唯一残存的崖州古城真迹。在崖城还有闻名海内外的风景区大小洞天,其形如巨鳌,枕海壁立,峰峦竞秀,林木重叠,山奇石怪,千姿百态,绿榕垂荫,红豆如星,泉清似醴。明朝时曾在此建有"鳌山书院",崖城镇现为三亚唯一的历史文化名镇,现存的历史文化遗产众多。有全国重点文物保护单位1处,即中国最南端的孔庙—崖城学宫;省级文物保护单位11处,如盛德堂、广济桥、迎旺塔等;书院、公馆、会馆、庙宇、名人故居和重要古名居50多座,如鳌山书院、三姓义学堂、何秉礼故居、廖永瑜故居、孙氏宗祠等;新石器遗址7个,如河头遗址、卡巴岭遗址等;

古城墙和历史文化遗迹地20个左右，如钟芳故里、相公厅、鉴真和尚登陆地、黄道婆崖城居住地等；民国时期历史骑楼街区，轿夫、牌坊骑楼街区等；红色历史纪念地，如崖城革命历史纪念碑等。境内的崖州湾与三亚市的亚龙湾、大东海、三亚湾、海棠湾并称为"三亚五大名湾"。

三亚位于海南岛的最南端，是具有热带海滨风景特色的国际旅游城市，中国海滨城市，是中国空气质量最好的城市之一。三亚市别称鹿城，又被称为"东方夏威夷"，拥有海南岛最美丽的海滨风光。主要景点有：天涯海角风景区、亚龙湾国家旅游度假区、南山文化旅游区、呀诺达雨林文化旅游区、大东海旅游风景区、西岛海上游乐世界、三亚贵族游艇俱乐部、蜈支洲岛度假中心、崖州古城、西沙群岛、鹿回头山顶公园、海棠湾、落笔洞等。

第九章 我欲因之梦吴越

东南形胜，山川壮丽，物产丰饶。自隋唐以降，海上丝绸之路的开辟，更令吴、越、闽等地经济、文化蓬勃发展。灵山秀水与市井繁华交相辉映，自然令唐代那些以诗为业的才子们心驰神往，魂牵梦萦。于是，他们纷纷自长安、巴蜀、齐鲁等地启程，踏上寻梦之旅。从西湖之畔到雁荡奇峰，自灵隐古刹至越王台榭，由若耶清溪至松洋幽洞……他们的足迹遍布东南，锦心绣口为之增辉添彩。千年之后的我们，依然渴望追随诗人的行迹，重走这条海上丝路，去体会那无尽的诗意与美好。本章收录描绘唐代海上丝绸之路沿线（浙江、福建）秀美山水的唐诗，凡十七首。

观浙江涛①

徐　凝

浙江悠悠海西绿,
惊涛日夜两翻覆。
钱塘郭里②看潮人,
直至白头看不足③。

【背景】

　　长庆二年(822),白居易五十岁,主动从中书舍人转任杭州刺史。生于洛阳的白居易酷爱牡丹,此时正逢僧人惠澄将牡丹花从京师移植到杭州开元寺。徐凝从浙东来到江南文化中心杭州,在开元寺题下"含芳只待舍人来",如愿以偿地得见白居易,邀与同饮,尽醉而归。白居易前后在杭州待了不过二十个月。这不短不长的长庆年间,徐凝便也留在杭州等待机会,他写下了多首记录当地风物生活的诗句,《观浙江涛》便是其中的一首。

　　据说白居易之所以青睐徐凝,是因为徐凝的《庐山瀑布》"虚空落泉千仞直,雷奔入江不暂息。今古长如白练飞,一条界破青山色",令满座为之倾倒,白居易更是惊呼"赛不得"。谁料两百多年后,苏轼游庐山时,因为太喜爱李白神作"飞流直下三千尺,疑是银河落九天",戏作一绝"帝遣银河一派垂,古来惟有谪仙词。飞流溅沫知多少,不与徐凝洗恶诗",而把徐凝大大取笑了一番。

【注释】

①浙江涛：浙江即钱塘江。浙江涛，即钱塘江潮。　②郭里：城里。　③不足：不够，不尽兴。

【旅游看点】

钱塘江 古称浙，全名"浙江"，又名"折江""之江""罗刹江"，一般将浙江富阳段称为富春江，浙江下游杭州段称为钱塘江。钱塘江名最早见于《山海经》，因流经古钱塘县（今杭州）得名，是吴越文化的主要发源地之一。钱塘江是浙江省最大的河流，宋代两浙路的命名来源，也是明初浙江省成立时的省名来源。以北源新安江起算，河长588.73公里；以南源衢江上游马金溪起算，河长522.22公里。自源头起，流经今安徽省南部和浙江省，流域面积55058平方公里，经杭州湾注入东海。

钱塘潮 是世界三大涌潮之一，被誉为"天下第一潮"，是一大自然奇观，它是天体引力和地球自转的离心作用，加上杭州湾喇叭口的特殊地形所造成的特大涌潮。观赏钱塘秋潮，早在汉、魏、六朝时就已蔚然成风，至唐、宋时，此风更盛。相传农历八月十八日是潮神的生日，故潮峰最高。南宋朝廷曾规定，这一天在钱塘江上校阅水师，以后相沿成习，八月十八逐渐成为观潮节。观潮之日，路上车如水流，人如潮涌。实际上，钱塘秋潮一直处于变化中。由于潮势最盛之处的变化，人们的观潮地点也随之改动。唐宋时的观潮点在杭州以上折成直角的河段。明朝以后，海宁的盐官镇左近始成观潮胜地。海宁成为观潮胜地，这与海宁独特的地理条件有关。钱塘江到杭州湾，外宽内窄，外深内浅，是一个典型的喇叭状海湾。出海口东面宽达100公里，到海宁盐官镇一带时，江面只有3公里宽。起潮时，宽深的湾口一下吞进大量海水，由于江面迅速收缩变窄，夺路上涌的潮水来不及均匀上升，便后浪推前浪，形成了陡立的水墙。

浪淘沙①

刘禹锡

八月涛②声吼地来，

头高数丈触山回。

须臾③却入海门去，

卷起沙堆似雪堆。

【背景】

这首诗选自刘禹锡组诗《浪淘沙》。此组诗为刘禹锡后期所作，且非创于一时一地。据诗中所涉黄河、洛水、汴水、清淮、鹦鹉洲、濯锦江等，或为辗转于夔州、和州、洛阳等地之作，后编为一组。与此前的《竹枝词》相比，此组诗中民歌情味减少，文人气息增多。我们选的这首是组诗中的第七首，写的是八月十八日的钱塘江潮。

【注释】

①浪淘沙：原为唐代教坊曲名，后被刘禹锡、白居易等改创为诗题、词牌。　②八月涛：浙江省钱塘江潮，每年农历八月十八日潮水最大，潮头壁立，汹涌澎湃，犹如万马奔腾，蔚为壮观。　③须臾：表示一段很短的时间，片刻之间。

【旅游看点】

钱塘秋潮 闻名国内外，早在唐宋就已盛行。观潮之日，在农历八月十八日前后几天，此时的钱塘江两岸，人山人海。大潮来时，有三层楼高的水墙呼啸而来，具有排山倒海的气势，并伴以雷鸣般的呼啸声，人们通常称这种潮为"怒潮"。不同的地段，可赏到不同的潮景：塔旁观"一线潮"，八堡看"汇合潮"，老盐仓可赏"回头潮"。此外，钱塘秋潮还有日夜之分。白天观潮，视野广阔，一览怒潮全景，自是十分有趣，而皓月当空时观赏夜潮，也有别样的景致和妙处。

潮神伍子胥 民间传说，钱塘江之所以发怒涨潮，是因为伍子胥冤魂不散，怒气难消，才驱海为浪。伍子胥，春秋末期楚国人。因其父兄受人谗害，被楚平王杀害，从楚国逃到吴国，成为吴王阖闾重臣。吴国倚重伍子胥等人之谋，成为诸侯一霸。公元前496年，阖闾与越王勾践大战，却被越王勾践打败，阖闾在战斗中受伤，临死前叮嘱儿子夫差勿忘杀父之仇。夫差继位后打败了越国，越王勾践投降，伍子胥认为应一举消灭越国，但是夫差听信伯嚭的谗言，不但不听，反而认为伍子胥有谋反之心，便派人送一把宝剑给伍子胥，令其自尽。伍子胥自杀前对门客说："请将我的眼睛挖出置于东门之上，我要看着吴国灭亡。"吴王夫差听了很愤怒，就让人在端午节这天，把伍子胥的尸体用马皮裹着，扔到钱塘江喂鱼去了。吴国老百姓为伍子胥的死感到痛惜，敬仰其忠烈，于是尊他为潮神，并且在钱塘江边的吴山上为他盖了一座庙，立坟墓，历代祭祀。现祠庙被毁，墓已重建。

杭州春望

白居易

望海楼①明照曙霞,护江堤②白踏晴沙。
涛声夜入伍员庙③,柳色春藏苏小④家。
红袖⑤织绫夸柿蒂⑥,青旗⑦沽酒⑧趁梨花⑨。
谁开湖寺西南路,草绿裙腰一道斜。

【背景】

白居易自穆宗长庆二年(822)秋至长庆四年(824)春任杭州刺史,在任期间大力疏浚西湖,修筑湖堤,整治西湖引水井,闲暇时常到湖上寻幽探胜,写下了大量诗篇,此诗即作于此期间。

白居易在杭州前后三年,实际不过二十个月,就在这短短的时间里,他不辞劳苦,疏浚六井,出入山川,走街穿陌,深入民间,考察杭州的山川地势、民俗风情、名胜古迹,写出了不少歌颂杭州和西湖的好诗。在他的影响下,杭州和西湖的名声日益显赫。当他任满离杭时,对杭州和西湖依然眷恋不舍:"未能抛得杭州去,一半勾留是此湖。"

【注释】

①望海楼:作者原注云:"城东楼名望海楼。" ②堤:即白沙堤。 ③伍员庙:伍员即伍子胥,春秋时楚国人。其父兄皆被楚平王杀害。伍员逃到吴国,佐吴王阖闾打败楚国,又佐吴王夫差打败越国,后因受谗毁,为夫差所杀。民间传说伍员死后封为涛神,钱塘江潮为其怨怒所兴,因称"子胥涛"。历代立祠纪念,为伍公庙。 ④苏小:

即苏小小，为南朝钱塘名伎。西湖西泠桥畔旧有苏小小墓。 ⑤红袖：指织绫女。 ⑥柿蒂："杭州出柿蒂，花者尤佳也。"南宋吴自牧的《梦梁录》卷一八说："杭土产绫曰柿蒂、狗脚……皆花纹特起，色样织造不一。" ⑦青旗：指酒铺门前的酒旗。⑧沽酒：买酒。⑨梨花：酒名。作者原注云："其俗，酿酒趁梨花时熟，号为'梨花春'。"此句与上句皆写杭州的风俗特产，夸耀杭州产土绫"柿蒂"花色好，市民赶在梨花开时饮梨花春酒。

【旅游看点】

苏小小墓 即慕才亭，位于杭州西湖西泠桥畔。在西湖景区内的所有景点中，苏小小墓的知名度尤高，在杭州可谓家喻户晓。苏小小，南朝齐时著名歌伎。家住钱塘（今浙江杭州），貌绝青楼，才技超群，号称"钱塘第一名伎"。苏小小自小能书善诗，文才横溢，但不幸幼年父母双亡，寄住在钱塘西泠桥畔的姨母家。她虽身为歌伎，却很自爱，不随波逐流。苏小小十分喜爱西湖山水，自制了一辆油壁车，遍游湖畔山间。十九岁时咯血而死，葬于西泠桥畔。后人在她的墓上覆建慕才亭，为来吊唁的人遮蔽风雨。历史上苏小小墓几经毁建。2004年经市民热烈争论后，杭州市政府决定重修苏小小墓。园林专家孟兆祯根据老照片反复推敲后重建该墓。重建后的苏小小墓用泰顺青石雕琢而成，由六根方柱支撑，高3.15米，墓径2.6米，圈高0.9米。重建后的慕才亭内有十二副楹联，邀请了沈鹏、马世晓、黄文中等12位书法家题写。

伍员庙 即伍公庙，位于杭州市吴山东南角。春秋时，吴国大夫伍子胥因忠谏被谗而死，百姓立祠祭祀，至今已两千余年。历史上伍公庙屡毁屡建，目前所存伍公庙为清代遗存，为杭州市文物保护点。整修后的伍公庙为民居式建筑，面积844平方米，形成以神马门、御香殿、寝殿为主体的三进式完整建筑布局。神马门两侧立伍公庙重修碑记和伍公庙前言，御香殿两侧布置四幅线刻古图。两侧厢房分别陈列着表现伍子胥生平故事的12幅连环画。正殿中央设神龛，上置伍子胥

大夫像,为香樟木圆雕彩绘,神龛前有樟木雕元宝座,两侧分立历代对伍子胥六次封祀祭文。潮神殿中间石雕水浪样式基座上立潮神伍子胥青铜像,背景为"素车白马"深浮雕石刻,两侧有十八路潮神仿古壁画。伍公庙设计风格朴素大气,其建筑风格和周边环境和谐一致,浑然一体。

杭州 简称"杭",浙江省省会,位于中国东南沿海、浙江省北部、钱塘江下游、京杭大运河南端,是浙江省的政治、经济、文化、教育、交通和金融中心,长江三角洲城市群中心城市之一、长三角宁杭生态经济带节点城市。杭州自秦朝设县治以来已有2200多年的历史,曾是吴越国和南宋的都城,是中国八大古都之一。杭州因风景秀丽,素有"人间天堂"的美誉。杭州人文古迹众多,西湖及其周边有大量的自然及人文景观遗迹。其中具有代表性的独特文化有西湖文化、良渚文化、丝绸文化、茶文化,以及流传下来的许多故事传说,它们是杭州文化的代表。

钱塘湖①春行

白居易

孤山寺②北贾亭西③,水面初平云脚低④。

几处早莺争暖树⑤,谁家新燕啄春泥。

乱花渐欲迷人眼,浅草才能没马蹄。

最爱湖东行不足⑥,绿杨阴里白沙堤⑦。

【背景】

　　钱塘湖是杭州西湖的别名,《钱塘湖春行》是白居易于长庆三年(823)春所写的一首七言律诗。自唐代始,西湖一直是游览胜地,白居易少年时就神往西湖。唐穆宗长庆二年(822)七月,白居易由忠州刺史改任杭州刺史。第二年(823)春天刚刚来临,大地稍露些许春的气息,早就慕杭州美景的白居易就迫不及待地来到西湖边游赏,终于实现了少年时的心愿。这首诗描绘了西湖美丽的春光和勃勃的生机,体现出作者对春天的欣悦之情。

　　中国历史上,在杭州任刺史或知州的不乏名人,不过,最有名的要算是唐朝和宋朝的两位大文豪白居易和苏东坡了。他们不但在杭州任上留下了让后人敬仰的政绩,而且也流传下许多描写杭州及西湖美景的诗词文章与传闻逸事,所以又有人称他们为"风流太守"。

【注释】

　　①钱塘湖:即杭州西湖。　②孤山寺:南北朝时期陈文帝初年建,名承福,宋时改名广华。孤山,在西湖的里、外湖之间,因与其他山不相接连,所以称孤山。③贾亭:唐贾全德宗贞元年间在杭州做刺史

时，于西湖建亭，又称贾公亭。　④云脚低：白云重重叠叠，同湖面上的波澜连成一片，看上去，浮云很低，所以说"云脚低"。　⑤暖树：向阳的树。　⑥不足：不厌倦。　⑦白沙堤：即白堤，又称沙堤、断桥堤。后人误为白居易所建。其实白氏所筑之堤在钱塘门外自石雨桥北至武林门外一段，是另一条。

【旅游看点】

西湖 位于浙江省杭州市西面，是中国首批国家重点风景名胜区和中国十大风景名胜之一。它是中国大陆主要的观赏性淡水湖泊之一，也是现今《世界遗产名录》中少数几个和中国唯一的湖泊类文化遗产。西湖三面环山，面积约6.39平方公里，东西宽约2.8公里，南北长约3.2公里，绕湖一周近15公里。湖面被孤山、白堤、苏堤、杨公堤分隔，按面积大小分别为外西湖、西里湖、北里湖、小南湖及岳湖等五片水面，苏堤、白堤越过湖面，小瀛洲、湖心亭、阮公墩三个小岛鼎立于外西湖湖心，夕照山的雷峰塔与宝石山的保俶塔隔湖相映，由此形成了"一山、二塔、三岛、三堤、五湖"的基本格局。西湖美景数不胜数，景点主要有苏堤春晓、断桥残雪、平湖秋月、雷峰夕照等"西湖十景"。2007年，杭州市政府进行"三评西湖十景"和名称征集，灵隐寺等一批景点入围，由此评出了"新西湖十景"，即灵隐禅踪、六和听涛、岳墓栖霞、湖滨晴雨、钱祠表忠、万松书缘、杨堤景行、三台云水、梅坞春早、北街梦寻。

白堤 原名"白沙堤"，是连接杭州市区与风景区的纽带，东起"断桥残雪"，经锦带桥向西，止于"平湖秋月"，长约2里。在唐即称白沙堤、沙堤，其后在宋、明又称孤山路、十锦塘。白堤横亘湖上，把西湖划分为外湖和里湖，并将孤山和北山连接。唐代诗人白居易任杭州刺史时有诗云："最爱湖东行不足，绿杨阴里白沙堤。"即指此堤。后人为纪念这位诗人，称此堤为白堤。白堤宽阔而敞亮，靠湖边密植垂柳，外层是各色的桃花，回望群山含翠，湖水涂碧，如在画中游。白堤的风景四季分明：春桃夏柳，秋桂冬雪，独具风采。

灵隐寺

宋之问

鹫岭①郁岧峣②,龙宫③锁寂寥。

楼观沧海日,门对浙江潮④。

桂子月中落,天香云外飘⑤。

扪萝登塔远,刳木取泉遥⑥。

霜薄花更发,冰轻叶未凋。

夙龄⑦尚遐异,搜对涤烦嚣。

待入天台路⑧,看余度石桥⑨。

【背景】

　　宋之问以律诗见长,其作品大多是粉饰现实、点缀太平的"应制"之作,但他的诗讲究声律、对偶和辞藻,在唐诗的发展上产生过影响。《全唐诗》录存他的诗三首。

　　这首诗是宋之问游灵隐寺时所写。"楼观沧海日,门对浙江潮"一联,为传诵的名句。在宋之问的作品中,像这样有气魄的句子是绝无仅有的,所以有传说认为,从这一联起到篇末都是隐遁为僧后的骆宾王续作,而不是宋之问写得出来的诗句。这说明过去有些人对于骆宾王的人品和诗才很佩服,而不大瞧得起宋之问。

【注释】

　　①鹫岭:即飞来峰,在灵隐寺门外。这里指重重叠叠。　②岧峣

（tiáo yáo）：山高而峻峭。这里指峰岩。　③龙宫：泛指灵隐寺的宫殿。这句是说灵隐寺里的宫殿大门紧闭，空荡荡的，寂静无声。　④楼观沧海日，门对浙江潮：这两句是说站在灵隐寺的层楼上，可以望见海上日出，而灵隐寺的大门正对着澎湃的钱塘江潮。　⑤桂子月中落：古代传说月亮里有一棵五百丈高的桂树，吴刚用斧头不停地砍伐，创痕随砍随合。灵隐寺里种了不少桂树，而且寺庙地势较高，所以从这些桂树联想到月中桂树。天香，指桂花香。这两句是说，当时正是秋天，桂花的香气飘得很远。　⑥扪：摸。刳（kū）即剖开、挖空。这两句是说，抓住藤萝往山上爬去，攀登远处的古塔，用木槽引来山上的清泉。　⑦夙龄：年轻的时候。　⑧天台路：到天台山去的路。天台山在浙江省天台县北，风景绝幽。相传汉朝时有刘晨、阮肇入天台山，采药遇仙。　⑨石桥：据古书记载，天台山楢溪上有石桥，宽不到一尺，长数十丈，下临绝涧。

【旅游看点】

灵隐寺 又名云林禅寺，为全国重点文物保护单位。位于西湖西北面，背靠北高峰，面朝飞来峰。灵隐寺始建于东晋咸和元年（326），开山祖师为西印度僧人慧理和尚。宋宁宗嘉定年间，灵隐寺被誉为江南禅宗"五山"之一。清康熙二十八年（1689），康熙帝南巡时，赐名"云林禅寺"，取"仙灵所隐"之意。现在的灵隐寺是在清末重建基础陆续修复再建的，寺庙占地面积约87000平方米。灵隐寺布局与江南寺院格局大致相仿，全寺主要由天王殿、大雄宝殿、药师殿为中轴线，两边附以五百罗汉堂、济公殿、华严阁、大悲楼、方丈楼等建筑构成。

飞来峰 位于灵隐寺景区内，又名灵鹫峰，山高168米，山体由石灰岩构成。飞来峰由于长期受地下水溶蚀作用影响形成了许多奇幻多变的洞壑，洞洞有来历，极富传奇色彩。据记载，飞来峰过去有72洞，但因年代久远，多数已湮没。现仅存的几个洞大都集中在飞来峰东南一侧。作为禅宗五山之首，飞来峰石刻造像是中国南方石窟艺术的代表，这些雕琢于石灰岩上的佛像时代跨度从五代十国至明，在470多尊造像中，保存基本完整的有335尊，妙相庄严，弥足珍贵。其中，年代最早的是青林洞入口处的弥陀、观音、大势至三尊佛像，为951年（北汉乾祐四年）所造。而卢舍那佛浮雕造像则是北宋造像艺术精品，其中大肚弥勒和18罗汉群像为飞来峰摩崖石刻中最大的造像，也是国内最早的大肚弥勒造像。佛

像雕刻生动传神，坐于佛龛中的大肚弥勒袒胸鼓腹跷足屈膝，手持数珠，开怀大笑，将"容天下难容之事，笑天下可笑之人"的形象刻画得淋漓尽致。周围十八罗汉也是神情各异，细致生动。对于飞来峰的名称来历，最著名的当属济公的故事。相传有一天，灵隐寺的济公和尚算知有一座山峰就要从远处飞来，那时灵隐寺前是个村庄，济公怕飞来的山峰压死人，就奔进村里劝大家赶快离开。村里人因平时看济公疯疯癫癫爱捉弄人，以为这次又是寻大家开心，因此没人听他的话。眼看山峰就要飞来，济公急了就冲进一户娶新娘的人家，背起正在拜堂的新娘子就跑。村人见和尚抢新娘，就都呼喊着追了出来。正追着，忽听风声呼呼，天昏地暗，"轰隆隆"一声，一座山峰飞降灵隐寺前，压没了整个村庄。人们这才明白济公抢新娘是为了拯救大家，于是就把此山峰称为"飞来峰"。

宿建德江①

孟浩然

移舟泊烟渚②,
日暮客愁新③。
野旷天低树④,
江清月近人⑤。

【背景】

这是一首抒写羁旅之思的诗。孟浩然于唐玄宗开元十八年（730）离乡赴洛阳求仕，结果失败了，于是满怀失意漫游吴越，借以排遣仕途失意的悲愤。日暮时分，作者旅泊江边时写下了这首诗。

诗中"野旷天低树，江清月近人"所描述的景色在水乡坐过船的人，可能都会有这种感觉。诗里没有用秋字，但野旷加上江清，秋色就萦绕在读者眼前了。

【注释】

①建德江：新安江流经建德县（今浙江建德）的一段。 ②烟渚：暮烟笼罩中的小洲。 ③客愁新：又新添了客中的愁思。 ④野旷天低树：因为树木凋零，旷野便愈见其旷，天地好像也比树低。这都是从船窗里看到的。 ⑤月：指江中月影。

【旅游看点】

新安江 又称徽港，发源于安徽徽州（今黄山市）休宁县境内，东入浙江省西部，经淳安至建德与兰江汇合后为钱塘江干流桐江段、富春江段，东北流入钱塘江，是钱塘江正源。1985年浙江省钱塘江河源河口调查考察确认新安江全长373公里，主要河段为新安江库区，主要支流有桐溪、六都源、鸠坑源、梓桐源、云源港、清平源和商家源。得益于新安江支流繁多，水量充沛，地理位置得天独厚的天然优势，1960年，我国第一座自行设计、自制设备、自己施工建造的大型水力发电站——新安江水电站建成。1958年，因建新安江水电站水库蓄水，原淳安县治贺城、遂安县治狮城被碧波涌涛吞没成水域——形成了今天闻名海内外的世界三大千岛湖之一。新安江素以水色佳美著称。沿江有白沙大桥、朱池、落凤山、千岛湖、梅城、刘长卿别墅、双塔凌云、新安江水库等胜迹。新安江作为国家级风景名胜区，向有"奇山异水，天下独绝"之称。

大慈岩 位于建德市南面24公里处，是佛教文化和秀丽山水完美结合的旅游胜地，素有"浙西小九华"之誉，为"浙江省风景名胜区优秀景点"。大慈岩以"江南悬空寺、长谷溪流、全国第一天然立佛"闻名遐迩。主殿寺庙地藏王大殿依山建于高3米、长60米、宽20米的洞穴中，一半凌驾悬空，一半嵌入岩腹，颇为奇险壮观，与山西恒山悬空寺有异曲同工之妙，故称为"江南悬空寺"。新建的另一寺庙清风阁凌空构架于悬崖峭壁之上，远近山川尽收眼底。今人所凿之"天栈云渡"，沿断崖因势布局，为一石栏相续延伸的长廊，凭栏俯视，有"足底悬崖恐欲崩"之感。大慈岩的又一特色是长谷溪流。大慈岩山高坡陡，山顶谷中有玉华湖，水从谷口中流出，或因大石挡道成溪流，或奔腾直泻成瀑布，或渗于乱石丛中成泉水，曲曲折折直至山脚，形成一条800多米长的山水相映的秀丽景观。大慈岩的另一特色是全国最大的天然立佛。从侧面看，整个大慈岩主峰就是一尊地藏王菩萨的立像。它身高147米，其中头部高41.3米，宽60米，由奇石、怪洞、草木和谐地组合成大佛的五官，惟妙惟肖，形象逼真。经旅游专家鉴定，此佛已被命名为"全国最大天然立佛"，被誉为"中华一绝"。大慈岩也因"山是一尊佛，佛是一座山"的稀有自然景观而名扬四海，载入"中国之最"。

春泛若耶溪

綦毋潜

幽意①无断绝，此去随所偶。

晚风吹行舟，花路入溪口。

际夜②转西壑，隔山望南斗。

潭烟③飞溶溶④，林月低向后。

生事且弥漫⑤，愿为持竿叟。

【背景】

綦毋潜（692？—756？），字孝通，虔州（今江西南康）人。约开元十四年（726）前后进士及第，授宜寿（今陕西周至）尉、左拾遗，终官著作郎，安史之乱后归隐，游江淮一代，后不知所终。綦毋潜才名盛于当时，其诗清丽典雅、恬淡适然，后人认为他诗风接近王维。《全唐诗》收录其诗1卷，共26首，内容多为记述他与士大夫寻幽访隐的情趣。

《春泛若耶溪》为綦毋潜的代表作，是一首写春夜泛江的诗。开元二十一年（733）冬，綦毋潜送诗友储光羲辞官归隐，受其影响，他也萌发了归隐之志，便于当年年底离开长安，经洛阳，盘桓半年多，最后下定决心弃官南返。他先在江淮一带游历，足迹几乎遍及这一带的名山胜迹。其间，又返回洛阳、长安谋求复官。后"安史之乱"爆发，他再度归隐，仍游于江淮一带，写下大量描写山水风光的诗作，本首诗是其中的代表。

【注释】

①幽意：归隐之心。　②际夜：傍晚时分。　③潭烟：水汽。

④溶溶：形容气雾柔和迷离。　　⑤弥漫：渺茫无尽之意。

【旅游看点】

若耶溪 在绍兴市东南，今名平水江，是绍兴市区境内一条著名的溪流。溪畔青山叠翠，溪内流泉澄碧，两岸风光如画。相传若耶溪有七十二支流，自平水而北，会三十六溪之水，流经龙舌，汇于禹陵，然后又分为两股，一支西折经稽山桥注入镜湖，一脉继续北向出三江闸入海，全长百里。若耶溪源头在若耶山，山下有一深潭，据说就是郦道元《水经注》中的"樵岘麻潭"。昔日潭址已没入1964年建成的平水江水库。若耶溪流经的平水镇，以盛产珠茶闻名于世。据记载，早在两千四百多年前，薛烛曾向越王献策："若耶之溪涸而铜出"。以后，欧冶子就在这里铸造宝剑。现在的平水铜矿附近，尚有铸铺山和欧冶大井遗址。富有诗情画意的若耶溪，使历代的文人雅士流连忘返。唐代孟浩然的"白首垂钓翁，新装浣纱女"，李白的"若耶溪畔采莲女，笑隔荷花共人语"，丘为的"一川草长绿，四时那得辨"等诗句，都生动地描绘了若耶溪两岸的美丽风光。

溪口风景区 位于奉化江支流剡溪口，因此而得名。溪口东枕武山，西挹龟山，北倚白岩山，南向笔架山，群山环翠，剡溪横贯，山光水色，清秀幽胜，在汉代就有"海上蓬莱"之称。景区集聚了民国文化、弥勒文化、山水文化、生态文化等全国一流且具有世界影响的高品位旅游资源，是我国首批国家5A级旅游景区和浙江十佳美景乐园之一，并被列为国家级森林公园。景区内主要有雪窦寺、丰镐房、武山庙、文昌阁等景点。其中，雪窦寺已有1700年历史，南宋宁宗时被列为天下"五山十刹"之一。雪窦寺外山门上"四明第一山"匾额为蒋介石亲笔题写，寺内有两株汉代所植银杏树。相传弥勒菩萨化身布袋和尚，常到雪窦寺讲经弘法，因而雪窦寺被称为"弥勒应迹圣地"，且雪窦寺天王殿和大雄宝殿之间特建有一座"弥勒殿"。丰镐房为蒋介石、蒋经国父子故居。1935年经改造扩建，有房49间，占地面积4800平方米，建筑面积1850平方米。前厅后堂，两厢四廊，楼轩相接，廊庑回环，朱

柱赭壁,青瓦鱼脊。前庭与左右有圆洞门相通,周栽银杏7株,院中桂花老枝横逸,浓荫茏郁。庭内精雕细绘,浮彩镂金,富古典艺术风格,屋顶堆塑"三星高照""双龙抢珠",左右五马散墙,廊壁柱头绘刻"八仙过海""姜子牙钓鱼""文王求贤"等故事。1949年溪口解放后,人民政府对蒋氏父子故居妥善保护,1980年曾拨款整葺。

绍兴 位于浙江省中北部、杭州湾南岸,气候温暖湿润,四季分明,是一座具有江南水乡特色的文化和生态旅游城市。绍兴自春秋时期越国在此建立以来,已有2500多年建城史。绍兴素称"文物之邦、鱼米之乡",是首批国家历史文化名城、联合国人居奖城市,中国优秀旅游城市,中国民营经济最具活力城市,也是著名的水乡、桥乡、酒乡、书法之乡、名士之乡。著名的文化古迹有兰亭、禹陵、鲁迅故里、沈园、柯岩故居、蔡元培故居、周恩来祖居、秋瑾故居、马寅初故居、王羲之故居、贺知章故居等;此外还有乌篷船、乌毡帽;社戏、绍剧、越剧等,这些共同构成了古城绍兴的文化元素。

越中①览古

李 白

越王勾践破吴②归,
战士还乡③尽锦衣④。
宫女如花满春殿⑤,
只今惟有鹧鸪⑥飞。

【背景】

本诗是一首怀古之作。当是唐玄宗开元十四年（726）李白游览越中（今浙江绍兴），有感于其地在古代历史上所发生过的著名事件而写下的。

在春秋时代，吴越两国争霸南方，成为世仇。从公元前510年吴正式兴兵伐越起，吴越经历了㩗（zuì）李、夫椒之战，十年生聚、十年教训，以及进攻姑苏的反复较量，越终于在公元前473年灭了吴。此诗写的就是这件事。

【注释】

①越中：指会稽，春秋时代越国曾建都于此。故址在今浙江省绍兴市。 ②勾践破吴：春秋时期吴、越两国争霸。越王勾践于公元前494年，被吴王夫差打败，回到国内，卧薪尝胆，誓报此仇。公元前473年，他果然把吴国灭了。 ③还乡：一作还家。 ④锦衣：华丽的衣服。《史记·项羽本纪》："富贵不归故乡，如衣绣夜行，谁知之者？"后来演化成"衣锦还乡"一语。 ⑤春殿：宫殿。 ⑥鹧鸪：鸟名。

形似母鸡，胸腹部有白圆点如珍珠，背毛有紫赤浪纹。叫声凄厉，音如"行不得也哥哥"。

【旅游看点】

会稽山 又称茅山、亩山，位于浙江绍兴北部平原南部，占地 5 平方公里，景区内有大禹陵，炉峰禅寺等名胜古迹，最高峰为香炉峰。会稽山文化积淀深厚，南朝诗人王籍咏会稽山的诗句"蝉噪林愈静，鸟鸣山更幽"传诵千古。据说，唐太宗为求王羲之的兰亭序，曾苦心设局，一时间，越州成为国之东门，衣食半天下，贵族名流尽情唱游会稽。会稽山与我国古代开国圣君、治水英雄大禹有着不解的渊源，它是大禹娶妻、封禅的地方，同时也是大禹的陵寝所在地。

越王台 位于绍兴市卧龙山的东南麓，是后人为了纪念越王勾践卧薪尝胆、报仇雪耻的事迹建造的。据《越绝书》记载："越王台规模宏大，周六百二十步，柱长三丈五尺三寸，溜高丈六尺。宫有百户，高丈二尺五寸。"从外面来看，它的形状像个城楼，后屡次重修，又屡次被破坏，1939 年被日机炸毁，1981 年重修。今天的越王台，台下部分为砖砌结构的基座，是宋代建筑的遗址，基座中间有一座高达 7 米的拱形大门。上部分为宫殿式建筑，现为"越国史迹陈列厅"，以图片和实物的形式，将 2500 年前的越国历史展示给游客。

鲁迅故居 位于浙江省绍兴市东昌坊口（今鲁迅路 208 号），在鲁迅纪念馆的西侧。绍兴是鲁迅的故乡，鲁迅先生 1881 年 9 月 25 日出生在这里。他在此一直生活到 18 岁去南京求学，以后回故乡任教也基本上居住在此地。鲁迅纪念馆的东侧是著名的三味书屋。现鲁迅故居临街的两扇黑漆石库门系原新台门的边门，由鲁迅一家于 1913 年前后经过修缮独家进出。新台门坐北朝南共六进，有 80 余间房子，连后园即百草园在内占地 4000 平方米，是老台门八世祖周熊占在清朝嘉庆年间购地兴建的。鲁迅曾高祖一房移居新台门，世系绵延，至 1918 年，周氏一族衰落，才经族人共议把这座屋宇连同屋后的百草园卖给了东邻朱姓人家。屋宇易主后，原屋大部分拆除重建，但鲁迅家基本被保存了下来。

秋下荆门①

李 白

霜落荆门江树空②,布帆无恙③挂秋风。
此行不为鲈鱼鲙④,自爱名山入剡中⑤。

【背景】

　　此诗作于唐玄宗开元十三年（725），诗人第一次出蜀远游时。荆门山战国时为楚国的西方门户，乘船东下过荆门，就意味着告别了巴山蜀水。对锦绣前程的憧憬，对新奇而美好的世界的幻想，胜过对峨眉山月的依恋，使李白去热烈地追求理想中的未来。诗中洋溢着积极而浪漫的情怀。

【注释】

　　①荆门：山名，位于今湖北省宜都市西北的长江南岸，与北岸虎牙山隔江对峙，地势险要，自古即有楚蜀咽喉之称。　②空：指树枝叶落尽。　③布帆无恙：运用《晋书·顾恺之传》的典故：顾恺之从他上司荆州刺史殷仲堪那里借到布帆，驶船回家，行至破冢，遭大风，他写信给殷仲堪，说："行人安稳，布帆无恙。"此处表示旅途平安。　④鲈鱼鲙：运用《世说新语·识鉴》的典故：西晋吴人张翰在洛阳做官时，见秋风起，想到家乡菰菜、鲈鱼鲙的美味，遂辞官回乡。　⑤剡中：指今浙江省嵊州市一带。《广博物志》："剡中多名山，可以避灾。"

【旅游看点】

　　嵊州南山风景名胜区 位于浙江嵊州西南，距市区30公里，面积

22.38平方公里,以秀峰、林海、丽湖为其特色,素有"东南山水越为最,越地风光剡领先"之美誉。南山风景名胜区是江南最大的火山大峡谷,也是迄今为止国内发现的海拔最低的古冰川遗迹。主要景点南山湖全长11公里,四周古木参天,山清水秀。景区内有无数的火山弹,是目前我国地质界发现火山弹最多、最集中、最奇特的区域。景区内怪石随处可见,最形象的有相思石、石和尚、石将军、石龟等。湖西南是历史上著名的双溪江,南宋词人李清照曾在此居住和泛舟,留下了脍炙人口的《武陵春》:"只恐双溪舴艋舟,载不动,许多愁。"朱熹与吕规叔曾在此创办鹿门书院讲学,是南宋理学的发祥地之一。

王羲之故居 位于嵊州市市区东25公里的金庭镇,这里四面环山,故居便坐落在这幽静的山谷之中。王羲之金庭故居和绍兴成名地、临沂出生地一样受世人所敬仰。故居系列建筑有金庭观、书生殿、右军祠、雪溪书院、潺湲阁,这里还有书圣墓、书法园林、放鹤亭等。一年一度的书法朝圣节,使景区处处洋溢着浓浓的诗情和墨香。相邻的华堂古村,是王羲之后裔的聚居地。王氏宗祠高高飞翘的屋檐和镂空的雕花,以及屋顶两端的乌龙甩尾,都向人们昭示着王氏家族的气派。

梦游天姥吟留别

李 白

海客谈瀛洲①，烟涛②微茫③信④难求。

越人语天姥，云霞明灭或可睹。

天姥连天向天横，势拔⑤五岳掩赤城。

天台四万八千丈，对此欲倒东南倾。

我欲因之梦吴越，一夜飞度镜湖⑥月。

湖月照我影，送我至剡溪⑦。

谢公宿处今尚在，渌水荡漾清猿啼。

脚著谢公屐，身登青云梯。

半壁见海日，空中闻天鸡。

千岩万转路不定，迷花倚石忽已暝。

熊咆龙吟殷岩泉，慄深林兮惊层巅。

云青青兮欲雨，水澹澹⑧兮生烟。

列缺⑨霹雳，丘峦崩摧。

洞天石扉，訇然中开。

青冥⑩浩荡不见底，日月照耀金银台。

霓为衣兮风为马，云之君兮纷纷而来下。

虎鼓瑟兮鸾回车，仙之人兮列如麻。
忽魂悸以魄动，怳惊起而长嗟。
惟觉时⑪之枕席，失向来之烟霞。
世间行乐亦如此，古来万事东流水。
别君去兮何时还？
且放白鹿青崖间，须行即骑访名山。
安能摧眉折腰事权贵，使我不得开心颜！

【背景】

　　唐天宝二年（743），因朋友吴筠推荐，李白被唐玄宗召入长安，做了翰林供奉（皇帝的文学侍从官）。这时他已四十二岁了，满以为可实现自己的政治理想，但玄宗沉溺于声色，在宦官权贵的谗言中伤下，次年，李白被排挤出长安，政治上的失败使他心情非常苦闷。被排挤出长安的第二年，即天宝四年（745），李白准备由东鲁（今山东）南游吴越（今江苏南部和浙江），行前写了这首向朋友表明自己心情的诗。政治上的失败使他胸中块垒难消，这首诗便是他的"发愤之作"。

　　李白一生徜徉于山水之间，热爱山水达到梦寐以求的境地。此诗所描写的梦游，也许并非完全虚托，但无论是否虚托，梦游更适于超脱现实，更便于发挥他想象和夸张的才能。所以清代学者沈德潜《唐诗别裁》云："托言梦游，穷形尽相以极洞天之奇幻；至醒后，顿失烟霞矣。知世间行乐，亦同一梦，安能于梦中屈身权贵乎？……诗境虽奇，脉理极细。"

【注释】

　　①瀛洲：古代传说中的东海三座仙山之一（另两座叫蓬莱和方

丈）。②烟涛：波涛渺茫，远看像烟雾笼罩的样子。③微茫：景象模糊不清。④信：确实，实在。 ⑤拔：超出。⑥镜湖：又名鉴湖，在浙江绍兴南面。 ⑦剡溪：水名，在浙江嵊州南面。 ⑧澹澹：波浪起伏的样子。 ⑨列缺：指闪电。 ⑪青冥，指天空。 ⑧觉时：醒时。

【旅游看点】

天姥山 位于浙江省新昌县境内，在县东南围30公里，由拨云尖、细尖、大尖等群山组成，涉及范围143.13平方公里。2010年天姥山被列为国家级风景名胜区。天姥山层峰叠嶂，千态万状，以佛教文化、唐诗文化、茶道文化和山水文化为内涵，以石窟造像、丹霞地貌、火山岩石地貌为特色，融人文景观与自然山水为一体，具有游览、观赏及科学考察、科普教育等诸方面价值。主要有大佛寺、千佛岩、十里潜溪、双林石窟、天姥龙潭、真君殿、香炉峰、三十六渡等著名景区景点。

镜湖 即鉴湖，相传黄帝铸镜于此而得名，此外还有长湖、庆湖、贺家湖、贺监湖等别名。鉴湖在浙江绍兴城西南，为浙江名湖之一。俗语说"鉴湖八百里"，这里是一处适合观光游览、休闲度假的江南水乡型风景名胜区，由东跨湖桥、快阁、三山、清水闸、柯岩、湖塘6个景区及湖南山旅游活动区组成。鉴湖不仅有独特的自然风光，更有许多名胜古迹为之增色。湖东岸有东汉会稽太守马臻墓，当年他发动民众兴修水利得罪豪绅，被诬告致死，后当地百姓设法把他的遗骸运回，安葬于鉴湖之畔。墓东侧有马太守庙，始建于唐开元年间（713—741），现存前殿、大殿和左右厢，为晚清建筑。鉴湖又是南宋诗人陆游的故里，如今这里还有快阁、三山遗址。快阁地处鉴湖北岸，是陆游中年赋诗读书处，后改为陆放翁祠，现尚存清代建筑数间。快阁西行数里就是陆游故里三山，这是行宫山、韩家山、石堰山三座小山之间的临湖小村，古名西村。现在故居虽废，风景依旧，一派江南湖光山色，使人流连忘返。鉴湖水质极佳，驰名中外的绍兴老酒即用湖水酿造。鉴湖湖面宽阔、水波浩渺，泛舟其中，近处碧波映照，远处青山重叠，如在画中游。

剡溪 又称剡江、戴湾、戴逵滩，为绍兴市嵊州境内主要河流，由南来的澄潭江和西来的长乐江会流而成。澄潭江俗称南江，因江底坡度较大，水势湍急，也称"雄江"；长乐江又叫西江，江底较平，水流缓和，称为"雌江"。洪水来时，两江汇合之后，中间夹有一条细长的银色带状水流，把雌雄两水隔开，南面浑浊而浪涌，北面清亮而波平，形成一江两流，中嵌银带，直到远处才融为一片，堪称奇观。剡溪至上虞与曹娥江相接，在嵊州境内曲折迂回32.2公里，夹岸青山、溪水逶迤，一路有东门、艇湖、竹山、禹溪、杉树潭、仙岩、清风、嶀浦、鼋头渚等景点，统称"剡溪九曲"胜景。剡溪作为嵊州的母亲河，历史悠久，历代诸多文人学士或居或游，留下了无数吟咏剡溪的名篇佳作和趣闻逸事。

舟中晓望

孟浩然

挂席①东南望,青山水国②遥。
舳舻③争利涉④,来往接⑤风潮。
问我今何去⑥?天台访石桥⑦。
坐看霞色晓,疑是赤城⑧标⑨。

【背景】

　　这首诗作于唐玄宗开元十五年（727）。开元十七年（729）孟浩然离开长安，辗转于襄阳、洛阳，夏季游吴越，与曹三御史泛舟太湖。曹三御史拟举荐孟浩然，他作诗婉言谢绝，并于次年开始到江南的名山古刹游玩。是时作者沿曹娥江、剡溪登天台山，沿途见到美景如画，心中大悦，于是创作了这首首尾圆和、神韵超然的写景名篇。

　　诗人对目的地天台山极度陶然神往，因此眼前出现的一片霞光便引起他动人的猜想："坐看霞色晓，疑是赤城标。"在诗人的想象中，映红天际的不是朝霞，而是山石发出的异彩。想象绚丽却语言省净，表现朴质，充分体现了孟浩然诗歌"当巧不巧"的特点。

【注释】

①挂席：扬帆。　②水国：水乡。　③舳舻（zhú lú）：指首尾衔接的船只。舳，指船尾；舻，指船头。　④利涉：出自《易经》"利涉大川"，意思是，卦象显吉，宜于远航。　⑤接：靠近，挨上。　⑥今何去：现在到哪儿去。　⑦天台访石桥：天台山是东南名山，石桥尤

为胜迹。据《太平寰宇记》引《启蒙注》:"天台山去天不远,路经油溪水,深险清冷。前有石桥,路径不盈尺,长数十丈,下临绝涧,惟忘身然后能济。济者梯岩壁,援葛萝之茎,度得平路,见天台山蔚然绮秀,列双岭于青霄。上有琼楼、玉阙、天堂、碧林、醴泉,仙物毕具也。"访,造访,参观。　⑧赤城:赤城山,在天台县北,属于天台山的一部分,山中石色皆赤,状如云霞。　⑨标:山顶。

【旅游看点】

天台山是国家5A级旅游景区,国家级重点风景名胜区,中华十大名山之一。坐落在浙江省东中部天台县境内的天台山,因"山有八重,

四面如一，顶对三辰，当牛女之分，上应台宿，故名天台"。其景点各有特色，可概括为古、清、奇、幽四个字，赤城栖霞、双涧回澜、华顶秀色、琼台月夜等自古被称为天台八景，国清寺是国家级文物保护单位，也是日本、韩国佛教天台宗的祖庭；石梁景区是天台山自然风景的精华所在；此外还有赤城山、寒山湖、华顶峰等景点。天台山以"佛宗道源，山水神秀"闻名于世，是中国佛教天台宗和道教南宗的发祥地，又是活佛济公的故里。绮丽的低山云海、神奇的天台佛光，可谓天台一绝，登山观赏，不失为人生一大幸事。

赤城山 又称烧山，距天台县城和国清寺均为2公里，高338.8米，历来被视为天台山的南门和标志，景区面积1.3平方公里。山为白垩纪系下流岩组成，属于丹霞地貌，以紫红色中厚层至块状砾岩、沙砾岩为主，是水成岩剥蚀残余的一座孤山，因其山赤，石屏列如城而得名，是天台山中唯一的丹霞地貌景观。每当旭日东升或夕阳西下，云雾缭绕山腰，霞光笼罩，光彩夺目，故有"赤城栖霞"之称。山上有天然洞穴18处，其结构奇异，大致呈上、中、下三层布列，且大都为坐北朝南，故冬暖夏凉，是旅游、避暑的好去处。下层最大的洞穴为紫云洞，洞高且深广，顶题有"赤城霞"三字，为明代万历年间题刻。此山自唐宋以来就有建筑落成，有道教第六洞天的玉京洞、济公佛院、梁妃塔等景观。

济公故居 济公是历史上的真实人物，俗家名为李修缘，是南宋时期浙江天台永宁村人，后人尊他为"活佛济公"。他破帽破扇破鞋垢衲衣，貌似疯癫，初在国清寺出家，后到杭州灵隐寺居住，随后住净慈寺，不受戒律拘束，嗜好酒肉，举止似痴若狂，是一位学问渊博、行善积德的得道高僧，被列为禅宗第五十祖。济公故居在他的出生地天台永宁村。故居占地16亩，景区内宅第街坊与楼台亭阁水榭园林荟萃一体，内有佛国灵气，外有仙山精华。故居府宅院错落有致，具有典型的浙东民居特色。

游南雁荡山

李 皋

雁荡诸奇不可穷,石梁华表①远凌空。
乾坤谁道洞中小,日月曾从牖里通②。
词客墨苔观照耀,飞仙环佩听玲珑。
何当借得缑山鹤③,驾入嶙岣翠几重。

【背景】

李皋（733—792），字子兰。唐宗室。天宝十一载（752）嗣封曹王。上元间除温州长史，行刺史事，升秩少府，因平袁、晁之乱，徙秘书兼州别驾。本诗是李皋任职温州期间，慕名游览平阳南雁荡山后所作。

【注释】

①华表：古代宫殿、陵墓等大型建筑物前面的大柱子。南雁荡山有石华表，今称华表峰，因形似华表而得名。 ②"日月"句：南雁荡山仙姑洞有月牖，系天然圆形石天窗。 ③缑山鹤：相传东周灵王太子姬晋（字子乔，世称王子晋或王子乔）于河南偃师缑山乘鹤成仙。后用作歌咏仙家之典。

【旅游看点】

雁荡山是中国十大名山之一，首批国家重点风景名胜区，国家5A级旅游景区、全国文明风景旅游区示范点、世界地质公园。位于浙江省乐清市境内，部分位于永嘉县及温岭市。因主峰雁湖岗上有着结满芦苇的湖荡，年年南飞的秋雁栖宿于此，因而得名"雁荡山"。雁荡山风景名胜区由北雁荡、中雁荡和南雁荡三大景区组成。景区以秀溪、幽洞、奇峰、景岩、银瀑、石堑等自然风光六胜和儒、释、道三教荟萃而闻名遐迩，尤其是独特的奇峰怪石、飞瀑流泉、古洞畸穴、雄嶂胜门和凝翠碧潭扬名海内外，被誉为"海上名山，寰中绝胜"，史称"东南第一山"。雁荡山主要有灵峰、灵岩、大龙湫、三折瀑、雁湖、显胜门、羊角洞、仙桥八大景区，500多处景点。其中，灵峰、灵岩、大龙湫三个景区被称为"雁荡三绝"。

南雁荡山 位于浙江省平阳县西北部，因山顶有泥塘沼泽，秋季有大雁在此栖息，且与北雁荡山遥望相对，故名南雁荡山。南雁荡山是国家4A级旅游景区，属山岳型风景区，分东西洞、顺溪、明王峰、碧海天城、赤岩山五大景区。"三教九溪"是南雁荡山风景名胜的主要特色。就自然景观而言，景区突出表现为"秀溪、幽洞、奇峰、石堑、银瀑、景岩"，被概括为"南雁六胜"。俗语云："北雁好峰，南雁好洞"，所谓好洞，主要是指东西洞景区而言。东西洞景区是南雁荡山的核心景区，开发历史最早，景点最为密集。景区"雄奇幽秀"兼备，"以山得势、因水成景"，山水交融，美景迭现。就人文景观而言，东洞顶端始建于宋代的儒教会文书院与唐代的观音洞寺院、仙姑洞道观形成儒、释、道三教荟萃的人文奇观。

雁荡山仙姑洞 位于温州乐清市大荆镇福溪乡高余村，属乐清、黄岩两地交界地带。"仙姑洞"从属于雁荡山最北的仙桥景区，下临龙湖，是一个曲尺形的奇洞，生在奇山异峰之中，气势十分恢宏。洞高约20米，宽约80米，深约40米，有东、南两个洞口。东洞口下临绝壁，南洞口也极险峻。洞顶似穹隆，洞内幽深而明亮，故称穹明洞。当地人一般称其为仙姑洞。仙姑洞的来历，乃是由一个真实感人的悲剧故事生发而来。清咸丰辛酉年（1861），台州临海李公岙的女儿李玉莲避乱至洞中，在同治甲子年（1864）为反抗土寇强劫而投崖殉身。人们在危崖下发现她的尸体时，见她端庄跌坐，相貌如生。后来人们尊她为"仙姑"，并改称此洞为"仙姑洞"，洞麓的仙姑墓至今还隐约可见。仙姑洞素称东瓯胜地，山水清幽。洞内翠壁丹崖，别开化境，一派琼楼仙阙气象；洞外层峦叠嶂，峭壁万仞，恍若蓬莱。身临其境，让人神清气爽，心胸顿开。

题武夷

李商隐

只得流霞①酒一杯,
空中箫鼓②当时回③。
武夷洞④里生毛竹⑤,
老尽曾孙⑥更不来。

【背景】

　　李商隐是写爱情诗的高手,许多名句缠绵悱恻,朦胧婉约,意境凄美,千百年来为人们传诵不绝。可是,他还曾被称为题咏武夷第一人。这在清代学者董天工的《武夷山志》里有记载:"李商隐……曾游武夷,有绝句一首,武夷题咏自此始也。"另外,李商隐题咏武夷山的这首诗,《全唐诗》也有辑录。

　　对这首诗有一种理解是,李商隐借武夷山神话传说来嘲讽求仙访道这种做法的虚妄。访道求仙自古便有人乐此不疲,上自帝王将相,下至乡野细民,无不渴望羽化登仙,可终归还是子虚乌有,枉费心机。在李商隐这首诗中描写的仙人更是为拒乡人求访竟以毛竹作机关,中者成疾,这样的神仙更是令人无法亲近吧?

　　如今有大量有关武夷山的神话传说存世。众所周知,武夷山是我国名茶"大红袍"的产地,关于"大红袍"茶也有一个美丽的故事。相传古代一位秀才在进京赶考的路途中身染重疾,武夷山天心寺的老方丈用九龙窠的"神茶"为秀才治病,结果秀才不仅痊愈,后来还考中了状元。为报答老方丈和那棵神茶，秀才回到武夷山后直奔九龙窠，脱下皇上御赐的大红袍披在神树上。从此，人们便把这"神茶"取名为"大红袍"。

【注释】

①流霞：醇酒，以比神仙所饮玉露琼浆，谓醇酒甘美且有浮流云霞之绚烂。汉王充《论衡·道虚》："口饥欲食，仙人辄饮我以流霞一杯，每饮一杯，数月不饥。" ②空中箫鼓：即箫声鼓响，此处指仙乐。典出中唐时期笔记小说《诸山记》。③回：回环来去之意。 ④武夷洞：武夷山有七十二名洞，此处可能专指位于鹰子岩南之毛竹洞，洞口斜敞，上斜覆而下缩敛，洞内石壁峭立参天，杂竹丛生。据说前人曾将毛竹洞作为武夷山代称。 ⑤毛竹：此毛竹非寻常毛竹，而是如刺有毒的怪异毛竹。相传毛竹洞内曾经长有异种"毛竹"，每节旁生怪枝，枝之巨细与主干等大。相传武夷君在幔亭峰招宴山下村人散席之际，有一少年因侮慢仙人而招致惩罚，"一夕，山心悉生毛竹如刺，中者成疾，人莫敢犯"（见唐陆羽《武夷山记》）。⑥曾孙：相传武夷君在"幔亭招宴"时称呼山下村人为"曾孙"。翻译成白话就是：众乡人只得到仙人们赏赐的一杯流霞仙酒，仙

人们当时就掉头返回。那些被称为曾孙的乡人纷纷老去，武夷君等众仙人再也没来。那么是什么原因呢？原来是有人怠慢了仙人，武夷君一气之下，使山心长满了毛竹，从此隔断了与人间的联系。

【旅游看点】

武夷山 位于江西与福建西北部两省交界处，武夷山脉北段东南麓总面积999.75平方公里，是中国著名的风景旅游区和避暑胜地。武夷山属典型的丹霞地貌，是首批国家级重点风景名胜区之一。武夷山是三教名山。自秦汉以来，武夷山就为羽流的禅家的栖息之地，留下了不少宫观、道院和庵堂故址，还曾是儒家学者倡道讲学之地。先民的智慧，文士的驻足在九曲溪两岸留下众多的文化遗存：有高悬崖壁数千年不朽的架壑船棺18处，朱熹、游酢、熊禾、蔡元定等鸿儒大雅的书院遗址35处，有堪称中国古书法艺术宝库的历代摩崖石刻450多方，其中有古代官府和乡民保护武夷山水和动植物的禁令13方，有僧道的宫观寺庙及遗址60余处；同时，武夷山自然保护区还是地球同纬度地区保护最好、物种最丰富的生态系统，拥有2527种植物物种，近5000种野生动物。

天游峰 海拔408米，相对高度215米，是一条由北向南延伸的岩脊，东接仙游岩，西连仙掌峰，削崖耸起，壁立万仞，高耸群峰之上。峰上有一涧沿崖壁流下峰底，形成高差约120米的瀑布。峰上名木古树众多，常绿阔叶林郁郁葱葱。明代地理学家徐霞客赞道："不临溪而能尽九溪之胜，此峰固应第一也。"峰顶胡麻涧旁的石壁上，有历代摩崖石刻近百处。其中最大一幅为"第一山"，系武显将军岭南徐庆超于道光壬辰冬题写。意思是说天游峰即是"武夷第一胜地"，理应号称"第一山"。也有人解释说，武夷山是道教名山，列三十六洞天中的第十六升真元化洞天，因此得名。

闽中秋思

杜荀鹤

雨匀紫菊丛丛色,
风弄红蕉叶叶声。
北畔是山南畔海①,
只堪②图画③不堪行。

【背景】

杜荀鹤出身寒微但才华横溢,7岁时已崭露头角。可惜数次上长安应考,均不第还山。在此期间曾在福建、浙江、江西、湖南等地旅行。这首诗便是其旅居福建之时所作。"北畔是山南畔海",极为精练地把握住了福建的地理特点,整个福建西北部都是连绵崎岖的崇山峻岭,而东南部则是广袤的海岸线,面对是波涛汹涌的大海,山海既对峙又相接,气势阔大,景色壮丽。结句"只堪图画不堪行"的慨叹,表达旅途之人的内心感受,由路途艰难,描述思乡情怀,语意含蓄,耐人寻味。

诗开篇,即写闽中秋景。前句的"匀"字,极准确地勾画出南国之雨的细密和轻柔;而后句的"弄"字,则以拟人的手法将"风"人格化。闭上眼想想,风吹红蕉,蕉叶声声有韵,这该是怎样的一种情致?这样的一幅声色俱备的图画,的确容易让人陶醉。

【注释】

①指闽中地势。北畔是山,北边是连绵的山脉;南畔为海,南边

是波涛汹涌的大海。　②只堪：只能。　③图画：做动词，指画画。

【旅游看点】

大田济阳乡 辖属福建三明市，因其开基者从安徽凤阳县迁居至此，境内又有济溪，于是各取一字得名。早期开发程度较低，美景藏在深山无人识，却使得济阳乡蕴藏的土堡、古民居群、古村落、明代廊桥、明清宫庙祠堂和千年古树群得以保存完整，也保留了质朴、敦厚、善良、热情的民风。作为闽南通往闽西北的必经之路，这里风俗遗存、语言和闽南地区并无二致，同时又融合了闽中地区的特点，独具特色。济阳安宁祥和，田园风光美丽如画，阡陌交通，鸡犬相闻，丝毫不逊色于陶渊明笔下的桃花源，那种原始的美令人无限神往。

十八重溪 位于距福建省福州市约20公里的闽侯县南通镇境内，发源于县南古崖山尾东麓，为大樟溪下游南岸支流。流域面积约62平方公里，其间水平长度500米以上的溪流有24条，取名"十八"，形容其多。1992年被列入第三批省级风景名胜区，2004年元月被列入第五批国家重点风景名胜区。景区内水系发达，干流长约10.8公里，河宽5～40米，水深0.5～3米。溪流两岸生长着茂密的常绿阔叶林、次生灌木林，有娃娃鱼、桫椤树等国家一类保护动植物，林中常有猕猴成群出没。全区散布着由火山岩构成的峰、岩、崖、谷、洞、石，山水交融，天然浑朴，有西溪瀑布、乌龙戏珠、大帽山、文笔峰、宝塔峰、三仙洞等景点。

戴云山吟

智 亮

（其一）

人间谩说上天梯，上万千回总是迷①。
曾似老人岩上坐，清风明月与心齐。

（其二）

戴云山顶白云齐②，登顶方知世界低。
异草奇花人不识，一池分作九条溪。

【背景】

智亮，唐朝和尚，生卒年及姓氏籍贯均不详。初出家于福州开元寺，后长居泉州戴云山中麓之戴云寺。常赤膊化缘，招摇过市，人皆称"袒膊和尚"。能诗，作品多已失传。

戴云山又名佛岭，在福建省德化县西北，高耸挺拔，山顶常年为云雾所笼罩，为戴云山脉之主峰。山顶有池名龙潭，深不可测，池水下泄分流为尤溪、大樟溪、古濑溪、木兰溪、西溪、蓝溪、新溪、感化溪、龙溪等九条溪流。花木葱茏，风景秀美。这首诗描写戴云山种种自然风光，清新流畅，既含哲理，又富意境。

与其他唐诗相较，这首诗虽没有那种雄浑的气势与阔大的意境，却因其出自僧人之手而以独到的"理趣"见长，也就是在景色描写中富含哲理韵味。诗中"戴云山顶白云齐，登顶方知世界低"两句，粗线条式的景物描写与哲理性的精神思辨融于一体，其中对人生境界的深刻体悟相信会对每一位读者都具有强烈的启示意义。

【注释】

①迷：迷惑，思想迷乱。　②齐：平齐，一般高。

【旅游看点】

戴云山 又名迎雪山，雄奇险峻，气势磅礴，有"闽中屋脊"之称，是福建省境内的第五高峰，与台湾阿里山遥遥相望。2005年8月，戴云山经国务院批准列为国家级自然保护区。戴云山九派发源，迎客松舒臂迎宾。戴云寺周围风光秀丽，明人曾将其概括为："戴云秋景""迎雪春潮"等十六胜景。南宋理学家朱熹、明代大学士张瑞图都曾登临此山并留下墨宝。戴云山还是一座天然的绿色宝库，有些地方至今尚保存着成片的半原始森林，有鹅掌楸、黄檀、油杉等国家珍稀林木和樟、楠、栎、黄山松等福建乡土珍贵树种。旅游者在观光游览过程中，体验壮丽秀美的自然风光、感受回归大自然愉悦心情的同时，可以进一步激发起热爱森林、保护自然的美好情愫。

戴云寺 在德化县赤水戴云村。史载，远在南北朝时期，就有圣人到此开基建寺。唐时，泉州开元寺僧祖膊（即《戴云山吟》作者智亮）仰慕钟灵毓秀的戴云山，常自言曰："身在紫云，显在戴云。"大中十二年（858）他逝世后，徒弟将其遗体运往戴云山寺，塑像祭祀，后其师慈感亦在此坐化。两位僧人同被崇奉为戴云寺的始祖。该寺始建于五代后梁开平二年（908），宋端拱二年（989）重建。今寺宇附近尚存有南宋淳祐四年（1244）建的石板桥，大殿正中有明洪武二十年所建拜坛立石，上下殿有清康熙甲子（1684）、乾隆庚辰（1760）、乾隆己丑（1769）部分维修的记载碑石。殿宇系木构歇山顶建筑，梁架结构简单。今寺宇外观保存基本完整，规模宏大，为目前德化保存最大的寺庙。寺内存有明代万历三十二（1604）年进士、书法家张瑞图题刻的"毫余精舍"残匾以及部分残缺的木刻楹联。

泉州赴上都留别舍弟及故人

欧阳詹

天长地阔多歧路，
身即飞蓬①共水萍。
匹马将驱岂容易，
弟兄亲故满离亭②。

【背景】

欧阳詹（755—800），字行周，福建晋江人。生活在安史之乱后的中唐时期。贞元八年（792），欧阳詹与当时著名文士二十二人同登金榜，时称"龙虎榜"，欧阳詹第二名，韩愈第三名，也被后人誉为"闽南第一进士"。此后福建文士才开始向慕读书，儒学风气逐步振兴。他长于诗文，主张"文以载道"，著有《欧阳行周文集》8卷。

欧阳詹少时聪颖好学，与家乡一些著名文士相互切磋，学业大进。自隋开科举取士一百多年后，泉州士人依然无人金榜题名，因此被中原人士讥笑为"闽人未知学"。欧阳詹本也无心科举功名，想长期在家读书，奉养双亲。后来因双亲严命，亲友激励和常衮、席相等长官的提拔，才决心参加科考。这首诗便是其离乡赴长安准备应科举考试时所作。

诗中"天长地阔多歧路，身即飞蓬共水萍"化用《诗经·卫风·伯兮》中"自伯之东，首如飞蓬"等句，又取"飞蓬"飘飞不定的特性，借以比喻漂泊在外、居无定所的羁旅之人。欧阳詹多次在诗中以"蓬草"与"歧路"等意象，写自己心中真切浓郁的乡愁意识。

【注释】

①飞蓬：即蓬蒿，植物名，菊科。花开后如絮四散飘飞，或枯后往往在近根处被风折断，卷起飞旋，或又被称为"飘蓬""转蓬""孤蓬""征蓬"等。　②离亭：汉语词语，意为驿亭，古时人们常在此类地方举行宴会相互道别。如南朝陈的著名诗人、文学家阴铿的《江津送刘光录不及》："泊处空余鸟，离亭已散人。"

【旅游看点】

泉州 福建省下辖地级区划简称"鲤"，别名鲤城、刺桐城，位于福建省东南沿海。最早开发于周秦两汉，260年始置东安县治，唐朝时为世界四大口岸之一，被马可·波罗誉为"光明之城"，宋元时期为东方第一大港。泉州在中世纪有着400多年的辉煌历史，素有"地下看西安，地上看泉州"之名。世称世界宗教博物馆，联合国教科文组织将全球第一个"世界多元文化展示中心"定址于泉州。

清源山 是闽中戴云山余脉，位于泉州北郊，故俗称北山；又因峰峦之间常有云霞缭绕，亦称齐云山。海拔572米，面积62平方公里，山脉绵延20公里，主景区距泉州城市区3公里。山上峰峦起伏，岩石遍

布，盎然成趣，多处胜景天成，象形岩石千姿百态，有"闽海蓬莱第一山"之美誉，为泉州四大名山之一。清源山最早开发于秦代，唐代"儒、道、释"三家竞相占地经营，兼有伊斯兰教、摩尼教、印度教的活动踪迹，逐步发展为多种宗教兼容并蓄的文化名山。自古以来，清源山就以36洞天，18胜景闻名于世，其中尤以老君岩、千手岩、弥陀岩、碧霄岩、瑞象岩、虎乳泉、南台岩、清源洞、赐恩岩等为胜。

洛阳桥 又称万安桥，位于福建泉州东北洛阳江上，是中国第一座海湾大石桥，古代桥梁建筑的杰作，其"筏型基础""种蛎固基法"，是中国乃至世界造桥技术的创举。洛阳桥结构坚固，造型美观，具有极高的桥梁工程技术和艺术水平，体现了我国古代劳动人民的高度智慧。在中国桥梁史上与赵州桥齐名，有"南洛阳，北赵州"之称，著名桥梁专家茅以升称之为"中国古代桥梁的状元"。由当时泉州郡守、宋代大书法家蔡襄倡导，于宋皇祐五年（1053）兴建，嘉祐四年（1059）建成，历时六年。桥长834米，宽7米，有桥墩46座，全部用巨大的石块砌成。蔡襄撰写的《万安桥记》碑刻，是书法珍品，为历代书法家珍视，现保存在桥头蔡忠惠公祠内。

松洋洞

韩 偓

微茫烟水碧云间,挂杖南来渡远山。

冠履莫教亲紫阁①,衲衣②且上傍禅关。

青邱③有地蓁苓茂,故国无阶麦黍繁。

午夜钟声闻北阙④,六龙绕殿几时攀?

【背景】

韩偓(约842—约923),晚唐五代诗人,字致尧,晚年号玉山樵人。陕西万年县(今樊川)人。自幼聪明好学,10岁时,曾即席赋诗送其姨夫李商隐,令满座皆惊,李商隐称赞其诗"雏凤清于老凤声"。因诗多写艳情,并有风格纤巧的《香奁集》传世,故被后人称为"香奁体"创始人。其实,现实主义才是韩偓诗作的主流,其最有价值的也是以编年史方式再现唐王朝由衰而亡过程的一些感时诗篇。诗集《玉山樵人集》曾由《四部丛刊》重印传世,《全唐诗》收录其诗280多首。

韩偓曾协助宰相崔胤平定宦官头子刘季述叛乱,迎唐昭宗复位,成为功臣之一。当时朱全忠(朱温)手握兵权,在朝中骄横无比,韩偓对其甚是不满。一次,朱全忠和崔胤在殿堂上宣布事情,众官都避席起立,只有韩偓端坐不动,称"侍宴无辄立",因此激怒朱全忠。朱全忠借故在昭宗面前指斥韩偓,韩偓继而被贬为濮州司马。不久,又被贬为荣懿(今贵州桐梓北)尉,再贬为邓州(今河南邓州)司马。

读其流传下来的诗文可以看出，韩偓与宗教有着较为密切的关系。与唐代其他诗人一样，韩偓和道士、僧人都有一些交往，尤其是对道家经典《南华经》和《黄庭经》等，这对其诗歌写作都产生了影响。比如这首诗中的"衲衣""禅关"等物象，都源自宗教。

【注释】

①紫阁，意思是金碧辉煌的殿阁，多指帝居，也指仙人或隐士的居所。 ②衲衣：僧人穿的衣服，代指僧人；也可指道袍。 ③青邱：又作"青丘"，传说中的海外国名，泛指边远蛮荒之地。 ④北阙：古代宫殿北面的门楼，是臣子等候朝见或上书奏事之处，用为宫禁或朝廷的别称。

【旅游看点】

崧洋山 又称崧山，位于福建惠安螺阳镇五音村，惠安县城南十里许的许坑柄村之东南，为惠安县之主山，历史上誉称为惠安七大名山之一。清顾祖禹《读史方舆纪要》中记载："松洋山，在县东南三十余里。高大甲于县境诸山，为一方巨镇。山北有洞，亦曰松洋洞，洞口仅容一人，中宽广容二三百人。宋、元之季，民常避难于此。"崧洋洞在崧洋山之阳，洞口狭小，仅能容一人侧身而入，进入后却豁然开朗，可容纳200余人。宋元之际，民常避乱于此。洞口的石罅中有老藤，向下直垂长达三丈多，人者缒以下，不枯不萌，蔚为奇观。

五音村 距惠安县城十二华里地处崧洋山麓。原名"康边村"，后以谐音"坑"字，称之为"坑柄村"；后来又因村里有五块能发出不同音调的石头，更名为"五音村"。五音村历史悠久、人杰地灵，环境优美，四面环山，村落平地，是旅游观光度假的好去处，同时也是明代泉州郡享有三峰盛名之一的康朗的故乡。现村中有康朗家庙、五音石塔、康朗书斋"崧洋别业"、飞炉古地等文物保护景点。其中最为著名的是康朗家庙和五音石塔。康朗家庙为三进红瓦、红砖庙宇，总面积400多平方米，是明代大臣康朗的家庙。家庙历经清、民国修葺，现存建筑保存了明清的建筑风格。五音石塔位于康朗家庙东侧水沟边。传

说康朗家庙庭前水沟尾有"金龟石",按风水学说法:"金龟塞水口,纱帽九十九",意即世代仕宦,层出不穷。明嘉靖年间,泉州府黎太守登门拜访康朗,见其宗祠处有风水好穴"燕子穴",便起意破坏,他建议于宗祠东侧水沟边建石塔,塞在水口。康朗受骗,雇佣工匠打掉"金龟石",造五音石塔。据说,因此康朗家族宗祠风水活穴被破,康家后裔不仕。现在的五音石就是当时的"金龟石"残片,拿小石头敲击会发出宫、商、角、徵、羽五种音调。五音塔于20世纪70年代被破坏,后于1984年由五音文物古迹筹建会重建。此外,五音山峰峦叠翠、奇石嶙峋,天然景点众多,人称五音二十四景,如"猛虎展翅""文房四宝""八仙围棋""两鹏朝天""神蛙含露""金鸡孵蛋"等皆造化天成,意蕴丰富。

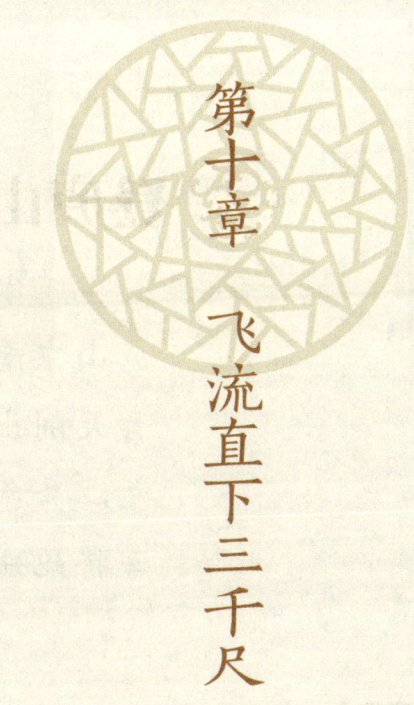

第十章 飞流直下三千尺

在古代，江西与贵州曾是偏远的贬谪流放之地。诗人多因仕途受挫或遭朝廷排挤而流放至此，常将郁结之情寄寓于这片秀丽的山水之间，为后世留下了诸多千古绝唱。中国革命的燎原星火，更为这片土地增添了一段壮丽的史诗。如今，这里已不再是偏僻遥远的荒凉之地，"飞流直下三千尺"的雄奇景象已成为游客心驰神往的旅游胜境。这些诗篇凝结的文化遗产，化作宝贵的旅游资源，持续吸引一代代文人墨客寻踪探访。本章精选十首唐诗，以此展现这片土地的诗意传承。

登庐山五老峰

李 白

庐山东南五老峰,

青天削出金芙蓉①。

九江秀色可揽结②,

吾将此地巢云松③。

【背景】

　　这首诗描写了庐山五老峰的峭拔秀丽,既反映了诗人对五老峰风光的热爱,同时也反映了诗人的出世思想。关于这首诗的写作时间,说法不一,有人认为是诗人于唐玄宗开元十四年(726)游襄阳、上庐山时所作,也有人认为这首诗作于开元十三年(725),还有人根据诗的内容推断,似为安史之乱爆发之后李白和其妻宗氏一起来庐山游览,隐居五老峰下时的作品。

【注释】

　　①金芙蓉:芙蓉,莲花也,山峰秀丽,可以比之,其色黄,故曰金芙蓉也。　②揽结:采集、收取。　③巢云松:隐居。

【旅游看点】

　　五老峰 地处江西省九江市庐山东南,因山的绝顶被垭口所断,分成并列的五座山峰,仰望俨若席地而坐的五位老翁,故人们便把这原出一山的五座山峰统称为"五老峰"。这里是全山形势最雄伟奇险之胜景。五老峰峰峰有景,气象万千。一峰下怪石林立,各显奇姿。怪石堆垒成一座天然石桥，名"仙人桥"。二峰上筑有一座石亭，叫"待晴亭"，不但可以避雨，而且造型精巧，立在二峰峰巅，成了为峰峦添色的一景。这儿有庐山上唯一的一块英文石刻，是80年前庐山"美国学校"校长罗伊先生所刻，题目是"让所有来这里的人都知道"。三峰最高海拔1358米，削壁千丈。石壁上刻有"俯视大千""星聚层峦"等题刻，点出三峰景致的特点。在三峰的峭壁上，长着一棵刚劲舒展的古松，根插石壁，枝指长空，如仙鹤展翅，造型极美。这棵松被称为"五老松"。四峰最陡峭。五峰最为辽阔，石壁上刻有"目无障碍"四个大字。站在五峰上，头顶是万里蓝天，脚下是浩渺的鄱阳湖和长江水，四周是连绵起伏的群山。茫茫宇宙，任你的目光上下驰骋，心胸无比开阔，所有的烦恼都烟消云散。

九江 古称浔阳、柴桑、江州，是一座有着2200多年历史的文化名城。自古为江南著名的游览胜地，素有"九派浔阳郡，分明似图画"之美称。九江境内山水风光迷人，名胜古迹荟萃，众多的自然景观与人文景观相映成趣，230多个景观景点星罗棋布，构成以庐山、鄱阳湖为主体，融古今高僧、名士妙文、书院翰香、建筑艺术和政治风云于一体的独具特色的风景名胜区。九江境内的风景名胜已经形成五区（牯岭景区，山南景区，浔阳景区，沙河景区，永修景区）、两点（石钟山，龙宫洞）、一线（鄱阳湖水上游览线）的整体格局。鄱阳湖纳赣江、抚河、信江、修水、饶河而注入长江，浩浩荡荡，烟波万顷，为中国第一大淡水湖。以庐山为中心包括九江市区及星子、湖口、彭泽等县主要景点组成的庐山风景名胜区，被国务院批准并公布为第一批国家重点风景名胜区。散布于庐山、鄱阳湖之间的其他风景名胜举不胜举：石钟山、鞋山、落星墩、军山、印山、扁担山隔水相望，各具姿态。还有具"地下艺术宫殿"美称的彭泽龙宫洞，"禅农并举"而名传天下的永修云居山真如寺，堪称经典杰作的千年古桥——观音桥，以及市区的烟水亭、浔阳楼、琵琶亭，九江县的岳母墓、狮子洞等。

庐山谣寄卢侍御虚舟

李 白

我本楚狂人①,凤歌②笑孔丘。

手持绿玉杖,朝别黄鹤楼。

五岳寻仙不辞远,一生好入名山游。

庐山秀出南斗③旁,屏风九叠④云锦张,

影落明湖青黛光。

金阙前开二峰长,银河倒挂三石梁⑤,

香炉瀑布遥相望,回崖沓嶂凌苍苍。

翠影红霞映朝日,鸟飞不到吴天长。

登高壮观天地间,大江茫茫去不还。

黄云万里动风色,白波九道⑥流雪山。

好为庐山谣,兴因庐山发。

闲窥石镜清我心,谢公行处苍苔没。

早服还丹无世情,琴心三叠⑦道初成。

遥见仙人彩云里,手把芙蓉朝玉京⑧。

先期汗漫⑨九垓⑩上,愿接卢敖⑪游太清⑫。

【背景】

　　这首诗作于唐肃宗上元元年（760），即诗人流放夜郎途中遇赦回来的次年，是诗人晚年的作品。李白遇赦后从江夏（今湖北武昌）往浔阳（今江西九江）重游庐山时，作此诗寄卢虚舟。卢虚舟，范阳（今北京大兴）人，唐肃宗时曾任殿中侍御史，为官清廉，曾与李白同游庐山。此诗先写作者之行踪，次写庐山之景色，末写隐退幽居之愿想，不仅浓墨重彩地描绘了庐山秀丽雄奇的景色，更主要的是表现了诗人狂放不羁的性格以及政治理想破灭后想要寄情山水的心境。

　　1961年庐山会议结束那天，毛泽东抄录了此诗中"登高壮观天地间，大江茫茫去不还。黄云万里动风色，白波九道流雪山"四句送给中央常委各同志，表达了战胜困难的乐观心情。毛岸英牺牲在朝鲜战场上时，毛泽东也抄录了这四句诗送

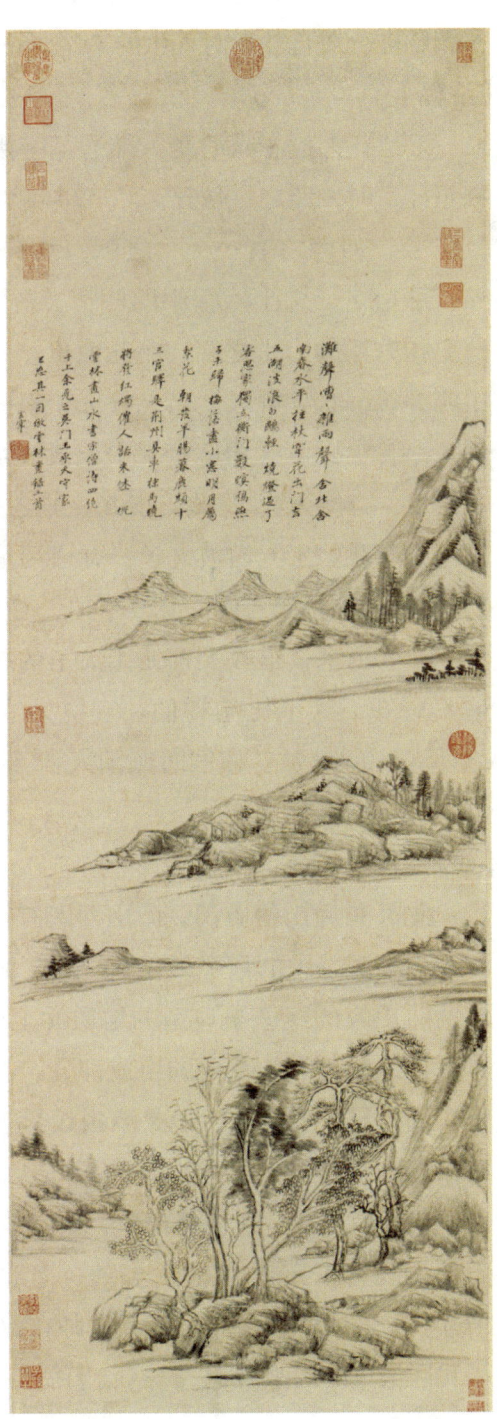

给毛岸英的妻子刘思齐安慰她。这几句诗中所表现的李白的豁达气度，开阔胸襟，对自然、对人生的达观，正是毛泽东所欣赏的地方。

【注释】

①楚狂人：春秋时楚人陆通，字接舆，因不满楚昭王的政治，佯狂不仕，时人谓之"楚狂"。 ②凤歌：孔子去楚国时，陆通曾唱"凤兮凤兮，何德之衰……"之歌，劝孔不要做官，以免惹祸。 ③南斗：星宿名，二十八宿中的斗宿。古天文学家认为浔阳属南斗分野。这里指秀丽的庐山之高，突兀而出。 ④屏风九叠：庐山五老峰东北山峰叠嶂，状如屏风，名九叠屏。李白曾在此建读书堂，与五老峰为邻。 ⑤三石梁：《浔阳记》中记载："庐山上有三石梁，长数十丈，广不盈尺，杳然无底。"此当指九叠屏之左的三叠泉，水势三折而下，如银河挂石梁。 ⑥白波九道：九道河流。古谓长江流至浔阳分为九条支流。 ⑦琴心三叠：道教术语，指修炼身心，达到心和气静的境界。 ⑧玉京：道教大神元始天王的居处。 ⑨汗漫：无边无际，意谓不可知，这里比喻神仙。一说为造物者。 ⑩九垓（gāi）：九天之外。 ⑪卢敖：战国时燕国人。《淮南子》中记载曾与仙人遨游。 ⑫太清：最高的天空。

【旅游看点】

金阙 指庐山的石门。庐山西南有铁船峰和天池山，二山对峙，形如石门。涧谷中的最窄处仅存一缝，游人须侧着身子才能通过。石门涧两边山峰的绝壁是典型的地质学上所称的"地垒式断块山"形态，是世界地质公园中重要的组成部分。石门涧瀑布是庐山西部最长、最宽、气势最大的瀑布，也是庐山最早被载入史册的瀑布。庐山石门涧绚丽而神奇的自然风光，吸引了历史上无数名人雅士。他们或择胜登临，或结庐隐居，或泼墨挥毫，或寻幽探险，留下了古诗词200多首。石门涧现有古文化遗址20多处，南北朝杰出诗人，谢灵运在涧旁筑"石门精舍"。东晋高僧慧远大法师在此弘法五年筑"龙泉精舍"，写出了我国最早的山水游记——《游石门诗并序》。

庐山 又称"匡庐",位于江西省北部的九江市庐山区内,在九江县以南,星子县以西。以"奇、秀、险、雄"闻名于世,大山、大江、大湖浑然一体,素有"匡庐奇秀甲天下"的美誉。庐山有着丰厚灿烂的文化内涵,是一座集风景、文化、宗教、教育、政治为一体的千古名山。这里是中国山水诗的摇篮,从司马迁"南登庐山,观禹所疏九江",到陶渊明、昭明太子、李白、白居易、苏轼、王安石、黄庭坚、陆游、朱熹、康有为、胡适、郭沫若等文坛巨匠1500余位登临庐山,留下4000余首诗词歌赋。晋代高僧慧远在山中建立东林寺,开创了佛教中的"净土宗",使庐山成为中国封建时代重要的宗教圣地。遗存至今的白鹿洞书院,是中国古代教育和理学的中心学府。庐山上还荟萃了各种风格迥异的建筑杰作,包括罗马式与哥特式的教堂、融合东西方艺术形式的拜占庭式建筑,以及日本式建筑和伊斯兰教清真寺等,堪称庐山风景名胜区的精华部分。主要风景名胜有五老峰、三叠泉、含鄱口、芦林湖、东林寺等。庐山于1996年被列入《世界遗产名录》。

望庐山瀑布

李 白

日照香炉①生紫烟②,
遥看瀑布挂前川③。
飞流直下三千尺,
疑是银河落九天④。

【背景】

李白一生钟情庐山,他曾写道:"予行天下,所游览山水甚富,俊伟诡特,鲜有能过之者,真天下之壮观也。"他曾五上庐山,并在庐山五老峰下屏风叠建书堂,写诗四十余首。其中《望庐山瀑布二首》《望庐山五老峰》等,横扫六朝以来绮靡文风,把唐代诗歌推向了一个新的阶段。这首诗一般认为是李白24岁时在游金陵途中初游庐山时所作。

这首七绝历来广为传诵,曾被16个国家和地区编入教材。李白的这首诗鬼斧神工,让人叹为观止。

【注释】

①香炉:指香炉峰。庐山名香炉峰者有四,此指庐山南,秀峰寺边之南香炉峰。 ②紫烟:指日光透过云雾,远望如紫色的烟云。 ③川:河流,这里指瀑布。 ④九天:古人认为天有九重,九天是天的最高层,此处指天空的最高处。

【旅游看点】

庐山瀑布 位于江西省九江市的庐山，是由三叠泉瀑布、开先瀑布、石门涧瀑布、黄龙潭和秀峰瀑布、王家坡双瀑和玉帘泉瀑布等瀑布群组成的。被誉为中国最秀丽的十大瀑布之一。开先瀑布在鹤鸣、龟背二峰之间，它是同源异流的东西两瀑。东瀑自鹤鸣、龟背两峰之间奔流而出，由于受到两崖窄隘迫束，瀑布跌落过程中，水流散开，形若马尾。故名马尾瀑。西瀑自黄岩山巅倾泻下来，跌落在双剑峰顶的大龙潭中，再绕出双剑峰东，缘崖悬挂数百丈，名黄岩瀑，渐与马尾瀑合流经青玉峡狂奔至龙潭中。李白著名的《望庐山瀑布》诗就是描绘这里的瀑布景观。

香炉峰 因其倒扣如香炉，故而得名。香炉峰太阳光折射以及观看的角度不同，山峰上的云雾呈深紫色。它与鹤鸣、双剑、

姊妹等诸峰刚妍各具，群峰竞秀，合称秀峰。瀑布水是由群峰的溪流合股而出，一气呵成，飞流直下。秀峰内飞瀑湍流、古木参天，摩崖石刻随处皆是，是集自然美景与人文胜迹于一体的著名风景名胜区。秀峰为五大丛林之首，南唐时期，中主李璟少年时曾在此筑台读书，即帝位后九年（951），因怀念读书时无忧无虑的少年时光和这片灵山秀水，下令在读书台旧址建寺庙，赐名"开先寺"，取"开国先兆"之意。1707年，康熙皇帝第二次南巡松江府时，亲笔手书《秀峰寺》匾额赐予秀峰方丈超渊，开先寺遂易名为秀峰寺。秀峰被宋代大书法家米芾冠为"第一山"。景区中碑刻如林，属国家级文物保护的摩崖石刻多达144幅，著名的有唐大和年间所绘的铁线观音像，画中观音体态丰满，衣饰华贵，额开慧眼，男身女相，深具唐画特色，为中华画库中难得一见的珍品；李璟读书台上江淹诗碑《从冠军建平王登庐山香炉峰》是康熙仿米芾字体所书，被周总理赞为"好字、好诗、珠联璧合"；还有黄庭坚的"七佛偈""聪明泉"，苏东坡的"不忍去"，颜真卿的"大唐中兴颂"，王阳明的"纪功碑"等都是我国古代书画艺术中不可多得的瑰宝。

大林寺桃花

白居易

人间四月芳菲①尽,
山寺桃花始盛开。
长恨②春归无觅处,
不知转入此中来。

【背景】

  此诗作于唐宪宗元和十二年(817)四月九日。白居易时任江州(今江西九江)司马,年四十六岁。815年,宰相武元衡遇刺身亡,白居易上表主张严缉凶手,被认为是越职言事。其后白居易又被诽谤:母亲看花而坠井去世,白居易却著有"赏花"及"新井"诗,有伤教化。白居易被贬为江夏刺史,逐出京城。皇帝还不消怒,又追加圣旨,将还在路途中的白居易再贬为江州司马。"司马"是个毫无实权的小官。白居易在江州,心情十分郁闷。元和十二年(817)四月初夏时节,白居易和庐山东林寺法寅大师及17位好友,从他新建好的遗爱寺草堂出发,一同到位于庐山顶的大林寺游玩,夜宿于此。他看见大林寺旁的山坡上,一大片桃花刚刚盛开,十分美丽,而此时,山脚下的春花早已凋谢了。白居易又惊又喜,似乎找到了心灵的春天,不由写下了这首著名的七言绝句。

  此诗与白居易的名篇《琵琶行》几乎是同时所作,大林寺景色优美却游人甚少。诗歌末尾白居易发出感叹:如此胜境竟然人迹罕至,可见世人是多么热衷于追名逐利而无暇欣赏美景啊!表现出的心情与"同是天涯沦落人,相逢何必曾相识"的感触有异曲同工之妙。

【注释】

①芳菲：盛开的花，亦可泛指花，花草艳盛的阳春景色。 ②长恨：常常惋惜。

【旅游看点】

大林寺 位于庐山牯岭街西南方向2公里处，即今天的花径公园。大林寺和西林寺、东林寺是庐山"三大名寺"之一，为4世纪僧昙诜所创建。因位于大林峰上，所以叫大林寺。南宋之时大林寺已只有残迹。1922年曾捐修募建，恢复了大林寺一些旧观。1934年，世界佛教大会在此召开，到1961年，因兴修水利动工开挖西湖，大林寺淹没湖中。现有一人工湖名琴湖，因形状很像一把提琴而得名。清澈的泉水从青山、密林中淌出，汩汩流淌的声音清脆动听，如同琴声一般，湖旁的石块上刻有"如琴可听"四个大字。大林寺今已难寻觅，但白居易咏诗的花径犹在。在湖畔，可以看到花径的大门。大门旁书"花径"，两旁刻有"花开山寺，咏留诗人"的对联。里面有书法家胡献雅书写的巨幅石刻"白司马花径"。草地上有座伞状红顶的圆亭，这就是花径亭，在花径亭中的石刻板上刻有"花径"二字，相传是白居易手书。花径中还有白居易草堂陈列室。它建于1988年，完全按照白居易的《庐山草堂记》"五架三间新草堂，石阶挂柱竹编墙"的建筑形式复建，坐北朝南，木结构，草顶，再现了"竹篱茅舍风光好"的诗境。

桃花意象 中国古代很早就有"观物取象""立象以尽意"之说。文人们常常将心之所感寄托于某一具体物象以抒发感情。桃花因其在早春开放，色彩艳丽且花期较短，凋零后落英缤纷的姿态成为人们传递情感的载体，从而形成了独特的桃花意象。从《诗经》的"桃之夭夭"到崔护的"人面桃花"，从李白的"桃花潭水深千尺"到桃园三结义，从夸父逐日化为桃林到陶渊明的"世外桃源"，从李香君的桃花扇到林黛玉的葬花吟，桃花代表春天，代表美人，代表友谊，代表着美好的理想世界。庐山大林寺海拔在千米之上，因气温较低造成桃花晚开，正给了仕途失意的白居易以心灵的慰藉，使他在世外桃源般的美景中得到了精神上的解脱。

游云居山寺赠穆三十六地主

白居易

乱峰①深处云居路，
共踏花行独惜春。
胜地本来②无定主，
大都山属③爱山人。

【背景】

据《云居山志》记载，白居易贬任江州司马期间，大部分时间居于庐山草堂，常与东林寺名僧交游青山秀水、寺庵道场，曾多次登上云居山，作诗多首留念。诗人对真如禅寺情有独钟，每登游时，往日心头的幽怨荣辱便会烟消云散。

传说白居易被贬任江州司马不久，就从庐山东林寺步行至云居山。这时正是炎热夏季，白居易头戴草帽，脚穿草鞋，沿着崎岖山路攀登而上。一路上唇干舌燥，大汗淋漓。当行至真如禅院东侧时，忽见一株梧桐独立山巅，布下一片绿云，犹如一把偌大的遮阳伞，挡住炎炎烈日。白氏顿觉浑身凉爽，便走到树下悠闲徘徊。正在他对梧桐树久久观望时，有一僧人好奇地走到他身边，向他讲述开山祖师道客当年由白鹤领路，登山选址的故事。白居易听后若有所思地绕着梧桐转了三圈，然后从布袋里取出笔墨纸张，写下了《云居寺孤桐》一诗，咏物言志。后来，白居易又在高僧穆三十六地主的陪伴下，先后登上五老峰、仰天圹，饱览了云居山的秀丽风光。回到禅院后，当即写了七绝《游云居山寺赠穆三十六地主》这首诗。

【注释】

①乱峰：群峰层峦叠嶂，嵯峨峻峭。 ②本来：从来。 ③属：属于。

【旅游看点】

云居山 古称"欧山"，位于江西省九江市永修县西南部，中国著名佛教名山。因常年云雾笼罩，又名"云居山"。云居山由莲花城、百花谷、青石湖、泉祠坞等景区组成，自然风光秀丽。尤其是被誉为人间仙境的百花谷景区更为突出，沿途奇山异石，溪水瀑布，古寺牌楼，僧侣塔林，名胜古迹比比皆是。山上空气清新，植被繁茂，近2000多种天然植被，千年古杉树、千年古樟树、千年古银杏树、千年古桂花树、千年古栎树及近千年的伯乐树、香果树、罗汉松等树木比比皆是，盛夏酷暑气温仅为22℃。山中坦荡平整，青畴绿亩，景色旖旎，遍布园林湖田，俨然似一大城郭，又宛如一朵盛开的莲花，故又称此地为莲花城。自古

以来，云居山以其秀丽天成的风景和佛教禅宗著名道场被人们所称道。古人称其"云岭甲江右，名高四百州""冠世绝境，天上云居"。

真如禅寺 在云居山顶的莲花城内。大片连绵不断的竹林深处，掩映着这座盛名的禅宗圣地真如禅寺。真如禅寺是国家重点开放寺庙，全国汉传佛教三大样板丛林之一，为佛教曹洞宗发祥地。始建于唐宪宗元和六年（811），迄今已1200多年的历史。唐代以来，香火缭绕，高僧辈出。白居易、苏东坡、佛印等众多历代文人墨客在此留诗270余首。目前仍保留着摩崖石刻、唐代铜佛、康熙千僧锅及200多座中外历代高僧墓塔。20世纪50年代中国佛教协会名誉主席虚云长老住持真如禅寺，现任方丈一诚法师是中国佛教协会名誉会长。每年上山朝圣游览者达数十万人。景区内人文景观还有瑶田寺、圆通寺、祇树堂、云门寺、上方庵、白玉佛等。

滕王阁

王 勃

滕王高阁临江①渚②,佩玉鸣鸾③罢④歌舞。

画栋朝飞南浦⑤云,珠帘暮卷西山⑥雨。

闲云潭影日悠悠,物换星移几度秋。

阁中帝子⑦今何在?槛⑧外长江空自流。

【背景】

滕王阁建于唐朝鼎盛时期,为时任洪州都督的滕王李元婴所建,唐高宗上元三年(676),诗人王勃远道去交趾(今越南)探父,途经洪州(今江西南昌),适逢都督阎伯舆举行宴会,即席作《滕王阁序》,序末附这首凝练、含蓄的诗篇,概括了序的内容。

据传说王勃写《滕王阁》诗到最后一句空了一个字不写,留下"槛外长江□自流",将序文呈上就走了。在座的人看到这里,有人猜是"水"字,有人猜是"独"字,阎伯舆都觉得不对,派人追回王勃,请他补上。王勃的随从对来人说:"我家主人吩咐了,一字千金,不能再随便写了。"阎伯舆知道后说道:"人才难得",便包了千两银子,亲自率文人们来见王勃。王勃接过银子,故作惊讶地问:"我不是把字写全了吗?"大家都说:"那不是个空(kòng)字吗?"王勃说:"对呀!就是'空'(kōng)字呀!'槛外长江空自流'!"众人恍然大悟。

【注释】

①江:指赣江。②渚(zhǔ):江中小洲。 ③佩玉鸣鸾(luán):

身上佩戴的玉饰、响铃。　④罢：停止。　⑤南浦（pǔ）：地名，在南昌市西南。　⑥西山：南昌名胜，一名南昌山、厌原山、洪崖山。　⑦帝子：指滕王李元婴。　⑧槛（jiàn）：栏杆。

【旅游看点】

滕王阁 位于江西省南昌市西北部沿江路赣江东岸，与湖北黄鹤楼、湖南岳阳楼并称为"江南三大名楼"。始建于唐永徽四年（653），因唐太宗李世民之弟——滕王李元婴始建而得名。据史书记载，因李元婴在贞观年间曾被封于山东省滕州，故为滕王，且于滕州筑一阁楼名以"滕王阁"。永徽三年（652），李元婴迁苏州刺史，调任洪州都督时，从苏州带来一班歌舞乐伎，终日在都督府里盛宴歌舞。次年又在洪州筑豪阁为别居，实乃歌舞之地。因其思念故地滕州，仍冠名"滕王阁"。滕王阁因王勃的《滕王阁序》诗句"落霞与孤鹜齐飞，秋水共长天一色"而流芳后世。滕王阁在古代被人们看作是吉祥的风水建筑，在我国古代习俗中，人口聚居之地需要风水建筑，一般为当地最高标志性建筑，聚集天地之灵气，吸收日月之精华，俗称"文笔峰"。滕王阁坐落于赣水之滨，被古人誉为"水笔"，古人云："求财去万寿宫，求福去滕王阁。"可见滕王阁在世人心目中占据的神圣地位。滕王阁也是古代储藏经史典籍的地方，从某种意义上来说是古代的图书馆。而封建士大夫们迎送和宴请宾客也多喜欢在此。历朝历代文人雅士以滕王阁为歌咏主题的诗作数不胜数，其中不乏张九龄、白居易、杜牧、苏轼、王安石、朱熹、黄庭坚、辛弃疾、李清照、文天祥、汤显祖这些文学大家。2018年10月29日，南昌滕王阁被国家旅游局评定为国家5A级旅游景区。

南昌 古称豫章、洪都，地处江西省中部偏北，赣江、抚河下游，濒临鄱阳湖，为江西省省会，全省政治、经济、文化、科技、交通中心。南昌自然风光秀丽，人文景观众多，既是国家历史文化名城，又是革命英雄城市。主要旅游景点有滕王阁、八一起义纪念馆、八大山人纪念馆、绳金塔、海昏侯墓等。

登余干古县城

刘长卿

孤城①上与白云齐,万古荒凉楚水西。
官舍已空秋草没,女墙②犹在夜乌啼。
平沙渺渺迷人远,落日亭亭向客低。
沙鸟不知陵谷变③,朝来暮去弋阳溪④。

【背景】

此诗作于唐肃宗上元二年(761),一生"刚而犯上,两遭迁谪"的诗人刘长卿历经第一次贬谪后,从岭南潘州南巴贬所,北归途经江西饶州余干县。一个为官正直不阿而遭诬陷,被弃置于现实政治边缘的诗人,适逢他乡登临一座已遭废弃的旧县城,目睹相同境遇下的人与物所引发的心灵震颤与联想,使诗人登临送目之时,不免于吊古伤怀。再加上这里又刚刚经过战乱,到处可见战争创伤,使诗人更加为唐朝国运深忧,故而创作了这首诗。刘长卿在此还作有《余干旅舍》《负谪后登干越亭作》等诗。

古县城是指唐朝以前的余干县城,唐朝时余干县治所迁移他处,旧县城逐渐荒废。刘长卿这首诗是登临旧县城吊古伤今之作,在唐代即传为名篇。荒废的古城也因为此诗出名。因诗中"孤城上与白云齐",后来也有人称之为"白云城"。

【注释】

①孤城:余干古城原在一座小山上,故称"孤城"。 ②女墙:城

墙上的城垛。 ③陵谷变：山陵变成深谷，深谷变成高山。因余干县城后从山上搬到山下，所以说"陵谷变"。 ④弋（yì）阳溪：弋阳与余干相连的一条小溪，在信江中游。

【旅游看点】

余干 江西上饶市辖县，位于江西省东北部。因为处于余水之干得名为余干县。秦始皇二十六年（前221）建县，迄今已有两千余年的历史。余干风光秀丽，独特的山水风景和动人的历史传说，构成了独具魅力的水乡风情。有"古代水上战场、今日候鸟天堂"之称的鄱阳湖景区，松海环绕、碧波荡漾的木溪水库，显庐山之秀的东山岭，兼西湖之美的琵琶湖等名胜景点，令众多慕名来访者倾倒陶醉，流连忘返。余干自古文化昌隆，系唐代大诗人刘长卿、韦庄，宋代大词人黄庭坚、辛弃疾，宋代理学家朱熹，清代戏剧大师蒋仕铨久居和笔耕之地。东山岭处在余干县城中央，是一座历史文化积淀厚重的文化名山。东山岭与历史上众多名人结下了不解之缘。此外如施肩吾、罗隐、韦庄、苏东坡、黄庭坚（曾任余干主簿）、米芾、姜夔、范成大、王十朋、辛弃疾、梅尧臣、谢叠山、蒋士铨等，都曾到过东山岭，并留下许多脍炙人口的诗文。

楚水 指信江，是鄱阳湖水系五大河流之一，古名余水，唐代以流经信州（今江西上饶）而名信河，清代称信江。信江发源于浙赣两省交界的怀玉山南的玉山水和武夷山北麓的丰溪，在上饶汇合后始称信江。信江以上饶和鹰潭为界，分为上游、中游、下游三段。上游沿岸一带以中低山为主，地形起伏较大。中游为信江盆地，其边缘地势由北、东、南三面渐次向中间降低，并向西倾斜。下游为鄱阳湖冲积平原区，地势平坦开阔。信江流域风光秀丽，名胜古迹众多。位于信江上游的三清山和支流白塔河中、下游的龙虎山均为道教圣地。

弋阳 地处江西省东北部，信江中游。自东汉建安十五年（210）置县，至今已有1800年。这里文化积淀深厚，是位列明代戏曲四大声腔

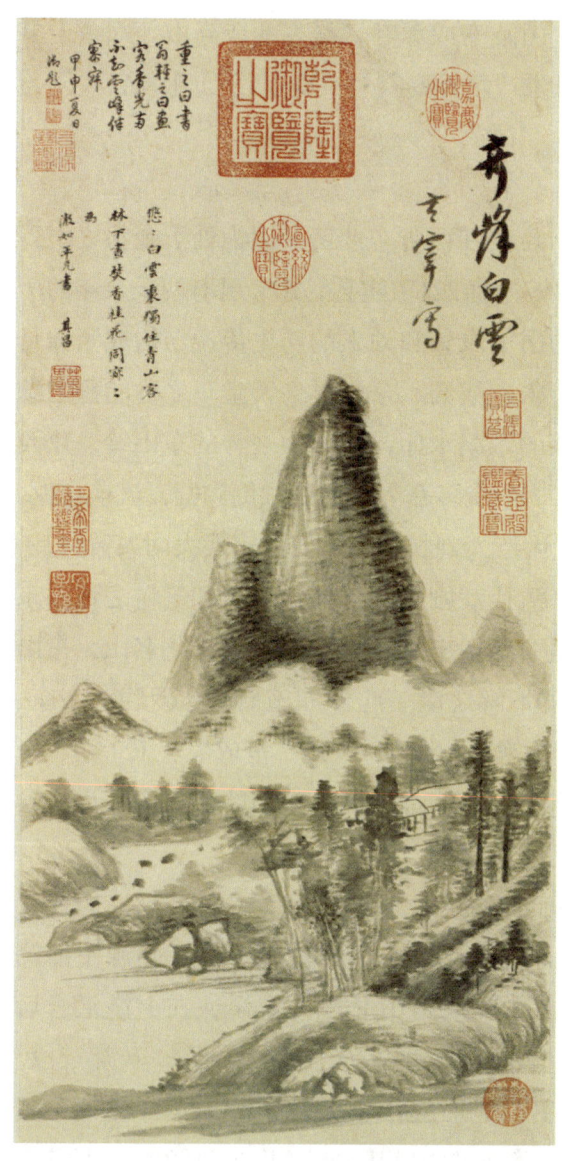

之首、被誉为中国古代戏曲"活化石"、高腔戏曲"鼻祖"——弋阳腔的诞生地,境内至今还保存有古戏台50多座,2006年弋阳腔被列入全国第一批非物质文化遗产名录。这里是革命的故乡,是方志敏烈士的家乡。方志敏纪念馆、方志敏故居被中宣部确定为全国爱国主义教育基地。弋阳风景优美,是旅游休闲的胜地。拥有世界自然遗产、世界地质公园、国家级风景名胜区、国家4A级旅游景区、国家森林公园等多个世界级、国家级名片的龟峰,碧水丹山,石秀峰奇,是丹霞地貌的精品,享有"江上龟峰天下稀"(明·李梦阳)、"盖峦嶂之奇,雁荡所无"(明·徐霞客)、"大地文章集龟峰"(现代·邵式平)的赞誉;这里还有全长416米,身宽68米,堪称世界第一大的天然山体卧佛;有全国单个洞窟最大的唐代天然佛洞——南岩石窟;有保存完好的古代书院——叠山书院。

上饶 位于赣东北,古称饶州、信州,自古就有"豫章第一门户"和"四省通衢"之称。上饶多名山胜迹,风景点星罗棋布,早在唐朝就已是闻名遐迩的旅游胜地。上饶市境内野生动植物资源非常丰富,是"珍稀植物王国,奇禽异兽乐园"。境内拥有俊美秀绝的"绿"色自然风光,光辉灿烂的"红"色革命遗址,丰富多彩的"古"色文化遗存,奇妙壮观的"蓝"色淡水湖泊。龟峰、三清山、怀玉山、武夷山、葛仙山均为历史名山,自古人文荟萃,文物云集,寺观成群,更兼风景绝秀;鄱阳湖、三清湖碧波万顷,绿水绕山,候鸟如云,"飞时不见云和日,落时不见滩上草";中国最美的乡村婺源是近年来生态旅游的热点,素以明清古建筑群、古洞群、古树群、古文化被誉为"四古之乡"。绿水青山,菜花烂漫,优美的田园风光间以粉墙黛瓦、翘角飞檐的古建筑群和浓郁的乡风民情,"小桥,流水,人家"恰似一幅幅绝美的山水画。四季八方游客蜂拥而至。闻名于世的上饶集中营,是"皖南事变"的产物,见证着中国革命的历史。

送前上饶严明府①摄玉山

戴叔伦

家在故林②吴楚间,
冰为溪水玉为山。
更将旧政化邻邑,
遥见逋人③相逐还。

【背景】

三清山下的玉山县,物华天宝,人杰地灵,更因戴叔伦的"冰为溪水玉为山"诗句对玉山的钟灵毓秀作了很好的概括和传诵。冰溪是流经玉山县城的一条水,玉山则是因怀玉而名,怀玉山又因藏玉而著。

【注释】

①明府:唐代别称县令为明府。 ②故林:故乡的树林。比喻故乡或家园。 ③逋人:逃亡在外的人。

【旅游看点】

玉山县 位于江西省东北部,与浙江省开化县、常山县相邻。素以山清水秀著称江南,唐朝著名诗人戴叔伦给予"冰为溪水玉为山"的美誉。玉山县城所在地冰溪镇,名字来源于此诗中"冰为溪水玉为山"一句。冰溪河穿镇而过,素有"东方威尼斯"之美誉。玉山旅游资源得天独厚、异彩纷呈,在自然风景、人文景观方面别具一格。主要旅游景点有三清山、怀玉山、武安山、三清湖、金沙溪、天梁山等。

怀玉山国家森林公园 分为怀玉山、武安山、天梁三大景区。坐落于江西省玉山县西北60公里处，与三清山对峙相望。因"天帝赐玉"而得名。怀玉山是理想的避暑旅游胜地。"盛夏夜盖被，立秋桃始熟"是山中气候的真实写照。山上有三清朝旭、玉琊擎天、灵岩飞瀑、辉山夜烛等景点24处，有瀑布20多处，奇峰怪石百余处，森林植物66科251种。这里有朱熹讲学的"怀玉书院"，也曾是闽浙赣革命根据地的一部分，是方志敏等革命烈士的蒙难之地。还有朱熹手书"蟠龙岗"、赵佑手题"高山流水"等摩崖石刻和"怀玉书院"匾额等人文遗迹。武安山景区林木茂盛，寺庙古迹掩映其间，主要景点景观有唐代宰相、著名画家阎立本墓、佛教禅宗六世祖慧能始创的普宁寺、黄巢练兵场；宋代端明书院、东岳庙；明代古城墙、文成塔；清代考棚、旌德会馆、鸿园、魁星楼等遗址胜迹。天梁风景区称著的有江南罕见的灵霄天梁、归墟之门悬壁栈道及长达5公里的乌龙洞地下暗河涌泉、江西十大历史名人宋端明殿大学士汪应辰幼年读书游玩处仰天崖、猴面山、天池、掬翠石、至尊人桥、花轿洞、象依相亲、龙涎隐瀑等景观。

三清山 位于玉山县境北部，因玉京、玉虚、玉华三峰宛如道教玉清、上清、太清三位尊神列坐山巅而得名。其中玉京峰为最高，海拔1819.9米，是江西第五高峰和怀玉山脉的最高峰。"奇峰怪石、古树名花、流泉飞瀑、云海雾涛"并称三清山自然四绝。不同成因的花岗岩微地貌密集分布，展示了世界上已知花岗岩地貌中分布最密集、形态最多样的峰林。三清山既是绝妙的自然景观，又是古朴人文景观的游览胜地，是我国道教的发源地之一。三清山的道教文化"开山始祖"是晋代的葛洪。据史书记载，东晋升平年间（357—361），炼丹术士、著名医学家葛洪与李尚书上三清山结庐炼丹，著书立说，宣扬道教教义，鼓吹"人能成仙"，至今山上还留有葛洪所掘的丹井和炼丹炉的遗迹。1600余年的道教历史孕育了丰厚的道教文化内涵，按八卦布局的三清宫古建筑群，被国务院文物考证专家组评价为"中国古代道教建筑的露天博物馆"。

献岁送李十兄赴黔中酒后绝句

权德舆

一樽①岁酒且留欢,
三峡黔江去路难。
志士感恩无远近,
异时应戴惠文冠②。

【背景】

权德舆(759—818),字载之,天水略阳(今甘肃秦安东北)人,后徙润州丹徒(今江苏镇江)。中唐时期文学家、宰相。其父权皋,曾为安禄山的幕僚,"安史之乱"爆发前,他当机立断,以逃离叛逆的义勇行为而受到时人的称赞。权德舆就出生在这样祖德清明、家风雅正的仕宦家庭。他少有才气,未冠时即以文章扬名。唐德宗闻其才,召为太常博士,后历驾部员外郎、司勋郎中、中书舍人。唐宪宗元和(806—820)初年,历兵部、吏部侍郎。元和五年(810),任礼部侍郎、同中书门下平章事(即宰相),参与朝政。晚年任山南西道节度使。权德舆仕宦显达,并以文章著称,为中唐的重要作家。于贞元、元和间执掌文柄,名重一时。刘禹锡、柳宗元等皆投其门下。

权德舆秉性耿直,办事光明正大。有一次,运粮使董溪、于皋谟盗用军费,案发后,被流放岭南。宪宗感到量刑太轻,很后悔,又暗暗派宦官赶去将两人杀死于流放途中。权德舆就立即上疏说,依据这两人的罪名,本当公开处死的,但既然已经宣判了流放,就应当遵照执行,如今却又暗暗地将他们处死,这是名不正、言不顺,有损朝廷信誉。这足见他为人之耿直。

【注释】

①樽：酒杯。　②惠文冠：冠名，古代武官所戴的冠。

【旅游看点】

黔江 即今乌江，唐时设立黔中道，故唐宋又称黔江。发源于贵州省境内威宁县香炉山花鱼洞，长江上游右岸支流，流经黔北及渝东南酉阳彭水，在重庆市涪陵注入长江，为贵州省第一大河。乌江水系呈羽状分布，流域地势西南高、东北低，由于地势高差大、切割强，自然景观垂直变化明显。以流急、滩多、谷狭而闻名于世，号称"天险"。乌江沿岸的土家族大都居住在山坡陡岭之地，由于这种地势关系，住房多采用吊脚楼形式，是土家族地区具有特色的建筑之一。

贵州 地处中国西南腹地，与重庆、四川、湖南、云南、广西接壤，地貌分为高原、山地、丘陵和盆地四种基本类型，高原山地居多，素有"八山一水一分田"之说，是全国唯一没有平原支撑的省份。贵州是迷人的"天然公园"。境内自然风光神奇秀美，山水景色千姿百态，溶洞景观绚丽多彩，野生动物奇妙无穷，文化和革命遗迹闻名遐迩；山、水、洞、林、石交相辉映，浑然一体。闻名世界的黄果树瀑布、龙宫、赤水、织金洞、马岭河峡谷等国家级风景名胜区和铜仁梵净山、茂兰喀斯特森林、赤水桫椤国家级自然保护区、威宁草海等国家级自然保护区，犹如一串串璀璨的宝石，五光十色，令人目不暇接、流连忘返。荔波喀斯特水上森林和赤水丹霞被列入世界自然遗产名录。以遵义会址和红军四渡赤水遗迹为代表的举世闻名的红军长征文化，更让人驻足凭吊、追思缅怀。现有10家国家5A级旅游景区，分别是贵阳市花溪青岩古镇景区、黔南州荔波樟江景区、毕节市百里杜鹃景区、安顺市龙宫景区、安顺市黄果树大瀑布景区、铜仁市梵净山景区、黔东南州镇远古城旅游景区、遵义市赤水丹霞旅游区、毕节市织金洞景区、黔西南州万峰林景区。西江千户苗寨、遵义会议会址景区为国家4A级旅游景区。

闻王昌龄左迁龙标遥有此寄

李 白

杨花落尽子规①啼,
闻道龙标②过五溪。
我寄愁心与明月,
随风直到夜郎西。

【背景】

此诗一说约作于唐玄宗天宝八载(749),一说约作于唐玄宗天宝十二载(753)。当时王昌龄从江宁丞被贬为龙标县(今湖南怀化洪江)尉,李白在扬州听到好友被贬后写下了这首诗,表达了对王昌龄怀才不遇的惋惜与同情之意。

开元二十八年(740),王昌龄游襄阳,访孟浩然。适浩然患疽病,快痊愈了,两人见面后非常高兴,孟浩然由于吃了些许海鲜而痈疽复发,竟因此而死。与孟浩然一见,竟成永诀。王昌龄闻讯一路上很悲伤,没有想到在巴陵意外地遇见李白,他们一见如故,在江边的小船上,边泛舟边饮酒,畅谈文坛里的交往故事,分手后李白对王昌龄的友情念念不忘。天宝年间,王昌龄被贬为龙标县尉。被贬原因据《旧唐书》说是"不护细行,屡见贬斥"。《詹才子传》说他"晚途不谨小节,谤议沸腾,两窜遐荒"。由此可见被贬并不是因为什么大事,而是生活小节。王昌龄曾用"一片冰心在玉壶"来表达自己的无辜。李白听到消息后特地写诗寄送,予以安慰。

【注释】

①子规：即杜鹃鸟，又称布谷鸟，相传其啼声哀婉凄切，甚至啼血。　②龙标：地名，现湖南怀化洪江市。

【旅游看点】

夜郎是我国在西南地区由少数民族先民建立的第一个国家。夜郎古国地址所在地，学术界一直有争议，其中公认的争议地址有两处：一是湖南省怀化市沅陵，《唐人七绝诗释》一书为这首诗注解时特别说明："此夜郎在今湖南省沅陵县。"还有一种说法是唐朝夜郎县城遗址，位于现贵州省遵义市桐梓县城北48公里的夜郎镇。唐贞观十六年（642）置夜郎县于此，北宋宣和二年（1120）废，夜郎县前后存在478年。在贵州镇宁江龙镇的大干丈高山上，现存一座有三道围墙，占地约10平方公里的古城遗址，极有可能就是夜郎国都，夜郎王很可能在这里生活过。《史记·西南夷列传》称："西南夷君长以什数，夜郎最大。"这表明夜郎确实是当年中国西南最大的国家。夜郎王为了扩展地域，先后在云南、四川、贵州等地区多处建立城池，所以夜郎古国首邑所在地有分歧也就顺理成章。夜郎之所以出名和成语"夜郎自大"有着密切的关系，这句成语出自《史记·西南夷列传》，说的是公元前

122年，汉武帝为寻找通往身毒（今印度）的通道，曾遣使者到达今云南的滇国。其间，滇王问汉使："汉与我谁大？"后来汉使途经夜郎，夜郎国君也提出同样的问题。因而世人便以此喻指狂妄无知、自负自大的人。现贵州夜郎城址位于贵州省遵义市的夜郎坝，夜郎坝是个山峦四围的小盆地，盆地西面山坡台地上有条小街，住着100多户人家，人称夜郎坝场。历史上以夜郎为名的郡、县有8个以上，而建于唐贞观十六年（642）的这座夜郎县，却是最后一个，存在的时间达几百年，是现行中国地图上唯一以"夜郎"命名的地方，也是唐代夜郎县城的遗址。主要景观有太白住宅、太白书院、太白泉等。其周边还有遵义会议旧址等景点。

五溪一说是雄溪、满溪、沅溪、酉溪、辰溪的总称，在今贵州东部湖南西部。另一说指湖南省怀化市。其境内重要的支流有酉水、辰水、溆水、沅水和渠水，古称"五溪"，因此怀化自古便称"五溪之地"。东汉至宋时对分布于今湘西及黔、渝、鄂三省市交界地沅水上游若干少数民族称为"五溪蛮"。

后　记

我们为什么要组织出版这本《跟着唐诗去旅行》？这是适应我国旅游现实需要之举。习近平总书记指出，文化产业和旅游产业密不可分，要坚持以文塑旅、以旅彰文，推动文化和旅游融合发展，让人们在领略自然之美中感悟文化之美、陶冶心灵之美。从规模旅游、速度旅游转向品质旅游、美好旅游是新时代中国旅游发展的方向。在建设旅游强国的时代浪潮中，我们愈发清晰地认识到：真正的旅游强国，不仅要有风光旖旎的山川湖海、便捷畅通的交通网络，更要有深植于血脉的文化根脉，有能让四海宾朋心之向往的精神坐标。而唐诗，恰是这坐标上最厚重的刻度之一。

旅游旅行自古有之，但作为现代旅游产业，在我国起步很晚，至今不过40余年。我国现代旅游业尽管比西方国家晚了100多年，但是随着改革开放不断深化，其发展不断加快，呈现井喷式、排浪般发展势头。我国旅游规模稳居世界第一，且未来有望继续保持领先。可以说，如今，在这个星球上凡是有人的地方都可以看到中国游客的足迹。这是有史以来无法想象的，我们有理由自豪、自信。在建设旅游强国的进程中，我们渴望的不仅是"流量"，更是"留量"；不仅是"拍照与打卡"，更是"读懂与感悟"。由此，我们想到，要下大力气加强旅游文化建设，推出一系列人们喜闻乐见的旅游文化作品，以满足旅游者对日益增长的旅游精神文明的追求，提升旅游的文明水平。

唐诗是中华文明的集中体现，积淀了丰富的旅游元素。大凡有成就的诗人骚客，多是杰出的旅行家、优秀的旅游者。作为人类增长见识的两大途径，读书和旅行历来为人们推崇并重。正如古人所言，读万卷书,行万里路。

旅游旅行与唐诗相伴而生、相向而行、彼此促进、彼此融合。唐诗提升了旅游旅行的品位、愉悦、惬意,而旅游旅行则激发了人们创作的冲动、激情、灵感。没有旅游旅行,就没有这些杰出的唐诗作品。许多唐诗杰作本身就是优秀的旅游作品。崔颢云游到武昌蛇山,写出了有"唐人七律第一"之誉的《黄鹤楼》,不仅吸引了诗仙李白的脚步,据传还引出其"眼前有景道不得,崔颢题诗在上头"的千古佳话。唐代诗人杜牧曾长期云游南方,留下大量游历之作,其《江南春》"千里莺啼绿映红,水村山郭酒旗风。南朝四百八十寺,多少楼台烟雨中"写出了江南春景的特色,也展示了其历史源流,深邃、迷离。许多优秀的唐诗由山水景物而生,而许多山水景物则因优秀的唐诗而胜。这些诗句里藏着长安的烟火、江南的烟雨、塞北的长风。藏着古人对山河的敬畏、对生活的热忱,更藏着中华文明在岁月长河中沉淀的厚重时光。

古往今来,历代文人无不钟情于诗意的行走,寄景于情,融情于景;悲欢离愁,婉转跌宕,浓缩在一行又一行诗句之中;而那些千古绝唱,被一代又一代吟诵至今,经久不息。

当我们在旅游中深情吟诵这些千古名篇时,在领悟蕴含其间意境之美时,既会感知到中国人特有的精神追求,也会慨叹千古兴亡繁华过眼,而那些经典的旅游目的地随着这些唐诗穿越时间隧道,深深地影响着一代又一代的游人。

今天,我们以旅行的视角编辑这本书,不仅为了重温唐诗经典,更是寄望通过对中华优秀传统文化的挖掘和阐发,彰显跨越时空、超越国度、富有永恒魅力的文化旅游精神和审美情趣。在继承传统中融入时代精神,立足本国又面向世界,借唐诗中的山水之韵、人间之味,传递中华温度,盼为提升旅游文明水平添一份助力。

在途中翻开这本书,读者可以跟随孟浩然、王昌龄、王维、李白、崔颢、杜甫、白居易、杜牧、李商隐的脚步,走进泱泱大唐的壮阔山水，可以在吟诵和欣赏中，体味旅行与唐诗之间那种千丝万缕的缠绵。这种境界的旅行，少了浮躁、粗俗、偏狭、拘谨，多了从容、优雅、豁达、豪放！

这就是唐诗的优美所在，也是中国旅游的魅力所在！

我们希望以此书的出版为契机，陆续推出相关文化旅游类图书，不断挖掘传统经典作品中的旅游价值，提升旅游目的地的文化内涵和旅游者的旅游品位，为中华文化旅游的传承和传播开拓更为广阔的视野，为中华民族伟大复兴的中国梦之早日实现筑牢精神基础，加重文化底色，在惬意的旅游中推动中华文化走向世界，为旅游文明发展，进而为人类文明进步与世界和平发展做出贡献！

本书编写组

2025 年 3 月于北京

项目策划：赵　芳
责任编辑：赵　芳
责任印制：冯冬青
封面设计：中文天地
图片来源：台北故宫博物院 Open Data 资料开放平台

图书在版编目（CIP）数据

跟着唐诗去旅行 / 本书编写组主编 . -- 北京：中国旅游出版社 , 2025.8. -- ISBN 978-7-5032-7642-2

Ⅰ . K928.9

中国国家版本馆 CIP 数据核字第 2025687HC1 号

书　　名：跟着唐诗去旅行
作　　者：本书编写组
出版发行：中国旅游出版社
　　　　　（北京静安东里 6 号　邮编：100028）
　　　　　http://www.cttp.net.cn　E-mail: cttp@mct.gov.cn
　　　　　营销中心电话：010-57377103，010-57377106
排　　版：北京中文天地文化艺术有限公司
印　　刷：北京金吉士印刷有限责任公司
版　　次：2025 年 8 月第 1 版　2025 年 8 月第 1 次印刷
开　　本：787 毫米 ×1092 毫米　1/16
印　　张：31.25
字　　数：400 千
定　　价：78.00 元
ＩＳＢＮ　978-7-5032-7642-2

版权所有　　翻印必究
如发现质量问题，请直接与营销中心联系调换